财政部规划教材

应用型教育数智化财经类教材

企业内部控制实务

——基于业财融合流程再造

广州番禺职业技术学院
厦门网中网软件有限公司 组编
杜 方 杨则文 盛国穗 李枳葳 编著

中国财经出版传媒集团
中国财政经济出版社

图书在版编目（CIP）数据

企业内部控制实务：基于业财融合流程再造／杜方等编著．--北京：中国财政经济出版社，2023.5

财政部规划教材　应用型教育数智化财经类教材

ISBN 978-7-5223-2143-1

Ⅰ.①企…　Ⅱ.①杜…　Ⅲ.①企业内部管理-高等职业教育-教材　Ⅳ.①F272.3

中国国家版本馆 CIP 数据核字（2023）第 060741 号

责任编辑：陈　冰　　　　策划编辑：张　军

封面设计：卜建辰　　　　责任校对：胡永立

企业内部控制实务

——基于业财融合流程再造

QIYE NEIBU KONGZHI SHIWU

——JIYU YECAI RONGHE LIUCHENG ZAIZAO

中国财政经济出版社 出版

URL：http：//www.cfeph.cn

E-mail：cfeph@cfeph.cn

社址：北京市海淀区阜成路甲 28 号　邮政编码：100142

营销中心电话：010-88191522

天猫网店：中国财政经济出版社旗舰店

网址：https：//zgczjjcbs.tmall.com

北京富生印刷厂印刷　各地新华书店经销

成品尺寸：185mm×260mm　16 开　25.5 印张　624 000 字

2023 年 6 月第 1 版　2023 年 6 月北京第 1 次印刷

定价：72.00 元

ISBN 978-7-5223-2143-1

（图书出现印装问题，本社负责调换，电话：010-88190548）

本社质量投诉电话：010-88190744

打击盗版举报热线：010-88191661　QQ：2242791300

前言

本书是高等职业教育校企合作项目化教材，由厦门网中网软件有限公司和广州番禺职业技术学院校企合作双元开发，既可以作为高等职业教育专科院校、高等职业教育本科院校及应用型本科院校财经类专业的教学用书，也可以作为社会从业人员学习内部控制实务的参考用书。

党的二十大精神提出了推进全面依法治国、加强民主建设等要求。本书所称“内部控制”，是指在业财融合流程再造环境下，以风险为导向，以控制为手段，由组织内部机构、管理层和全体员工共同实施的旨在实现控制目标的一种管理活动。因此内部控制是企业依法合规经营、加强民主建设的重要手段，通过加强风险管理可确保经营活动符合法律法规要求，通过加强内部各部门之间、各层级之间的沟通与协调，保证企业决策科学、民主。而如何建立和健全内部控制是每一家企业在生存、发展和做大做强过程中需解决的难题。本书相对于传统的内部控制教材，主要有以下几个特点：

第一，教材将业财融合嵌入内部控制建设，使各项目成为独立的教学单元。企业实践中，经常存在业务部门重“开源增量”，而财务部门重“节流增值”的工作目标差异，难以实现形成事前预算、事中控制、事后分析的内部控制。为了强化业财融合视角，首先，本书依据实际工作中常见业务发生顺序重组教材内容，将其重构为十个项目：企业设立的内控、全面预算管理的内控、筹资业务的内控、投资业务的内控、采购与付款业务的内控、存货与生产业务的内控、人力资源管理的内控、销售与收款业务的内控、固定资产管理的内控、财务报告业务的内控。其次，每个项目都引领学生开展内部控制建设前期调查，梳理企业的业务流、资金流、信息流，从内部控制视角规范和前置业务活动中的会计监督功能，打通业财数据，实现三流合一，保证会计信息获取的真实性和完整性。

第二，教材贯彻 OBE 成果导向教学理念。每个项目以实际内部控制工作过程为导向，按照工作内容的逻辑顺序将其分为四个模块：提出内控目标和内控所涉组织及职责体系、梳理原有内控流程、对原有流程进行风险评估、对评估出的风险采取内部控制措施。每个项目设置引例贯穿整个项目教学，同时提出思考与实践，从而确立项目工作任务；学生通过完成工作任务掌握知识和技能，最终每个项目得到一个标志性成果，即风险评估与内部控制报告。以项目成果代替传统考试为导向，对学生综合能力进行评估，实现人才培养质量的迭代提升。

第三，教材以学生为中心。首先，以往内部控制教材缺乏实践环节，导致学生实践能力不足。为了让学生体验真实执行项目任务的过程，本书与“数字化企业内部控制与风险管理综合教学平台”操作内容匹配，学生可亲自动手实战演练，强化风险评估与内部控制能力。其次，每个项目配备了一个诙谐幽默的工作场景对话，使学生在轻松阅读中夯实正确的精神引领，同时不知不觉地学习了内部控制知识。

教材配有全套数字化资源并通过二维码链接，可以随扫随学，实现碎片化学习。同时在“智慧职教”平台开设“企业内部控制实务”教学资源库课程，可以一键调用全部课程资源开设SPOC，支持线上线下混合教学。配套资源包括系列微课、PPT、视频、习题、案例及拓展资源。通过“一书、一课、一空间”使教材与网络教学资源成为有机整体，尽量体现职业教育最新发展理念和职业性、实践性、开放性的要求。对于在职人员与自学者来说，本教材配套的免费MOOC可以为学习者提供非常友好的全过程、全方位学习支持。教材二维码对应的微课可以帮助学习者利用十几个小时轻松掌握教材的主要知识内容。

本书编写成员主要来自国家“双高院校”、国家示范院校广州番禺职业技术学院内部控制课程教学团队、厦门网中网软件公司。本教材由国家教学名师杨则文教授负责全书构架；杜方负责体例设计并编写导言、项目一、项目二、项目五（模块一、二、三）、项目六；盛国穗编写项目五（模块四）、项目八（模块二、三、四）、项目九、项目十；李枳葳编写项目三、项目四；常德财经机电职业技术学院刘璐璐编写项目七；许一平编写项目八（模块一）；旗滨集团内控主任卢进鑫参与案例设计；网中网编写组负责企业案例编写和审核。

本书为用书学校任课老师提供了教学所需的相关资源，如有需要请以电子邮件形式向中国财政经济出版社索取（请注明：学校、全书名、版次、作者），Email：caijingjiaocai@163.com。亦可登录如下网址下载：http：//jiaocai.cfeph.cn。

本书得以付梓，要特别感谢广州番禺职业技术学院企业内部控制课程教学团队，厦门网中网软件公司的内控开发团队以及中国财政经济出版社的编辑团队，是大家的共同努力令本书得以与广大读者见面。但教材编写始终是一项留有遗憾的工程，书中必定会存在不足和错漏，恳请读者批评指正，以便我们在下一次修订时加以完善。如果读者在使用本书过程中有什么问题，可以联系本书编者，邮箱是：593013633@qq.com。

编　者

2022年12月

目　录

微课资源二维码索引

续表

项目引例资源二维码索引

导言
走进内部控制

知识学习目标

1. 能叙述内部控制的定义
2. 能辨析内部控制与风险管理的关系
3. 能区别内部控制的总体目标和具体目标
4. 能归纳整体层面、业务层面的内部控制设计要素
5. 能清楚内部控制自我评价的实施程序
6. 能掌握内部控制自我评价报告的基本格式

技能训练目标

1. 能制定企业内部控制的总体目标和具体目标
2. 能设计承担内部控制职能的机构
3. 能设计整体层面、业务层面的内部控制
4. 能提出内部控制的具体措施

素养提升目标

树立“千里之堤，溃于蚁穴”的风控意识

标志性成果

独立完成一份企业内部控制案例的评价报告

思维导图

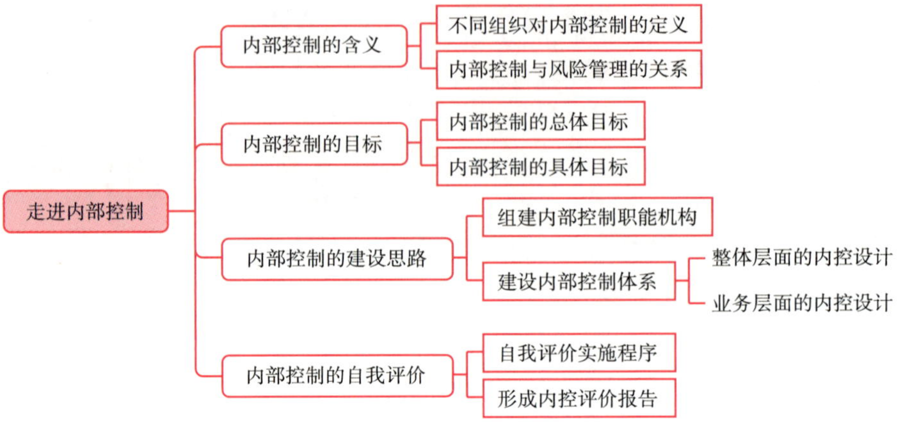

项目引例

上市仅两年时间就响起预警信号，恒持电子集团股份有限公司（以下简称“恒持电子”）变身ST① 恒持，曾经上市首日大涨264%的明星股，跌落速度之快，令人瞠目结舌。起因是2021年4月仁华会计师事务所接受委托对恒持电子2020年度财务报告内部控制的有效性进行审计，并出具了否定意见的审计报告。据2021年初沪深两市交易所新调整的股票上市规定，若内部控制报告审计结果为否定，则公司股票交易将被实施其他风险警示即ST。而引发否定意见的原因是恒持电子存在以下内部控制重大缺陷：

重大缺陷一：测试采购付款流程，发现恒持电子供应商选择环节失效。2020年公司在进行办公用品、产品包装填充物等零散采购时，采购员收受回扣，在询比价时以个人意见作为决策依据选定供货商，导致采购价格高出市场报价20%以上，涉及贪腐金额超过1 000万元。

重大缺陷二：在未对客户进行充分信用调查与评价的情况下，与宇鸿科技有限公司（以下简称“宇鸿科技”）开展电子产品赊销业务并且对业务过程控制失当。2019至2020年恒持电子应收账款账面余额未发生重大变化，但坏账准备余额同比增加高达146%，而80%的应收账款都来自宇鸿科技。截至2020年12月31日，公司对宇鸿科技的应收账款5.04亿元存在不能全额收回的风险。

被实施ST后，恒持电子连续6个跌停板，23天蒸发超54亿市值，对公司的投资者们造成极为沉重的负担，股东们投入的资金因股价的连续下跌而遭受重创。实践中，A股每年

---

① ST，是英文Special Treatment的简写，也就是“特殊处理”的意思，是指沪深两市交易所对那些财务或其他状况出现异常的上市公司股票进行特别处理。需要指出，特别处理并不是对上市公司处罚，而只是对上市公司所处状况的一种客观揭示，其目的在于向投资者提示其市场风险，引导投资者要进行理性投资，如果公司异常状况消除，即可恢复正常交易。

都不乏有上市公司因内控没有做到位而被曝“黑天鹅”的事件①，可见企业只有提升内控建设才能充分享受资本市场发展红利。恒持电子非常重视所发现的缺陷，立刻召开整改专题会议，制定整改方案和措施，落实责任部门和人员。

一年后，恒持电子内部控制相关问题已经全部整改完毕。农林会计师事务所对其2021年度财务报告内部控制的有效性进行审计，并出具了标准无保留意见的审计报告。同时，恒持电子对照上交所股票上市规定中关于其他风险警示条款进行了逐项排查，经排查，公司涉及其他风险警示的情形已消除，符合申请撤销公司股票其他风险警示的条件。2022年4月成功撤销其他风险警示后，公司股票简称由“ST恒持电子”变更为“恒持电子”。

思考与实践

（1）结合恒持电子呈现的内控重大缺陷，谈谈其应确立怎样的内部控制目标。

（2）从内控设计整体层面视角之五要素，谈谈恒持电子为摘掉ST应进行怎样的内部控制整改。

（3）以采购、销售业务的内控为例，思考数字化时代的大数据、区块链等新兴技术能否帮助我们更好地进行内部控制。

模块一　内部控制的含义

内部控制的含义

在现实中，人们对内部控制存在各种理解，全球不同的组织或机构对内部控制的定义也存在一定差异，如美国COSO委员会、中国财政部等五部委、加拿大特许会计师协会控制标准委员会、巴塞尔银行监管委员会等。限于篇幅，本书仅介绍对我国内部控制研究和实务工作有重大影响的权威定义。

一、不同组织对“内部控制”的定义

（一）美国COSO委员会的定义

1987年，为了整合多种内部控制定义，美国成立了专门的内部控制研究委员会（Com-

① “黑天鹅”事件指非常难以预测且不寻常的事件，通常会引起市场连锁负面反应甚至颠覆。

mittee of Sponsoring Organizations of the Treadway Commission，COSO 委员会[①]）。该委员会自成立以来，长期在内部控制、风险管理和舞弊防范领域提供先进的思想理念和应用指引。1992 年 9 月，COSO 委员会发布了著名的《内部控制——整合框架》（Internal Control – Integrated Framework，IC）报告，IC 框架已经成为内部控制领域最为权威的文献之一，其将“内部控制”定义为：内部控制伴随着组织的形成而产生，是由公司董事会、经理层以及其他员工实施的，旨在实现经营活动的效率和效果、财务报告的可靠性、相关法律法规的遵循等目标而提供合理保证的过程。2013 年 5 月，COSO 委员会对其 1992 年的内部控制整合框架进行了修订，发布了《内部控制——整合框架（2013）》，修订后的新框架将“内部控制”定义为：一个由主体的董事会、管理层和其他员工实施的，旨在为实现运营、报告和合规目标提供合理保证的过程。

（二）中国财政部等五部委的定义

美国 COSO 委员会对内部控制的定义可谓是各国争相参照与借鉴的典范，我国对内部控制的定义也融入了其中的精髓。中国财政部、证监会、审计署、银监会、保监会（二机构现已合并为银保监会）五部委于 2008 年发布的《企业内部控制基本规范》将“内部控制”定义为：由企业董事会、监事会、经理层和全体员工实施的、旨在实现控制目标的过程。

2017 年 6 月 29 日财政部在《企业内部控制基本规范》的基础上发布了《小企业内部控制规范（试行）》，此规范是针对小企业制定的内部控制政策文件，旨在有针对性地指导我国小企业建立和有效实施内部控制，提高经营管理水平和风险防范能力。规范中将“内部控制”定义为：由小企业负责人及全体员工共同实施的，旨在实现控制目标的过程。

比较上述内部控制定义，发现不同组织都认为内部控制具有以下特征：

1. 一个过程

内部控制工作的最后落脚点为一个过程，这个过程是为实现企业目标而实施控制活动的过程，此过程涉及事前、事中和事后，覆盖到决策、执行和监督，也是一个持续的、循环往复的过程。

【相关案例】

海航集团于 1993 年以 1 000 万元起家，从 2010 年开始开启海外“买买买”模式，不断向业务多元化扩张，从最初的航空运输业务延伸至物流、旅游、酒店、地产、金融、商品零售、生态科技等多个业态，收购了多家包括酒店、连锁超市、飞机维修公司、航空公司、上市公司、旅行社等在内的企业。与此同时，公司在整个投资过程中太看重速度，忽视了项目投资质量，投后资源整合不到位。某位曾接触过海航收购交易的专业人士表示，其了解的海航集团收购项目中尽调期最长的只有 25 天，基本只够委托一家会计师事务所把账目弄清，

① COSO 是 Treadway 委员会下属的发起组织委员会的简称。Treadway 委员会，即美国反虚假财务报告委员会，由于其首任主席的姓名而被称为 Treadway 委员会。该委员会由美国注册会计师协会（AICPA）、美国会计协会（American Accounting Association，AAA）、财务经理人协会（Financial Executives International，FEI）、内部审计师协会（Institute of Internal Auditors，IIA）、管理会计师协会（The Institute of Management Accountants，IMA）共 5 个组织于 1985 年发起设立。

而关于管理层的意见、员工的态度、企业发展目标等，海航集团在投资决策之前一律无视。购入后，海航集团在投后资管领域也没下功夫，海航集团原是以航空运输为主业的企业，宽泛的行业并购加大了产业整合的难度，与航空运输主业难以产生协同效应，整合难度大，但海航集团并未投入足够的精力整合资源、用心经营。这些问题直接导致不少斥巨资收购来的企业后续并未为公司带来相应可观的效益。例如，海航集团 2016 年以总价约 400 亿人民币收购英迈国际公司，其中 70% 的资金是由中国农业银行牵头组建的银团贷款，按约定需在 2023 年前逐年偿还本息。但该公司在被收购后的 2017、2018 年披露的净利润仅有 2.085 亿元人民币、8.693 亿元人民币，相比高达 400 亿元的收购款，付出代价过大。2017 年海航集团爆发流动性危机，高峰时总负债高达 7 500 亿元，资产负债率高达 70%。为了缓解危机，海航集团随即以"卖卖卖"模式，变卖此前并购资产回笼资金开启"自救"之路。据报道，海航集团曾 4 个月内甩卖 3 000 亿元非主业资产，但很多高价收购的公司只能低价打折出售，贱卖资产也并未能解决公司的危机。

从内部控制视角分析，海航集团是如何一步步跌下神坛的呢？因为投资业务内部控制是一个过程，涉及投前、投中、投后。但海航集团既没有做好投前调研评估，也没有做好投后资源整合，导致无法实现并购目标。

资料来源：商学院杂志。

2. 全员实施

内部控制的实施主体是全体员工，上至董事会、监事会、经理层，下至普通员工，各部门、各岗位都是实施控制活动的主体。企业主要领导的内部控制意识以及在内部控制中的表率作用在一定程度上对内部控制执行有很大的影响。企业主要领导人员是内部控制体系的第一责任人，对建立健全内部控制负领导责任；专门职能部门或机构统筹内部控制管理工作，对内部控制负管理责任；各业务部门、下属子企业按要求执行内部控制，对内部控制负运行责任；审计部门对内部控制体系建设及执行情况进行监督检查、查错纠弊，对内部控制负监督检查责任。通过明确领导、管理、执行、监督责任，构建全方位立体的内部控制管理体系。

【相关案例】

2020 年 1 月 15 日，天广中茂（002509. SZ）收到深圳证券交易所下发的《关于对天广中茂股份有限公司的问询函》（中小板问询函【2020】第 8 号）。深圳证券交易所接到投资者投诉，2016 年至 2018 年期间，公司大股东邱茂国通过安排公司时任董事长邱茂期及中茂园林、中茂生物有关人员在未经公司内部审批的情况下，使用中茂园林及中茂生物公章为相关债务提供担保，涉及违规担保总金额为 39 329.90 万元。针对此内部控制缺陷，天广中茂表示，由于公司大股东规范运作意识淡薄，以及子公司中茂园林、中茂生物时任主要负责人及相关印章保管人员风险意识与法律意识淡薄，未能有效执行公司制度，导致相关违规事实发生。

资料来源：资本邦。

3. 为实现目标提供合理保证

内部控制只能对企业所要实现的目标提供"合理保证"，而不是"绝对保证"。这是因为内部控制也有其固有的局限性，主要包括：（1）在决策时，人为判断可能出现错误和因人为失误而导致内部控制失效；（2）内部控制可能由于两个或更多的人员串通或管理层不当地凌驾于内部控制之上而失效；（3）内部行使控制职能的人员的素质不适应岗位要求也会影响内部控制功能的正常发挥；（4）企业实施内部控制的成本效益也会影响内部控制的效能；（5）内部控制一般都是针对经常或重复发生的业务设置的，如果出现不经常发生或未预计到的业务，原有内部控制可能就不适用。因此无论内部控制设计和运行得多么完美，内部控制也只能为实现目标提供“合理保证”，但内部控制的作用类似于帮助企业增强自身免疫力，有了免疫力才更能抵御风险，从而更有可能基业长青。

【相关案例】

华恒零售公司财务部销售会计负责对经销商订单进行审核，审核的主要内容是销售订单内的搭赠政策是否与企业的规定一致。由于每天需要审核的销售订单多达上百份，每家经销商适用的搭赠政策又不一致，每个月都会出现个别订单因为销售助理录入错误、销售会计审核通过的情况，导致企业遭受了部分经济损失。有的企业管理者可能会非常不解，企业已经按照内部控制的要求建立了授权审批控制，为什么还会出现损失。真正的原因在于内部控制具备固有局限性，本案例便是因人为失误导致的内部控制失效。

二、内部控制与风险管理的关系

内部控制与风险管理的关系一直是理论界和实务界争论的热点话题，且至今仍未达成共识。到底两者是同义概念，还是互相联系的平行概念？是内部控制涵括风险管理，还是风险管理涵括内部控制？追溯两者关系，两者出现的时间顺序较为清晰，表现为：先提出风险管理，再提倡内部控制。

（一）构建全面风险管理体系

2006年6月国务院国有资产监督管理委员会（以下简称“国资委”）印发了《中央企业全面风险管理指引》（国资发改革【2006】108号）（以下简称“《指引》”），标志着作为国有经济支柱的央企率先进入全面风险管理时代。针对企业管理各环节，此指引强调必须执行风险管理基本流程，培养良好风险管理文化，构建健全全面风险管理体系，并从风险管理策略、风险理财措施、风险组织职能体系、风险信息系统和风险管理解决方案（即内控措施）切入，对企业管理提出宏观性、系统性要求。此阶段，国资委虽在“风险管理解决方案”中提出内控措施，但对于内部控制体系构建、优化，尚不属于中心话题，《指引》的关键目的是培养企业风险收集、评估、管理并解决的能力，可视为是央企后续进行内控体系构建、优化、实现合规监管的基础条件。

（二）加强内部控制体系建设

2008年7月，财政部等五部委印发《企业内部控制基本规范》（财会【2008】7号），基本确立了“强内控”基调。强调企业必须结合内部环境、风险评估、控制活动、信息与沟通、内部监督五大要素，构建内部控制体系，进入常态化企业规程管控时期。

【拓展阅读】

我国企业内部控制规范体系主要包括：《企业内部控制基本规范》（以下简称“《基本规范》”），《企业内部控制配套指引》（以下简称“《配套指引》”）、解释公告与操作指南三个层次（见下图）。其中，《基本规范》是内部控制规范体系的最高层次，属于总纲，起统驭作用；《配套指引》是内部控制规范体系的主要内容，是为促进企业建立、实施和评价内部控制，用于指导企业按照内控原则和内控“五要素”建立健全本企业的内部控制，包括应用指引（已发布18项，涉及银行、证券和保险等业务的3项指引暂未发布）、评价指引和审计指引三个方面；解释公告是就企业内部控制规范体系实施中普遍反映和亟待解决的问题进行的解释说明，是对内部控制规范体系的重要补充；操作指南是为了满足各类企业的个性化需求，对内部控制规范体系的建设方法、控制程序、实施步骤、考核办法进行行业内的具体规定。截至2022年5月，最新发布的操作指南如下表所示。

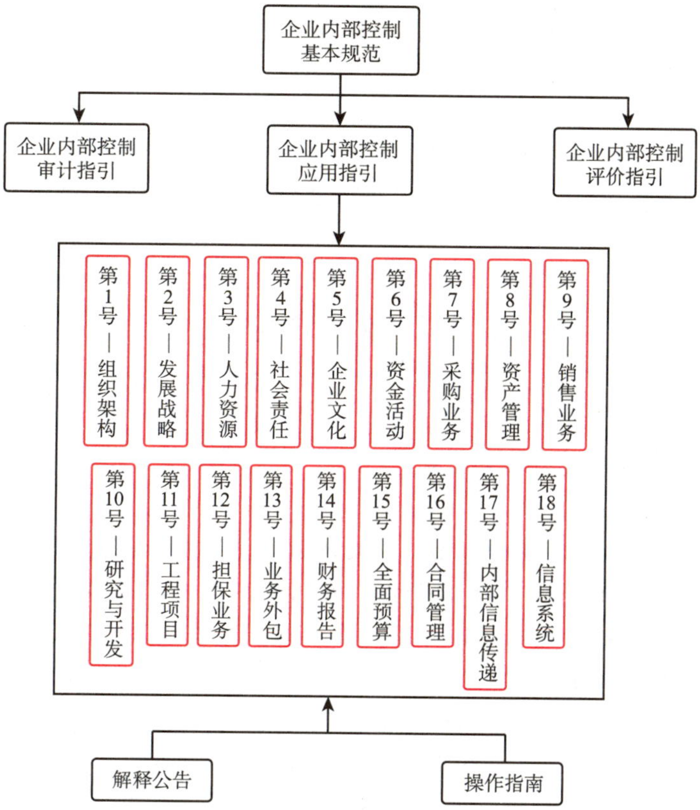

中国企业内部控制规范体系

最新操作指南文件汇总

发文时间	发文部门	标题
2022-05-27	中国证券监督管理委员会	证券公司投资银行类业务内部控制现场检查工作指引
2022-04-29	中国银行保险监督管理委员会	中国银保监会关于《理财公司内部控制管理办法（征求意见稿）》公开征求意见的公告

续表

发文时间	发文部门	标题
2022－04－12	中华人民共和国财政部	关于开展2021年度行政事业单位内部控制报告编报工作的通知
2022－03－15	中华人民共和国财政部	扎实推进企业和行政事业单位内部控制建设为推进国家治理体系和治理能力现代化提供重要支撑——《会计改革与发展“十四五”规划纲要》系列解读之八
2022－03－02	中华人民共和国财政部，中国证券监督管理委员会	关于进一步提升上市公司财务报告内部控制有效性的通知

（三）辨析内部控制与风险管理

1. 逻辑差异

在全面风险管理阶段，内控措施等同于问题解决终端，意在对企业全面风险诊断后，及时提出针对性解决方案，为风险而内控，即呈现“先风险评估，后内控解决”的模式。而在内部控制体系构建阶段，内部控制本质意义在于推动企业内、外部常态化运转，抑制一切风险突发，是“以内控，防风险”的思维。此时，企业不再是传统的“先诊后治”的思路，而是“要我内控”向“我要内控”转化。内部控制像是“扁鹊的哥哥”，可以“发现未来可能会得的病，并提前治好”；风险管理就像“扁鹊”，可以“治疗已经发生的病”。

【内控“思”享】

以内控，防风险

魏文王问名医扁鹊说：“你们家兄弟三人，都精于医术，到底哪一位最好呢？”

扁鹊答：“长兄最好，中兄次之，我最差。”

文王再问：“那么为什么你最出名呢？”

扁鹊答：“长兄治病，是治病于病情发作之前（事前控制）。由于一般人不知道他事先能铲除病因，所以他的名气无法传出去；中兄治病，是治病于病情初起时（事中控制）。一般人以为他只能治轻微的小病，所以他的名气只及本乡里。而我是治病于病情严重之时（事后控制）。一般人都看到我在经脉上穿针管放血、在皮肤上敷药等大手术，所以以为我的医术高明，名气因此响遍全国。”

这个故事给我们的启示：事后控制不如事中控制，事中控制不如事前控制。真正的医学高手从事的是防微杜渐的工作，让人不生病。从企业管理角度看，事前控制的成本最低，效果最好，让企业在业务开展前期就筑起围墙，使得“宵小之辈”得不到机会；事中控制，好在“病情”尚在初期，只要及时筑起围墙，就可根治；事后控制则像是一种“亡羊补牢”，也有效果，但成本往往较高。

2. 风险应对策略差异

《企业内部控制基本规范》第二十六条提到：“企业应当综合运用风险规避、风险降低、风险分担和风险承受等风险应对策略，实现对风险的有效控制”。企业风险管理实践一般会选择一种或多种风险应对策略，各策略具体内容如下：

风险规避是最简单的风险应对方法，是企业对超出风险承受度的风险，通过放弃或者停止与该风险相关的业务活动以避免和减轻损失的策略。选择风险规避，可以让企业退出可能会给企业带来巨大风险的业务，而终止业务本身就是失去机会，所以会产生沉没成本。

风险降低是企业在权衡成本效益之后，准备采取适当的控制措施降低风险或者减轻损失，将风险控制在风险承受度之内的策略。从内部控制只为实现企业目标提供合理保证，可判断企业内部控制属于一种风险降低策略。

风险分担是企业准备借助他人力量，将原本需要企业自身承担的风险以业务分包、购买保险等方式转移给他人，将风险控制在风险承受度之内的策略。风险分担不是没有成本的，按照风险与收益对等的原则，风险转移给他人了，相应的利益也会跟着转移。

风险承受是企业对风险承受度之内的风险，在权衡成本效益之后，不准备采取控制措施降低风险或者减轻损失的策略。选择这种策略意味着企业不再投入新的资源去管控风险，但这并不是一种无为或放任风险的做法，是基于对风险的准确评估和成本效益原则做出的决策。

以上风险策略各有利弊，图导－1给出了风险应对策略的抉择顺序，可供风控人员在实践中参考。基本思路如下：

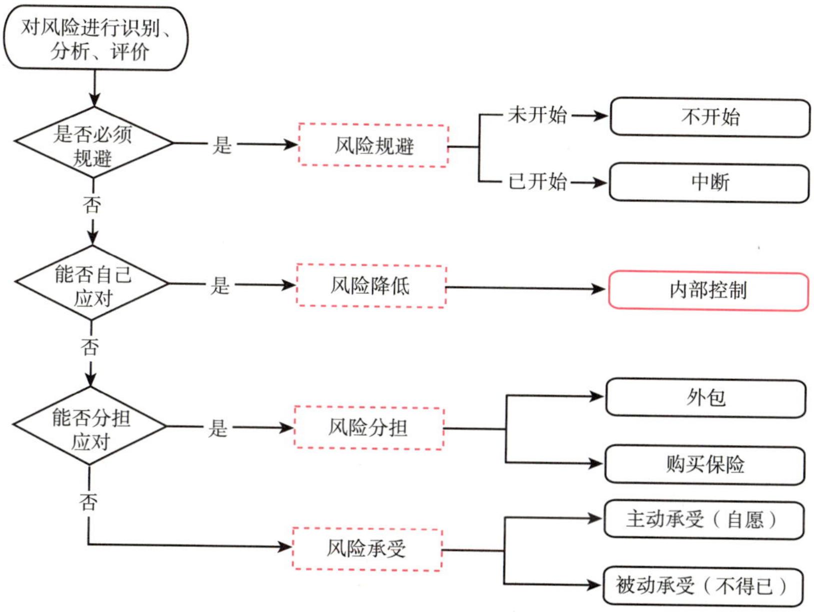

图导－1　风险应对策略的抉择顺序

（1）评估目标对应的风险是绝对不能接受的风险吗？如果是，那就只能选择规避；否则可以继续到第二步。

（2）既然选择了有风险的目标，那当然得从企业内部资源开始考虑应对，通过内部控制来降低风险发生的可能性或降低风险发生的后果。

（3）如果内部资源无法使目标风险降低到企业的风险承受度之内，那就考虑寻求外部资源的帮助，选择风险分担策略，比如外包、购买保险等。

（4）如果上述策略都不适合或达不到预期，而企业还要继续为实现该目标而努力，那就只能自己承担相应的风险了，即风险承受。风险承受包括主动承受（自愿）和被动承受

（不得已）。主动承受是对已识别和评估的小风险而言的。被动承受包括两种情形：一种是识别评估了风险，但没有办法解决；另一种是未能识别的风险。在企业实际经营中，应尽量避免被动承受风险。

综上所述，内部控制只是众多风险应对策略中的一种手段，但不是唯一手段。并且虽然内部控制是必要的、有效的风险应对策略，但内部控制并不能控制所有风险。若将风险分为内部与外部，内部控制主要是用来降低内部风险，但在对外部风险进行管控时仍存在不足；若风险分为机会风险（损失与盈利并存的风险）与纯粹风险（只会带来损失的风险），那么内部控制主要是针对纯粹风险，对机会风险不予控制。

模块二　内部控制的目标

内部控制的目标

目标引领行动，任何组织都有自己的目标，企业的目标是为利益相关者创造、保持和实现价值。但企业在追求价值的过程中会面临风险，内部控制则是对影响目标实现的风险进行评估和管控，因此内部控制目标设定的适当性是建立和实施内部控制的先决条件，是内部控制建设的基础。只有明确了内部控制目标，才能确定内部控制建设与实施的方向。内部控制目标分为总体目标和具体目标。

一、内部控制的总体目标

内部控制的总体目标是促进组织中目标不完全一致的个体进行合作，向着组织的既定目标努力，将风险控制在可接受的范围内。但世界各国的不同组织对内控总体目标有不同认识，在此仅介绍对我国内部控制研究和实务工作有重大影响的权威解释。

（一）不同组织对总体目标的认识

美国 COSO 委员会 1992 年发布的《内部控制——整合框架》（IC 框架）把内部控制目标设定为三类：运营的效率效果、财务报告的可靠性及适用法律法规的遵循性。2004 年 COSO 委员会发布的《企业风险管理——整合框架》（ERM 框架）又增加了一个战略目标，并将其设定为内部控制最高层次的目标，为风险管理向上拓展到公司治理层面奠定了基础。2013 年 COSO 委员会修订《内部控制——整合框架》及其配套指南时仍维持内部控制四个目标的设定，且对目标的适用范围和具体内容进行了细分和深化。

中国财政部等五部委制定的《企业内部控制基本规范》将内部控制总体目标分为五类：合理保证企业经营管理合法合规、资产安全完整、财务报告及相关信息真实可靠、提高经营效率和效果、促进企业实现发展战略。与美国 COSO 委员会的目标分类相比，可以发现五部委制定的内部控制目标整合了 IC 框架和 ERM 框架的要求，并在财务报告目标、合规目标、经营目标和战略目标基础上，还特别强调资产安全完整目标，这主要是因为国有资产的增值保值是我国特有国情。

（二）实务界对总体目标的认识

从内部控制实务的角度看，我国《企业内部控制基本规范》当中的资产安全完整目标可以拆解为两部分，即“用于保护资产安全且与财务报告可靠性相关的控制”和“其他资产安全相关的控制”。对于前者可纳入财务报告目标中；对于后者则可纳入运营目标中。因此经过重分类后，实务界一般将内部控制目标界定为四个目标：合规目标、报告目标、运营目标和战略目标。

1. 合规目标

遵守社会的基本规范，包括法律规范和道德规范，是一个企业持续经营乃至长远发展的基础。因此，企业建立健全内部控制的首要目标就是使企业的各项活动和业务遵守相关的法律规范。这里的法律规范也包括企业根据自身所处的环境或经营处理的业务惯例而制定实施的办法、规则、制度等。

2. 报告目标

企业应编制和提供报告，向各利益相关方传递财务或非财务的信息。报告可分为外部报告（外部财务报告和外部非财务报告）和内部报告（内部财务报告和内部非财务报告），实践中的报告类型见表导－1。内部报告主要用于内部经营管理和决策支持，相关披露要求由管理层和董事会制定，编制和提供较为灵活。外部报告主要向投资者、债权人等外部信息使用者提供决策支持信息。

表导－1　　常见报告类型

内部报告	外部报告
内部财务报告：主要向内部各阶层管理者提供财务方面的信息。例如，部门财务报告、成本分析表、管理费用分析表，产品盈利性分析等	外部财务报告：主要向外部信息使用者提供财务方面的信息。例如，年度财务报告、中期财务报告和盈余公告等
内部非财务报告：主要向内部信息使用者提供非财务方面的信息。例如，资产利用率分析，顾客满意度分析，环境、健康及安全分析等	外部非财务报告：主要向外部信息使用者提供非财务方面的信息。例如，内部控制报告、可持续发展报告、企业社会责任报告、资产托管报告、对外担保公告等

3. 运营目标

运营目标是指组织运营的效果和效率，运营目标的实现要与反映的特定业务相联系，例如实现生产业务的运营内控，目标是考虑缩短产品从生产到销售的周期还是进行技术变革。如果一个企业的运营目标不清楚或不完善，那么它的资源使用就可能被误导，造成资源使用的低效甚至无效。

【想一想】运营侧重的是提升效率和控制成本，专注内部资源的优化配置和改进。经营侧重的是抓市场和挖效益，专注对外部的把握和市场需求的满足。请问“运营目标”等同于“经营目标”吗？

4. 战略目标

战略目标要求管理者从企业发展的长远利益来设计内部控制程序，关注企业长期绩效的提高，强调企业核心业务的长期发展。战略控制对于企业保持自主创新的氛围是非常重要的，设计良好的战略控制系统可以激励员工从事需要很长时间才能进入市场但意义重大的产品开发和创新过程。

正确认识以上四个目标之间的关系，对内部控制工作的实际效果有着重要影响，前两个目标即合规目标和报告目标，它们可谓是企业赖以生存和发展的底线或基础性目标。假若企业连合法合规都做不到，报告信息虚假失真，那么会危及企业的生存，因为政府部门、监管机构、股东、社会公众等都不允许这些行为存在。后两个目标即运营目标和战略目标与前两个目标明显不同。前两个目标在实际工作中是有统一判定依据可循的，而后两个目标在不同的环境、不同的企业都会有不同的认识；且后两个目标相对于前两个目标实现起来更有难度，可以认定为提升性目标。由此可见，这四个目标不是并列关系，而是递进关系。

【引例分析导 -1】

ST 特殊处理暴露了恒持电子内控不足，我们对其内部控制目标进行分析。

1. 合规目标——底线

合法合规是内部控制的最低目标。企业发展初始阶段由于员工人数较少、业务规模较小，通常很少建立内部制度与规范，处于“人治”阶段。随着业务规模的不断扩大、员工人数增多，处于成长期的企业由于高层管理人员精力有限，已无法事事过问，急需从“人治”向“法治”过渡。恒持电子财务数据显示：2016 年至 2018 年三年间，恒持电子营收分别为 59.8 亿元、97.8 亿元、175.7 亿元人民币，净利润则从 14.2 亿元跃升至 19.3 亿元和 43 亿元人民币。显然恒持电子的内部管理早应从“人治”转向“法治”，系统化梳理各项业务流程的关键控制要求，形成有效闭环的内部控制规范。然而，恒持电子却是自 2019 年才开始着手搭建内部的流程与制度，2020 年曝出舞弊问题。恒持电子应建立与企业增长速度匹配的内部管理机制，减少内部舞弊空间。

2. 报告目标——主线

报告目标是内部控制的永恒目标。恒持电子曾为缓解资金紧张，将宇鸿科技的部分应收账款向银行申请做明保理业务（无追索权国内单保理）。但在保理到期后，2020 年 12 月 27 日银行以宇鸿科技没能还款为理由，将恒持电子在其北京中关村西区支行开立的一般户内 3.7 亿元（保理融资额与利息）划走。经对恒持电子上述保理业务的调查发现，公司的上述保理业务没有及时公布，信息披露涉嫌违规。银行同意上述保理业务的日期是 2019 年 12 月 24 日，而这一事项在恒持电子 2020 年 3 月 29 日公布的《2019 年年度审计报告》中才有所描述，也就意味着保理业务事件发生 3 个月后恒持电子才将这一事项公布。根据《股票上市规则》第九章应披露的交易 9.1 条中的规定，恒持电子与银行签署的保理业务实际上是金融资产的买卖，属于应当及时披露的业务之一。

3. 运营目标——生命线

运营效率和效果是内部控制的核心。针对采购业务缺陷，恒持电子应建立采购价格数据库，对于采购价格进行梳理与统计，每月结合市场价格变动趋势做相应的趋势与差异分析，例如同一商家同一产品采购价格的波动、不同商家同一产品价格的对比、采购价格与市场公允价格的比对等，确保采购价格的合理性。针对销售业务缺陷，恒持电子应对拟合作的客户进行资信评估，并结合公司自身的经营情况、风险承受度确定具体的信用等级，并据此经相关权限人员批准后匹配相应的销售策略、合作模式、赊销额度、结算方式等，从而避免因缺乏合理的资信评估，导致客户选择不当、销售款项不能收回或遭受欺诈的风险。

4. 战略目标——愿景线

战略实现是内部控制的最高目标。恒持电子最近几年进入销售规模持续放量的狂飙时代，在宇鸿科技拖欠多家公司巨额欠款的情况下仍然与其签订了巨额销售合同。市场狂飙的背后是恒持电子发展战略的苛刻要求，为了扩大市场占有份额而进行盲目赊销。且自2020年新型冠状病毒疫情暴发以来，大多数企业面临应收账款无法及时回笼，导致资金链断裂陷入严重的财务危机。因此恒持电子在制定发展战略过程中，应当综合考虑宏观经济政策、市场需求变化、可利用资源水平和自身优势与劣势等影响因素。

二、内部控制的具体目标

内部控制建设是否真正落地，关键在于内控建设是基于总体目标开展，还是基于具体目标开展。如果是基于内部控制的总体目标开展，则会围绕内部控制定位和功能进行建设，但因为没有深入企业业务，对运营效率和效果以及战略提升并没有很大帮助，因而无法让利益相关者满意。

只有基于内部控制具体目标开展建设，才能让内部控制真正落地。因此企业应先确认各项业务流程（见图导-2），并识别出各项业务流程的业务目标，业务目标即企业通过业务流程所期望达到的标准或水平，这是实施内部控制措施的落脚点；再将业务目标逐步分解成若干个内部控制具体目标，这些具体目标是保证业务目标实现的基础；最后还应确保业务目标、内部控制具体目标与内部控制总体目标保持一致。

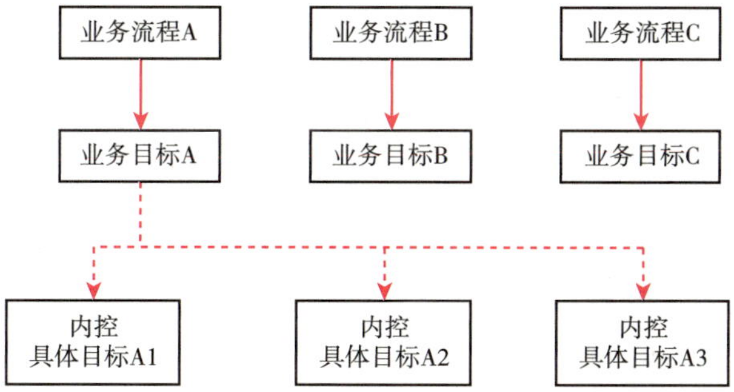

图导-2 业务目标和内控具体目标的关系图

为了帮助内控人员更好地设定内部控制具体目标，在此列举了8个常见方向，可根据实际情况结合以下方向进行具体目标的设定：

（1）完整性，主要证实业务流程中所涉及或所造成的信息、资料、数据或成果是否被完整地记录。

（2）及时性，主要证实所涉及的业务流程是否及时执行；所造成或达成的成果是否被及时地记录、表述或传递。

（3）真实性，主要证实所涉及的业务流程是否真实发生，所造成或达成的成果是否确实存在。

（4）准确性，主要证实所涉及的业务流程及其所造成或达成的成果是否被准确地记录或表述。

（5）有效性，主要证实所涉及的业务流程及其所造成或达成的成果是否能达到预期的效果，满足企业的需求；是否降低业务流程中发生各类风险的可能性，并且在一定程度上可以提升企业运营的效率和效果。

（6）合法性，主要证实所涉及的业务流程及其所造成或达成的成果是否均符合或满足国家法律、外部监管机构相关法规以及企业内部规章制度的规定。

（7）合理性，主要证实所涉及业务流程及其所造成或达成的成果是否均经过科学的论证和测试，保证资源的合理利用。

（8）保密性，主要证实所涉及的业务流程及其所造成或达成的成果是否能够被安全地保护，从而维护企业的权益。

以采购流程为例，若业务目标是确保采购到合适的、需要的物品，那么结合上述方向，在确保业务目标的实现过程中，应进一步将业务目标分解为若干内部控制具体目标，例如，合理性——确保采购物品价格合理；准确性——确保采购物品数量合适；有效性——确保采购物品质量上乘；及时性——确保采购物品供应及时。如果采购无法保证这些内部控制具体目标的实现，那么可能会导致采购效率低下或没有意义。

模块三　内部控制的建设思路

内部控制的建设思路（上）

企业内部控制建设是一项系统性工程，确定建设思路至关重要。不同企业在组织形式、行业特点、业务类别、经营范围、规模大小、管理模式等方面各有不同，现实中并不存在一个适用于所有企业的内部控制模式，但基本的内部控制建设思路具有普遍适用性，值得借鉴。一般先组建内部控制职能机构，再建设内部控制体系。

一、组建内部控制职能机构

《企业内部控制基本规范》第十二条规定，企业应当成立专门机构或者制定适当的机构具体负责组织协调内部控制的建立实施及日常工作。此条例的目的是通过组织架构明确内部控制管理的相关角色和职责，以责任为主线，构建内控体系的风险管理责任链，从而为内部控制的有效运行提供组织保障。为建立健全的法人治理结构，企业应在董事会下组建内部控制（或全面风险管理）委员会等类似机构，负责企业内部控制的整体工作；再在内部控制（或全面风险管理）委员会下成立专门的内部控制部门或在已有部门中成立具有内部控制职能的专门机构。因此内部控制组织架构的设置可以是灵活多样的，应结合各组建方式的优缺点以及企业自身特点进行选择。

（一）单独设置内部控制部门

单独设置内部控制部门即从业务部门抽调人员或外聘相关业务人员，集中推动内部控制体系建设。此外，可在各部门设置兼职内部控制管理员，这样做有利于提高内部控制体系建设效率，持续且有效进行推动。此方法适用于企业内部控制体系的持续性完善。优点是分工更加明确，专人专事，减少了不相容职务未分离的风险；组织结构稳定，人员流动较少，很好地保证了内控部门的独立性，更有利于内部控制目标的实现。缺点是内控部门与业务部门割裂，内控与业务可能融合不好；人力成本较高，投入较大。

【相关案例】

2016 年 8 月 23 日，京东集团在“廉洁京东”微信公众号上发布了《京东集团反腐通知》，这则反腐公告将京东的内部反腐部门——内控合规部推到了人前。内控合规部是京东集团唯一被授权从事腐败行为调查的专职部门，直接向京东集团 CEO 汇报，从治理结构上保障了举报受理和调查工作的独立性和客观性；内控合规部将举报的保密工作放在首位，对于举报受理和调查有严格的管控制度和流程，对举报人的个人信息及举报人提供的所有举报资料均严格保密。根据廉洁京东的披露，从 2016 年，每年都会公布多起反腐败案例，而出手的都是这个神秘的内控合规部。内控合规部负责内部监察和审计，监察主要是指针对个别问题预防和调查，审计则从业务的角度对局部问题进行全面核查。内控合规部的人员除了来自经侦、警队和传统行业的反贪人员以外，还有内部对此项工作有兴趣的人员甚至包括此前做过采销的人员经过培训加入进来。

（二）由综合管理部门、财务部门牵头负责内部控制工作

由综合管理部门、财务部门等牵头负责内部控制工作，下设内部控制科室或内部控制分管机构，推动内部控制体系建设。此方法适用于企业内部控制建设初期或中期。优点是有利于企业内部资源利用，充分识别风险；缺点是从业人员可能对企业某些业务及流程了解不透彻、不深入。例如，综合管理部门原本是负责制定企业的经营规划和发展战略，编制各部门的工作职责与考核标准，以及负责建立健全公司的规章制度。从职责来看，它应该是所有部门里面最接近内控职责的部门了。但内控不仅仅是建立制度和制定战略，更有一部分是关于风险管理、反舞弊等职责，因此综合管理部门可能对于这些职责认识不够。财务部门原本是负责执行与资金、资产事项相关的操作，而内部控制的目标中就包括了保护企业资金资产的安全，以及财务数据的真实准确，如果再让财务部门去建立相关的规则或者是执行监督和检查，财务部门可能对自身业务监督不够。

（三）由内部审计部门牵头负责内部控制工作

当人员有限时，由内部审计部门牵头负责内部控制工作也是一种选择。优点是内部审计

作为内部控制监督部门，在初期能够较好地推动内部控制体系建设；缺点是内部审计不能同时做“运动员”和“裁判员”，原则上是有违独立性的。比如说，内审部建立并维护内控体系，做审计时又去评价内控有效性、完整性，岂不是既做运动员又做裁判员？因此该方法更适用于企业内部控制体系建设初期。

内部控制的建设思路（下）

二、建设内部控制体系

组建好承担内部控制职能的机构后，接下来确定其工作内容即建设内部控制体系，可分为整体层面和业务层面。整体层面的内部控制相当于搭好基本框架，定好基调，搞好顶层设计；业务层面的内部控制则是对整体层面内部控制的沉淀，结合具体业务流程开展内部控制建设。

（一）整体层面的内控设计

整体层面的内部控制，即对实现内部控制总体目标造成影响的要素进行控制。《企业内部控制基本规范》认为有五方面要素，分别是内部环境、风险评估、控制活动、信息与沟通、内部监督（见图导－3）。

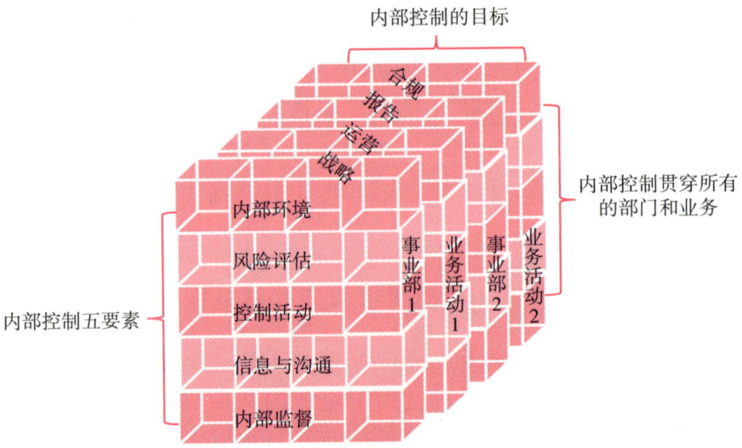

图导－3　整体层面的内控设计

1. 内部环境

从系统论的观点看，所谓环境，就是指被研究对象之外的、对被研究对象有影响作用的一切系统的总和。内部控制的内部环境是指企业内部的、对内部控制有直接或间接影响的要素总和。按照《企业内部控制基本规范》的规定，企业内部控制的内部环境包括公司治理结构和议事规则、管理理念和经营风格、内部机构设置、岗位职责、业务流程、内部审计、人力资源政策、职业道德修养和专业胜任能力、企业文化、价值观、社会责任感、法治观念等，可将上述构成要素划分为三大类：管理因素、组织因素、人的因素（见图导－4）。

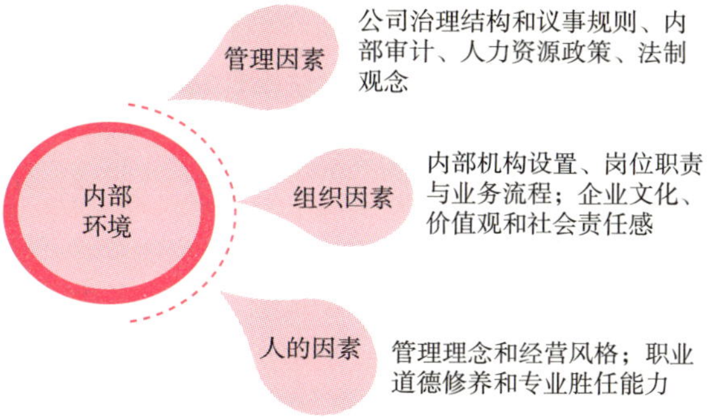

图导－4 内部环境的构成

（1）管理因素。管理因素包括：公司治理结构和议事规则、内部审计、人力资源政策和法治观念。

①公司治理结构和议事规则。公司治理结构是一种对企业进行管理和控制的体系，明确决议企业事务时所应遵循的规则和程序。当今所有权和经营权相分离产生了委托—代理关系，但所有者和经营者的利益不一致，因此良好的治理结构目标是降低代理成本，使所有者不干预公司的日常经营，同时又保证经理层能以股东的利益最大化为目标。良好的公司治理有利于把握内部控制的正确航向，落实内部控制的实施，为企业所有者创造更多的价值。因此《企业内部控制基本规范》第十一条规定，企业应当根据国家有关法律、法规和企业章程，建立规范的公司治理结构和议事规则，明确决策、执行、监督等方面的职责权限，形成科学有效的分工和制衡机制。

《企业内部控制基本规范》第十二条还强调，由企业董事会负责内部控制的建立健全和有效实施；监事会对董事会建立与实施内部控制进行监督；经理层负责组织领导企业内部控制的日常运行。传统上由管理层具体负责的建立和实施企业内部控制，改由董事会代表股东建立代表股东利益的内部控制体系，提高企业内部控制的层次，更有利于实现内部控制的目标。内部控制的内部监督权交给监事会，能提高监督的权威。

②内部审计。内部审计是一种独立、客观的确认和咨询活动，旨在增加价值和改善组织的运营。它是通过应用系统的、规范的方法，评价并改善风险管理、控制和治理过程的效果，帮助组织实现其目标。《企业内部控制基本规范》第十三条规定，企业应当在董事会下设立审计委员会。规定所设定的审计委员会负责审查企业内部控制，监督内部控制的有效实施和内部控制自我评价情况，协调内部控制审计及其他相关事宜。审计委员会负责人应当具备相应的独立性、良好的职业操守和专业胜任能力。

《企业内部控制基本规范》第十五条规定，企业应当加强内部审计工作，保证内部审计机构设置、人员配备和工作的独立性。内部审计机构应当结合内部审计监督，对内部控制的有效性进行监督检查。内部审计机构对监督检查中发现的内部控制缺陷，应当按照企业内部审计工作程序进行报告；在监督检查中发现内部控制重大缺陷，有权直接向董事会及其审计委员会、监事会报告。

【想一想】从职责范围来谈审计委员会与内部审计机构有什么区别？

③人力资源政策。内部控制是由人来进行并受人的素质的影响，保证组织所有成员具有

一定水准的道德水平和专业能力的人力资源方针与实践，是内部控制有效的关键因素之一。《企业内部控制基本规范》第十六条规定，企业应当制定和实施有利于企业可持续发展的人力资源政策。具体包括：完善招聘与选拔方针及操作性程序；对新员工进行企业文化和道德价值观的导向培训；对违反行为准则的各种业务，制定纪律约束与处罚措施；对业绩良好的员工，制定具有奖励和激励作用的报酬计划，并避免诱发不道德行为；根据阶段性的业绩评估结果，对员工予以晋升、指导以及奖罚等。

④法治观念。在法治社会中，企业的一切活动都应该以法律为准绳，树立牢固的法治观念。企业的内部控制更强调法治观念。《企业内部控制基本规范》第十九条规定，企业应当加强法制教育，增强董事、监事、经理及其他高级管理人员和员工的法治观念，严格依法决策、依法办事、依法监督，建立健全法律顾问制度和重大法律纠纷案件备案制度。

（2）组织因素。组织因素包括：内部机构设置、岗位职责与业务流程；企业文化、价值观和社会责任感。

①内部机构设置、岗位职责与业务流程。根据组织学的理论，单位的经营业务或管理活动是依靠相关的内部机构执行的，而机构又是依靠各个岗位来完成的，岗位职责规范了每一个岗位的行为，业务流程规范了每一个业务的程序，它们综合作用才能保证企业目标的实现。《企业内部控制基本规范》第十四条规定，企业应当结合业务特点和内部控制要求设置内部机构，明确职责权限，将权利与责任落实到各责任单位。要求企业通过编制内部管理手册，使全体员工掌握内部机构设置、岗位职责、业务流程等情况，明确权责分配，正确行使职权，明确内部机构、岗位职责、业务流程等相关内部环境。

②企业文化、价值观和社会责任感。企业文化、价值观和社会责任感都是柔性的内部环境因素，通过意识渗透进而影响人的行为，从而影响企业的内部控制。它们是一个企业在其生存和发展过程中形成的、用于指导和规范企业自身及员工行为的共同理念，是企业的精神支柱，也需要随着客观环境的变化实时地做出相应的调整。《企业内部控制基本规范》第十八条规定，企业应当加强文化建设，树立积极向上的价值观和增强社会责任感，倡导诚实守信、爱岗敬业、开拓创新和团队协作精神，树立现代管理理念，强化风险意识。董事、监事、经理及其他高级管理人员应当在企业文化建设中发挥主导作用。企业员工应当遵守员工行为守则，认真履行岗位职责。

（3）人的因素。人的因素包括：管理理念和经营风格；职业道德修养和专业胜任能力。

①管理理念和经营风格。管理层的管理理念和经营风格往往是企业内部一种无形的力量，影响企业成员的思维方法和行为方式，包括企业承受营业风险的种类、整个企业的管理方式、对法规的反应、对企业财务的重视程度、对人力资源政策的看法，以及对现有可选择的会计准则和会计数值估计所持有的谨慎或冒进态度等。有些管理层的管理理念和经营风格较为激进，愿意承担更高的风险以追求更高的盈利回报；而有些管理层则比较保守，在风险承担方面表现得较为谨慎。以销售信贷政策为例，风险承受力高的公司相比承受力低的公司，其设定的信用销售额度更高，以期望通过更优惠的政策吸引和保留客户，从而获得更高的销售额。

②职业道德修养和专业胜任能力。内部控制的有效性直接取决于创建、管理和监控内部控制实施的人员职业道德修养和专业胜任能力，因为在所有权和经营权相分离之下，各利益相关者都会存在“不道德”和逆向选择的风险，这些风险可能会带来声誉或经济损失。《企

业内部控制基本规范》第十七条规定，企业应当将职业道德修养和专业胜任能力作为选拔和聘用员工的重要标准，切实加强员工培训和继续教育，不断提升员工素质。

【相关案例】

出纳侵吞巨款畏罪自杀 背后折射内部环境缺陷

2015年4月，杭州市余杭教育学院出纳黄伟胜突然自杀身亡。在对学院账目进行核查后办案人员发现，该单位的存款竟不翼而飞，户头上只剩下600多元。有关部门在经过一系列的调查后证实，黄伟胜在几年时间里，将学院近3 000万元公款蚕食鲸吞。在这之前，该校财务管理较为混乱，食堂没有建账，教育局下拨的专项资金被随意划拨，银行转账缺少财务凭证，这都给了黄伟胜可乘之机。最初，他虚构了食堂要向某蔬菜公司支付24万余元购货款的事实，用一张已经过了有效期的收款收据，找到校长姚新华签字审批。面对这张漏洞百出的收据，姚新华大笔一挥签字过审。随后，黄伟胜将这笔钱直接从学校行政基本账户打到了其私人账户。在姚新华的审批下，黄伟胜伪造了各种各样的会议费、培训费、食堂进货款，甚至用购买假发票等方式，模仿经办人员签字，通过支票划转和直接取现，将公款以"蚂蚁搬家"的形式转入了自己手中。不久后，姚新华被调离余杭教育学院，郎明仙继任该校校长。当余杭区教育局委托会计事务所对姚新华进行离任审计，发现了食堂入账不及时、入账明细与实际不一致、工会入账不及时等严重问题。然而郎明仙既没有采取有效措施整改，也没有调整黄伟胜的岗位，继续对其放任纵容。事实上，学校内部也有同事对黄伟胜产生了怀疑，该校会计就曾偶然发现黄伟胜擅自从食堂账户划拨12.46万元到自己的个人账户，有挪用、贪污公款的重大嫌疑，于是她调取了银行相关凭证，并向郎明仙作了汇报。然而这仍未引起郎明仙重视。他用无限的信任代替了必要的监督，不仅没有核查账户，没有向上级主管部门汇报，也没有向纪检或司法机关报案。办案人员透露，如果当时认真调查，及时处理，或调整岗位，就能避免后续2 000多万元的损失。

在本案例中，出纳私欲膨胀、为所欲为、侵占国家资产是案件发生的直接原因，但是两任校长作为第一责任人，未履行第一责任人职责，对财务出现的问题不管不问，导致制度不完善、不落实，形同虚设；该区教育局相关领导也没有认真履行监管职责，这些是案情持续发酵的根本原因。针对员工舞弊盗窃资产的行为，有内部举报制度，也有员工进行了内部举报，但是公司或学校高层对于员工舞弊行为不重视，这使舞弊行为无限制扩大，形成不健康的内部环境，不但直接影响内部控制的建立，还直接决定内部控制实施的效果和内部控制目标的实现。

资料来源：杭州廉政网。

2. 风险评估

风险是指可能对目标实现产生影响的事件发生的不确定性，因此内部控制目标就是要控制风险，而管控风险的首要任务是进行风险评估，即及时识别、系统分析、客观评价经营活动中与实现内部控制目标相关的风险。风险评估的方法很多，可以参阅国际标准组织IOS发布的ISO/IEC 31010：2019《风险管理——风险评估技术》[①] 或中国国家标准化管理委员会

① ISO/IEC 31010：2019《风险管理——风险评估技术》新版替代了2009年第一版ISO/IEC 31010：2009《风险管理——风险评估技术》。

发布的 GB/T 27921－2011《风险管理——风险评估技术》①，其中我国的国标是参照国际标准（2009 版）编制的。无论哪种风险评估方法，都需要经历风险识别、风险分析、风险评价三个步骤。

【拓展阅读】

中国国家标准化管理委员会制定的 GB/T 27921－2011《风险管理——风险评估技术》中所介绍的 32 种风险评估技术：

1. 头脑风暴法（Brain Storming）；
2. 结构化/半结构化访谈（Structured or Semi－structured Interview）；
3. 德尔菲法（Delphi Method）；
4. 情景分析（Scenario Analysis）；
5. 检查表法（Check Lists）；
6. 工作安全分析（JSA－Job Safety Analysis）；
7. 预先危险分析（PHA－Primary Hazard Analysis）；
8. 失效模式和效应分析（FMEA－Failure Modes and Effects Analysis）；
9. 危险与可操作性分析（HAZOP－Hazards and Operability Study）；
10. 危害分析与关键控制点法（HACCP－Hazard Analysis and Critical Control Point）；
11. 结构化假设分析（SWIFT－Structured "What－if" Technique）；
12. 风险矩阵（Risk Matrix）；
13. 人因可靠性分析（HRA－Human Reliability Assessment）；
14. 以可靠性为中心的维修（RCM－Reliability Centered Maintenance）；
15. 保护层分析（LOPA－Layer of Protection Analysis）；
16. 业务影响分析（BIA－Business Impact Analysis）；
17. 潜在道路分析（SCA－Sneak Circuit Analysis）；
18. 风险指数（Risk Index）；
19. 故障树分析（FTA－Fault Tree Analysis）；
20. 事件树分析（ETA－Event Tree Analysis）；
21. 因果分析（Cause－Consequences Analysis）；
22. 根原因分析（RCA－Root Cause Analysis）；
23. 决策树分析（Decision Tree Analysis）；
24. 蝶形图分析（Bow Tie Analysis）；
25. 层次分析法（AHP－Analytic Hierarchy Process）；
26. 在险值法（VAR－Value at Risk）；
27. 均值—方差模型（Mean－Variance Model）；

① 该国标于 2012 年 2 月 1 日实施，该标准分为六个章节和两个附录，适用于指导组织选择合适的风险评估技术。附录 A 给出了风险评估技术的比较，描述了各类评估技术如何应用到风险评估的过程中去，以及在实践中哪些因素会影响评估技术的选择。附录 B 则给出了 32 种风险评估技术的具体内容。

28. 资本资产定价模型（CAPM－Capital Assets Pricing Model）；
29. FN 曲线（FN Curves）；
30. 马尔可夫分析（Markov Analysis）；
31. 蒙特卡罗模拟分析（Monte Carlo Simulation）；
32. 贝叶斯统计及贝叶斯网络（Beyesian Statistics and Bayes Nets）。

（1）风险识别。风险识别，即纵观企业各项业务活动流程，运用各种方法，系统地、连续地发现流程中的风险的过程。其具体任务是收集风险信息，然后识别信息中的风险源，并对风险识别成果进行输出。

①收集风险信息。日常工作中，企业应对风险信息进行动态管理，指定专人定期或不定期地收集风险信息，企业的风险信息多种多样，有内部的、外部的，有整体层面的、业务层面的，如何高效、低成本地获取信息是各企业都非常关注的事情，可以通过爬虫技术在互联网上获得信息，也可以以调查问卷、电话、邮件等调研方式收集信息，还可以购买咨询机构的服务，或者倾听专家意见获取信息。

②识别风险源。识别风险源（Risk Source）是风险识别的关键环节，即依据收集到的风险信息确定哪些关键风险需要关注，并分析引起风险的主要原因是什么。识别风险源的方法有很多，如风险清单分析法、现场调查法、财务报表分析法、组织结构图分析法、事故树分析法、因果图法、管理评分法等，在此仅介绍本书后续项目进行风险识别所用流程图法（Process Flow Analysis）。流程图法是将企业的主要活动过程或操作步骤绘成流程图，对流程的每一环节和步骤逐个进行调查分析，识别出哪些业务可能影响目标的实现。流程图一般需要用到的图标含义如图导－5 所示。

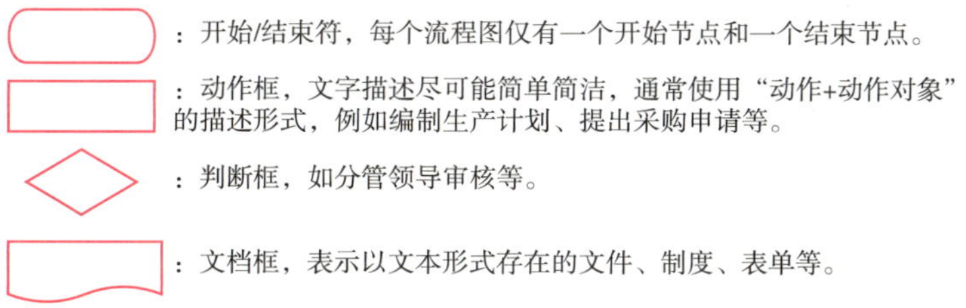

图导－5 流程图所需图标含义

采用流程图法进行风险识别的优点在于能够给决策者一个总体印象，能够清晰地展示系统各要素之间的联系及因果传导机制。一般用流程图法识别风险源大致可以分为三步：

第一步，梳理流程，找到关键节点。针对流程的每一个步骤，判别其是否为关键节点，通常需要特别关注两类节点，一是流程中曾经发生过事故的节点，二是在梳理流程中被改动过的节点。

第二步，针对关键节点，分析可能发生的风险事件。从正常、异常和紧急三种活动状态出发，分析可能发生的风险事件、风险原因及后果。

第三步，查看关键节点是否已有控制措施，是否有能力预防或阻止该潜在风险的发生，然后把这些信息作为风险源记录下来。

【相关案例】

丽人制衣有限公司准备采用流程图法对其生产活动过程进行风险识别。首先梳理生产活动流程，并将其按工序绘制成流程图。该公司制造成衣所需原料包括布匹主料和辅料，原料采购回来后，分别将布匹主料存储在1号仓库，辅料存储在2号仓库。布匹主料从1号仓库出库后，开始进行着色、处理和烘干程序，下一步进入加工与清洁程序，再经过剪裁后进入半成品库；而辅料从2号仓库出库后则直接进入加工与清洁程序，然后送至半成品库。接下来两种原料的后续流程都是一样的，即半成品经主装配和辅助装配后，进行成品检验，合格品放入成品仓库，开始销售。

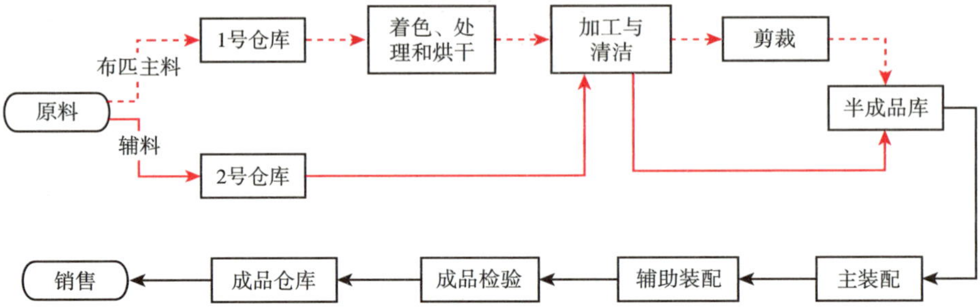

丽人制衣有限公司生产活动的流程图

梳理完生产活动流程后，发现丽人制衣的主料和辅料在加工清洁后都会汇集到半成品库，那么半成品库就是整个生产环节中一个非常关键的节点，这个节点一旦发生重大事故，公司将可能面临不能按合同如期交货而形成的违约风险。因此需要分析此节点可能发生的风险事件，比如：

（1）正常情况：半成品库的收发、存放、盘点等工作是否都有记录？如果没有记录，会造成什么损失？

（2）异常情况：是否有核对半成品库的台账、财务账簿、实物三者的一致性？若没有核对，会造成什么损失？

（3）紧急情况：如果发生火灾或水灾，是否有紧急应对措施？若没有应对措施，会造成什么后果？

针对以上潜在风险，丽人制衣需要查看半成品库是否已有控制措施；若还没有采取控制措施，则需要思考是否有能力预防或阻止潜在风险的发生，然后把这些信息作为风险源记录下来。

③输出风险识别成果。通过风险识别我们获得了各个风险源，经过汇总，还可以获得某个部门或者某个项目的风险列表，乃至获得整个企业的风险库。风险列表一般是对中小企业而言的，用Word或Excel文件形式展现。对于大企业或者已建有风控信息系统的企业，一般用风险库来记录风险识别的成果。常见风险识别成果输出形式如表导－2所示。

表导－2 常见风险识别输出成果

成果形式		风险识别成果释义
1	风险描述	这是风险识别的最直接的成果。通过风险识别，可以获得对风险的基本认识，认识各风险的风险源、风险事件，以及引发该事件的原因和潜在后果等属性
2	风险列表（风险清单）	这也算是直接成果。把识别出来的风险逐个汇集起来，就形成一个列表。风险列表可以是杂乱无章的，也可以是有序的、分类的。分类的风险列表要基于风险目录，分类的风险列表更方便使用
3	风险库	风险库是风险列表的高级表现形式，是格式化的风险列表。不管企业是否已建立风控信息系统，风险库的建设都是必需的。风险库是风险管理数据的一个基本数据库，对风险描述的字段（或标签）越多、越细，对之后的风险评估和风险应对越有益
4	损失事件库	损失事件库是对历史风险出现后的格式化记载。损失事件库要对历史损失事件进行格式描述，比如损失事件发生的时间、地点、原因、后果、损失金额，以及涉及的业务、产品、项目、部门、岗位、人员、环境等。损失事件库对识别和分析新风险有参考作用。历史损失事件的发生情况，可以作为识别和评价现有风险事件的依据

【相关案例】

甘栗电子制造有限公司最近采购的原材料存在质量不稳定、掺假、掺杂等情况，导致产品品质不稳定，甚至出现明显的缺陷。这些质量问题引发了产品的退货、售后维修等，严重的甚至会对公司的声誉产生负面影响，进而影响到公司的经营业绩。因此，该公司需要通过风险识别，找出质量问题的具体原因，为后期制定相应的风险应对措施做准备。

（一）收集风险信息

收集信息的渠道包括：

（1）外部环境分析：通过了解市场环境、政策法规、竞争对手等外部因素，分析其对采购原材料质量的影响，包括供应商情况、原材料市场价格波动、政策变化等。

（2）内部风险识别：对企业内部采购管理流程、供应商管理情况、人员素质等进行评估，发现潜在的风险点，如流程环节缺失、人员管理不力等。

（3）市场调研：通过市场调研、客户反馈等方式了解市场对产品的需求、对质量的要求和评价，以此发现和排除可能出现的质量风险。

（4）数据分析：通过对过去采购和质量管理数据的分析，识别风险，发现异常情况和不良趋势，如供应商的交货延误、原材料的品质不稳定等。

（二）识别风险源

在收集了足够的风险信息后，该企业采用了流程图法识别风险源。该企业的采购流程如下：

（1）采购需求：根据生产计划和销售订单确定采购需求。

（2）采购申请：由相应部门填写采购申请表并报批。

（3）选择供应商：对多家供应商进行评估和比较，选择最合适的供应商。

（4）签订合同：与供应商签订合同，约定交货时间、数量、价格等细节。

（5）采购付款：根据合同约定，支付采购款项。

（6）收货验收：验收采购的货物是否符合要求，发现货物质量问题及时反馈供应商。

通过分析采购流程，该企业识别出以下风险源：

（1）采购申请不规范：由于申请部门对采购需求理解不清，申请表填写不规范，导致采购过程出现问题。

（2）供应商选择不当：由于评估方法不科学、评估标准不合理或评估人员不专业，导致选择不合适的供应商。

（3）合同缺陷：由于合同条款不明确或合同未能达成共识，导致后续交货、价格等方面的争议和风险。

（4）验收问题：由于收货验收不规范或供应商质量控制不到位，导致收到的货物存在质量问题。

（三）输出风险识别成果

该企业将识别出的风险源汇总成风险列表，包括：

（1）风险编号和名称：如采购风险01，合同风险02等。

（2）风险描述和特征：例如采购风险01可能包括采购员不合规操作，合同风险02可能包括合同纠纷等。

（3）风险的责任人和相关部门：例如采购风险01的责任人为采购部门，合同风险02的责任人为合同管理部门。

这些信息将有助于企业对风险进行有效的管理和控制，以保证产品质量的稳定和可靠性。

（2）风险分析。风险分析是在风险识别的基础上对风险进行计量、分析的过程。风险分析可以是定性分析，也可以是定量分析，还可以组合进行，具体取决于分析的用途和可获取的数据类型，以及组织决策的需求。所谓定性分析可以通过约定的“文字”等级来分析风险，如“高、中、低”；所谓定量分析一般用“数字”评级量表（如5分量表）来分析，然后再运用公式进行计算。风险分析一般从风险发生的可能性和风险发生的后果两个维度进行分析。

①风险发生的可能性。风险发生的可能性是指在企业目前的管理水平下，风险发生的概率大小或者发生的频繁程度。进行可能性分析时要注意以下几点：

第一，对风险发生可能性的分析载体是该风险可能引发的潜在事件，分析对象是该事件的一种或多种后果，无特定后果的可能性分析是没有意义的。

第二，可能性分析需要事先制定可能性等级准则。各等级划分应清晰，具有可操作性，需配以详细说明或举例说明，否则等级准则无效。如表导-3所示可能性等级准则，示范了3种描述“极低、低、中等、高、极高”的定性、定量等级，其中第二行准则是无效的，没有任何参考价值，因为执行分析的人很难区分“极少情况下才发生”和“某些情况下发生”，所以可以视为无效风险准则。

②风险发生的后果。风险发生的后果是通过假设风险已经出现，然后判断其对企业经营目标产生影响的性质和大小。发生后果分析也需要事先制定风险发生后果等级准则。如表导-4所示风险发生后果等级准则，示范了3种描述“极轻微的、轻微的、中等的、重大

的、灾难性的”定性、定量等级，其中示例1和示例2的等级描述在实际操作中很难被作为分析标准，可以称它们为“伪准则”，因为关于风险发生的后果，必须要有可衡量的数量或范围来说明。

表导-3　　风险发生可能性等级准则示例

级别	1（极低）	2（低）	3（中等）	4（高）	5（极高）
定性描述示例1	今后10年内可能发生少于1次	今后5~10年内可能发生少于1次	今后2~5年内可能发生少于1次	今后1年内可能发生少于1次	今后1年内可能发生少于1次
定性描述示例2	一般情况下不会发生	极少情况下才发生	某些情况下发生	较多情况下发生	常常会发生
定量描述示例3	10%以下	10%~30%	30%~70%	70%~90%	90%以上

表导-4　　风险发生后果等级准则示例

级别	1（极轻微的）	2（轻微的）	3（中等的）	4（重大的）	5（灾难性的）
定性描述示例1	对固定资产管理几乎没有影响	对固定资产管理有轻微影响	对固定资产管理有一定程度的影响	对固定资产管理有较大影响	对固定资产管理有重大影响，甚至导致战略实施失败
定性描述示例2	较低的财务损失	轻微的财务损失	中等的财务损失	重大的财务损失	极大的财务损失
定量描述示例3	影响年收入目标1%以下	影响年收入目标1%~5%	影响年收入目标5%~12%	影响年收入目标12%~18%	影响年收入目标18%以上

实践中估计风险发生可能性和发生后果的方法有很多，本书后续项目主要采用以下两种方法：

第一种，历史数据分析法，即利用相关历史数据来识别那些过去发生的损失事件，借此推断出它们在未来发生的可能性和发生的后果，所使用的数据应当与所要分析的业务有关。

第二种，德尔菲法（Delphi Method），也称专家打分法，是美国兰德公司1964年总结并提出来的一种几乎可以应用于任何领域的咨询决策技术，其核心是通过匿名方式进行几轮函询征求专家们的意见。特别适用于企业自身缺乏历史数据的情况。

（3）风险评价。风险评价是在风险分析的基础上对风险进行判断、排序的过程，是风险应对的主要依据。风险评价包括将单个风险的重要程度大小与企业预先设定的风险重要性等级准则进行比较，或者多个风险的重要程度大小互相之间进行比较，以确定各风险之间的排序。

①风险的重要程度。所谓风险的重要程度是风险发生可能性和风险发生后果的综合结果。在风险管理实践中，用得比较多的方法是将风险发生可能性与风险发生后果的大小相乘，即两者的乘积为风险重要程度的大小，数字越大，对应的风险越高。也有一些企业，通过把风险影响程度的大小与风险可能性的大小相加，即两者之和为风险重要程度的大小，数字越大，对应的风险越高。例如表导-5是相关部门人员流失风险重要程度的汇总表。其风险发生可能性和后果大小的评分范围为1~5。

表导－5　　部门人员流失风险重要程度汇总表

风险源	风险发生可能性大小	风险发生后果大小	风险重要程度
销售部人员流失	4	4	16
财务部人员流失	1	2	2
审计部人员流失	1	1	1
生产部人员流失	2	2	4
研发部人员流失	3	3	9
采购部人员流失	3	1	3

②风险矩阵。为了直观地展示风险评价结果，可以借助风险矩阵（risk matrix）实现，即利用风险发生可能性及其风险发生后果这两个维度来绘制的矩阵图，一般用不同颜色，由冷到暖来表示风险的重要性等级，并配以相应坐标值代表风险重要程度大小（如图导－6 中由 1 至 5）。可根据风险源在矩阵图中所处的位置，对风险源进行优先排序，进而确定哪些风险源需要优先应对，这一方法非常有助于管理者确定关键风险。通常优先管理那些风险矩阵西北方向（高概率、后果严重）的风险事项，以实现最佳的风险管理投入产出比。

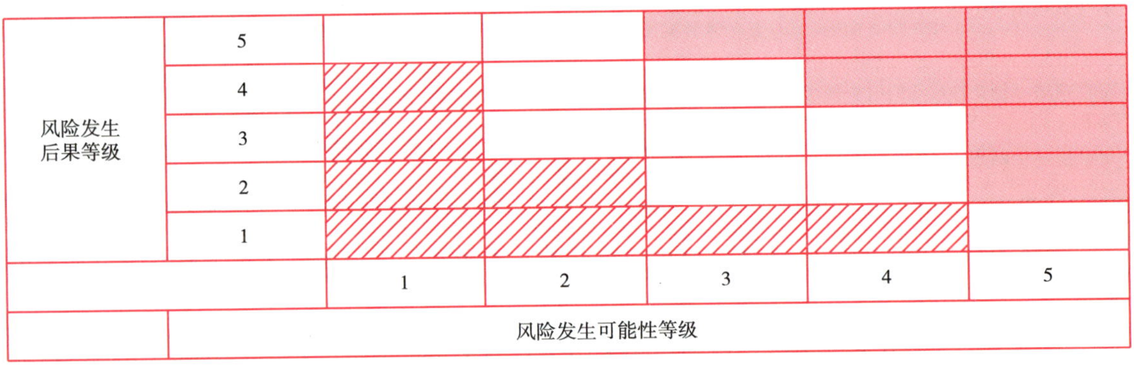

图导－6　风险矩阵

【拓展阅读】

风险矩阵“西北角顶端”风险事件

中国台湾新北市八仙乐园 2015 年 6 月 27 日晚间举办彩色派对时不慎起火，导致助燃性粉尘爆炸，造成 516 人受伤。据台湾“中央社”报道，台湾“卫福部”统计，新北八仙尘爆至 7 月 18 日还有 370 人留院治疗，其中 174 人病危，洗肾有 6 人、插管 74 人，平均烧烫伤面积 44%。尘爆累计已造成 7 人死亡。据称这是新北市救灾史上受伤人数最多的意外事故。

如很多相关文章所论述的，这是一起典型的由于缺乏有效的事前风险评估、同时控制策略及具体控制措施皆不到位、进而导致惨烈后果的重大风险事件。此次事件属于发生概率非常低、但一旦发生则后果会非常严重的风险事项。如果置于风险矩阵之上，此类风险处于 Y 纵轴最上端、X 横轴最左端的位置（见下图第 37 号风险），因此我们称其为“西北角顶端”

风险。如果继续套用前述框架，对此类风险的管理会面临“一个极大值乘以极小值等于多少？对应风险应该如何管理？”的诡异问题。

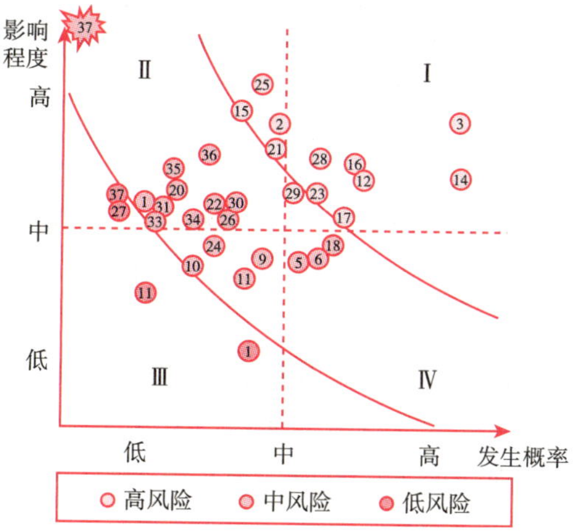

“西北角顶端”风险

如在本次爆炸案中所体现的，在风险管理实践中，由于人们普遍存在的“侥幸心理”，这类风险往往以“反正发生概率极低”为由而处于管理真空之中。台湾粉尘爆炸案中，导致爆炸的“元凶”——彩色玉米粉早已在各类户外娱乐活动中普遍使用，可谓风靡一时，且截至目前也仅发生了一起爆炸案例；同时，根据材料研究人员的分析，玉米粉发生爆炸需要同时满足玉米粉单位空间浓度、湿度、火源等一系列条件。因此，无论从先验还是后验的观点，发生此类爆炸的概率都是极低的。但此风险事件一旦发生，其后果却是灾难性的。除了台湾粉尘爆炸案，可比的风险事件还包括前苏联“切尔诺贝利”事件、印度“博帕尔事件”等。

资料来源：如何应对风险矩阵“西北角顶端”上的极端风险——台湾游乐园粉尘爆炸案启示，2021年10月28日，阅州内控与风险管理公众号。

3. 控制活动

控制活动是确保内部控制目标得以实现的方法，之前对风险的识别、分析、评价都是序曲，皆为控制活动服务。《企业内部控制基本规范》第二十八条指出，企业应当结合风险评估结果，通过手工控制与自动控制、预防性控制与发现性控制相结合的方法，运用相应的控制措施，将风险控制在可承受度之内。规范中所指相应控制措施包括不相容职务分离控制、授权审批控制、会计系统控制、财产保护控制、预算控制、运营分析控制、绩效考评控制和文件记录控制等，而控制措施的选择与应用是企业内控具体工作中的一项重要内容。企业应充分考虑到各项控制措施的相互关联性。有时一项控制措施可以实现多项风险应对，有时一项风险应对需要多项控制措施。

（1）不相容职务分离控制。《企业内部控制基本规范》第二十九条规定，企业应全面系统地分析、梳理业务流程中所涉及的不相容职务，实施相应的分离措施，形成各司其职、各负其责、相互制约的工作机制。“不相容职务”指集中于一人办理时发生差错或舞弊的可能性就会增加的两项或几项职务。基于此，提出了不相容职务分离控制，即两个或两个以上的部门或人员无意识地犯有同样错误的可能性很小，而有意识地合伙舞弊的可能性低于一个部门或人员舞弊的可能性。一般而言，企业的经济业务活动可以划分为授权、签发、核准、执行和记录五个步骤，如果每个步骤都由相对独立的人员或部门分别实现或执行，就能形成相互制衡的机制，保证不相容职务相分离，从而发挥内部控制制度的作用。经济业务活动中应加以分离的不相容职务主要有如下方面：

①经济业务处理的分工。经济业务处理的分工指一项经济业务全过程不应由一个人或一个部门单独办理，应分割为若干环节，分属不同的岗位或人员办理。其具体业务又可以分为：授权和执行相分离，执行和审查相分离，执行和记录相分离，记录与审核相分离。

②资产记录与保管的分工。资产记录与保管分工的目的在于保护资产的安全完整。其具体要求是：保管和记录相分离；保管与核对账实是否相符的职务相分离；记录总账与记录明细账的职务相分离；登记日记账与登记总账的职务相分离等。

③各个职能部门具有相对独立性。各个职能部门具有相对独立性的要求具体表现为：各个职能部门之间是平级关系，而非上下级隶属关系；各个职能部门的工作有明确的分工等。

【相关案例】

敏秀工厂建了一间仓库，用于储存原材料。由于原材料价格不菲，再确认仓库硬件没有问题、门锁坚固后，仍担心下述问题：原材料被浪费或冒领；原材料记账变成糊涂账，成本算不清；原材料管理责任不清，出了问题相互推诿。因此该工厂利用不相容职务分离控制进行了如下内控设计。

存货管理内控设计中的不相容职务分离应用分析

风险	控制方式	相互牵制的主体
仓管员盗用或未经授权发出存货	财务账簿记录人对存货情况持续账簿记录并定期或不定期核对盘点，存货短少会被及时有效识别	仓管员 vs. 财务账簿记录人
存货领用人冒领或多领用存货	仓管员基于审批人批准放行存货	存货领用人 vs. 审批人和仓管员
存货发出与接收过程中出现数量或品类差错，账务处理不准确	（1）存货移交时，仓管员与存货领用人之间进行核对、签收确认，仓管员基于确认、签收结果登记存货台账；（2）财务账簿入账前，财务账簿记录人基于各方单据进行信息核对；（3）财务账簿及存货台账间相互核对及存货盘点	（1）仓管员 vs. 存货领用人（2）仓管员与存货领用人 vs. 财务账簿记录人
各方责任不清，出现问题无法追责	各方工作职责清晰，并都保留了关键记录和必要的账簿记录，可清晰、可验证地认定责任	各类主体之间

资料来源：冯萌著：《企业内部控制从懂到用》，机械工业出版社 2021 年版。

（2）授权审批控制。授权审批是指企业的每个部门或岗位的人员在处理经济业务时，必须经过授权审批，以便进行内部控制。未经授权和审批，有关人员不得接触和处理这些业务。

①授权审批的种类。《企业内部控制基本规范》第三十条规定，企业根据常规授权和特别授权的规定，明确各岗位办理业务和业务的权限范围、审批程序和相应责任。“常规授

权”是指企业在日常经营管理活动中按照既定的职责和程序进行的授权；“特别授权”是指企业在特殊情况、特定条件下进行的授权。企业各级管理人员应当在授权范围内行使职权和承担责任。企业应当编制常规授权的权限指引，规范特别授权的范围、权限、程序和责任，严格控制特别授权。

②授权审批的方式。常见授权方式包括：公司对董事会的授权由公司章程规定和股东大会决议；公司对董事长、总经理的授权，由公司董事会决议；对总经理对其他人员的授权，年初以授权文件的方式明确；对经办部门的授权，在部门职能描述中规定。

常见审批方式包括：股东大会批准，以股东大会决议的形式批准，董事长根据决议签批；董事会批准，以董事会决议的形式批准，董事长根据决议签批；董事长在董事会闭会期间，根据董事会授权直接签批；总经理根据总经理会议规则，由总经理办公会议批准或根据授权直接签批。

应特别注意的是，对于重大的业务和事项，应当实行集体决策审批或者联签制度，任何个人不得单独进行决策或者擅自改变集体决策。重大业务和事项的认定标准应当根据本企业实际情况确定，一经确定，不得随意变更。实际内部控制建设常用“三重一大”指代重大业务和事项，指企业的重大决策、重大业务、重要人事任免及大额资金使用。

【相关案例】

北京新星公司是一家国务院直属培训院校的下属国有企业。1999 年 8 月，该公司因与湖北大冶特殊钢股份有限公司产生合同纠纷，于是将大冶公司告上法庭，法院裁决大冶公司支付给新星公司货款 2 800 余万元及利息和滞纳金。然而，大冶公司在支付了部分货款后，还有 1 512 万元迟迟不付。2002 年 1 月，新星公司总经理办公会研究决定，全权委托当时公司的办公室副主任朱广彬前往追讨货款：由朱广彬追讨本金 1 512 万元，利息和滞纳金的追讨由公司其他人负责。朱广彬在接受任务时向公司提出对该案件清欠实行风险承包，经双方协商决定，欠款追回后给予其奖励。公司先后给朱广彬出具三份授权委托书，授权他作为新星公司诉讼和执行程序的全权代理人，而且还给他提供了一些盖有公司印章的空白信笺。

当年 8 月，新星公司的欠款在朱广彬的努力下“完璧归赵”，然而朱广彬却同时利用了公司给他的授权，把欠款的利息和滞纳金（共 498 万元）也追回了，在追回这笔利息及滞纳金之后，他以新星公司的名义要求法院将这 498 万打入代理律所光明律师事务所，其中 168 万作为支付给律所的律师费，而其余的 330 万元则从事务所套现出来，落入了朱广彬个人的腰包。回到公司以后，朱广彬告诉公司，本金已经全部追回，而利息和滞纳金没能追回。由于公司对于利息和滞纳金并没有抱多大希望，所以也没有再去追究。于是，货款成功地追回来了，但利息和滞纳金也从此“成功”地失踪了。

此案例是由于授权过度引发的祸患，新星公司给朱广彬出具了三份授权委托书，授权朱广彬作为新星公司诉讼和执行程序的全权代理人，其授权的范围尤其是款项内容等没有明确，由此被朱广彬钻了空子，他利用授权书将执行款中的利息和滞纳金让法院划汇到他指定的单位账户，然后与事务所进行合作套现，实现了大额资金的舞弊。新星公司让朱广彬去追讨货款属于企业的特别授权管理，给予过大的权力，且对权力不加限制的同时又缺乏监督与事后评估，导致下属滥用权力给企业带来灾难性的后果。

（3）会计系统控制。会计系统是指企业为了汇总、分析、分类、记录、报告公司交易，并保持相对资产和负债的受托责任得以承担而建立的方法和记录的工作系统。《企业内部控制基本规范》第三十一条规定，会计系统控制要求企业严格执行国家统一的会计准则制度，加强会计基础工作，明确会计凭证、会计账簿和财务会计报告的处理程序，保证会计资料真实完整。企业应当依法设置会计机构，配备会计从业人员；从事会计工作的人员，必须取得会计从业资格证书；会计机构负责人应当具备会计师以上专业技术职务资格；大中型企业应当设置总会计师，设置总会计师的企业，不得设置与其职权重叠的副职。

会计系统控制方法主要有如下几方面：

①会计凭证控制。会计凭证控制是指在填制或取得会计凭证时实施的相应控制措施，包括原始凭证与记账凭证的控制。会计凭证控制的内容主要包括：

- 严格审查，对取得的原始凭证要进行严格的审查，对不符合要求的原始凭证予以退回。
- 设计科学的凭证格式，凭证格式应当符合规定要求，便于核算与控制，做到内容及项目齐全，能够完整地反映业务活动全貌。
- 连续编号，对记载经济业务的凭证按照顺序统一编号，确保每项经济业务入账正确、合理及合法。
- 规定合理的凭证传递程序。各个部门应当按照规定的程序在规定期限内传递流转凭证，确保经济业务得到及时的反映和正确的核算。
- 明确凭证装订与保管手续。凭证传递完毕，各个部门的有关人员应当按照顺序妥善保管，定期整理归档，按照规定存放保管，以备日后查验。

【相关案例】

唐山宏润实业有限公司（以下简称“宏润实业”）成立于2003年，是一家钢材生产商。自2010年起，贾某担任宏润实业董事长的助理及司机，主要负责董事长费用报销及日常生活起居等工作。2017年2月18日下午，宏润实业董事长通知贾某需要5万元，贾某便电话通知公司出纳，并约定第二天来取。2月19日上午，贾某未办理任何手续便从财务部取走了5万元，放入董事长卧室的保险柜。事后，贾某填写报销单，用途为“董事长业务费”，申请人为贾某，金额5万元，且小写没有封口、大写留有一定空隙。报销单经董事长签字后，贾某又在小写“5”前面填上了“¥”和“1”，在大写“伍”前面填上了“壹拾”两个字。19日下午贾某凭借报销单到财务部补办手续，财务部见报销单已经董事长签字，便按贾某要求再给了1万元现金，剩余9万元通过网银打给了贾某。实际上，这只是贾某虚假报销的手段之一，除此之外，贾某还通过模仿董事长签字的方式，虚开报销单。自2011年至2017年2月19日间，贾某共篡改、冒签报销单515份，涉及金额3 880万元。最终，因犯职务侵占罪，贾某被判处有期徒刑14年2个月。

案例中，贾某之所以能在报销单上做“手脚”，主要原因是财务部对原始凭证审查不严，未对金额小写不封口、大写留有空隙的不规范填写不予报销。公司应将单据填写规范张贴在财务部门墙上等明显位置，并附规范样例、常见错误示例等，确保员工理解。

资料来源：网易新闻。

②会计账簿控制。会计账簿控制是指在设置、启用及登记会计账簿时实施的相应控制措施。其具体内容包括：按照规定设置会计账簿；启用会计账簿时要填写“启用表”；会计凭证必须经过审核无误后才能够登记入账；对会计账簿中的账页或账户需连续编号；会计账簿应当按照规定的方法和程序登记并进行错误更正；按照规定的方法与时间结账。

③财务报告控制。财务报告控制是指在编报财会报告时实施的相应控制措施。其具体内容包括：按照规定的方法与时间编制及报送财务报告；编制的会计报表必须由单位负责人、总会计师以及会计主管人员审阅、签名并盖章；对报送给各有关部门的会计报表要装订成册，加盖公章等。

④会计复核控制。会计复核控制是指对各项经济业务记录采用复查核对的方法进行的控制。其目的是避免发生差错和舞弊，保证财务会计信息的准确与可靠，及时发现并改正会计记录中的错误，做到证、账、表记录相符。会计复核控制的内容主要包括：凭证之间的复核；凭证和账簿之间、账簿和报表之间以及账簿之间的复核。

会计复核工作应由具有一定会计专业知识、熟悉业务、责任心强、坚持原则的人员担任。复核人员必须对会计凭证、会计账簿、财务会计报表和所附单据认真审查、逐笔复核，复核过的凭证及账表应加盖名章。未经复核人员复核的，出纳人员不得对外付款，会计人员不得对外签发单据或上报报表。

（4）财产保护控制。财产保护控制是指为了确保财产物资的安全、完整所采取的方法和措施。《企业内部控制基本规范》第三十二条规定，企业要建立财产日常管理制度和定期清查制度，采取财产记录、实物保管、定期盘点、账实核对等措施，确保财产安全。

财产保护控制可以分为财产价值控制与财产实物控制两类。财产的价值控制主要是指按照财产保值、增值要求实施资产保全控制。财产的实物控制是指对实物形态资产的安全与完整所采取的控制措施，主要内容有：接触控制，指严格限制无关人员对资产的直接接近，只有经过授权批准的人员才能够接触资产；定期盘点，指定期对实物资产进行盘查核对的控制；记录保护，指对企业各种文件资料尤其是资产、会计等资料要妥善保管，避免记录受损、被盗及被毁。对某些重要资料，应当留有后备记录，以便在遭受意外损失或毁坏时重新恢复；财产保险，指通过对资产投保，增加实物受损后的补偿机会，保护实物安全；信誉考评制度及定期对账制度，信誉考评制度是指对赊销客户的财务状况、偿债能力、经济实力及企业信誉等方面进行综合评价，为企业未来的促销决策提供依据，定期对账制度是指与已成事实的赊销客户往来款项定期核对，避免不实账务的发生；应收账款催收制度，指根据应收账款的账龄进行账龄分析，并根据合同，建立一系列与工资奖金挂钩的催款措施，尽快缩短收回账款的时间，防止发生坏账。

【相关案例】

百度员工安某 2018 年 1 月至 7 月担任服务器运维管理人员期间，利用其负责维护百度公司搜索服务器的工作便利，超越权限，以技术手段在百度公司服务器上部署“挖矿”程序，通过占用计算机信息系统硬件及网络资源获取比特币、门罗币等虚拟货币，后将部分虚拟货币出售并获利人民币 10 万元。

百度称，公司通过安全管理系统发现 155 台服务器上存在“挖矿”程序，占用了企业运算能力资源。2018 年 7 月，百度认为安某涉嫌犯有非法控制计算机信息系统罪，向公安机关报案。法院判决：安某犯非法控制计算机信息系统罪，判处有期徒刑3年，罚金人民币1.1万元。

资料来源："安邦非法控制计算机信息系统二审刑事裁定书"，2020年3月5日，中国裁判文书网。

（5）预算控制。预算控制是内部控制的重要组成部分，其内容涵盖企业活动的全过程。预算控制是指对单位各项经济业务编制详细的预算或计划，并通过授权，由有关部门对预算或计划执行情况进行控制。《企业内部控制基本规范》第三十三条规定，企业要实施全面预算管理制度，明确各责任单位在预算管理中的职责权限，规范预算的编制、审定、下达和执行程序，强化预算约束。

预算控制的核心功能可以归纳为以下几点：第一，设定目标。预算中的量化数值实际是为了设定"努力需达成的结果"。例如，企业制订了年度销售计划与预算后，销售部门绩效激励水平通常会与销售计划与预算的实际完成情况挂钩。第二，通过制订预算迫使企业在具体开展工作、投入资源之前进行充分的风险识别和评价。例如，在预算编制阶段，企业预算评审机构会针对预算申请部门所提报的预算进行审核，进而促使预算申请部门充分考虑预算制订基础的合理性，并对可能出现的风险制订应对方案。第三，预算可协调、指导企业各部门或岗位开展具体工作。例如，采购部门根据生产、物资等计划与预算编制采购计划与预算，然后采购部门再根据计划与预算执行具体的采购活动。

（6）运营分析控制。运营分析控制就是通过对企业购销、生产、仓储、运输、投融资等运营活动的信息加以分析，从中发现偏离目标的方面，有针对性地采取措施加以控制。《企业内部控制基本规范》第三十四条规定，企业要建立运营情况分析制度，经理层应当综合运用生产、购销、投资、筹资、财务等方面的信息，通过因素分析、对比分析、趋势分析等方法，定期开展运营情况分析，发现存在的问题，及时查明原因并加以改进。

运营分析常见方法有：

- 因素分析法，是利用统计指数体系分析现象总变动中各个因素影响程度的一种统计分析方法，包括连环替代法、差额分析法、指标分解法等。因素分析法是现代统计学中一种重要而实用的方法，它是多元统计分析的一个分支。使用这种方法能够使研究者把一组反映事物性质、状态、特点等的变量简化为少数几个能够反映出事物内在联系的、固有的、决定事物本质特征的因素。
- 对比分析法或者比较分析法，是通过实际数与基数的对比来提示实际数与基数之间的差异，借以了解经济活动的成绩和问题的一种分析方法。例如，通过与计划数之间的比较，可以查明有关指标完成计划的程度；通过与不同历史时期有关数字之间的比较，可以发现有关指标的变动趋势；通过与同类企业之间的有关指标的比较，可以发现先进与落后之间的差距。
- 趋势分析法，是通过对有关指标的各期对基期的变化趋势的分析，从中发现问题，并提供原因线索的一种分析方法。例如，通过对应收账款的趋势分析，就可对坏账的可能与应催收的货款作出一般评价。

（7）绩效考评控制。《企业内部控制基本规范》第三十五条规定，企业要建立和实施绩效考评制度，科学设置考核指标体系，对企业内部各责任单位和全体员工的业绩进行定期考核和客观评价，并将考评结果作为确定员工薪酬以及职务晋升、评优、降级、调岗、辞退等的依据。

绩效考评就是要根据考评结果严格确定激励内容，激励相容是绩效考评控制的本质，通过寻求对利益各方互惠的实现方式，实现利己和利他的统一。所谓“激励相容”① 是指在市场经济中，每个理性经济人都会有自利的一面，其个人行为会按自利的规则行为行动；如果能有一种制度安排，使行为人追求个人利益的行为，正好与企业实现集体价值最大化的目标相吻合，这一制度的安排，就是激励相容。

【相关案例】

巨人矿业企业为确保生产安全，组织了专业人员对生产过程中的危险源进行全面识别与评价，并制定了风险应对措施，但执行效果一般。后来，企业管理人员为确保生产安全落到实处，决定引入基于“安全基金池”的奖惩机制，即针对违规违章操作，根据违规违章行为等级扣取其月度绩效工资、月度安全奖、季度奖等作为“安全基金池”来源。同时，针对能够及时发现作业危险源并妥善处置的人员，从“安全基金池”中提取资金予以奖励。实施之后，企业安全管理水平得到显著提升。例如，在一次松石处理过程中，一位员工及时发现一块巨石处于“老鹰嘴”的位置，立即采取了人员及设备撤离措施，避免了重大安全事故，而该员工个人也从“安全基金池”中获取金额不菲的安全奖励。

资料来源：冯萌著，《企业内部控制从懂到用》，机械工业出版社 2021 年版。

（8）文件记录控制。文件记录控制是以文件和记录的形式记载、传递和保持企业的组织架构、管理制度、交易或业务、各种报告等的过程。文件记录控制是企业内部控制的基础性控制，健全有效的文件记录既是企业开展其他控制活动的重要依据和条件保证，又是企业有效获取、追溯和验证信息的重要手段。企业常见的文件包括组织机构文件、权责配置文件、岗位说明书、业务程序手册、经济合同、会计凭证、会计账簿、会计报表、会议记录等。

文件记录是记载、汇集、追溯和验证交易与业务的媒介，具有重要的信息传递功能，同时也为企业管理和交易提供依据。企业应以书面或其他适当的形式记录交易和业务，确保事件的可验证性。文件记录可采用纸质、光盘、照片、电子文档等多种形式。记录在填写过程中要简明易懂、字迹清晰、完整真实，不得用铅笔填写。出现错误需要修改时，应留下更正痕迹，圈掉错误的、写上正确的，并签名（章）、注上日期。文件记录应统一编号，妥善保存与管理，并建立借阅和销毁制度，重要数据要及时备份。

4. 信息与沟通

信息与沟通是及时、准确、完整地收集与企业经营管理相关的各种信息，并使这些信息以适当的方式在企业有关层级之间进行及时传递、有效沟通和正确应用的过程，是实施内部控制的重要条件。《企业内部控制基本规范》第三十九条规定，企业应当对收集的各种内部信息和外部信息进行合理筛选、核对、整合，提高信息的有用性。因为不同企业需要的信息存在差异，各企业对每类信息的侧重点也存在差异，因此企业应结合自身特点以及成本效益

---

① 激励相容的概念由美国教授威廉·维克里和英国教授詹姆斯·米尔利斯共同提出，该理论开创了信息不对称条件下的激励理论—委托代理理论，两人也因此成就获得了 1996 年度的诺贝尔经济学奖。

原则，选择使用适合的方式搜集有价值的信息。

【相关案例】

在菲达环保 2017 年年报中，天健会计师事务所对其内部控制审计出具了否定意见的审计报告。导致否定意见的业务包括：内部信息传递滞后，导致未能及时发现 Lanco 项目大额损失并进行信息披露。菲达环保公司海外客户 Lanco Enterprise Pte. Ltd.（位于新加坡）的母公司 Lanco Infratech Limited（位于印度）于 2017 年 8 月 7 日被银行申请破产清算，印度当地法院准许其在 2018 年 5 月前进行自救重整。菲达环保公司由于各部门之间信息传递滞后，导致未能及时发现该等损失并进行信息披露。上述内部控制重大缺陷影响了应收账款、存货、资产减值损失等报表项目的准确性，导致与之相关的财务报告内部控制失效。

资料来源："浙江菲达环保科技股份有限公司独立董事关于会计师事务所出具否定意见的内部控制审计报告的独立意见"，2018 年 4 月 19 日，上海证券交易所。

《企业内部控制基本规范》第三十八条规定，企业应当建立信息与沟通机制，明确内部控制相关信息的收集、处理和传递程序，确保信息及时沟通，促进内部控制有效运行。由此可见，信息与沟通不仅是流程图中的信息流，更强调建立确保信息流准确、通畅的机制，例如反舞弊机制、举报投诉制度和举报人保护制度。

（1）反舞弊机制。建立反舞弊机制是保障内部控制有效的基础。《企业内部控制基本规范》第四十二条规定，企业应当建立反舞弊机制，坚持惩防并举、重在预防的原则，明确反舞弊工作的重点领域、关键环节和有关机构在反舞弊工作中的职责权限，规范舞弊案件的举报、调查、处理、报告和补救程序。

《企业内部控制基本规范》规定企业至少应当将下列情形作为反舞弊工作的重点：未经授权或者采取其他不法方式侵占、挪用企业资产，谋取不当利益；在财务会计报告和信息披露等方面存在的虚假记载、误导性陈述或者重大遗漏等；董事、监事、经理及其他高级管理人员滥用职权；相关机构或人员串通舞弊。

（2）举报投诉制度和举报人保护制度。完善举报投诉制度和举报人保护制度是保障信息畅通的重要机制。一个企业的举报投诉制度和举报人保护制度是否完善并得到有效的执行，会影响内部控制相关信息的有效沟通，进而影响企业目标的实现。

《企业内部控制基本规范》第四十三条规定，企业应当建立举报投诉制度和举报人保护制度，设置举报专线，明确举报投诉处理程序、办理时限和办结要求，确保举报、投诉成为企业有效掌握信息的重要途径。举报投诉制度和举报人保护制度应当及时传达至全体员工。这一规定就是从保障企业的信息畅通、保证企业内部控制得到有效实施角度做出的明智举措。

【相关案例】

TCL 要求员工重信守诺、求真务实、廉洁自律，并制定了"TCL 十条红线"：以权谋私；滥用职权；违规关联交易；违规投资或兼职；严重违反财务纪律；违规担保；泄露商业秘密；违反品牌、商标和字号管理规定；发生重大事故或不良事件；妨碍监督或包庇违法乱纪行为。

TCL对于违法乱纪、触犯红线、损害企业利益的行为，秉持“零容忍”态度，重拳打击。2020年，TCL共查处触犯“红线”案件27宗，其中29人被开除，8人因涉嫌违法犯罪被移送司法机关，4人已被判刑，20人被录入中国企业反舞弊联盟和阳光诚信联盟“失信员工”信息系统。同时，TCL建立了舞弊举报渠道，员工和社会各界可通过举报邮箱jubao@ tcl. com对TCL员工涉嫌违规违纪违法的问题进行监督举报。TCL通过定基调、定规则、重执行等手段，优化控制环境，控制舞弊风险。

资料来源：“TCL发布《2020年反舞弊通报》”，2020年12月30日，TCL动态微信公众号。

5. 内部监督

内部监督是对其存在的要素和功能进行持续性或定期性评估，是通过一系列监管活动或单独评估或者两者结合的手段实施的。其范围和频率主要取决于风险评估和持续监督活动的有效性。监督活动是内部控制体系中不可或缺的一部分，是内部控制得到有效实施的有力保障。通过内部监督可以发现内部控制缺陷，改善内部控制体系，促进内部控制的健全性和合适性，提高内部控制执行的有效性，是外部监督的有力支撑。

（1）日常监督。日常监督是指企业对建立与实施内部控制的情况进行常规、持续的监督检查。内部日常监督包括对内部控制制度执行情况的监督，以及对内部控制采取的政策和措施的监督，并注意获取相关的证据。按照监督的主体，一般划分为：管理层监督、单位（机构）监督、内部控制机构监督、内部审计机构监督。

第一，管理层监督。董事会和经理层应充分利用信息与沟通机制获取适当、足够的信息来验证内部控制的设计和运行，并对日常经营管理活动进行持续监督。主要措施包括：董事会召开董事会议获取经理层的相关信息，运用外部审计的力量或询问客户等，持续监督经理层权力行使情况；经理层召开经理办公会、生产例会，获取经营管理的信息，对企业各单位日常管理情况进行监控。

第二，单位（机构）监督。企业所属单位及内部各机构应采取措施对职责范围内的经济活动实施自我监督，向经理层直接负责，这是风险管理的第一道防线。主要措施包括：召开本单位及本机构的运营分析会或部门例会，汇集有关信息，分析并报告有关问题，对日常经营管理活动进行监控；针对本单位及本机构内部控制的设计及运行情况进行自我评价，及时发现控制缺陷并整改。

第三，内部控制机构的监督。有条件的单位可以设置专门的内部控制管理部门，监督各单位及机构的内部控制建立及实施情况，持续开展控制评价工作，这是风险管理的第二道防线。

第四，内部审计机构的监督。内部审计的监督主要是针对日常的经营管理活动开展审计工作，是风险管理的第三道防线。主要措施包括：制订内部审计计划，实施内部控制审计、经营管理审计、财务审计、工程审计等；对审计过程中发现的问题，提出改进建议，并促使被审计单位及时整改；定期向董事会或管理层汇报审计结果。

【相关案例】

采购业务监督

为了健全企业采购业务监管体系和廉洁风险防控体系，奥威公司对于所有存在合作关系的供应商，都会由审计部向其发出邮件（内容见下图），促进采购业务在合规合纪合法的轨道上正常运行，有效提升奥威公司基础管理水平。

> 您好!
>
> 在参加采购业务合作过程中，如遇我方人员吃拿卡要、索要回扣、操纵询价或者招标等违规违纪行为时，请及时与审计中心联系，并请提供相应资料便于快速处理。
>
> 举报联系方式：
>
> 审计中心为甲方独立监督机构
>
> 举报电话：×××××
>
> 举报邮箱：××@××.com.cn
>
> 邮寄地址：北京市朝阳区东四环××审计中心收

采购业务监督示例

（2）专项监督。专项监督是指在企业发展战略、组织架构、经营活动、业务流程、关键岗位员工等发生较大调整和变化的情况下，对内部控制的某一方面或者某些方面进行有针对性的监督与检查。监督主体可以是内部审计机构，财务机构和其他机构也有权参与，可以聘请外部中介机构参与其中，但参与专项监督的人员必须具备一定的专业知识和相关经验。监督的范围和频率，可以根据变化发生的性质和程度、风险评估的结果以及日常监督的有效性确定。

专项监督的重点包括：第一，高风险且重要的项目，考虑到成本效益原则，应将高风险且重要的项目作为专项监督的主要对象，高风险但不重要，以及重要但风险较低的项目应减少专项监督的频次。第二，控制环境的变化，当控制环境发生变化时，需开展专项监督，评估现有的控制措施是否还能适应新的控制环境。

【引例分析导 -2】

结合恒持电子的内控缺陷，我们分析了其内控五要素需要整改的地方。

一、内部环境

（一）公司治理结构和议事规则

恒持电子的营销部曾经下令不准再给宇鸿科技发货，也曾派出高管与宇鸿科技谈判，但是宇鸿科技直接越过派出的高管与恒持电子的最高层进行谈判，最终恒持电子又发货给宇鸿科技。放纵这种高层独裁无疑给应收账款增大风险，恒持电子应设计良好的治理结构和议事规则，保证内控实施力度，从而防止滥用职权、独断专行。

（二）内部机构设置、岗位职责

恒持电子应成立独立的信用管理部门负责开发客户，其岗位职责包括制定详细的信用政策，并根据调查核实的客户情况，明确规定具体的信用额度、信用期间、信用标准并经授权审批后执行赊销。

二、风险评估

第一，在引入新客户时应在客户开发与后续合作过程中充分考虑客户违约风险，对客户实施必要的信用评估与动态维护，跟踪客户信用情况，严控赊销发货，及时识别违约风险。

第二，对采购业务中的供应商资质、注册资本、法律纠纷、经营风险等信息实施评估，识别出重要变动后，将其及时推送至相关人员，便于企业及早采取防范措施或调整名单，降低供应商履约风险。

三、控制活动

第一，完善后勤供应商准入的管理，明确相关岗位责任，严格遵循不相容职责分离原则，要求采购人员与准入评审人员必须分离，形成牵制约束机制，保证准入审核的有效性。采购人员可以负责收集资料、指导候选供应商准备资料，但不得参与准入供应商的评审核准工作，严禁供应商准入与采购实施由一人完成。

第二，询比价过程由一人完成，就容易暗箱操作，因此要采取必要的措施使其能够公开、透明，或者至少两人参与，能够做到相互监督，尤其是在报价环节，由两人及以上人员在现场共同拆开报价单，现场确定排序。

第三，采购人利用手中的资源与权力与外部供应商勾结，甚至以技术规格等原因淘汰其他供应商，将勾结供应商做成公司独家供应商，从中收取回扣。对于防范此类内外勾结舞弊，公司应当建立采购员定期轮岗机制。

四、信息与沟通

第一，建立反舞弊机制，鼓励内部员工举报“吃回扣”行为，对核实确认的有效举报行为予以奖励。内部员工的举报有助于企业锁定具体贪腐人员名单，总结贪腐行为模式，并为之后的证据整理等梳理线索；对于舞弊人员的处置，企业可“抓典型”，通过内部处分、辞退开除或者移送司法机关立案追究责任等举措，达到内部警示和震慑作用。

第二，采用信息化手段，提升准入管理的效率与效果。搭建一个采购门户网站，用于企业发布采购公告与动态信息的平台，实现供应商准入全程留痕，做到可追溯，从而加强监管促进阳光采购，并对接征信平台实现自动核实与监控预警。

五、内部监督

采购贪腐案已公布的舞弊手法分为五大类：内外串通，加价分成；条件限定，独家供应；低价剔除，高价垄断；质次价高，品控让步。虽说采购部门是重灾区，但约 1 000 万的损失绝非一部之力所能及，公司研发、品控乃至后台核算部门均有所牵连。此时，企业需要监督稽核部门开展独立审计，在关键环节进行抽样测试或穿行测试，必要时开展供应商二次询价工作，验证价格合理性。同时，还可在一定范围内和不影响保密性的情况下，对采购价格进行公示，接受公司内部其他员工的监督。

（二）业务层面的内控设计

业务层面的内部控制是在整体层面内部控制框架下，针对具体业务活动所建立的控制机制。其基本思路是：首先，明确该项业务活动的内部控制具体目标（本项目模块二已介绍）；其次，梳理该项业务活动的业务流、资金流、信息流；再次，对梳理后的流程进行风险评估；最后，据风险评估结果采取内部控制措施。这种内控思路具有以下特征：

1. 将业财融合嵌入

所谓业财融合是指打通企业的“任督二脉”，使业务和财务紧密协同、创造价值，达到“任督通则百脉皆通”的效果。财务在内部控制中起着关键作用，应将业财融合嵌入内部控制建设。若内部控制体系缺乏业财融合思维将导致内控效率低下，例如，实践中一般业务重

“开源增量”与财务重“节流增值”的工作目标有明显差异。比如供电企业的业务部门着重关注业务量指标的完成（如工程资金完成数、客户数、电量数），不会过于关注业务指标背后将发生的投资成本、工程成本、电网检修运维成本、营销成本等；而财务部作为价值管理部门，更注重提升预算使用效率和效益。因此业财融合能为内部控制提供更准确的决策信息支持，具体的嵌入运行机制有以下几方面：

（1）将业财融合嵌入信息沟通。内部控制对信息沟通的控制包含了收集、处理与传递等过程，其目标是为提高财务与业务信息数据的时效性与有用性。可通过业务流、资金流对企业的全流程进行记录，使信息沟通渗透入企业经营范围、项目盈利、人员部门绩效等各个环节。

（2）将业财融合嵌入风险评估。内部控制对风险的评估包含了风险识别、风险分析和风险评价，其目的是科学预测未来风险的发生可能性和发生后果，为风险应对提供依据。可通过业务流、资金流对历史风险事件进行记录，将发生过的风险进行归类与评估，进而总结各类风险的发生可能性和发生后果，方便制定评价风险重要等级的准则。

（3）将业财融合嵌入控制活动。内部控制嵌入业财融合后发展出基于业财融合“评估”的事前控制、业财融合“分析”的事中控制、业财融合“评价”的事后控制的新管理模式。可通过业务流、资金流对事前项目进行控制，即提前预估收益、成本等；通过业务流、资金流对事中项目进行控制，即依据实际情况和之前的预估做出调整；通过业务流、资金流对事后项目进行控制，即依据业绩指标和战略目标进行绩效考评。

【相关案例】

传统内部控制vs业财融合内部控制

传统的内部控制框架下设备采购需要经过以下步骤：首先，业务部门发起设备采购申请，相关部门根据职责分工和项目预算额度进行审批；其次，审批通过后经过采购流程、合同签订和执行，固定资产验收入库；最后，由业务部门发起报销流程，经过层层审批和审核，由会计人员填制凭证后出纳方可付款。财务部门只负责审核预算额度和资金自付，没有考虑资产实物管理，与价值管理的协同性差，再加上若企业信息系统不完善，报销流程烦琐，极易造成负面效应。

在业财融合内部控制体系框架下，由业务端提出采购申请的同时资产数据库中要先进行同类设备的保有量和使用效率的存量检索，只有在搞清楚存量的基础上才能列入采购预算；列入采购预算时，财务部门要根据业务性质、成本效益和资金状况决定采购方式；确定后经过采购流程、合同签订和资产验收，自动生成会计凭证后付款。财务部门将资产管理和预算管理结合，既能减少资产闲置或使用率不高的现象，又能提高资源配置的效率。

2. 以信息流为载体

企业在经营过程中通过信息流为企业具体活动、管理路径等提供依据。例如，企业通过合同管理信息流实现合同的发起、审核、审批、用印及电子化归档等流程；企业通过库存管理信息流实现对存货移动的记录、库信息的实时查询等功能。信息流一般通过表单等记录形式实现留痕，本书所描述的表单既包括纸质文档，也包括基于信息系统的文件传递。为有效发挥表单记录的内控功能，应确保表单的记录质量，而表单质量主要体现在自身设计上，常见的质量特征见表导-6。

表导－6　　信息流质量特征

质量特征	说明	缺陷示例
表单信息要素齐全	在对应的表单上，应填写的要素信息及填写人留空应完整	在实务中，常常出现在表单非正常处（例如页眉、页脚）填写内容签字以及多个字段放在一个留空中的情况
表单要素无冗余	在对应的表单上，不应出现冗余的需填写要素及填写人留空	在实务中，常常出现由于职责或部门调整等导致表单上存在空白的情况
表单联数设计合理	表单联数应符合表单传递要求	在实务中，存在业务相关部门或岗位在正常业务执行过程中需借阅其他部门或岗位所持有表单的情况
表单流转方式清晰	表单上应清晰表达表单的流转顺序，或者提供可随时查阅的表单流转说明。涉及在企业外部流转的（如在供应商或客户处流转），应明确外部流转方式	
表单关联信息索引方式明确	如表单上需引用其他信息来源，应在表单上进行清晰索引	在特定合同采购审批单中，对于选定的供应商，应标明其在合格供应商库中的相关信息（如编号、纳入合格供应商库的时间等）
表单连续预编号使用	表单应事先连续编号，并按照顺序使用	在实务中，常常存在不连续编号或者连续编号但使用混乱的情况，导致无法确保归档表单的完整性，甚至出现违规、舞弊空间
充分地填写提示信息	对于易出差错的表单业务，表单上应清晰注明填写要求，或者提供可随时查阅的填写说明	
表单要素填写责任明确	在表单上应明确各主要要素的填写责任人，并且在对应表单上或者相关制度里明确说明对应的填写责任	实务中的责任不清往往成为表单填写随意，最终使表单填写流于形式的重要原因
表单难以伪造、变造、调换	表单本身应通过连续编号、专门印制、增加防伪标识、规范填写方式等方法，降低被伪造、变造的可能。另外，应通过在表单本身增加附件关键信息，降低附件本身被违规调换的可能	实务中常常出现随意复印空白表单作为正式表单等情况，为违规、舞弊创造了条件
表单附件要求明确	表单本身如需匹配其他附件，应明确说明	费用报销单后应附有合法有效且经当事人确认的消费原始凭证
重要表单信息严格保密	某些特定表单可能载有涉密信息，因此应明确相应的保密要求	价格审批表涉及企业重要的商业机密。表单上应明确传递责任人、保密要求等内容
对重要表单使用进行台账记录	对于特定岗位发起的重要表单，应在此岗位进行持续的台账登记，以供后续跟踪核对	销售部门应对开出的提货单进行持续记录，以跟踪其执行情况并进行后续核对
归档要求明确	各类使用完毕后的表单，应明确其归档要求（包括在表单上明确或援引相关制度要求）	常见的归档要求包括：归档环节、原件或复印件归档、移交档案室前部门应归档的时间、表单各联归档责任人、目录及索引方式等
充分匹配制度流程设计	制度与流程设计过程中，应对表单需求进行充分评价，并进行相应的设计使用	

资料来源：冯萌著：《企业内部控制从懂到用》，机械工业出版社 2021 年版。

【拓展阅读】

数字化时代的业务层面内部控制

在数字化时代，企业可以通过大数据技术对海量业财数据进行收集、分析和挖掘，为业务层面的内部控制提供有力支持。通过物联网、云计算等技术，可以实现对业务流、资金流、信息流的实时监控和管理；利用人工智能、机器学习等技术实现业务流、资金流、信息流的自动化和智能化；利用区块链等技术可以帮助企业实现业务流、资金流、信息流的透明化和可追溯性。采购、销售业务是维持企业正常运转的“生命线”，其管理效率影响企业未来发展。大型企业已开始应用新兴技术加强采购、销售业务的内部控制。

（一）平安采用数字化采购实现价值创造

平安的电商化采购平台（e采）上线使用已有四年，物品类的集中和分散采购都通过e采直连多家电商和服务商实现线上交易，沉淀了海量商品数据、订单数据、用户数据、供应商数据等。通过分析其中的订单数据，以商品订单密度为主要分析指标，发现在分散采购的小额交易数据中存在很多商品同时具有订单数量大和用户数量大的特征，A4复印纸便是其中典型的商品。这类商品虽然单个订单金额不一定很高，但是由于订单密度很高，全年累计采购金额高达几千万，并且从商品特征统计，A4纸订单主要集中在70克和80克两类克重的纸，需求集中度很高。同时，由于A4复印纸属于通用办公用品，在e采上有7家供应商都在供货，并且有几十个品牌，300多SKU（Stock Keeping Unit，库存保有单位）在销售，价格从70元/箱到180元/箱的纸都有，商品供应很分散。需求集中而供应分散，造成采购成本高，产品质量良莠不齐，服务标准也不统一。

从数据发现和数据分析得出A4复印纸订单的特征之后，平安将A4复印纸从分散管理模式转变为集中管理模式，通过集采招标和商城履约管理实现商品端的集中，形成规模效应，降低整体采购成本，同时保障产品质量的统一。经过更进一步细致的数据分析和用户调研，最终将300个SKU精简到高档和中档复印纸各2种克重共4种SKU，产品质量标准按照国标执行，服务标准统一为一套标准，优选国内头部的4家品牌原厂投标，去除了中间商。经过招标，集采价格较原分散采购的订单价格分布带显著下降，平均较原订单主成交价格区间下降了18%，预估全年节约金额近千万元，取得显著的成本优化，也提升了用户选购体验与满意度，同时降低了运营成本。

（二）京东采用区块链技术精准营销，并加速应收账款回收

电商企业快速了解消费者需求的变化，并随之调整前进方向是其必备能力。由于对客户的需求预测不准确，京东在“6·18”“双11”等购物狂欢节中多次出现缺货的现象，丧失了进一步提高企业利润的机会。而京东集团基于区块链技术建立的企业通用账号，打破数据提供方的信任屏障，进行数据交互，从而实现数据的系统分析，使顾客需求分析更为精确。同时，京东与供应商共享需求信息，在产品种类、生产数量、物流配送方面的调整更为灵活，能及时应对突发状况，快速响应顾客需求，有效避免了商品短缺，抓住每一个提高企业利润的机会。此外，了解消费者需求助力京东开展精准化营销和广告投放，提升综合服务能力，增加客户忠诚度。精准营销亦能吸引更多企业购买京东的广告服务，增加京东广告收入。

于电商企业而言，消费者浏览平台网站页面，选择所需商品付款下单，平台在收到消费者的付款通知后才会发货，大大减少应收账款资金的占用，提高周转效率，但诸多电商企业为促进消费开通了大额商品分期付款的业务，京东所推出的“京东白条”大大增加了应收账款的回收期。而京东与一些金融机构基于区块链技术共同组建资产证券化联盟链，打造针对京东白条的 ABS 产品，减少了应收账款资金占用，提高了周转效率。

【引例分析导 -3】

在数字化时代，大数据、区块链等新兴技术可以帮助恒持电子更好地进行采购、销售业务的内部控制，降低企业风险，提高企业竞争力。具体可从以下方面着手：

（1）采购管理。针对案例中提到的采购员收受回扣问题，恒持电子可以利用大数据技术收集和分析市场报价信息，建立一个市场价格参照系统。在采购过程中，通过对比系统中的价格信息，公司可以确保采购价格合理，避免高出市场报价的情况。此外，利用区块链技术构建的供应链管理系统可以实现采购信息的透明共享，有助于降低采购员收受回扣的风险。

（2）销售管理。针对案例中的赊销业务风险，恒持电子可以运用大数据技术对客户进行信用评估。通过分析客户的历史交易、财务状况等信息，公司可以辨别潜在的风险客户，避免与信用风险较高的客户进行赊销业务。同时，利用区块链技术构建的合同管理系统，可以确保合同内容的真实性和完整性，提高合同执行的可追溯性，从而降低坏账风险。

（3）财务管理。结合区块链技术，恒持电子可以建立一个去中心化、安全的财务管理系统。在这样的系统中，所有财务数据都会被记录在区块链上，实现数据的不可篡改性，提高财务数据的真实性。此外，大数据技术可以辅助实时分析财务数据，发现潜在的异常交易行为，有助于及时进行风险预警和防范。

（4）内部审计。针对案例中提到的重大缺陷，恒持电子可以利用大数据技术进行实时监控和分析内部业务流程，发现内部控制存在的问题。同时，区块链技术可以保证审计信息的真实性、完整性，提高内部审计的效率，有助于及时发现并纠正内部控制中的问题。

模块四　内部控制的自我评价

内部控制的
自我评价

内部控制工作和其他管理提升工作一样，需要通过评价和考核来推动。企业实施内部控制评价的目的可以归纳为两类：一类是出于自身管理目的，即企业治理层需了解企业内控设计及运行情况；另一类是出于合规目的，即根据适用的外部监管要求，企业需要实施内控评价。《企业内部控制基本规范》适用于中华人民共和国境内设立的大中型企业，其中第四十六条规定，企业应当结合内部监督情况，定期对内部控制的有效性进行自我评价，出具内部控制自我评价报告。

【拓展阅读】

《上海证券交易所上市公司内部控制指引》《深圳证券交易所上市公司内部控制指引》中也明确了上市公司编制并披露《内部控制自我评价报告》的要求。2012 年国资委下发了《关于加快构建中央企业内部控制体系有关事项的通知》（国资发评价【2012】68 号），要求各中央企业自 2013 年开始，向国资委报送内部控制评价报告。香港联交所《企业管治守则》要求上市公司的管理层要对风险管理及内部监控系统的有效性进行评价，并向董事会提供确认。监管部门针对不同类型的企业有不同要求，如果是金融类企业，如银行，那么监管部门在消费者保护、反洗钱、征信、数据等多方面都要求企业开展内控自评，并需每年发送自查报告，以检查企业是否遵守合规方面的要求。

一、自我评价实施程序

内部控制评价，是指企业董事会或类似权力机构对内部控制的有效性进行全面评价、形成评价结论、出具评价报告的过程。企业应当按照内部控制评价办法规定的程序，有序开展内部控制评价工作。内部控制评价程序一般包括：制订评价工作方案、组成评价工作组、实施现场测试、认定控制缺陷、汇总评价结果、编报评价报告等环节。那么中小企业在内控自我评价的实施过程中需要重点关注以下环节：

（一）成立内控自我评价项目组

虽然内部控制自我评价是由企业内部组织并执行的，但并不意味着内部控制流程的执行人可以对自己所负责的流程进行评价。如果企业内部控制或者内审部门的力量比较强，则可以由内部控制或者内审部门自行组织开展内部控制评价工作；如果企业内部控制或者内审部门的力量比较薄弱，现有的人员配置无法满足内部控制自我评价的要求，则由内部控制或内审部门牵头组成联合评价工作小组。工作小组应该由各个部门的业务骨干组成。在分配具体的内部控制自我评价任务时，应尽量避免自己评价自己所负责流程的情况，也要尽量避免有互相依存关系流程的执行人互相评价的情况。如果企业愿意支付一定的费用，将内部控制自我评价工作外包给专业的咨询机构也是一个比较好的选择。

（二）确定内控自我评价的范围

内部控制自我评价范围的选择主要包括两个方面，一个是对法人实体的选择，另一个是对评价流程的选择。对于单体企业，由于不涉及分支机构或者下属子公司，企业仅需将自身作为评价对象。但是当企业规模较大，拥有较多的子公司或者分支机构时，企业需在每年执行内部控制自我评价时选择被评价对象，通常从财务重要性和业务重要性两个方面来选择。对于被评价流程的选择，由于单体企业评价工作量在可控制范围内，建议企业每年对所有的内部控制流程进行评价，以发现潜在的内部控制执行上或者设计上的缺陷。大型集团或者企业则要根据不同子公司的业务特点和固有风险情况，合理选择被评价流程，并且保证两年内评价范围涵盖所有的流程。

（三）现场评价

现场评价过程是内部控制自我评价项目组成员至各流程负责部门现场进行调研的过程。实践中常用内部控制评价方法如表导－7所示。

表导－7 常见内部控制评价方法

评价方法	特点
个别访谈法	评价人员根据内控评价需要，对被评价单位员工（含管理人员）进行单独访谈，以获取业务和内部控制有关的信息
问卷调查法	由评价小组设置问卷调查表，格式与风险识别的问卷调查类似，然后分别对被评价单位不同层次的员工进行问卷调查，根据调查结果对相关内部控制的有效性做出初步判断
标杆法	评价人员先确定一个与被评价单位有相同或相似经营活动的企业，梳理其最佳实践（如最佳业务流程和最佳控制措施等）内制与自身实践相比较，来判断被评价单位内部控制的设计有效性
穿行测试法	这是一种很有效的测试方法，多用于审计测试。评价人员通过抽取某业务的全过程执行文件（包括各种表单和记录），来了解整个业务流程的执行情况，借此发现其中的逻辑问题和缺陷
抽样法	这是最常用、最经典的一种测试方法。评价人员针对具体的内部控制业务流程，按照业务发生频率及固有风险的高低，从抽样总体中抽取一定比例的业务样本，然后对业务样本的完整性、符合性进行判断，进而对业务流程控制运行的有效性做出评价
实地查验法	评价人员对被评价单位的财产进行盘点、清查，或者对存货出入库等控制环节进行现场查验，以了解相关内部控制的有效性

（四）认定缺陷

完成现场自评后，非上市公司可以将发现的所有问题汇总整理并提交至企业管理层认定，但是上市公司需要按照既定的缺陷认定标准进行缺陷认定。

1. 根据内部控制缺陷发生的阶段进行认定

根据内部控制缺陷发生的阶段，内部控制缺陷一般可分为设计缺陷和运行缺陷。设计缺陷，是指缺少为实现控制目标所必需的控制，或现存内部控制设计不适当。这时，即使内部控制正常运行，也难以实现控制目标。运行缺陷，是指现存、设计完好的内部控制没有按设计意图运行，或执行者没有获得必要授权或缺乏胜任能力以有效地实施控制。

2. 根据内部控制缺陷的影响程度进行认定

根据内部控制缺陷的影响程度，可将内部控制缺陷分为重大缺陷、重要缺陷和一般缺陷。重大缺陷，是指一个或多个控制缺陷的组合，可能导致企业严重偏离控制目标。重要缺陷，是指一个或多个控制缺陷的组合，其严重程度和经济后果低于重大缺陷，但仍有可能导致企业偏离控制目标。一般缺陷，是指除重大缺陷、重要缺陷之外的其他缺陷。对于缺陷的严重性的评估应当从定量和定性两个方面进行衡量。

（1）定性分析就是从总体上运用归纳与演绎、分析与综合以及抽象与概括等方法来对评价对象进行“质”的方面的分析与把握，以确定内部控制缺陷的严重程度的分析方式。

（2）定量分析就是指对评价对象进行量化处理的分析方式。例如，财务报告内部控制缺陷的严重程度可由该缺陷可能导致的财务报表错报的重要程度来确定。

【拓展阅读】

风险 vs 缺陷

风险是业务流程中原本存在，不以人的客观意志为转移，对业务控制目标可能产生影响的事件。组织和个人通过风险管理，只不过是降低了风险发生的频率或产生后果的程度，但并不能说通过控制消除了风险，因为风险本质是一种客观存在的不确定性，不是一个实实在在的状态。内部控制风险则是指影响内部控制功效发挥和目标实现或导致内部控制失效的不确定性。

内控缺陷是对业务流程中控制措施有效性的主观认定。组织通过设计和实施有效的内部控制程序来达到控制目标，当未设计必要的控制或控制未得到有效运行，导致未能有效防范风险进而达到控制目标时，我们称之为“内控缺陷”。内控缺陷是一种状态，它的后果会导致业务流程中的风险变为是实实在在的损失，进而导致控制目标的失败。

两者的最主要区别是：风险是客观固有的，而内控缺陷是主观认定的；风险是指流程中面临的偏离目标的具体的内外部影响因素的发生可能性，内控缺陷是指流程中具体动作的不足。《企业内部控制基本规范》中提到的不相容职务的分离、授权管理、归口管理等方面存在的问题都是属于缺陷范畴。内控缺陷也是风险因素的一种表现形式，由于控制存在缺陷，导致在实现控制目标的过程中，易发生偏离，从而造成损失。风险不一定是内控缺陷，但内控缺陷的存在表明组织管理或流程中一定具有相关风险。

（五）整改缺陷

评价人员对发现的内部控制缺陷，经小组内部确认后，与相关业务部门讨论核实，结合相关合规性要求和行业最佳实践，查找这些缺陷形成的根本原因，集体讨论并提出内部控制的整改建议。然后，结合成本效益原则制订切实可行的整改方案。被检查单位应当根据整改方案，确定内部控制整改的时间和责任人，积极采取有效措施进行整改，从而把风险控制在可承受范围之内。评价小组要对内部控制缺陷整改情况进行跟踪、审查，在整改期（通常为半年到一年）结束后对内部控制缺陷整改情况进行验收。通过内部控制评价发现缺陷、整改缺陷，然后再检查、整改，不断完善、更新，实现内部控制体系的持续改进。

二、形成内控评价报告

内部控制评价报告就是企业董事会或类似权力机构以报告的形式对内部控制评价状况出具评价意见，并提供给相关信息使用者的一种书面文件。按照编制主体、报送对象和时间，分为对内报告和对外报告。对外报告的内容、格式等强调符合披露要求，时间具有强制性；对内报告则主要以符合企业董事会（审计委员会）、经理层需要为主，编制主体层级更多、内容上更加详尽、格式更加多样，时间可以定期或不定期。《企业内部控制评价指引》第二十二条规定，内部控制评价报告至少应当披露下列内容：

（1）董事会对内部控制报告真实性的声明。
（2）内部控制评价工作的总体情况。
（3）内部控制评价的依据。
（4）内部控制评价的范围。
（5）内部控制评价的程序和方法。
（6）内部控制缺陷及其认定情况。
（7）内部控制缺陷的整改情况及重大缺陷拟采取的整改措施。
（8）内部控制有效性的结论。

【相关案例】

广东嘉应制药股份有限公司2019年度内部控制评价报告

广东嘉应制药股份有限公司全体股东：

根据《企业内部控制基本规范》（财会【2008】7号）及其配套指引的规定和其他内部控制监管要求（以下简称“企业内部控制规范体系”），结合本公司（以下简称“公司”）内部控制制度和评价办法，在内部控制日常监督和专项监督的基础上，我们对公司2019年12月31日（内部控制评价报告基准日）的内部控制有效性进行了评价。

一、重要声明

按照企业内部控制规范体系的规定，建立健全和有效实施内部控制，评价其有效性，并如实披露内部控制评价报告是公司董事会的责任。监事会对董事会建立和实施内部控制进行监督。经理层负责组织领导企业内部控制的日常运行。公司董事会、监事会及董事、监事、高级管理人员保证本报告内容不存在任何虚假记载、误导性陈述或重大遗漏，并对报告内容的真实性、准确性和完整性承担个别及连带法律责任。

公司内部控制的目标是合理保证经营管理合法合规、资产安全、财务报告及相关信息真实完整，提高经营效率和效果，促进实现发展战略。由于内部控制存在的固有局限性，故仅能为实现上述目标提供合理保证。此外，由于情况的变化可能导致内部控制变得不恰当，或对控制政策和程序遵循的程度降低，根据内部控制评价结果推测未来内部控制的有效性具有一定的风险。

二、内部控制评价结论

根据公司财务报告内部控制重大缺陷的认定情况，于内部控制评价报告基准日，由于存在财务报告内部控制重大缺陷，董事会认为，公司未能按照企业内部控制规范体系和相关规定的要求在所有重大方面保持了有效的财务报告内部控制。

根据公司非财务报告内部控制重大缺陷认定情况，于内部控制评价报告基准日，公司未发现非财务报告内部控制重大缺陷。

自内部控制评价报告基准日至内部控制评价报告发出日之间未发生影响内部控制有效性评价结论的因素。

三、内部控制评价工作情况

（一）内部控制评价范围

公司按照风险导向原则确定纳入评价范围的主要单位、业务和事项以及高风险领域。纳入评价范围的主要单位包括：广东嘉应制药股份有限公司（以下简称“嘉应制药”或“公司”）、广东嘉应医药有限公司（以下简称“嘉应医药”）、湖南金沙药业有限公司（以下简称“金沙药业”）、嘉应（深圳）大健康发展有限公司（以下简称“嘉应大健康”）、广东嘉惠融资租赁有限公司（以下简称“嘉惠租赁”）。纳入评价范围单位资产总额占公司合并财务报表资产总额的100%，营业收入合计占公司合并财务报表营业收入总额的100%；纳入评价范围的主要业务和事项包括：公司的管理、销售业务、担保管理、财务报告、生产管理、投资管理、关联交易、固定资产管理、资金运营管理等。

上述纳入评价范围的单位、业务和事项以及高风险领域涵盖了公司经营管理的主要方面，不存在重大遗漏。

（二）内部控制评价工作依据及内部控制缺陷认定标准

公司依据企业内部控制规范体系及组织开展内部控制评价工作。公司董事会根据企业内部控制规范体系对重大缺陷、重要缺陷和一般缺陷的认定要求，结合公司规模、行业特征、偏好和风险承受度等因素，区分财务报告内部控制和非财务报告内部控制，研究确定了适用于本公司的内部控制缺陷具体认定标准，并与以前年度保持一致。公司确定的内部控制缺陷认定标准如下：

1. 财务报告内部控制缺陷认定标准

公司确定的财务报告内部控制缺陷评价的定量标准如下：定量标准以营业收入、资产总额作为衡量指标。

内部控制缺陷可能导致或导致的损失与利润表相关的，以营业收入指标衡量。如果该缺陷单独或连同其他缺陷可能导致的财务报告错报金额小于营业收入的1%，则认定为一般缺陷；如果超过营业收入的1%但小于1.5%，则认定为重要缺陷；如果超过营业收入的1.5%，则认定为重大缺陷。

内部控制缺陷可能导致或导致的损失与资产管理相关的，以资产总额指标衡量。如果该缺陷单独或连同其他缺陷可能导致的财务报告错报金额小于资产总额的0.5%，则认定为一般缺陷；如果超过资产总额的0.5%但小于1%认定为重要缺陷；如果超过资产总额1%，则认定为重大缺陷。

公司确定的财务报告内部控制缺陷评价的定性标准如下：

财务报告重大缺陷的迹象包括：

（1）控制环境无效；

（2）发现董事、监事和高级管理人员在公司管理活动中存在重大舞弊；

（3）发现当期财务报表存在重大错报，而内部控制在运行过程中未能发现该错报；

（4）公司审计委员会和内部审计机构对内部控制的监督无效；

财务报告重要缺陷的迹象包括：

（1）未依照公认会计准则选择和应用会计政策；

（2）未建立反舞弊程序和控制措施；

（3）对于非常规或特殊交易的账务处理没有建立相应的控制机制或没有实施且没有相应的补偿性控制；

（4）对于期末财务报告过程的控制存在一项或多项缺陷且不能合理保证编制的财务报表达到真实、完整的目标。

一般缺陷是指除上述重大缺陷、重要缺陷之外的其他控制缺陷。

2. 非财务报告内部控制缺陷认定标准

公司确定的非财务报告内部控制缺陷评价的定量标准如下：非财务报告内部控制缺陷评价的定量标准参照财务报告内部控制缺陷评价的定量标准执行。

公司确定的非财务报告内部控制缺陷评价的定性标准如下：非财务报告缺陷认定主要以缺陷对业务流程有效性的影响程度、发生的可能性作判定。如果缺陷发生的可能性较小，会降低工作效率或效果、或加大效果的不确定性、或使之偏离预期目标，为一般缺陷；如果缺陷发生的可能性较高，会显著降低工作效率或效果、或显著加大效果的不确定性、或使之显著偏离预期目标，为重要缺陷；如果缺陷发生的可能性高，会严重降低工作效率或效果、或严重加大效果的不确定性、或使之严重偏离预期目标，为重大缺陷。

（三）内部控制缺陷认定及整改情况

立信会计师事务所对广东嘉应制药股份有限公司及纳入合并报表范围的子公司2019年度内部控制的有效性出具鉴证报告。在对嘉惠租赁的内部控制评价过程中发现重大缺陷一项。

1. 财务报告内部控制缺陷认定及整改情况

缺陷发生时间：2019年1月至3月份。

缺陷事由：嘉惠租赁2019年与贵州省六盘水市凉都人民医院有限公司（下称“凉都医院”）开展融资租赁业务，其中售后回租合同金额为3 600万元，2019年2月起计息，直租合同金额为1 500万元，2019年4月起计息。上述两份合同均约定年利率为13%，租赁期限为36个月，等额本息法按月支付租金，双方于2019年11月29日签订补充协议，约定原合同执行至2019年11月，自2019年12月起，剩余期限调整为2年，年利率不变，先息后本方式按月支付利息，到期一次还本。上述合同履行过程中，承租人凉都医院于2020年3月19日被六盘水市中级人民法院裁定破产重整。截至2019年12月31日，凉都医院尚欠本金5 100万元，欠利息123.32万元。

缺陷认定：内部鉴证报告认为公司新增重大投资决策不合规及审慎性不足，据此认定在重大投资方面存在重大缺陷。

缺陷对财务报告的潜在影响：嘉惠租赁经营范围为医疗设备租赁服务，嘉惠租赁与凉都医院之间开展融资租赁业务系其经营范围内的业务；因合同履行期间，凉都医院经营状况恶化，导致凉都医院与嘉惠租赁之间合同履行出现困难，2020年3月份，凉都医院被当地中级法院裁定破产重整，公司面临合同不能履行而导致的租赁本金难以收回的风险，公司存在坏账损失的可能。

公司自查原因：公司前期业务人员开展融资租赁业务时，对承租人尽职调查获取的信息过少，没有聘请独立的第三方中介机构对承租人进行财务、法律上的尽职调查，工作不严谨，以致对承租人的经营判断出现纰漏，经营风险提示不够。

整改措施：

（1）已完成措施：在凉都医院出现经营恶化迹象时，公司即刻与凉都医院指定的第三方贵州云指南科技有限公司签订了等额转让的《融资租赁物件所有权转让协议》，同时，公司要求受让方贵州云指南科技有限公司就其受让融资租赁物而尚未支付的租赁本金提供连带责任的担保，确保公司能按时收回本金。

（2）公司授权嘉惠租赁管理人员专人跟进贵州云指南科技有限公司租赁物转让款按时支付，每3个月向董事会反馈一次付款进展情况。

（3）公司加强对融资租赁业务人员进行专业培训，责令相关责任人强化业务风险控制，认真学习融资租赁业务知识及公司内部管理制度，及时履行重要事项上报审批程序。

公司内部控制评价小组将对以上整改情况进行持续的监督验收，2020年度公司将完善内部控制制度，规范各全资子公司各岗位工作流程，加强公司尤其是对子公司的内控监督管理，确保上市公司内部控制有效、内部控制实施与评价工作有序进行。

2. 非财务报告内部控制缺陷认定及整改情况

根据上述非财务报告内部控制缺陷的认定标准，报告期内未发现公司非财务报告内部控制重大缺陷、重要缺陷。

3. 公司正处于快速发展的阶段，业务规模扩张会增大公司的管理难度。如果公司的人员素质、管理方法不能适应公司的发展速度，将降低公司的运行效率，导致公司未来盈利能力达不到预期目标。

四、其他内部控制相关重大事项说明

公司无其他内部控制相关重大事项说明。

董事长：

广东嘉应制药股份有限公司

（公章）

资料来源：Wind金融端。

总结与提高

本项目是全书内容的梗概和统领全书的大纲。本项目比较了不同组织对内部控制的定义，区分了内部控制与风险管理的关系，学习了内部控制的总体目标和具体目标，以及如何组建承担内部控制职能的机构，如何建设整体层面和业务层面内部控制。学习的重点是掌握内部控制具体目标的设定及细化，以及风险识别、风险分析、风险评价的技术方法；学习的难点是对企业整体层面、业务层面进行风险评估，以及针对风险采用合适的内部控制措施。

【线上活动】

登录智慧职教平台，完成微课学习、习题和讨论，发表自己对内部控制的理解和看法。

【推荐阅读】

《企业内部控制基本规范》

《中央企业全面风险管理指引》

《管理会计应用指引第700号——风险管理》

《管理会计应用指引第701号——风险矩阵》

《管理会计应用指引第702号——风险清单》

评价与考核

一、认知评价

学习完导论后，学员根据认知情况进行自我评价，并填表（在○中打√，A 掌握，B 基本掌握，C 未掌握），指导老师根据评价结果进行讲评。

认知情况分析表

认知要点	自我评价
辨析内部控制与风险管理的关系	A○ B○ C○
区别内部控制的总体目标和业务目标	A○ B○ C○
归纳整体层面、业务层面的内部控制范围	A○ B○ C○
举例说明内部控制常见措施	A○ B○ C○

二、理论考核

1. 判断题

（1）内部控制是由企业董事会、监事会和经理层实施的、旨在实现控制目标的活动。（ ）

（2）内部控制设计中，坚持不相容职务相分离可以杜绝员工舞弊或差错的发生。（ ）

（3）内部控制的基本理念、原则和方法等仅适用于企业等营利组织，不适用于非营利组织。（ ）

（4）内部控制是一种全员控制，实施控制活动的主体包括董事会、管理层、大股东和一般员工等。（ ）

（5）内部控制主要是对影响企业目标实现的各种风险进行管理和控制。（ ）

2. 不定项选择题

（1）在我国颁布的内部控制基本规范中，被称为“企业实施内部控制的基础，是其他内部因素根基”的要素是（ ）。

A. 信息与沟通　　B. 内部监督

C. 内部环境　　D. 控制活动

（2）甲公司管理层为了改进完善内部控制，正在重新检查本公司现有的职责、岗位设置的合理性。下列各项中，不属于兼任不相容岗位的情况有（ ）。

A. 财务部主任同时担任采购部的审批主管

B. 记录存货明细账的会计人员同时负责存货的实物管理

C. 行政部经理兼任工会主席

D. 销售部经理同时负责客户信用的调查评估与销售合同的审批签订

（3）下列有关企业内部控制建设的表述中，正确的有（ ）。

A. 内部控制建设有助于企业及时识别和防范风险，促进企业实现战略目标

B. 企业应结合自身的管理实践，从控制环境、风险评估、控制措施、信息与沟通、内部监督等要素出发建立本单位的内部控制

C. 内部控制应由企业各个层级的人员共同实施，从企业负责人到各个业务分部、职能部门的负责人，直至每一名员工，都应对实施内部控制负有责任

D. 企业应定期或不定期对本单位内部控制的健全性、合理性和有效性进行评价，及时发现内部控制设计和实施环节存在的缺陷和漏洞，采取切实可行措施予以改进

（4）下面有关内部控制的说法中错误的有（　　）。

A. 企业在处理“三重一大”问题上应当按照规定的权限和程序实行集体决策审批或者联签制度

B. 董事会应下设审计委员会负责发展战略管理工作

C. 企业足额缴纳社会保险费是企业承担社会责任的一种表现

D. 风险评估的第一步是采用定量方法评估风险发生的可能性或频率

（5）在 COSO 内部控制框架中，内部控制的目标可分为（　　）。

A. 运营、财务报告及合规三个目标

B. 运营、信息及合规三个目标

C. 信息、财务报告及监督三个目标

D. 运营、信息及监督三个目标

三、技能考核

请根据下列案例进行风险识别与内部控制。

2022 年 3 月 15 日，湖南插旗菜业有限公司在土坑腌制酸菜被央视 3·15 晚会曝光。所谓的老坛酸菜是地地道道的“土坑酸菜”，生产者在地上挖个大坑，把脏兮兮不新鲜的青菜倒进去，再倒进水和盐，盖上土，三个月后就捞出；从坑里捞酸菜的时候，人们穿着鞋或光着脚直接踩在酸菜上，抽完的烟头也随便扔进酸菜里；到了工厂里也不省心：随便过过水就算洗了、往小包装里加不明液体、大量添加防腐剂。插旗菜业一直为众多知名品牌代加工酸菜制品，也为一些方便面企业代加工老坛酸菜包。此前插旗公司官网显示，其合作伙伴包括肯德基、康师傅、五谷渔粉等多家企业。晚会曝光后，肯德基、白象否认插旗是其供应商，统一称近 5 年未与插旗菜业合作，康师傅、五谷鱼粉则发声明致歉并下架相关商品。这一事件波及面广，不仅导致相关产品下架、股价大跌，甚至引发国内酸菜相关餐企陆续发布公告澄清。

天眼查 App 显示，湖南插旗菜业有限公司成立于 2005 年 5 月，注册资本 1 200 万人民币。严钦武为法定代表人并持股 72%，为第一大股东兼总经理。插旗菜业官网上留下的都是现代化食品企业话术，在描述酸菜产品的原料时，插旗菜业使用了“一次检验原料、二次检测发酵、三次检测高科检验”等自证质检可靠的字眼，这与用脚踩出来的酸菜制作工艺截然不同。记者暗访时，生产负责人坦承虽然插旗菜业有自己的标准化腌制池，工人也会穿着特定工作服进行作业，从这里出来的酸菜基本不会含什么杂质，但是这些都是出口产品，给国内食品企业代加工的酸菜都是收来的土坑酸菜，也不对卫生指标进行检测。同样都是酸菜，为什么有两套不同的生产方式呢？生产负责人回应：国内的产品，到了消费者手里，里面有一点树叶嘛，罚一千两千，如果运到国外罚十万。

经 3·15 曝光后，据岳阳市农业农村局 2017 年 8 月披露的岳阳市特色农产品品牌名录

之企业和产品品牌，插旗菜业名列其中，也公布了企业电话为“135××××5555”。《每日经济新闻》记者通过微信搜索功能发现，该手机号对应的微信使用者昵称为“严钦武”。国家企业信用信息公示系统显示，严钦武为插旗菜业法定代表人。记者拨通了“严钦武”的电话，询问其对3·15曝光插旗菜业存在卫生问题的回应。对方表示：“现在我没干了，你要找在职的，我已经退休了。”随即挂断电话，后续拨打几次均未获接听。最终严钦武也是顶不住网友们的正义宣言，在采访中道歉并说：“我错了，深感惭愧，向广大消费者道歉。在今后接受检查，整改到位。”至此，湖南插旗菜业及相关责任人共被处罚548.8万元。

任务实施过程	实施答案	评分标准	标准分	得分
一、在内部环境建设中插旗菜业存在什么样的问题		是否结合内部环境的构成要素来讨论	10	
二、从食品生产企业角度出发，对插旗菜业经营模式进行风险评估		是否识别出所有的风险源；风险描述是否清晰	10	
三、酸菜外购模式下，控制活动的重点应放在哪个环节		所述控制环节是否正确	10	
四、插旗菜业在信息披露和外部沟通的环节出现了什么问题		是否建立有效的信息与沟通机制	10	
五、内部监督是否发挥了应有的作用		企业内部是否存在日常监督或者专项监督	10	

项目一
企业设立的内控

知识学习目标

1. 能列举发展战略与组织架构的内控目标
2. 能描述发展战略与组织架构内控所涉组织及职责体系
3. 能归纳发展战略与组织架构内控的业务流、信息流
4. 能叙述发展战略与组织架构内控流程的风险评估过程
5. 能举例说明发展战略与组织架构风险的内控措施

技能训练目标

1. 能设计发展战略与组织架构所涉组织及职责体系
2. 能设计发展战略与组织架构内控所需信息流
3. 能绘制发展战略与组织架构内控的业务流
4. 能评估发展战略与组织架构内控流程的风险
5. 能控制发展战略与组织架构内控流程的风险

素养提升目标

传承国学中战略与架构的管理智慧，增强文化自信

标志性成果

独立撰写一份发展战略与组织架构的风险评估与内控报告

思维导图

- 企业设立的内控
  - 企业设立内部控制概述
    - 战略与架构内部控制的意义
    - 战略与架构的内控目标
    - 战略与架构内控所涉组织及职责体系
  - 战略与架构的内控流程
    - 战略与架构的业务流
    - 战略与架构的信息流
  - 战略与架构内控流程的风险评估
    - 风险识别
    - 风险分析
    - 风险评价
  - 战略与架构风险的内控措施
    - 不相容职务分离控制
    - 授权审批控制
    - 绩效考评控制
    - 文件记录控制

项目引例

北京暴雪运动集团是国内知名的运动产品制造商，主要从事体育设施的制造和销售，年产值25亿元，客户群体遍布国内31个省市。在国家红利政策的驱动下，各项冰雪活动先后举办，暴雪运动集团看好我国冰雪产业未来，于2019年2月1日出资1亿元投资成立了五棵松滑雪有限责任公司（以下简称“五棵松”）。最初五棵松的主营业务定位于冰雪产业链上游的雪场规划，中游的雪场设备、个人设备的制造与销售，下游的雪场运营。

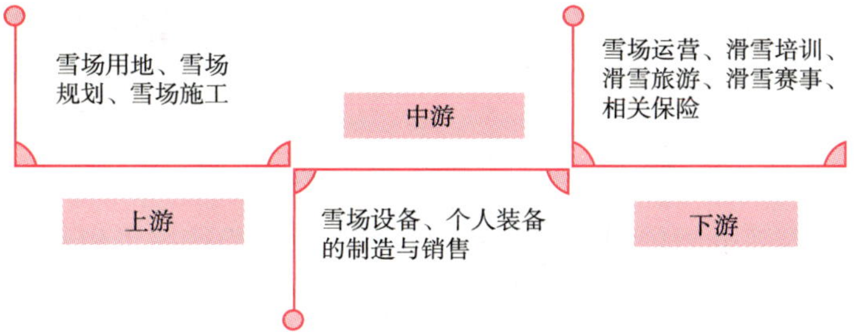

五棵松公司冰雪产业链

2019—2020年五棵松连续两年实现收入、利润双增长，董事会对此非常满意，并于2021年制定了深耕冰雪产业链的战略，调整组织架构进军冰雪产业链其他领域。2022年2月伴随着我国冬奥会取得9金4银2铜的好成绩，五棵松在“冬奥红利”下取得骄人的销售业绩，但同时也面临着负债过高、资金紧张的财务风险。

五棵松公司财务指标

指标/时间	2019 年	2020 年	2021 年
资产负债率	40.42%	46.11%	68.58%
流动比率	2.14	1.53	1.04
速动比率	1.68	1.13	0.64
应收账款周转天数	40 天	75 天	150 天
总资产净利润率	15.13%	8.86%	5.00%
销售净利率	15.09%	12.53%	8.44%

究其原因，公司发展战略较为激进，组织架构建设较为粗放，在业务规模扩张时过度追求市场份额而忽视了市场效益。经董事会集体商定，公司决定加强内控建设。聘请专业的风险管理公司开展风险评估，从梳理战略与架构内控流程着手，识别、分析、评价流程中存在的各类风险，并采用适当的内控措施控制风险。

思考与实践

（1）为何说五棵松公司存在财务风险？借此五棵松公司应确立怎样的战略与架构内部控制目标？

（2）到底是战略与架构内控流程中的哪个环节失误导致了财务风险？

（3）五棵松公司战略与架构内控流程还涉及哪些环节？别的环节是否也存在风险？

（4）面对五棵松公司战略与架构内控流程中的风险，应采取哪些内部控制措施？

模块一　企业设立内部控制概述

企业设立初期，需要处理的问题千头万绪，其发展过程往往也荆棘丛生，随时都有夭折的可能。初创企业要想对生存环境具有适应和选择的能力，对经营前景具有自我改造和自我发展的能力，其关键在于建立健全企业内部控制，即充分挖掘潜藏在企业内部的风险，充分调动企业内部的主动性、积极性控制风险，才能确保企业资产有增值力，进而提高企业效益。鉴于此，本项目针对企业设立初期必定会遇到的发展战略和组织架构如何进行内部控制进行探讨，其内部控制具体要求体现在《企业内部控制应用指引第 1 号——组织架构》和《企业内部控制应用指引第 2 号——发展战略》中。

一、战略与架构内部控制的意义

（一）内部控制促成发展战略

企业设立初期大多由于财力、物力和人力等因素限制，不可能在多个行业都具有竞争优势，这就要求企业设立初期做到“有所不为，而后可以有为”。企业设立初期只有集中企业内部优势资源，选择正确的发展战略，才有把握逐步走上成功之路。《企业内部控制应用指引第 2 号——发展战略》对发展战略做出了明确界定：发展战略是企业在对现实状况和未来趋势进行综合分析和科学预测的基础上，制定并实施的长远发展目标与战略规划。

发展战略的内部控制是指强化制定、实施、调整发展战略流程中的风险管控措施，其作用是促进发展战略的实现。如果对未来市场研究深入，行业发展趋势预测准确，远景目标设立客观，各发展阶段的人、财、物等资源调配得当，制定的发展战略就能引导企业健康、快速地发展；反之，仅凭个人主观判断市场发展变化，设立目标过于理想或对行业的发展趋势预测出现偏差，制定的发展战略就会产生管理误导，甚至会给企业带来破产的风险。

（二）内部控制优化组织架构

企业设立初期往往分工制度不完善，一人身兼多职，业务交叉过多，造成整个企业上下混乱与冲突，最终导致绩效不彰、成本居高不下、士气低落等。任何工作的有序开展都需要有力的组织保障，因此企业设立初期要实施发展战略，就必须有科学的组织架构。《企业内部控制应用指引第 1 号——组织架构》对组织架构做出了明确界定：组织架构是指企业按照国家有关法律法规、股东（大）会决议和企业章程，结合本企业实际情况，明确股东（大）会、董事会、监事会、经理层和企业内部各层级机构设置、职责权限、人员编制、工作程序和相关要求的制度安排。

组织架构的内部控制是指建立一个科学高效、相互制衡的组织架构，可以使企业自上而下地对风险进行识别和分析，进而采取控制措施应对风险。通过对组织架构进行内部控制，可以促进信息在企业内部各层级之间、企业与外部利益相关者之间及时、准确、顺畅地传递，还可以提升日常监督和专项监督的力度和效能。

同时企业的组织架构也是内部控制的实施载体。在现代企业制度下，由于所有权和经营权的分离，所有者和管理者之间形成一种委托代理关系，所有者希望管理者能够为了股东的权益而工作，实现效益最大化，但是管理者往往都倾向于首先满足自己的欲望，从而造成代理冲突。在这种情况下，有效的组织架构能够合理地实现内部控制的最优化，从而有效地抑制企业的代理冲突，营造一个和谐、稳定的内部控制环境。

【内控“思”享】

品三国，析内控之组织架构

东汉末年，天下大乱，各路枭雄纷纷出来“大众创业”，草根的刘备就是在这“创业潮”中逆袭成功的。刘备，本是打草鞋卖草鞋的，是真正的“草根”出身，打着“刘皇叔”

名号，通过“桃园三结义”吸收有资金的张飞（做屠宰生意的土财主）和有技术的关羽（文武双全）入股。由于这个团队在成立初期资金实力不足，也没有市场，只能“挂靠”别人，前后“挂靠”过袁绍、曹操等，甚至连吕布这样口碑极差的也去“挂靠”过。

在创业初期，刘备是董事长和总经理一肩挑，后经过三顾茅庐，聆听了诸葛亮的隆中对后，明白了企业发展战略、组织架构等的重要性，因此决定按照隆中对定下的企业战略来规范组织架构。

（1）刘备让出了 CEO 的位置，邀请诸葛亮加盟出任 CEO。

（2）董事长刘备对总经理诸葛亮进行了充分授权，包括原始股东等创业元老都必须听从新来的总经理指挥。

（3）为了牵制总经理的权限，精明的董事长刘备还聘任了副总经理凤雏先生。

（4）由于张飞是一个眼睛容不得沙子的人，正好作为监事长，监督经理层。

最终，在诸葛总经理的打理下，刘董事长在成都建立了三分天下的“蜀汉集团”。

二、战略与架构的内控目标

企业设立的内控目标

企业设立初期建立和培育内部环境，首先需要根据内部控制目标，确定发展战略和组织架构所应达到的具体控制目标。从内控建设和实施角度看，内部控制目标包含四个目标，分别是合规目标、报告目标、运营目标和战略目标。

（一）合规目标

（1）企业在制订发展战略和规划时，应符合国家发展规划、产业政策、经济布局和结构的战略性调整方向。中央企业可参照国资委编制的《中央企业发展战略与规划编制大纲》，并可根据实际情况进行适当调整，但应当涵盖其提出的内容。

（2）企业应根据《中华人民共和国公司法》等相关法律法规，结合公司章程和实际情况，建立规范的法人治理结构，促进企业内部控制的有效运行。科学界定决策、执行和监督各层面的机构地位、职责与任务，可形成有效的分权和制衡机制，为内部控制的建立和实施提供强有力的组织保障和工作机制保障。

（二）报告目标

（1）企业应完善企业发展战略报告制度，确保发展战略的有效实施。依据年度经营计划、全面预算，将年度目标分解、落实，确保发展战略及其具体需落实解决的问题传递到内部各管理层及全体员工等。

（2）企业应通过内部管理制度汇编、员工手册、组织结构图、业务流程图、岗位描述、权限指引等适当方式，使企业员工了解和掌握组织架构设置及权责分配情况，促进企业内部各层级员工明确各自的职责分工，正确行使职权，并加强对权责履行的监督。

（三）运营目标

（1）企业应对发展战略的实施情况进行运营监控，对于发展战略实施过程中存在的问题和偏差，及时采取措施予以纠正。依据战略期内每一年度工作计划和经营预算完成情况，对战略执行能力和执行效果进行分析评价，促进企业健康可持续发展。

【引例分析 1－1】

为何说五棵松存在财务风险？风险管理公司展开调查，发现五棵松近三年资产负债率持续上升，比同时期、同行业平均值都高（见表引分 1－1），说明公司长期偿债能力欠缺；同时，五棵松的流动比率和速动比率也在逐年下降，一般认为流动比率为 2 左右、速动比率为 1 左右比较好，显然五棵松的这些指标值过小，说明公司短期偿债能力不足，因此公司存在较大财务风险。

表引分 1－1　　资产负债率对比

企业名称	2019 年	2020 年	2021 年
五棵松的资产负债率	40.42%	46.11%	68.58%
资产负债率的行业平均值	36.45%	40%	47.05%
五棵松的流动比率	2.14	1.53	1.04
五棵松的速动比率	1.68	1.13	0.64

进一步调查发现五棵松的销售净利率 2021 年较 2020 年下降了 14.09%，究其原因是 2021 年营业收入较上年增长 70.16%，而成本费用较上年增长了 95.16%，其中研发费用增长幅度最大（见表引分 1－2），由 2020 年的 997 万元增长至 2021 年的 2 亿元，研发费用占总成本比重也由 2020 年的 4.12% 增长至 2021 年的 42.31%。

表引分 1－2　　成本对比表

项目	2021 年		2020 年		增减幅度（元）
	金额（元）	占成本比重	金额（元）	占成本比重	
工资及福利	90 717 440	14.96%	61 336 440	17.21%	29 381 000
业务招待费	10 079 715.56	2.13%	8 762 348.57	3.62%	1 317 367
办公费	8 981 924.75	1.90%	6 072 914.85	2.51%	2 909 010
广告费用	23 873 010.53	5.05%	9 436 375.39	3.89%	14 436 635
研发费用	200 112 000	42.31%	9 979 200	4.12%	190 132 800

由此可见，五棵松在实施发展战略的过程中，存在盲目举债研发的情形，可能会带来现金流不足，资金链断裂，不能及时偿债，甚至导致企业破产的危险。因此五棵松应确立其战略与架构内部控制的核心目标——运营目标，加强对发展战略实施过程的监控，对于实施过程中存在的问题和偏差应及时进行纠正。

（2）企业应定期对组织架构的运营效果和效率进行全面评估，及时调整优化。根据经营目标、职能划分和管理要求，明确高级管理人员、各职能部门和分支机构以及基层作业单位的职责权限，将权力与责任分解到具体岗位，相互制衡，相互协调，为内部控制的设计和实施创造良好条件。

（四）战略目标

企业应确保组织架构与发展战略相匹配，因为发展战略决定组织架构，发展战略的转移决定了组织架构的调整，组织架构又制约着发展战略的实施。如果组织架构改革得当，则能有效支撑发展战略的达成，并能合理优化配置企业的各类资源，实现企业的长期经营目标。企业发展战略一旦发生变革，组织架构必须做出相应调整，以适应企业战略的发展与改变。因此发展战略是否能成功，有赖于企业组织架构是否能与企业战略相匹配。

【相关案例】

SuperCell是一家芬兰的手机游戏公司，公司的发展战略是成为一家高产的游戏孵化器，在几年内开发出10款以上的游戏。为了达成这个战略目标，公司大部分用于试错的游戏都在研发过程中被腰斩了，最终呈献给用户的几款游戏都是经典中的经典。是什么让公司能够如此高效地试错和迭代呢？

在传统的前台—中台架构中（下图左边），各个项目相对独立，许多项目都在重复发明同样的轮子，即让项目本身越来越臃肿，也让开发效率越来越低。SuperCell改变了传统架构，调整成与发展战略相匹配的组织架构（下图右边）。他们开发出的游戏看上去风格迥异，却存在许多共同之处。在业务上，共通的东西包括支付系统、用户系统等；在技术上，共通的东西包括游戏引擎、内部开发工具等。而这些共通的资源，都可以由一个强大的“中台”来提供。中台的架构思想改变的不只是项目结构，也影响了研发团队的组织架构形式。公司把这种高效的组织架构称为“部落”。

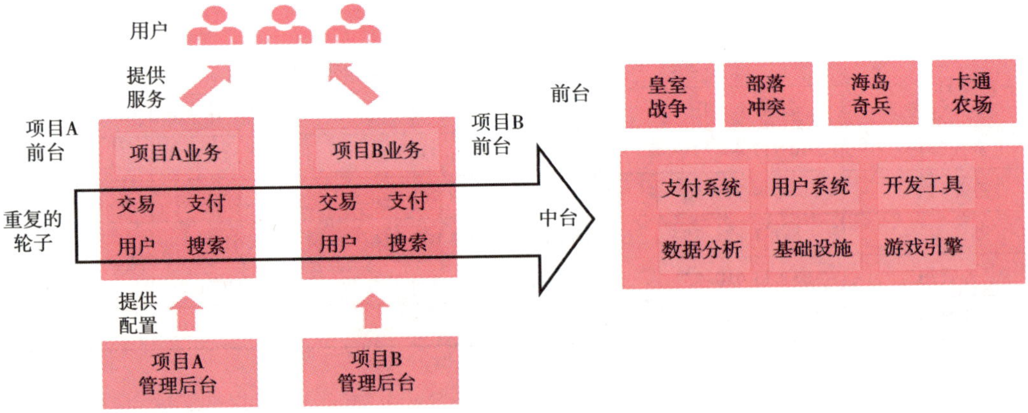

前台—中台架构

三、战略与架构内控所涉组织及职责体系

企业设立的内控操作演示

发展战略与组织架构是企业设立初期实现健康可持续发展的起点，企业

各层级都应给予高度重视和大力支持，要提供必要的组织保证。战略与架构内控所涉及组织及职责体系如下：

（一）战略管理部门

企业应在董事会下设立战略委员会，战略委员会由董事组成，其中至少包括一名独立董事。战略委员会应组织有关部门对发展目标和战略规划进行可行性研究和科学论证，形成发展战略建议方案，必要时，可借助中介机构和外部专家的力量为其履行职责提供专业咨询意见。此外，企业还应在内部机构中设置专门的部门或指定相关部门，承担战略委员会下达的相关工作。

战略委员会设主任一名，由公司董事长担任。战略委员会主任负责召集和主持战略委员会会议，当战略委员会主任不能或无法履行职责时，由其指定一名其他委员代行其职责；战略委员会主任既不履行职责，也不指定其他委员代行其职责时，半数以上委员可选举出一名委员代行战略委员会主任职责，并将有关情况及时向公司董事会报告。

战略委员会委员由公司董事会选举产生，战略委员会委员必须符合下列条件：

（1）不具有《公司法》或《公司章程》规定的不得担任公司董事、监事、高级管理人员的禁止性情形；

（2）最近三年内不存在被证券交易所公开谴责或宣布为不适当人选的情形；

（3）最近三年不存在因重大违法违规行为被中国证监会予以行政处罚的情形；

（4）具备良好的道德品行，熟悉公司所在行业，具有一定的宏观经济分析与判断能力及相关专业知识或工作背景；

（5）符合有关法律、法规或《公司章程》规定的其他条件。

（二）人力资源部

人力资源部应当对各机构的职能进行科学合理的分解，确定具体岗位的名称、职责和工作要求等，明确各个岗位的权限和相互关系；在确保实现企业战略目标的前提下，力求部门数量最少、人员编制最精简，以达到节省沟通成本、缩短业务流程、提高运营效率的目的。人力资源部还应当定期对组织架构设计与运行的效率和效果进行全面评估。

【引例分析 1－2】

五棵松的组织架构及岗位设置如图引分 1－1 所示，其中战略与架构内控主要涉及三个组织，分别是战略委员会、战略发展部、人力资源部。

战略委员会的职责：主要负责对公司长期发展战略规划、重大战略性投资进行可行性研究复核，向董事会报告工作并对董事会负责。

战略发展部的职责：承担战略委员会下达的相关工作，制定并监控战略落地。

人力资源部的职责：设计、优化支持企业战略的组织架构，并完善与之相关的部门设置、岗位设置及职位体系的梳理；在公司自上而下，利用各种形式（电子屏幕、邮件、布告栏、员工大会、培训、员工活动等）宣传企业战略，确保人人明确公司的愿景和中短期战略目标。

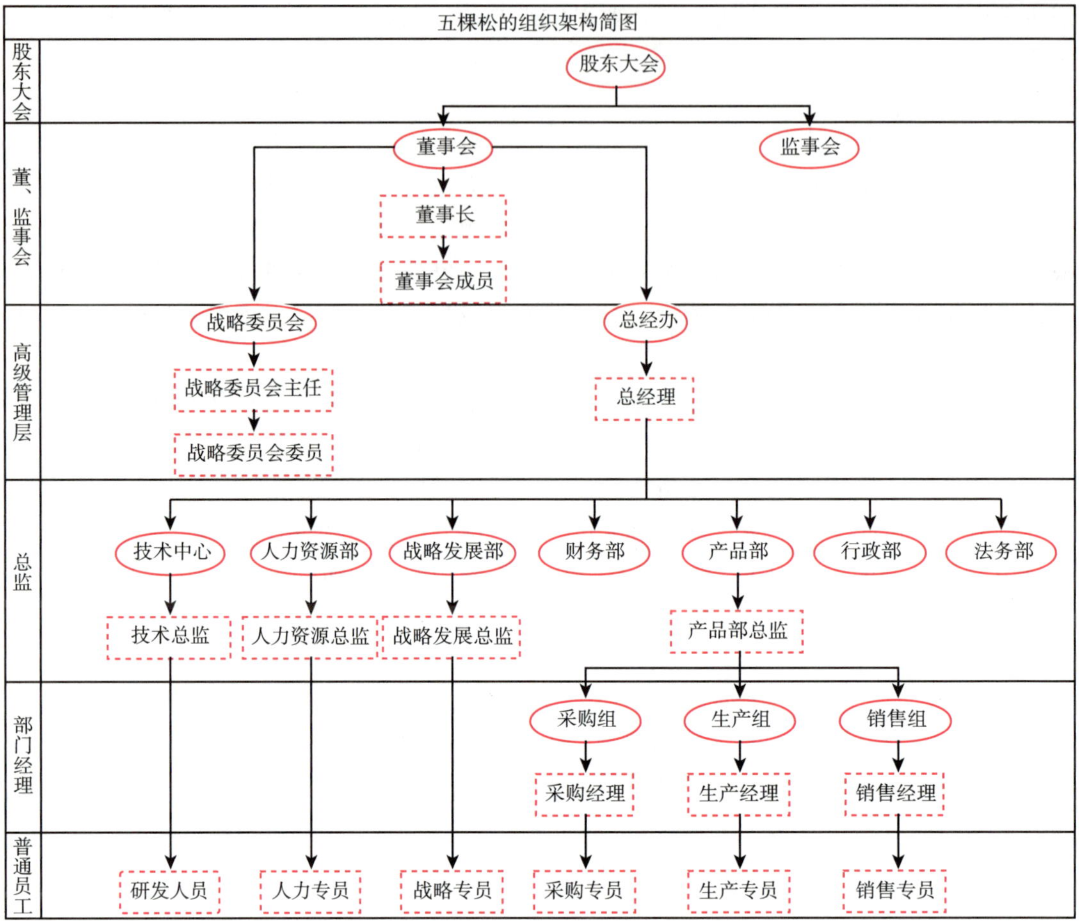

图引分 1－1　五棵松组织架构及岗位设置

模块二　战略与架构的内控流程

组织架构是实现发展战略的重要工具。有什么样的发展战略就有什么样的组织架构，一旦发展战略发生变化，组织架构就要做出相应的调整，寻求和选择与发展战略相匹配的组织架构，可见发展战略与组织架构是相辅相成的关系。为了更好地发挥发展战略的指引作用，确保组织架构的可行性和有效性，企业应将完善战略与架构内控流程作为内部控制建设的起点，即设计合理的业务流、信息流，让两者水乳交融。

战略与架构内控业务流

一、战略与架构的业务流

战略与架构内控业务流程包括制定发展战略、设计组织架构、实施发展战略、调整发展战略、调整组织架构共五个环节。

（一）制定发展战略

制定发展战略是企业实现健康可持续发展的起点。企业发展战略的制定并非按图索骥，也没有固定的流程顺序，每个企业都应当结合经营实际情况和市场情况，找到适合自身的发展战略制定流程。一般而言，制定发展战略的流程应当包含四个步骤：

1. 调查分析

发展战略的制定，应当立足于充分的调查研究和科学分析。企业要确保发展战略的准确、可行、合理、可控，就离不开灵活运用各种战略调查分析工具。发展战略的调查分析工具有很多，如态势分析法（SWOT 分析法）用来分析优劣势；波特五力分析法（Michael Porter's Five Forces Model）用来分析具体环境；PEST 分析主要用来分析宏观环境。限于篇幅，在此仅介绍 PEST 分析工具。PEST 主要从四个方面进行分析，即政治（Politics）、经济（Economy）、社会（Society）和技术（Technology）。其分析内容如图 1－1 所示。

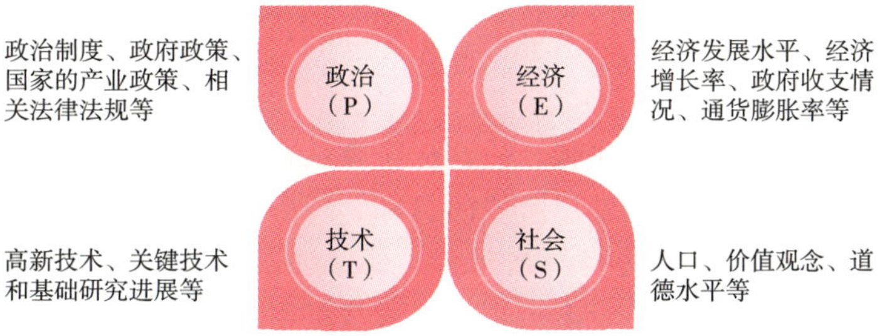

图 1－1　PEST 分析

【引例分析 1－3】

五棵松采用 PEST 分析当前冰雪产业所处宏观环境：

P（政治）：近年我国出台了一系列政策支持做大做强冰雪产业，如表引分 1－3 所示。

表引分 1－3　　支持冰雪产业相关政策文件

时间	发布单位	政策	内容
2016 年 11 月	国家体育总局、发展改革委等 4 部门	《冰雪运动发展规划（2016—2025）》	到 2020 年我国冰雪产业总规模达到 6 000 亿元，到 2025 年我国冰雪产业总规模达到 10 000 亿元
2016 年 11 月	国家体育总局、发展改革委等 7 部门	《全国冰雪场地设施建设规划（2016—2022）》	到 2022 年国内的冰场数量将由 2015 年的 200 座增加至 650 座，滑雪场数量将从 2015 年的 500 个增加至 800 个。冰雪产业市场规模将实现从 2017 年的 3 976 亿元上升至 2025 年的 1 万亿元

E（经济）：当前中国人均 GDP 呈现稳定增长的趋势，2018 年人均 GDP 达到 6.46 万元，意味着中国居民消费从以衣食为主的生存型消费开始向文化、娱乐、体育、旅游、教育等享受型消费转变。

S（社会）：冰雪旅游成为我国旅游新热点，在2017—2018年冰雪季，冰雪旅游人数近2亿人，同比上升16%。2017—2018年冰雪季我国冰雪旅游人均消费为1 734元，同期我国国内人均旅游消费为926元，由此可看出，冰雪旅游人均消费相当于国内人均旅游消费的1.87倍，冰雪旅游内需拉动能力突出。

T（技术）：在“互联网+”的影响下，体育产业不再是孤立的文化属性个体，而是伴随着多方跨界合作，相互联系，逐渐发展衍生成为一个庞大的多面体。据《冰雪产业用户画像》调研数据显示，网络直播和资讯渠道成为冰雪人群关注赛事信息的主要方式。

2. 战略提出

基于调查分析的结果，战略委员会即可提出企业发展战略的草案。草案并非一份具体、系统、严谨的方案，但其必须将战略目标的核心内容阐述清楚。

3. 战略咨询

为避免战略失误、提高战略水平，针对战略委员会提出的战略草案，尤其是发展战略中的部分重要问题，企业可以咨询中介机构或外部专家的意见。对其提出的意见，企业也应当在内部充分讨论，必要时也可继续征求外部意见。

4. 战略决策

当战略草案经过不断的讨论与完善之后，战略委员会即可着手制定战略规划，明确发展的阶段性和发展程度，并确定各个发展阶段的目标、任务和实施途径。战略规划的审议应当由董事会负责。董事会必须对其进行严格审议，要关注战略规划的全局性、长期性和可行性。如果战略规划存在重大问题，董事会则应责成战略委员会进行调整。经过董事会审议通过的战略规划，则可报经股东（大）会批准实施。

【引例分析1-4】

经过PEST分析后，五棵松确定其未来的发展愿景为立足“服务+产品”，跻身冰雪行业第一梯队，未来3年实现营业收入累计10亿元，营业利润累计1亿元。服务的经营范围定位于冰雪产业链上游的雪场规划、下游的雪场运营；产品的经营范围定位于冰雪产业链中游的雪场设备和个人设备的制造与销售。战略规划如下：

（1）通过增加营业收入和降低运营成本来提升公司利润；

（2）通过提升服务和产品质量来扩大市场占有率；

（3）提升内部运营能力、提升客户管理能力、提升创新能力；

（4）建设训练有素且士气高昂的员工队伍，整合高效的信息化应用水平，提升组织领导能力。

（二）设计组织架构

要实现发展战略，首先应依据制定好的发展战略确立组织目标，以此确定组织架构的基础模式，以及担负各子系统目标功能的工作量；其次确定职能部门并平衡工作量，以及下级对口单位、部门或岗位的设置；最后绘制组织架构图。组织架构的设计可归纳为治理结构、内部机构两个层面：

1. 设计治理结构

治理结构是企业在治理层面的组织架构，是企业与外部主体发生各种经济关系的组织基础。治理结构主要关注法律层面，服务于企业的发展战略，是指企业根据相关法律法规，设置不同层次、不同功能的法律实体及相关的法人治理结构，从而使企业能够在法律许可的框架下拥有权利、履行义务。治理结构一般应当涉及股东（大）会、董事会、监事会和经理层，其关系如图 1－2 所示。

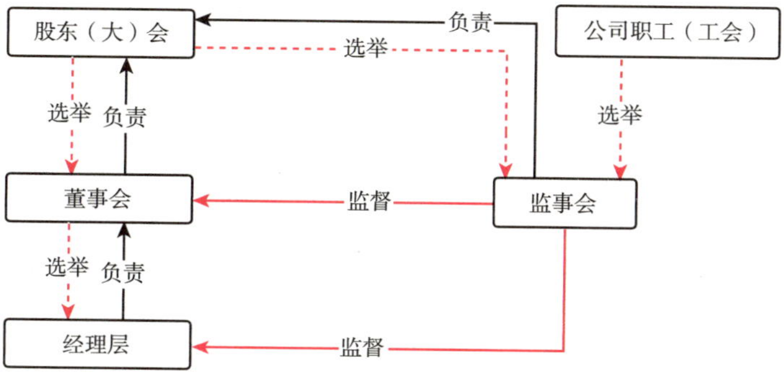

图 1－2 治理结构关系图

（1）股东（大）会。股东（大）会是企业的最高权力机关，它由全体股东组成，对企业重大业务进行决策，有权选任和解除董事，并对企业的经营管理有广泛的决定权。股东大会既是一种定期或临时举行的由全体股东出席的会议，又是一种非常设的由全体股东所组成的公司制企业的最高权力机关。它是股东作为企业财产的所有者，对企业行使财产管理权的组织。企业一切重大的人事任免和重大的经营决策一般都须经股东大会认可和批准方才有效。股东大会分法定大会、年度大会、临时大会及特种股东大会几种。

（2）董事会。董事会是股东（大）会闭会期间的常设机构，对企业股东（大）会负责并报告工作。股东（大）会所作企业重大业务的决定，董事会必须执行。董事会是企业的经营决策机构，主要负责决定企业内部管理机构的设置、制订年度财务预决算方案和利润分配方案、聘任或解聘总经理/财务部负责人等。董事会可以按股东（大）会的有关决议，其下设立战略、审计、提名、薪酬与考核、风险管理等专门委员会，为董事会科学决策提供支持。

关于董事会成员的人数，《公司法》有详细规定：有限责任公司设董事会成员为 3～13 人；有限责任公司股东人数较少或规模较小的，可以设 1 名执行董事，不设董事会；股份有限公司应一律设立董事会，其成员为 5～19 人。董事会成员的类型分为两种，即执行董事和非执行董事。执行董事同时又是本公司的内部行政人员，通常是公司的高级经理。非执行董事又分为外部董事、独立非执行董事或独立董事。

【引例分析 1－5】

五棵松有限责任公司成立时，按照《公司章程》选举了 5 名董事会成员（见表引分 1－4），并在董事会下设立了战略委员会（见表引分 1－5）。2019—2021 年董事会、战略委员会成员均未发生变动。详情如下：

（1）董事会成员中有 2 名独立董事，其中马柳星，注册会计师，现担任会计师事务所有限公司主任会计师；吴海燕，博士，现任高校金融学院教授。

表引分 1－4　　五棵松近 3 年董事会结构

姓名	张明亮	刘弘	曹勇	马柳星	吴海燕
职务	董事长、总经理	副董事长、副总经理	非独立董事、董事会秘书	独立董事	独立董事

（2）战略委员会由 3 名董事组成，其中包括 1 名独立董事，由董事长担任战略委员会主任。

表引分 1－5　　五棵松近 3 年战略委员会结构

姓名	张明亮	曹勇	吴海燕
职务	战略委员会主任	委员	委员

（3）监事会。监事会是股东（大）会领导下的常设监察机构，执行监督职能。监事会由股东（大）会选举的监事以及由公司职工民主选举的监事组成。为保证监事会和监事的独立性，监事不得兼任董事和经理。监事会对股东大会负责，监事会与董事会并立，独立地行使对董事会、总经理、高级职员及整个企业管理的监督权。

（4）经理层。经理层的主要构成人员是各部门经理。经理是企业的日常经营管理和行政事务的负责人，由董事会决定聘任或者解聘。经理对董事会负责，可由董事和自然人股东充任，也可由非股东的职业经理人充任。经理不仅是企业对内生产经营的领导，也是企业对外活动的代表，其行为就是企业的行为，即使其行为违反了企业章程和董事会授权规定的权限范围，一般也都视为企业行为，后果由企业承受。经理的主要职责是对自己所在的部门进行有效的规划、制定相应的战略目标和发展规划，通过管理活动使之落实。

【拓展阅读】

上市公司、国有独资企业治理结构设计的特殊要求

上市公司是“公众”公司，具有重大公众利益，因此必须对投资者和社会公众负责。上市公司治理结构的设计，应当充分反映其“公众性”的特点。上市公司治理结构设计应当重点关注三个特殊点，具体如表 1 所示。

表 1　　上市公司治理结构设计的特殊要求

特殊点	具体描述
上市公司董事会应当设立独立董事	（1）独立董事应独立于所受聘的公司及其主要股东，独立董事不得在上市公司担任除独立董事外的其他任何职务 （2）独立董事应独立履行职责，不受公司主要股东、实际控制人及其他与上市公司存在利害关系的单位或个人的影响 （3）独立董事应按照有关法律法规和公司章程，认真履行职责，维护公司整体利益，尤其要关注中小股东的合法权益不受损害

续表

特殊点	具体描述
上市公司董事会可根据治理需要，按照股东大会的有关决议下设审计委员会、战略与投资委员会、薪酬与考核委员会、提名委员会等	（1）上市公司董事会下设的审计委员会、薪酬与考核委员会中，独立董事应当占多数并担任负责人，审计委员会中至少还应有1名独立董事是会计专业人士 （2）在董事会各专业委员会中，审计委员会对内部控制的建立健全和有效实施发挥着重要作用。审计委员会对董事会负责并代表董事会对经理层进行监督，侧重加强对经理层提供的财务报告和内部控制评价报告的监督，同时通过指导和监督内部审计和外部审计工作，提高内部审计和外部审计的独立性，在信息披露、内部审计和外部审计之间建立起了一个独立的监督和控制机制 （3）董事会下设的战略与投资委员会，委员会成员中至少包括1名独立董事主要负责对公司长期发展战略和重大投资决策进行研究并提出相关建议
上市公司应当设立董事会秘书	董事会秘书为上市公司的高级管理人员，直接对董事会负责，并由董事长提名，董事会负责任免。在上市公司实务中，董事会秘书是一个重要的角色，其负责公司股东大会和董事会会议的筹备，文件保管及公司股东资料的管理，办理信息披露事务等其他事宜

国有独资企业是我国比较独特的企业群体，其治理结构设计应充分反映其特色。其特殊点主要表现为四个方面，具体如表2所示。

表2　国有独资企业治理结构设计的特殊要求

特殊点	具体描述
国有资产监督管理机构代行股东（大）会职权	国有独资企业不设股东（大）会，由国有资产监督管理机构行使股东（大）会职权。国有独资企业董事会可以根据授权部分行使股东（大）会的职权，决定公司的重大业务，但公司的合并、分立、解散、增加或者减少注册资本和发行公司债券，必须由国有资产监督管理机构决定
国有独资企业董事会成员中应当包括公司职工代表；董事会成员由国有资产监督管理机构委派	（1）董事会成员中的职工代表由公司职工代表大会选举产生 （2）国有独资企业董事长、副董事长由国有资产监督管理机构从董事会成员中指定产生
国有独资企业监事会成员中应当包括公司职工代表；国有独资企业监事会成员由国有资产监督管理机构委派	（1）监事会成员中的职工代表由公司职工代表大会选举产生 （2）监事会主席由国有资产监督管理机构从监事会成员中指定产生
外部董事由国有资产监督管理机构提名推荐，由任职公司以外的人员担任	外部董事在任期内，不得在任职企业担任其他职务。外部董事制度对于规范国有独资企业治理结构、提高决策科学性、防范重大风险具有重要意义

2. 设计内部机构

内部机构是企业在内部结构层面的组织架构，是企业推动内部决策、计划、执行、监督、评价的组织基础。内部机构主要关注管理层面，服务于资产、信息、效率等控制目标，是指企业根据发展战略、业务需要和控制要求，设置不同层次的管理人员及由专业人员组成的管理团队，从而使企业成员能够针对各项业务行使权力、承担责任。内部机构是企业顺利开展业务、实现发展战略的基础，主要包括设置职能机构、划分岗位职责、分配权限体系。

（1）设置职能机构。企业应当按照科学、精简、高效、透明、制衡的原则，综合考虑企业性质、企业发展战略、企业文化理念及管理要求等因素，合理设置内部职能机构，明确各机构的职责权限。

（2）划分岗位职责。企业应当对各机构的职能进行科学合理的分解，确定具体岗位的名称、职责和工作要求等，同时需要明确各个岗位的权限和相互关系。

（3）分配权限体系。企业应当制定组织架构图、业务流程图、岗位职责说明书和权限指引等内部管理制度或相关文件，使员工了解和掌握组织架构设计及权责分配情况，正确履行职责。

【引例分析 1－6】

五棵松为了加强内控建设，开始着手梳理自身的战略与架构内控业务流，例如，制定发展战略、设计组织架构，需要经过如图引分 1－2 所示的流程后才能对外公布。

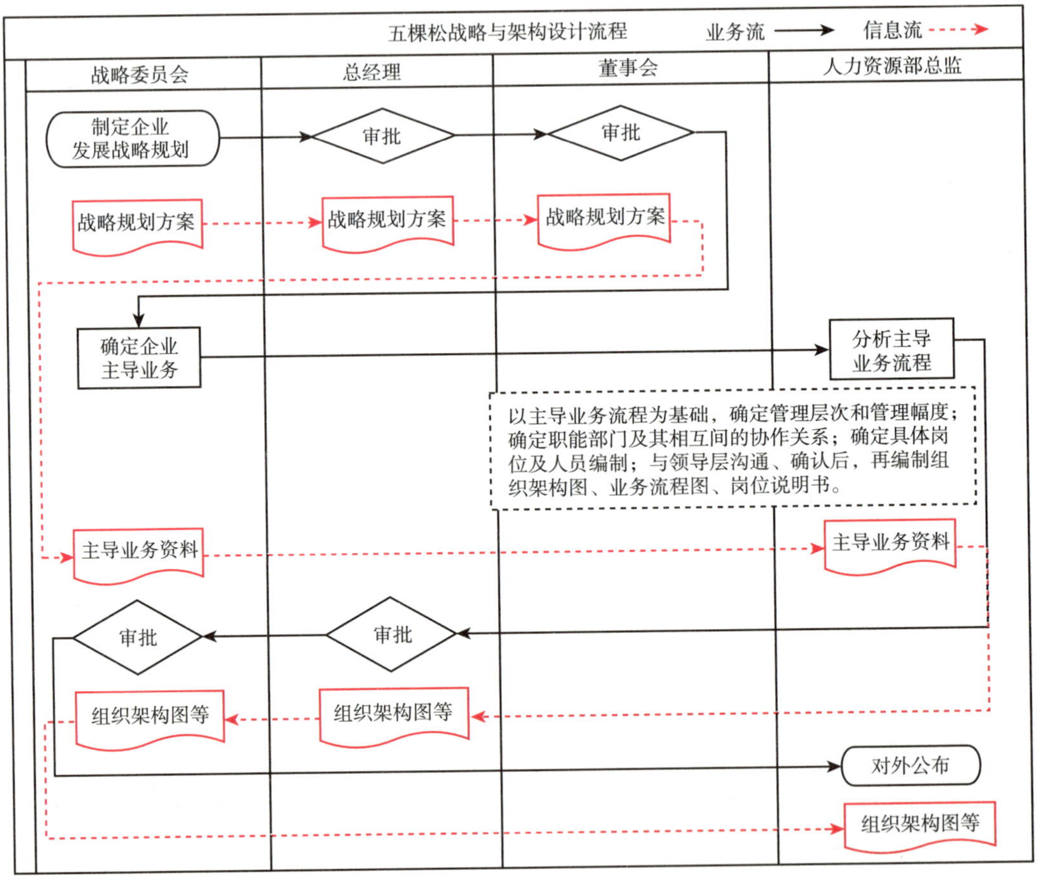

图引分 1－2　五棵松战略与架构设计流程

（三）实施发展战略

发展战略的有效应落脚于发展战略的成功实施。企业应当重视发展战略的宣传工作，通过内部各层级会议和教育培训等有效方式，将发展战略及其分解、落实情况传递给内部各管理层级人员和全体员工；企业实施发展战略时需要对企业文化、组织架构、人力资源管理制度和信息系统等方面进行软、硬件配套建设；各相关部门应当根据企业发展战略制订年度工作计划，编制全面预算，并报总经理审核、董事会审批；企业各相关部门应将年度计划和目标逐层分解，形成具体的任务目标和要求，实现发展战略的可操作性。战略委员会应当加强对发展战略实施情况的监控，定期收集和分析相关信息，对于明显偏离发展战略的情况，应当及时报告。

（四）调整发展战略

在企业发展战略的实施过程中，战略管理部门应客观评估战略执行情况与战略目标之间的差异。如果企业发展战略不能为企业带来预期的经济效益，就要重新考虑这种战略的可行性；战略管理部门应定期分析外部环境，判断当经济形势、产业政策、技术水平、行业状况以及不可抗力等因素发生重大变化时，企业是否需要调整发展战略。

战略委员会在研究、讨论企业发展战略调整方案时，应对新的发展目标和战略规划进行可行性研究和科学论证；必要时，战略委员会可借助中介机构和外部专家的力量来获得专业意见。战略委员会应提交企业发展战略调整方案，并报董事会审核、股东大会审批，审批通过后方可下发执行。各相关部门应积极执行调整后的企业发展战略；战略管理部门对其执行情况进行跟踪监督；战略委员会对发展战略实施情况进行动态监控。

【引例分析1－7】

五棵松2019—2020年连续两年实现收入、利润的双增长后，战略发展部门认为公司目前有足够的实力进行业务拓展，决定调整发展战略。于是经过了相关流程后（见图引分1－3），调整发展战略为打造“服务＋产品＋平台终端”的生态，平台终端的经营范围定位于研发自有的手机、电视等移动终端，用于滑雪培训、滑雪旅游、滑雪赛事领域。

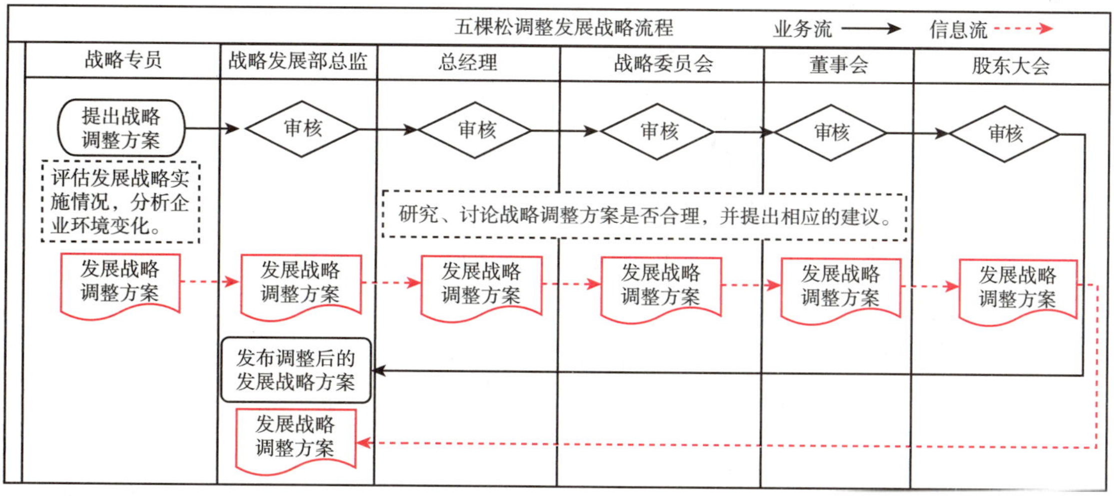

图引分1－3　五棵松调整发展战略流程

（五）调整组织架构

组织架构的设计没有一个“绝对正确”的最终答案。随着企业发展战略调整，企业的组织架构也需要不断调整。人力资源部应当定期对组织架构设计与运行的效率及效果进行全面评估，组织架构运行效果评估的内容主要包括现有组织架构是否有利于企业战略目标的实现、是否与企业内部主导业务流程相符、是否满足企业内部高效管理的要求。在调整组织架构之前应广泛征求高级管理人员和其他员工的意见，企业应根据组织架构设计规范对现有治理结构和内部机构设置进行全面梳理，确保其符合现代企业制度的要求。企业的组织架构调整方案应按规定权限和程序进行决策审批。

【相关案例】

美团于2010年3月上线，以创始人王兴为核心，经历了多轮发展战略调整，组织架构根据O2O业务变革不断拓展。最近一次发展战略调整是在2018年10月至2019年2月，美团在完成港交所上市后，提出了“Food + Platform”战略，在快驴、餐饮相关的业务上凝聚核心竞争壁垒。为此成立了两大创业新业务事业部、两大事业群和两大平台：

（1）小象事业部，继续探索生鲜业务，包括小象生鲜、美团买菜。

（2）快驴事业部，原2016年组建的餐饮B2B平台，2018年3月成为事业部。

（3）到店事业群：此前酒旅事业部、到店餐饮、大店综合等事业部并入。

（4）到家事业群。

（5）用户平台：淡化点评App的交易功能，主要做内容。

（6）LBS平台：包括之前的出行事业部、打车等业务。

从美团的组织架构变化中，可以发现原来按业务划分为主的事业群改为按场景划分，以增加不同业务相同场景间的协同，利于业务的垂直深耕。用户平台将用户流量上升为公司层面整体去经营和管理。用户平台是美团生态的入口，平台接入流量，再导入流量到以“吃”为核心的事业部和事业群，建设成生活服务业从需求侧到供给侧的多层次科技服务平台。

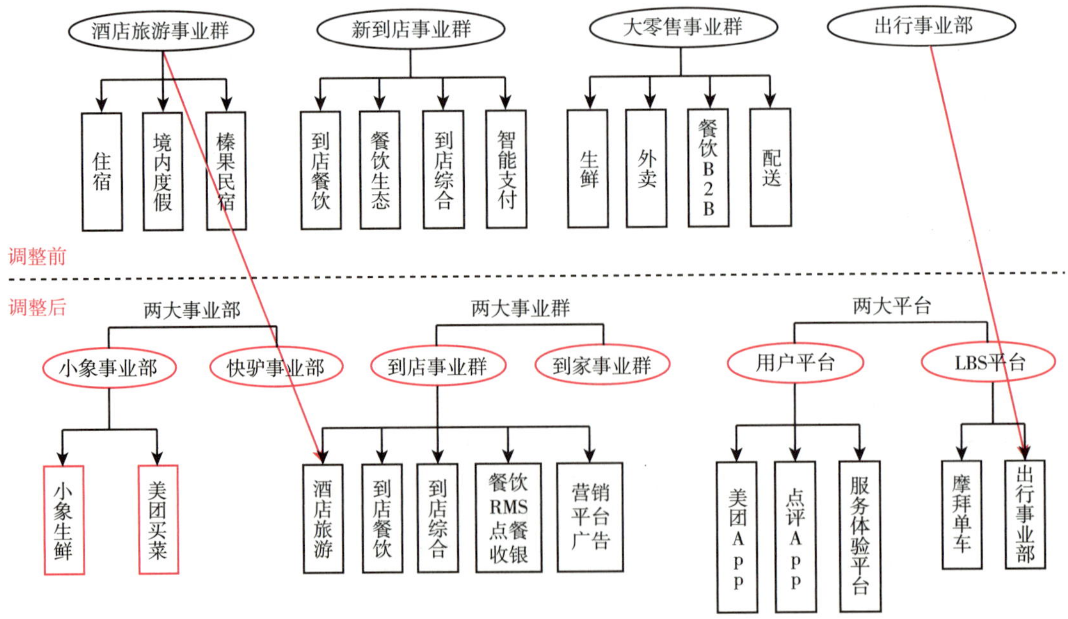

“Food + Platform”战略

二、战略与架构的信息流

战略与架构内控所涉组织及信息流

战略与架构的信息流是指开展战略与架构业务流所需表单，通过表单的流转让多方对同一信息进行确认，并最后进行归档，进而作为各类核查的重要依据。例如通过发展战略规划书的流转，让企业各部门明确年度经营方向及发展目标，找到完成业绩目标的有效策略方法，并根据制订的计划有效推进，解决具体工作的推进问题。战略与架构信息流所涉常见表单如图 1－3 所示。

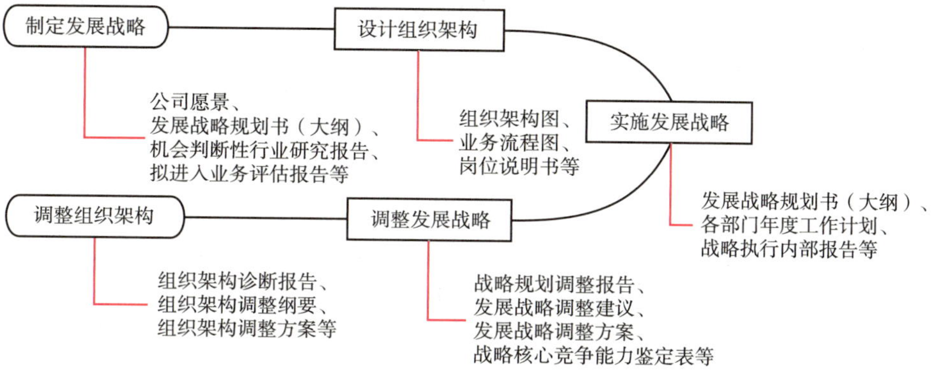

图 1－3　战略与架构的信息流

【引例分析 1－8】

五棵松战略与架构的内控信息流中的各表单详情如表引分 1－6 所示。

表引分 1－6　　五棵松战略与架构信息流中的表单详情

表单名称	表单作用	表单构成元素
《战略规划方案》	描述公司未来战略的文件，对公司未来发展起引领性作用	公司概况、环境分析、公司战略指导思想与目标定位、公司战略方案选择、公司战略的实施计划、保障措施等
《主要业务资料》	通过分析业务资料确定所需组织架构	企业供应、生产、销售等主要经济业务详情
《组织架构图》	可以使各人清楚自己在组织内的工作，增加组织的协调性	明确表示从最高主管至下属，其权责的途径及命令传达的系统
《发展战略调整方案》	企业对现有战略进行评估后做出战略调整的依据	战略调整背景、战略调整基本原则、战略调整目标、调研情况、调整工作及建议等

模块三　战略与架构内控流程的风险评估

战略与架构内控流程的风险评估

战略与架构内部控制是否有效，体现在企业能否有效应对战略与架构方面的风险，而风险评估是确定如何应对风险的前提。战略与架构内控流程的风险评估是指通过对识别出的风险事件进行分析，并评估未来风险发生可能性高低和发生后果大小，进而明确风险重要性程度的过程。因此风险评估分为风险识别、风险分析、风险评价三个步骤。

一、风险识别

进行风险评估的首要任务是风险识别，即发现、认可并记录影响企业战略与架构内控目标实现的风险的过程，其重点是收集战略与架构内控流程中的风险信息，并识别风险信息中的风险源。

（一）制定发展战略的主要风险

（1）精力集中在日常经营事务上，对企业长远发展战略缺乏统筹规划，未从全局考虑，忽略对企业深层次发展问题的研究。

（2）发展战略制定得过于激进，脱离企业实际能力或偏离主业，可能导致企业过度扩张，甚至经营失败。

（二）设计组织架构的主要风险

（1）治理结构形同虚设，缺乏科学决策、良性运行机制和执行力，可能导致企业经营失败，难以实现发展战略。不同治理层级表现各异，详情如表 1－1 所示。

表 1－1　　治理结构形同虚设的风险详情

治理层级	风险详情
股东大会	①股东大会没有规范而有效地召开，股东不可以通过股东大会行使自己的权利 ②企业与控股股东没有在资产、财务、人员方面实现相互独立，企业与控股股东的关联交易没有贯彻平等、公开、自愿的原则 ③对与控股股东相关的信息没有根据规定及时完整地披露 ④企业没有对中小股东权益采取必要的保护措施，使中小股东能够和大股东同等条件参加股东大会，获得与大股东一致的信息，并行使相应的权利

续表

治理层级	风险详情
董事会	①董事会的设立、工作程序不符合国家法律、法规和公司章程的要求 ②董事会对于重大信息的上报不符合有关上级部门披露程序及要求 ③董事会没有独立于经理层和大股东，董事会及其审计委员会中没有适当数量的独立董事存在且能有效发挥作用 ④董事会决策权限设立不清楚，存在越权管理现象 ⑤董事对于自身的权利和责任没有明确的认知，并且没有足够的知识、经验和时间来勤勉、诚信、尽责地履行职责 ⑥董事会没有能够保证企业建立并实施有效的内部控制，没有审批企业发展战略和重大决策并定期检查、评价其执行情况，没有明确设立企业可接受的风险承受度，也没有督促经理层对内部控制有效性进行监督和评价
监事会	①监事会工作流程没有遵从相关法律法规要求，监事会的构成不能够保证其独立性，监事能力没有与相关领域相匹配 ②监事会不能够规范而有效地运行，没有监督董事会、经理层正确履行职责并纠正损害企业利益的行为
经理层	①经理层存在违法、违规以及不遵守公司的规章制度等问题 ②经理层的积极性没有得到充分发挥 ③对经理层的权力没有必要的监督和约束机制

【引例分析 1 -9】

风险管理公司梳理完五棵松的战略与架构内控流程后，开始收集风险信息以便对流程各环节进行风险识别。在收集治理结构方面的风险信息时，发现其存在“治理结构不完善风险”。因为张明亮同时兼任总经理和监事会主席，监事会没有独立于经理层，意味着公司决策权和监督权同时被总经理掌握，缺乏制衡，这是公司治理结构中的重大缺陷。总经理兼任监事会主席意味着同时扮演决策执行者及决策监督者的角色，造成掌权人权力过大，较易丧失监督的客观性。从常理推断，即使总经理与监事会主席不是同一人，但具有近亲、血缘关系或交易关系时，监事会主席亦难有效监督总经理。

（2）内部机构设计不科学，权责分配不合理，可能导致机构重叠、职能交叉或缺失、推诿扯皮、运行效率低下。具体表现为：

①企业内部组织机构集权或分权管理方式设置不当，没有考虑当前实际经营业务的性质，从而影响后续的落实与执行。

②企业没有对内部组织机构设置、各职能部门的职责权限、组织的运行流程等有明确的书面说明和规定，存在关键职能缺位、职能交叉、岗位重叠等现象。

③企业内部组织机构没有支持发展战略的实施，并根据环境变化及时做出调整。

④企业没有对岗位职责进行恰当的描述和说明，对授权情况没有正式的记录，甚至存在不相容职务未分离的情况。

⑤关键岗位员工没有对自身权责有明确的认识，没有足够的胜任能力去履行权责，没有建立关键岗位员工轮换制度。

⑥企业没有对权限的设置和履行情况进行审核和监督，对于越权或权限缺位的行为没有及时予以纠正和处理。

⑦组织架构运行不稳定，毫无计划且不断调整组织架构，使员工无所适从。

⑧企业内部组织机构的设计与运行没有适应信息沟通的要求，不利于信息的上传、下达和在各层级、各业务活动间的传递，不利于为员工提供履行职权所需的信息。

⑨企业监督体系不完善，各部门没有按要求落实，存在徇私舞弊的现象。

【引例分析 1－10】

风险管理公司在收集战略与架构方面的风险信息时，发现其设计组织架构环节存在“内部机构设计不科学风险”。公司技术中心、产品部管理成本较高，人浮于事、效率低下，究其原因是技术中心未区分不同研发项目独立管理；产品部未将采购、生产、销售职能分权独立管理，相关部门员工反映情况如下：

（1）技术中心：雪场设备和个人设备的研发成本较高，研发能力待加强，研发人员配备不足，目前部分研发仍然依托于外部团队。

（2）产品部：产品相关决策缺乏时效性，因为采购、生产、销售事务都由产品部总监作决策，导致产品部总监工作太过繁忙。各小组存在如下问题：

①采购组存在生产设备投资大，与生产相关联的材料采购成本也高；

②生产组冗余工序过多，工艺技术复杂，对工人的技能要求高；

③销售组存在销量目标过于乐观，销量目标与实际相偏离，销售团队激情逐渐退化。

究其原因是原战略与架构设计流程（见图引分 1－2）中，人力资源部分析主导业务流程时，未让业务相关部门参与进来共同商讨，对经营业务管理规划不够深入（见图引分 1－4 中黑色部分）。

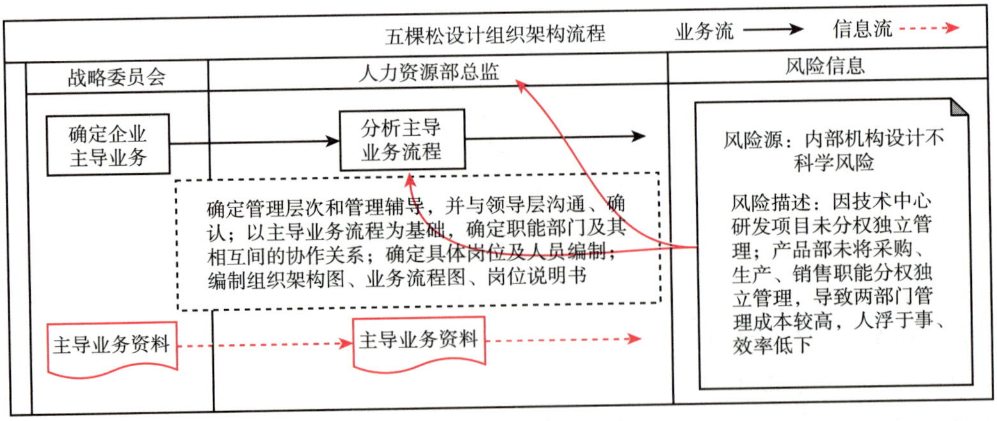

图引分 1－4　内部机构设计不科学风险

（三）实施发展战略的主要风险

（1）实施企业发展战略时没有进行有效宣传，导致没有强有力的思想支撑和行为导向。

（2）战略实施的领导力不足。战略的形成与执行需要各级管理者能力到位，否则组织将是一盘散沙。

（3）发展战略实施过程中缺乏监控与约束机制，未能发现存在的问题和偏差，导致危及企业的生存和持续发展。

（4）企业缺少与战略目标相匹配的激励机制与体系，导致发展战略实施不到位，无法将发展战略转化为各层级员工的日常行动。

【引例分析 1－11】

风险管理公司在收集战略与架构方面的风险信息时，还发现该公司实施发展战略环节存在“战略实施不到位风险”。公司目前绝大部分考核指标是根据岗位说明书中的职责推导出来的，缺少与发展战略目标相匹配的激励机制与体系，造成各部门和员工们的绩效很好，但公司发展战略目标没有达成。详情如下：

（1）销售组总是要求产品降价，而销售组的业绩考核指标是销售计划完成率、销售收入、应收账款天数、客户满意度等；

（2）技术中心只是完成常规产品的开发，其业绩考核指标是研发工作计划完成率、客户档案资料建立和客户满意度等；

（3）生产组为避免未来延迟交货，经常故意加大当期库存量，造成大量资金占用，其业绩考核指标是产品交货期、重大异常、安全生产、客户投诉率、重大客户投诉次数等。

（四）调整发展战略的主要风险

（1）企业发展战略不能适应外在宏观环境的变化，未及时调整发展战略，导致企业的经济效益受损，甚至影响企业的长远发展。

（2）企业的发展战略调整方案脱离环境的变化和企业自身情况，导致企业盲目发展，难以形成竞争优势，丧失发展机遇和动力。

（3）调整后的企业发展战略方案得不到有效的贯彻执行，最终会损害企业的自身利益。

【引例分析 1－12】

风险管理公司在收集战略与架构方面的风险信息时，还发现该公司调整发展战略环节存在“调整方案脱离实际的风险”。2021 年战略发展部门调整发展战略为“服务＋产品＋平台终端”的生态，在原来的雪场规划、雪场运营基础上，将服务延伸至滑雪培训、滑雪旅游、滑雪赛事领域。为助力新业务，公司投入大量经费研发自有的手机、电视等移动终端，满足用户在其终端产品上观看滑雪培训课程、体育赛事及滑雪虚拟体验的需求。移动终端产品推出之后，虽然采取低价销售模式，但并没有得到消费者的认可，移动终端产品给公司带来的效益远远不及预期。

根据市场调研，国内手机市场逐渐饱和，手机出货量开始呈现下降趋势。数据显示，我国手机市场从平稳增长迈向衰退，2013 年手机出货量达到峰值 5.79 亿部，随后出货量开始下滑；2020 年我国手机出货量下降至 3.08 亿部，同比下降 20.82%。工信部预测显示，2020 年我国智能电视市场渗透率将达到 90% 以上；外部调研数据显示全球电视保有量超过 30 亿台，家庭电视渗透率超过 70%。由此可知我国手机市场和电视市场分别处于衰退期和高度饱和期，公司投入大量经费研发自有的手机、电视等移动终端存在巨大的市场风险。

深入分析五棵松的现金流量表（见表引分 1－7），发现其经营活动现金净流量为正数，投资业务现金净流量为负数，筹资业务现金净流量为正数。经营活动产生的净现金流量虽为正数，但经营活动的现金流量占全部现金流量的比重变小，投资所需资金主要来源于外部筹资。目前公司已债台高筑，因此后续持续投资是否能够得到保证是公司面临的一个重大问题，由此可见，五棵松此次战略调整方案脱离实际市场需求与自身经济实力。

表引分 1－7　　五棵松的现金流量表简表

现金流	2019 年	2020 年	2021 年
经营活动产生的现金流量净额	14 804 041.69	25 250 602.31	19 388 014.73
投资业务产生的现金流量净额	－11 134 284.80	－61 375 005.71	－335 958 829.76
筹资业务产生的现金流量净额	12 381 941.07	180 356 318.92	370 023 000.08

造成困局的原因是原调整发展战略流程（见图引分 1－3）显示仅由战略发展部独自提出调整方案并审核，没有与业务执行部门进行论证是否可行，毕竟发展战略的落地是需要各相关部门共同参与执行的（见图引分 1－5）。

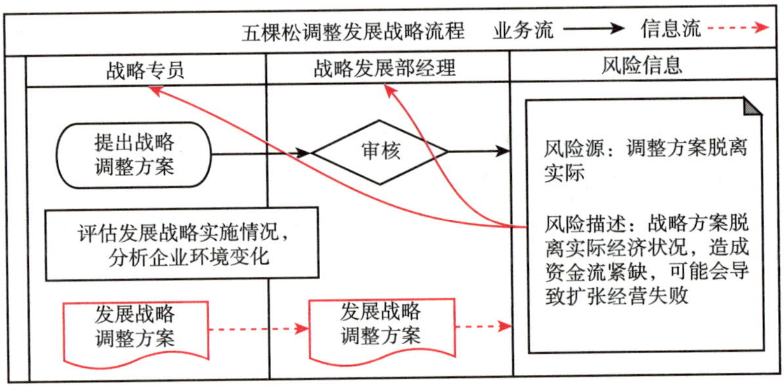

图引分 1－5　调整方案脱离实际的风险

（五）调整组织架构的主要风险

（1）组织架构调整方案不符合企业自身特点和实际情况，影响企业的运营效率。

（2）新的组织架构图、业务流程图、岗位说明书等文件编制混乱，影响企业经营活动的顺利开展。

（3）新的组织架构得不到企业内部员工的积极支持，影响企业经营目标的实现。

二、风险分析

经过风险识别，已经收集了企业战略与架构流程中的风险信息，对面临的风险有了一个初步认识，接下来需要对各类风险的发生可能性和发生后果进行分析。由于企业创立之初往往风险管理数据积累不够，实践中可利用德尔菲法（Delphi，Method 专家打分法）推断风险的发生可能性和发生后果。其工作程序如下：

第一步，确定专家小组。可以根据项目研究所需要的知识领域确定专家人数及范围，一般在 8～20 人左右为宜。有研究表明进一步增加专家人数对提高结果精度作用不大。

【引例分析 1－13】

由于五棵松成立时间不长，风险管理历史数据匮乏，风险管理公司决定采取德尔菲法分析前面识别出的 4 类风险，分别是治理结构形同虚设、内部机构设计不科学、战略实施不到位、调整方案脱离实际。特此邀请了这几方面专家共 10 名，组建了风险识别专家组，专家组成情况如表引分 1－8 所示。

表引分 1－8　　风险专家组成员

专家编号	专家身份
1	公司董事长
2	公司战略委员会委员
3	公司战略发展部经理
4	大学战略与风险管理专家
5	大学战略与风险管理专家
6	大学战略与风险管理专家
7	大学战略与风险管理专家
8	大学战略与风险管理专家
9	咨询管理公司高级顾问
10	咨询管理公司高级顾问

第二步，进行第一轮专家咨询工作。请专家对函询表上的每个指标进行重要性、判断依据（实践经验、理论分析、国内外同行的了解、直觉）和熟悉程度的打分，并对指标体系的建立提出各自的意见和建议，结束后计算各个指标的均数、满分频率、变异系数和专家的积极系数、权威系数和协调系数，从而对备选指标进行筛选，合标的指标则纳入第二轮咨询的函询表。函询表采用专家评分法和组合权重乘积法确定指标的组合权重，即在同一层评价指标中，将该层各指标专家咨询所得的平均分数进行归一化处理，得出每个指标在该层评价指标中的权重系数，各层评价指标的权重系数之和为 1。

【引例分析 1－14】

风险管理公司通过第一轮咨询确定了各风险源的评价指标，形成了用于第二轮咨询的函询表，请专家对每个指标进行打分，如表引分 1－9 所示。

表引分 1－9　　专家函询表

风险源		评估内容	评价指标	权重	发生可能性	发生后果
治理结构不完善风险	股东大会	股东大会设置合法合规，按照职责权限履行相应的责任；充分保证中小股东权益，体现公平、公开原则；保证控股股东关联交易真实合法	（1）股东大会是否按规定召开，股东是否依法行使权利 （2）企业是否对中小股东权益采取必要保护 （3）对控股股东相关信息是否根据规定及时公开	25%		
	董事会	董事会设置合法合规；董事成员勤勉尽责；董事会独立于经理层和大股东；独立董事独立客观	（1）董事会设立是否符合国家法律法规和公司章程的要求 （2）董事会是否独立于经理层和大股东，是否有适当数量独立董事且能有效发挥作用 （3）董事会决策权限设立是否清楚，是否存在越权现象 （4）董事会是否能够勤勉、诚信、尽责地履行职责	25%		
	监事会	监事会设置合法合规；监事会成员勤勉尽责；保证监事会有效运行，有效发挥相应的监督职责	（1）监事会工作流程是否遵循相关法律法规要求 （2）监事会是否能够规范有效运行，履行监督董事会、经理层职责，纠正损害企业利益的行为	25%		
	经理层	经理层尽忠职守，遵守法律法规及公司规章制度；经理层具有足够的知识、管理经验，没有越权行为存在	（1）经理层是否存在违法、违规及不遵守公司规章制度等问题 （2）对经理层的权力是否有必要的监督和约束	25%		
合计				100%		
内部机构集权或分权不当风险	内部机构评价	按照相互制约原则设置职能部门或机构；按照安全、完整和规范高效运作原则确定权限和职责	（1）职能部门是否健全，职责分工是否明晰 （2）部门之间的权限和职责分工是否符合内部控制要求 （3）公司的组织设置是否规范高效，人员配备是否科学合理 （4）重大业务是否明确规定	50%		
	授权管理评价	建立规范的授权体系，从决策层、管理层到每个执行和监督岗位进行决策、执行、监督的全面授权；适时对权限控制执行情况进行监测，根据实际情况的变化及时进行权限的调整	（1）是否建立完整的权限分配体系 （2）权限划分文件格式是否规范，内容是否全面 （3）权限的划分是否与企业的管理环境、经营管理水平、风险管理能力、企业管理人员水平和业务发展需要相适应 （4）授权者是否对授权的执行情况进行检查监督 （5）授权者是否根据反馈情况及时进行权限调整	50%		
合计				100%		

续表

风险源		评估内容	评价指标	权重	发生可能性	发生后果
战略实施不到位风险	战略规划支持情况	确保战略规划有据可依；严格遵循战略规划的总体方针，并按要求及实际情况具体落实经营方案和年度经营计划	（1）是否根据自身情况科学确定发展规划期 （2）战略规划中是否充分考虑了实施变化所带来的难度并提出切合实际的解决方案 （3）是否采取有效方式将发展战略规划分解落实传递到内部各管理层级和全体员工	50%		
	战略实施情况	战略目标及工作任务落实到位，在执行过程中保证有效执行；定期对战略执行情况进行监测，检查战略执行完成情况及发现潜在问题；构建强化战略落地与执行的“五位一体”绩效管理体系	（1）是否加强战略的宣导，确保相关岗位知悉与理解自身的目标 （2）是否定期对战略执行情况和推进情况进行监测，战略实施是否偏离规划方向，战略实施进程是否达到预期目标 （3）是否以战略为起点，通过“制订计划→过程辅导→考核评价→绩效反馈→结果应用”五位一体循环往复，将绩效评价与战略实施相结合，真正形成绩效管理闭环	50%		
合计				100%		
调整方案脱离实际的风险	战略调整决策	依据企业情况进行战略调整，战略调整必须合理、及时、有效；战略调整决策必须经过科学合理决策	（1）是否根据外部环境变化以及自身发展需要，定期对战略执行进行调整，包括调整战略实施节奏及战略实施措施 （2）战略调整流程及程序是否合理，是否有相应的文件及决策支持	75%		
	战略调整依据	监控发展战略实施情况，并根据环境变化及风险评估情况及时对发展战略做出调整	（1）是否对外部环境进行动态审视，考虑外部环境对战略的冲击 （2）是否对企业自身情况及战略执行情况进行动态审视，对战略调整提出有效监测建议	25%		
合计				100%		

第三步，进入第二轮专家咨询工作。请专家对函询表中的指标进行发生可能性和发生后果打分，并在函询表中附上第一轮函询时确定的各指标重要性评分均值供专家参考。若第二轮函询后的得分达到德尔菲法可靠性、科学性标准，则终止函询。没有达到，则继续函询，直到达到为止。如此反复函询有助于减少数据中的偏倚，防止个人对风险分析结果产生过大影响。

【拓展阅读】

德尔菲法的可靠性和科学性主要由专家的代表性、积极性系数、专家的权威系数、专家意见的协调程度来衡量。

（1）专家的代表性以专家的个人基本特征来评判。

（2）专家的积极性用问卷的回收率来反映，回收率 >70% 是较好的标准。

（3）专家的权威系数（Cr）是专家对评价内容的判断依据（Ca）和专家对问题的熟悉程度（Cs）的算术平均数，通常 Cr≥0.7 为良好指标。Cs 分为 5 个等级，即 1（不熟悉）~5（很熟悉），分别赋值为 0、0.2、0.5、0.8、1。

（4）专家的协调程度是专家们对条目意见的一致程度，通过协调系数和变异系数来评价，协调系数（Kendall's W）值越大、变异系数（CV）的数值越小，说明专家的意见越一致，通常 CV <0.25 是较好指标。

（一）风险发生可能性

风险发生可能性是指在企业目前的管理水平下，战略与架构内控流程中各类风险发生概率的大小或者发生的频繁程度。

【引例分析 1－15】

风险管理公司参照 GBT27921－2011《风险评估技术》为五棵松公司设定了风险发生可能性准则（见表引分 1－10），即将风险发生的可能性分为 5 个等级，分别赋予 1～5 分，分值越大表示发生可能性越大。

表引分 1－10　五棵松战略与架构的风险发生可能性准则

分值	1（较低）	2（低）	3（中等）	4（较高）	5（非常高）
发生概率（%）	0～10	11～30	31～70	71～90	91～100

风险管理专家依据上述准则判断出各类风险发生可能性的得分（见表引分 1－11），从而推测出各类风险可能在未来发生的概率。

表引分 1－11　五棵松战略与架构的风险发生可能性得分

专家编号	1	2	3	4	5	6	7	8	9	10	平均得分
治理结构不完善风险	2	3	3	3	3	3	3	3	5	3	3
内部机构设计不科学风险	3	2	3	5	4	3	5	5	3	5	4
战略实施不到位风险	2	4	4	5	3	4	5	4	3	5	4
调整方案脱离实际风险	2	4	4	3	3	3	5	5	5	5	4

（二）风险发生的后果

风险发生的后果是通过假设战略与架构内控流程中特定事件或情形已经出现，然后判断其影响的性质、类型和大小。

【引例分析 1－16】

风险管理公司根据各类风险的属性和五棵松的偏好制定了相应的风险发生后果准则

（见表引分 1－12），将风险发生的后果分为 5 个等级，分别赋予 1～5 分，分值越大表示发生后果越严重。

表引分 1－12　　五棵松战略与架构的风险发生后果准则

分值	1（轻微）	2（较小）	3（中等）	4（严重）	5（非常严重）
影响性质	影响程度轻微，影响程度低或量小，范围不大或数量不大	影响程度较小，对于企业在争取完成其策略性计划和目标，只造成较小影响（0.1%）以下的税前利润	对于企业在争取完成其策略性计划和目标的过程在一定程度上造成阻碍	对于企业争取完成其计划和目标造成重大影响	令企业失去继续运营的能力

风险管理专家依据准则判断出各类风险发生后果的得分（见表引分 1－13），从而推测出各类风险在未来发生的严重程度。

表引分 1－13　　五棵松战略与架构的风险发生后果得分

专家编号	1	2	3	4	5	6	7	8	9	10	平均得分
治理结构不完善风险	2	2	2	4	4	5	5	4	5	4	4
内部机构设计不科学风险	2	2	2	3	2	3	4	4	4	3	3
战略实施不到位风险	3	4	4	4	4	4	5	4	4	4	4
调整方案脱离实际风险	4	5	5	5	5	5	5	5	5	5	5

三、风险评价

战略与架构风险评价是风险评估的最后一个环节，将战略与架构风险分析的结果（风险发生可行性和风险发生后果）与预先设定的风险重要性等级准则相比较，以确定战略与架构风险的重要性等级。

（一）风险的重要性等级

战略与架构风险的重要程度是发生可能性和发生后果的综合结果。在战略与架构风险管理实践中，用得比较多的方法是把风险发生可能性的分值与风险发生后果的分值相乘，其乘积即为风险重要程度的大小，数字越大，对应的风险越高。

【引例分析 1－17】

分析完风险后，风险管理公司结合五棵松面临的社会经济环境，制定了五棵松的风险重要性等级准则，其中风险值的计算公式为：风险值＝风险发生可能性×风险发生后果，如表引分 1－14 所示。

表引分 1－14　　五棵松的风险重要性等级准则

风险等级	风险值范围	说明
低风险	<5	制度健全且执行到位
中风险	5～14	制度基本健全合理，但执行尚有缺陷
高风险	15～25	制度还需健全、完善，执行还不到位

针对前期梳理战略与架构内控流程发现的 4 类风险，分别计算各类风险的风险值，并判断各类风险的重要性等级，如表引分 1－15 所示。

表引分 1－15　　五棵松战略与架构的风险重要性等级

风险源	风险发生可能性	风险发生后果	风险值	风险重要性等级
治理结构不完善风险	3	4	12	中风险
内部机构设计不科学风险	4	3	12	中风险
战略实施不到位风险	4	4	16	高风险
调整方案脱离实际风险	4	5	20	高风险

（二）风险矩阵

战略与架构的风险矩阵是利用风险发生可能性及其发生后果这两个维度来绘制的矩阵图，是用于对风险进行优先排序的有效工具。绘制矩阵时，一个坐标轴表示战略与架构风险发生可能性等级，另一个坐标轴表示战略与架构风险发生后果等级。根据风险在矩阵中所处的位置，可以直观地显现战略与架构风险的分布情况，可以确定哪些风险更重要，需要更细致的分析和优先应对，非常有助于管理者确定关键风险和风险应对方案。

【引例分析 1－18】

为了更直观地展示风险分布情况，五棵松根据前面判断出的风险发生可能性及后果得分，绘制出战略与架构的风险矩阵图（见图引分 1－6）。战略实施不到位风险、调整方案脱离实际风险落在矩阵的红色区域，表示高风险；治理结构不完善风险、内部机构设计不科学风险落在矩阵的白色区域，表示中风险。由此可见战略实施不到位、调整方案脱离实际是公司目前最紧急的问题，应该优先应对的风险。

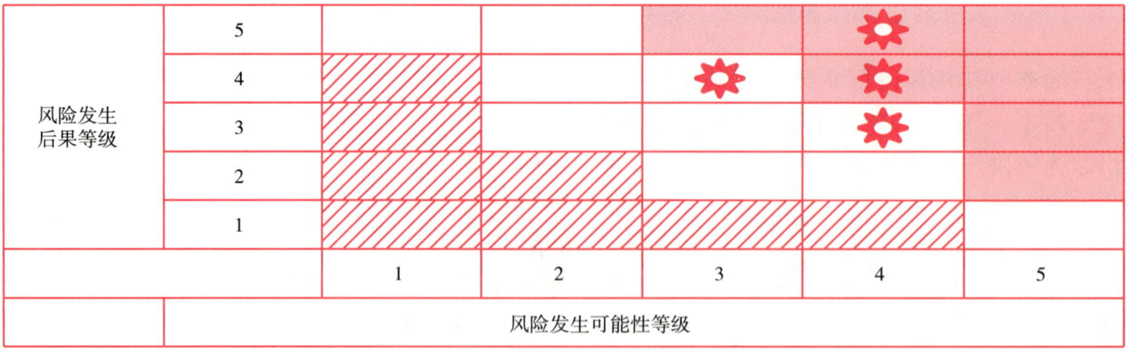

图引分 1－6　五棵松战略与架构风险矩阵图

模块四 战略与架构风险的内控措施

战略与架构风险的内控措施

发展战略决定方向，方向正确是企业成长的前提。发展战略确定后，组织架构必须与之相匹配，组织架构的关键是用人，用对人也是企业成长的根本。因此两者作为企业成长的重要因素，对其采取内部控制措施是保证两者稳健运转的关键。企业需要权衡成本效益之后，对风险评估出的风险点采取可行的控制措施，将风险控制在企业可承受范围之内。常见企业战略与架构内控措施如下。

一、不相容职务分离控制

内部牵制是内部控制发展的最初阶段，但“不相容职务相分离”的思想作为内部牵制的核心却一直沿用至今，组织架构与内部控制一样也要遵循相互牵制、制衡的原则。如果董事会与经理层高度重合，诚然降低了沟通成本，但也将所有者与经营层的矛盾掩盖在“高效、友善”的表象之下，导致二者之间的协助和制衡作用没有获取充分的发挥，公司的决策权、执行权和监督权集于一身，内部控制流于形式。企业应采取不相容职务分离控制来避免董事会与经理层职务的过多重叠，实践中董事会与经理层职务需分离的情形如表 1 – 2 所示。

表 1 – 2　董事会与经理层职务分离详情

职务种类	董事会	经理层
战略定位	（1）执行股东会决议，并向其报告工作 （2）提出企业的发展方向、发展目标 （3）提出重要战略的战略方案（包括企业改革改制、企业内部合并与分立、对外兼并与联合、多元化经营等），报股东会赞同 （4）追踪监控战略推行过程 （5）对战略推行结果进行讨论	（1）执行董事会决议，并向其报告工作 （2）推行董事会赞同的战略方案 （3）控制战略推行过程
经营管理	审议并决定经理层提出的年度经营计划	（1）拟订年度经营计划，提交董事会决议 （2）在推行年度经营计划和战略方案过程中，配置人、财、物，拟定各项规章，保证计划和方案的推行

续表

职务种类	董事会	经理层
财务投资	(1) 审议并决定企业预、决算方案 (2) 拟订企业利润分配方案、填充损失方案 (3) 审查并决定对内、对外大额投资	(1) 提出企业预、决算方案，执行董事会预、决算决议 (2) 负责平常财务管理，汇总企业财务报表 (3) 在董事会授权范围内决定对内、对外投资
组织人事	(1) 决定企业内部管理机构的设置 (2) 聘任和解聘总经理，依照总经理提名，聘任副总经理和财务负责人 (3) 拟订以上人员的酬金，建立对以上人员的激励和拘束体系	(1) 拟订企业内部管理机构设计方案 (2) 提出副总经理和财务负责人人选 (3) 聘任和解聘其他员工，决定员工酬金，并拟定员工的奖惩核查制度

【引例分析 1－19】

针对五棵松“治理结构不完善风险”，应采用不相容职务分离控制，将监事、经理二职分离，避免兼任情形。经理任监事是自我监督，导致的后果必然是没有监督，当出现监事、经理两职合一时，较易发生“全链条式”的舞弊与侵占股东利益行为，导致监事会失去监督作用。

二、授权审批控制

为了分清股东、经营管理层以及利益相关群体之间的权、责、利关系，避免“一言堂”“一支笔”现象，可通过授权审批控制经营者对受托资源履行责任，实现科学决策并保护股东权益。例如，针对组织架构的授权审批控制，既包括管理幅度与管理层次的授权控制，也包括集权或分权的授权控制。

1. 管理幅度与管理层次的授权控制

管理幅度，又称管理跨度，是指一名管理者直接领导的下级人员人数。上级直接领导的人数越多，管理跨度越大（或称越宽）；反之亦然。国外学者的调查结果显示，大型企业的管理幅度中位数为 15～20 人，中型企业中位数为 6～7 人。管理层次，又称组织层次，它可以指从企业最高一级管理组织到最低一级管理组织的各个组织等级，即每一个组织等级是一个管理层次；也可指从企业最高一级领导职务到最低一级领导职务的职务等级，即每一个领导职务等级是一个管理层次。同样规模的企业，管理跨度越大，管理层次就越少，二者呈负相关关系。

管理幅度与管理层次的授权实质是组织架构的纵向分工。各层次的权力关系、协调沟通是中心内容。在管理层次间，由上而下逐级授予权责、传达命令、实施监督的组织线路称为“控制链”或“控制线路”，它表示明确的领导指挥关系和下级汇报线路。一般情况下，为了明确领导关系和责任，一条控制链中不能越级，多条控制链中不能越位。通常规模较大、技术复杂的企业，管理层次多；反之，管理层次少。现实中管理幅度与管理层次的授权应考虑的因素主要有：管理工作的性质；人员素质状况；下级人员职权合理与明确的程度；计划与控制的明确性及其难易程度；信息沟通的效率与效果；组织变革的速度；下级人员与单位空间分布的近似性。

2. 集权或分权的授权控制

集权或分权的授权是横向组织架构设计的中心问题。在集权程度高的情况下，企业大部分决策权，包括战略决策的制定以及人事、财务、采购、生产、营销等基本职能都集中到总部，基层部门只有部分作业决策权。在分权模式下，企业的作业决策权、管理决策权、部分战略决策权逐步下放，分权程度随之逐步扩大。

企业选择集权或分权的出发点是，如何保证决策的迅速性和准确性。任何企业都存在高层与中基层之间的协作和分工，都会有集权和分权，关键在于如何合理地把二者结合起来，取长补短，发挥最佳效能。一般来说，集权或分权的授权应考虑以下因素：

（1）决策的重要性。重大业务的决定权应当集中在高层，其他业务则由中下层决策。

（2）产品结构与技术特点。产品品种单一、生产环节联系紧密的企业，客观上要求集中经营、统一管理，集权程度应高一些；而跨行业经营的企业，生产销售差异大，应加大分权程度，灵活经营。

（3）经营战略。企业战略对集权分权模式产生直接影响。从总体上看，企业可采取稳定型、收缩型和增长型战略。稳定型战略可提高集权程度，收缩型战略要求企业高度集权，增长型战略则要求扩大分权，以便充分发挥下级单位和人员的积极性和创造性，推动企业发展。

（4）经营规模。一般大型企业管理复杂，需要做出的决策多，除了由生产结构和生产技术特点所决定的适合高度集权的情况，都需要不同程度地扩大分权。而小型企业采用集权方式的较多。

（5）管理者的数量和质量。当管理者的数量多、管理水平较高时，可采用分权管理；反之，可实行集权管理。

（6）企业微观经营环境。微观经营环境变化大，可采用分权管理；反之，可实行集权管理。

【引例分析 1－20】

（1）针对五棵松“内部机构设计不科学风险”，因原战略与架构设计流程（见图引分 1－2）中，仅由人力资源部分析主导业务流程确定管理层次和管理幅度等，未让相关业务部门共同参与商讨，导致设计出来的组织架构运转不佳，技术中心、产品部权力过于集中，业务成本过高、决策效率低下，因此五棵松可以采取“授权审批控制”来优化组织架构以控制风险（见图引分 1－7）。

①分权控制，在技术中心下设雪场设备研发组和个人设备研发组，授权各项目经理对各自项目全方位的分权管理，达到强化研究升级转型目标，研发满足客户个性化需求的产品。

②管理层级控制，取消产品部的采购组，成立采购部。加强采购管理，全公司进行集中采购，以期达到降本增效的目的。各部门不断梳理年度、季度、月度采购计划，定期收集采购需求，审核后提交审批流程至采购部。同时公司根据材料采购均价等对采购部进行考核，考核其降本情况。

③管理层级控制，取消产品部的生产组，成立生产部。将生产部的各制造车间看作独立的“核算个体”，对各制造车间进行考核排名。

④管理层级控制，取消产品部的销售组，成立销售部。了解市场行情，测算销售情况，充分考虑内外部环境，调整企业销量目标，同时为了增加销售人员的士气，给予相关员工 7%～15%的销售抽成。

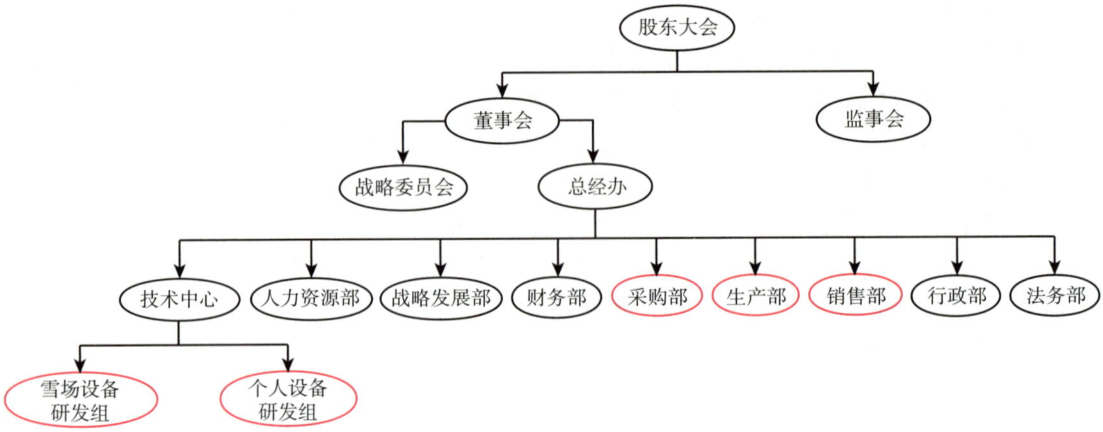

图引分 1－7　五棵松分权后的组织架构

【练一练】五棵松设计组织架构的再造流程如何绘制？

（2）针对五棵松“调整方案脱离实际风险”，因原有调整发展战略流程（见图引分 1－3）仅由战略发展部独自提出并审核，没有与其他相关部门论证是否可行。五棵松可以采取“授权审批控制”授权其他相关业务部门评估发展战略调整的可行性，因为发展战略涉及当前经济形势、产业政策、技术水平和行业状况等众多因素，且最终发展战略是否成功落地依赖于各业务部门的执行，所以邀请业务部门论证调整方案是非常必要的。

【练一练】五棵松调整发展战略的再造流程如何绘制？

三、绩效考评控制

制定发展战略后，企业应着手将发展战略细化，确保“文件”上的发展战略落地变为现实，而发展战略只有在绩效考评控制下才能转化成企业日常的经营目标，战略才能真正落到实处。企业应构建战略规划分解体系，将发展战略转化为目标明确、任务清晰、责任落实的具体举措。应做到以下几点：

（1）形成以战略地图为核心的战略规划。集合关键因素分解、利益相关者分析、平衡计分卡等各种工具和方法，把财务、客户、内部流程、学习成长四个层面的业绩指标通过因果关系联系起来，清晰地描述所有战略措施如何有效运作，才能最终实现企业价值的提升。

（2）将战略管理与预算管理相衔接。建立发展战略的激励约束机制，将各责任单位年度预算目标完成情况纳入绩效考评体系，切实做到有奖有惩、奖惩分明，以促进发展战略的有效实施。将发展战略与预算目标设定、预算编制、预算分析、预算调整等预算管理环节结合起来：一是把发展目标作为预算目标输入；二是将年度工作计划作为预算编制的基础；三是把预算执行情况作为战略实施评估的主要依据；四是将战略实施评估结果作为预算调整的重要参考。

【引例分析 1－21】

针对五棵松“战略实施不到位风险”，应采用绩效考评控制将发展战略落实到具体经营管理活动中，将发展战略从理念层面真正落实到实施层面，创造性地构建适合自身特点的战略绩效管理体系，以战略地图为核心进行战略规划，绘制财务层面、客户层面、内部流程层面、学习成长层面四个维度的目标并定制出各KPI指标值，如图引分1－8所示。

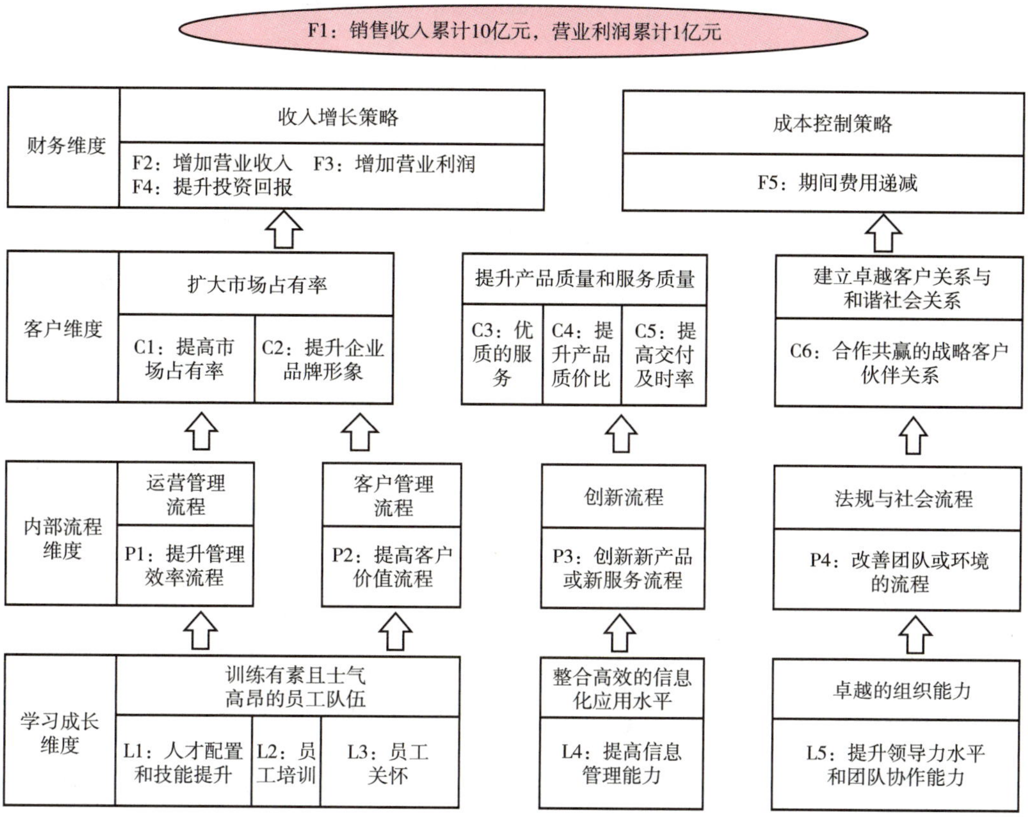

图引分1－8 五棵松的战略地图

（1）财务层面（见表引分1－16）。

表引分1－16 财务层面战略指标

战略主题	战略任务目标	具体目标	绩效指标	三年目标值
收入增长战略	F2：增加营业收入	保持收入持续增长	营业收入	1.5亿元、3亿元、5.5亿元
		雪场规划业务成为拉动收入增长的主要力量	雪场规划业务占收入比	30%、35%、40%
	F3：增加营业利润	营业利润持续增长	营业利润	1 500万元、2 800万元、5 700万元
	F4：提升投资回报	完善回款管理，缩短应收账款周转天数	应收账款周转天数	43天、35天、32天
成本控制战略	F5：期间费用递减	控制财务费用、销售费用、管理费用	期间费用率	30.9%、23.5%、20.3%

（2）客户层面（见表引分 1－17）。

表引分 1－17　　客户层面战略指标

战略主题	战略任务目标	具体目标	指标	三年目标值
扩大市场占有率	C1：提高市场占有率	打造高品质产品，赢得市场，加强企业自身的宣传与推介力度	市场占有率	10%、15%、20%
	C2：提升企业品牌形象	识别符合公司实际情况的企业理念，完善企业统一规划的行为识别系统	品牌美誉度	优秀
提升产品质量和服务质量	C3：优质的服务	建立顺畅的信息传递反馈渠道，针对不同级别客户的差异化服务	客户满意度	满意
	C4：提升产品的质量	建立质量管理体系	制件合格率	超过 80%
	C5：提高交付及时率	建立科学的项目管理，产品服务及时交付客户	交付及时率	超过 90%
建立卓越客户关系与和谐社会关系	C6：合作共赢的战略客户伙伴关系	与优秀品牌提供方建立战略关系；与客户诚信合作，互惠互利	开发战略伙伴数量	5 家、15 家、30 家

（3）内部流程层面（见表引分 1－18）。

表引分 1－18　　内部流程层面战略指标

战略主题	战略任务目标	具体目标	指标	三年目标值
生产管理流程	P1：提升生产效率流程	实现通过降低单位成本、缩短交货周期的方式，提高生产效率	单位成本	逐年降低
客户管理流程	P2：提高客户价值流程	确定目标客户，建立营销服务体系，迅速应对客户诉求	新增加客户数量、客户服务评价	20 家、30 家、50 家 三星级、四星级、五星级
创新流程	P3：创新新产品或新服务流程	提供资源和机制保障，建立以产业创新为中心，支持转型发展的创新体系，重点提升在冰雪设备领域内的自主创新能力	创新能力在行业中的地位	领先
法规与社会流程	P4：改善团队或环境的流程	打造良好温馨的办公环境，关心爱护全体员工	工伤发生率	0

（4）学习成长层面（见表引分 1－19）。

表引分 1－19　　学习成长层面战略指标

战略主题	战略任务目标	具体目标	指标	三年目标值
训练有素且士气高昂的员工队伍	L1：人才配置和技能提升	打造专业人才队伍；培养和储备关键运营和技术研发人才	人员中技术和经营人才比例	超过 50%
	L2：员工培训	强化培训，建设领先的学习型专业化团队	培训次数	人均 2 次/年
	L3：员工关怀	做好员工职业生涯规划	员工满意度	超过 90%

续表

战略主题	战略任务目标	具体目标	指标	三年目标值
整合高效的信息化应用水平	L4：提高信息管理能力	集合数据库、网络等技术应用，开发销售管理系统提升信息化水平	业务过程信息化率	50%、70%、80%
卓越的组织能力	L5：提升领导力水平和团队协作能力	建立合理的组织机构，提升组织管理及运营效率；提升组织的团队协作能力和学习能力	领导胜任率	超过90%

四、文件记录控制

文件记录控制是企业实施战略与架构内部控制的重要工具。企业编制文件时，应确保文件记录信息准确；运用文件时，应规范文件记录的密级和发放范围。战略与架构内控的文件记录控制可用于以下方面：

（一）建立和完善独立董事制度

独立董事是指除了董事身份外与公司没有任何其他契约关系的董事。他们既不是公司的员工及其亲属，也不是公司的供货商、经销商、资金提供者，亦不是向公司提供法律、会计、审计、管理咨询等服务的机构职员或代表，与公司没有任何可能影响其对公司决策独立判断的关系，也不受其他董事的控制和影响。设置独立董事的目的是避免“内部人控制”问题，防止拥有控制权的内部人（大股东、经理人）利用公司资源为自己谋利益。然而实践中独立董事制度经常沦为一种形式上的摆设，因此迫切需要加强相关制度建设。为了更好发挥独立董事的监督作用，提高上市公司信息披露质量和规范运作水平，督促和引导上市公司提升风险管理和内控水平，2020 年 7 月中国上市公司协会研究编写了《独立董事促进上市公司内部控制工作指引》。独立董事制度作为内部监管人制度，在防止上市公司被内部人利益侵害、防止上市公司对社会整体利益的侵害、提升上市公司的合规性方面有着其制度的不可替代性优势，因此企业应通过制度完善促进企业健康发展。

（二）完善信息传递与披露制度

企业应当根据国家有关法律法规，以适当的形式披露发展目标和战略规划，增强投资者特别是战略投资者对企业发展的信心和关注度。企业应当披露影响发展战略实现的重大风险因素及其应对措施。

企业还应保证信息沟通渠道顺畅，解决委托人与代理人之间的信息不对称问题，及时、准确地将经营成果、财务状况、现金流量、重大风险、内部控制执行等情况报告给董事会。要保证信息的真实、完整性，完善信息披露制度，充分利用企业内部、外部信息；实施有效的举报制度，确保与最佳内部控制实践之间的偏差能够控制在一个合理的范围之内。例如，有些公司的审计委员会成员可以进入举报邮箱，从中获得重要的信息，这样有利于提高董事会的治理效率。

总结与提高

本项目我们学习了战略与架构的内控目标，战略与架构内控所涉组织及职责体系，战略与架构内控的业务流、信息流，对战略与架构内控流程中的风险进行了识别、分析、评价，并对此采取相应的内控措施。学习的重点是梳理战略与架构内控流程和风险评估；学习的难点是针对风险选择恰当的内控措施。

【线上活动】

登录智慧职教平台，完成微课学习、习题和讨论，发表自己对战略与架构内控的理解和看法。

【推荐阅读】

《企业控制应用指引第 1 号——组织架构》

《企业内部控制应用指引第 2 号——发展战略》

《管理会计应用指引第 101 号——战略地图》

评价与考核

一、项目实施评价

项目完成后，学员根据项目实施情况进行自我评价，并填表（在○中打√，A 掌握，B 基本掌握，C 未掌握），指导老师根据评价结果进行讲评。

项目实施情况分析表

项目实施过程	自我评价
创建战略与架构内控所需组织架构	A○　B○　C○
绘制战略与架构的业务流	A○　B○　C○
设计战略与架构的信息流	A○　B○　C○
识别战略与架构内控流程的风险	A○　B○　C○
分析战略与架构内控流程的风险	A○　B○　C○
评价战略与架构内控流程的风险	A○　B○　C○
控制战略与架构内控流程的风险	A○　B○　C○

二、理论考核

1. 判断题

（1）上市公司的监事可以由董事、经理和其他高级管理人员兼任。（　　）

（2）在上市公司治理实践中，董事会成员中的独立董事经常被视为重要的组成部分。保证独立董事能够行使监督职责的关键因素：一是不在该上市公司担任除独立董事之外的其他职务；二是不得在该上市公司获取与经营业绩相关的收入。（　　）

（3）企业应在董事会下设立战略委员会，或指定相关机构负责发展战略管理工作，履

行相应职责，战略委员会负责制订企业发展战略方案并提交董事会批准实施。（　）

（4）监事会对董事会负责，监督企业经理和其他高级管理人员依法履行职责。（　）

（5）董事会对股东（大）会负责，依法行使企业的经营决策权，并按股东（大）会的有关决议，设立战略、审计、提名、薪酬与考核等专门委员会，明确各专门委员会的职责权限、任职资格、议事规则和工作程序。（　）

2. 不定项选择题

（1）下列企业组织架构建设的陈述中，不应包含在内是（　）。

A. 公司应有明确的组织架构及清楚的权责配置

B. 对于各级管理人员，其权责关系明确规范

C. 员工优异的工作能力，并有优于公司期望的作业表现

D. 足够的员工人数以执行公司各项功能

（2）下列关于某一大型制造公司组织结构的描述，在控制环节属于薄弱的是（　）。

A. IT 部门的主管是直接向总裁汇报工作的副总裁

B. 董事会下属审计委员会由首席执行官、首席财务官和主要的利益方构成

C. 首席财务官是向首席执行官汇报工作的副总裁

D. 出纳向首席财务官汇报

（3）（　）对股东大会负责，依法行使企业的经营决策权。

A. 董事会　　B. 监事会　　C. 经理层　　D. 董事长

（4）甲股份有限公司制定了发展战略，经董事会审议通过后，报经股东大会批准实施，下列有关发展战略的实施的说法中，不正确的有（　）。

A. 企业应根据发展战略，制订年度工作计划，编制全面预算，将年度目标分解、落实

B. 企业应重视发展战略的宣传工作，通过内部各层级会议和教育培训等有效方式，将发展战略及其分解落实情况传递到内部各管理层级

C. 监事会应加强对发展战略实施情况的监控，定期收集和分析相关信息，对于明显偏离发展战略的情况，应及时报告

D. 由于经济形势、产业政策、技术进步、行业状况以及不可抗力等因素发生重大变化，确需对发展战略作出调整的，应按规定权限和程序调整发展战略

（5）企业梳理治理结构，应重点关注（　）。治理结构存在问题的，应采取有效措施加以改进。

A. 董事会、监事会和经理层的运行效果

B. 内部机构设置的合理性

C. 董事、监事、经理及其他高级管理人员的任职资格和履职情况

D. 内部机构设置的有效性

三、技能考核

请根据以下案例进行风险识别与内部控制。

腾飞开发投资有限公司主要承担重大建设项目的投融资；自主开展资本运营，促进资产跨地区、跨行业、跨部门、跨所有制的流动和重组。腾飞开发投资有限公司采用集团公司的组织形式，目前有6个部门，分别是研究发展部、资本运营部、投资开发部、财务融资部、人力资源部和总经理工作部。同时该公司有3个子公司。研究发展部的重要职能为参与重大

项目的论证，就行业背景、国家法律政策进行评审，而完成重大项目的论证及评审工作需要投资委员会的专家组成员参与并提出建议。但目前存在以下问题：

1. 项目专家组和专家咨询委员会职责模糊，界限不清。公司的专家委员会由两个临时的部门构成——项目专家组和专家咨询委员会。两个临时部门的职责范围模糊、界限不清，经常会出现两个部门工作相互重叠的现象。

2. 临时性委员会无固定人员来维持工作。公司总是在出现运营投资项目时才临时召集专家组成项目专家组或专家咨询委员会参与项目的决策。这些专家并非公司的固定人员，都是公司从外部聘用的兼职专家。因此，当出现投资项目时，召集外部专家的工作一直由总经理工作部临时代理。但是随着项目量的逐渐增多，管理专家委员会的日常性工作也越来越多，公司急需专门的人员来维持日常性工作。

任务实施过程	实施答案	评分标准	标准分	得分
一、确定内控目标		是否结合业务具体目标来设定内控目标	10	
二、识别风险源，并进行风险描述		是否识别出所有的风险源；风险描述是否清晰	10	
三、采取内部控制措施		所选内部控制措施是否正确	10	

项目二
全面预算管理的内控

知识学习目标

1. 能列举全面预算管理的内部控制目标
2. 能描述全面预算管理内控所涉组织及职责体系
3. 能归纳全面预算管理内控的业务流、资金流、信息流
4. 能叙述全面预算管理内控流程的风险评估过程
5. 能举例说明全面预算管理风险的内部控制措施

技能训练目标

1. 能设计全面预算管理内控所涉组织及职责体系
2. 能设计全面预算管理内控所需信息流、资金流
3. 能绘制全面预算管理内控的业务流
4. 能评估全面预算管理内控流程的风险
5. 能控制全面预算管理内控流程的风险

素养提升目标

养成凡事预则立，不预则废的工匠精神

标志性成果

独立撰写一份全面预算管理的风险评估与内控报告

思维导图

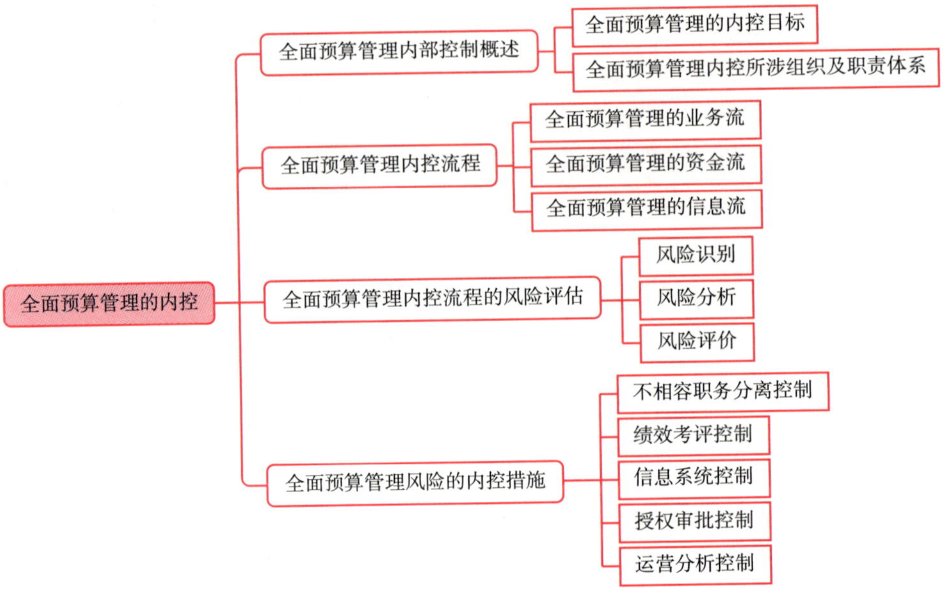

项目引例

晶晶味业股份有限公司（以下简称“晶晶味业”）是一家调味品生产与销售企业，目前产品涵盖酱油、蚝油、酱、醋、料酒、调味汁、鸡精等十几大系列，品种规格多达500种，年产值超过20亿元。为了减小经营风险与财务风险，保证企业经营目标的实现，晶晶味业建立了全面预算管理体系，并发布了全面预算管理制度。制度中约定每年11月20日前各预算执行单位必须提交预算方案初稿至财务部预算管理专员处。2021年11月1日公司召开了2022年度预算编制启动会议，并下发《关于编制2022年公司预算的通知》，通知要求预算编制进度按下表进行。

晶晶味业2022年预算编制进度表

阶段	任务安排	时间进度	责任部门
第一阶段	根据战略规划拟订2022年度预算总目标的分解方案及有关预算编制程序、方法的草案，并报预算管理委员会审定	2021年11月1日—2021年11月10日	财务部
第二阶段	按照下达的预算目标和预算政策，结合自身特点以及下一年度工作计划，认真测算并提出本责任中心的预算草案	2021年11月11日—2021年11月20日	各预算责任单位
	经本责任中心负责人审核确认后，在规定的时间内逐级汇总上报预算管理办公室		

续表

阶段	任务安排	时间进度	责任部门
第三阶段	对各责任中心上报的预算草案进行审查、汇总，提出综合平衡的建议	2021 年 11 月 20 日—2021 年 12 月 10 日	财务部
	根据各责任中心经修正调整后的数据逐级汇总上报的预算草案，汇总编制整个企业的全面预算草案		
第四阶段	审核、调整、批准形成年度全面预算方案并下达	2022 年 12 月 11 日—2022 年 12 月 31 日	预算管理委员、董事会

但部分部门未按照进度表及时完成预算编制工作，比如销售预算草案拖延至 12 月 1 日才提交，导致公司全面预算的审查、平衡、汇总、审批进度整体偏慢，进而影响公司资金的筹集与运用，此事件预计会导致企业减少收入近 100 万元。为提高大家对全面预算工作的重视，并减少风险事件的再次发生，公司管理层决定加强全面预算管理的内部控制建设，从梳理全面预算管理流程着手，识别、分析、评价流程中存在的各类风险，并采用适当的内部控制措施控制风险。

思考与实践

（1）为何拖延销售预算会减少收入近 100 万元呢？借此晶晶味业应确立怎样的全面预算管理内控目标？

（2）到底是全面预算管理内控流程中的哪个环节失误导致了销售预算拖延？

（3）晶晶味业的全面预算管理内控流程还涉及哪些环节？别的环节是否也存在风险？

（4）面对晶晶味业全面预算管理中的风险，应采取哪些内部控制措施？

模块一　全面预算管理内部控制概述

全面预算，是指企业对一定期间经营活动、投资业务、财务活动等作出的预算安排。全面预算作为一种全方位、全过程、全员参与编制与实施的预算管理模式，本就是一种很好的风控工具，但其自身各环节也面临着种种风险，需要进行风险管控来提高资金的使用效率和安全性，达到资金流入流出之间的适当配合，实现资金的均衡流动。全面预算管理内部控制是指规范全面预算管理行为，建立预算管理运行机制，引导科学理财，合理配置资源，提高经济效益，从而保证实现企业战略目标。为加强全面预算管理内控，企业应梳理全面预算管理内控流程，及时发现全面预算管理中的薄弱环节，切实采取有效措施加以控制，其基本控制要求在《企业内部控制应用指引第 15 号——全面预算》中得到了体现。

一、全面预算管理的内控目标

全面预算管理的内控目标

从内控建设和实施角度看，一般内部控制目标包含四个目标，分别是合规目标、报告目标、运营目标和战略目标。而内控建设是否真正落地，关键在于内控目标是否深入实际业务，下面结合全面预算管理来谈其内控具体目标。

（一）合规目标

（1）全面预算管理应符合财政部《关于企业实行财务预算管理的指导意见》等规定，确保全面预算所涉业务不因违反法律法规而遭受处罚。

（2）为保证实现预算目标，全面预算必须严格遵守企业内部预算管理制度。在预算编制、执行、分析、考核中加以运用，以确保资金的安全和有效使用，减少不必要的损失，使全面预算发挥最大作用。

【引例分析 2－1】

为何拖延销售预算会使收入预计减少近 100 万元呢？原来晶晶味业 2022 年度亟待推出一款“非日晒”“0 添加”的酱油，此酱油的战略计划在销售预算上报中受到延误。市场拓展部华南大区销售区长认为华南市场消费水平较高，应该将华南大区域作为 2022 年战略发展市场，需要提高其在各销售大区之间的销售费用支持比例。但东北大区销售区长却认为华南大区竞争激烈，东北大区虽然消费水平不高，但是竞争较少，应该将东北大区作为 2022 年战略发展市场，提高其在各销售大区之间的销售费用支持比例。市场拓展部总监未能及时协调华南大区与东北大区的纠纷，一直拖延至 12 月 1 日才确定各大区的销售费用支持比例，并交至财务部。比要求的时间晚了 11 天。

由于销售预算是全面预算的编制起点，生产量、直接材料、直接人工等方面的预算都要以销售预算为基础，因此销售预算延迟导致全面预算整体进度偏慢。当 2022 年第一季度推出新酱油后，市场需求量猛增，但不幸的是因预算进度偏慢导致生产资金还未筹措到位，直接材料和生产设备不足，导致供应严重短缺。为了满足交期，拒接订单 9 100 余箱，预估流失销售额近 100 万元。鉴于此，晶晶味业应确立其全面预算管理内控建设首要目标——合规目标，企业各部门都应严格遵守企业内部全面预算管理制度，按时保质地完成全面预算工作。

（二）报告目标

全面预算管理报告的目标是提供一个全面的、系统性的、可持续的预算管理方案，以优化企业的财务状况和绩效。具体来说，该报告的目标通常包括以下几点：为企业制定一个长期的、全面的预算管理计划，以确保财务资源的最优化利用和分配。识别企业的财务弱点和优点，找出财务管理中存在的问题和可以改进的空间。为企业管理层提供决策支持，帮助他们做出更明智的投资和财务决策。提高企业的财务透明度和财务责任感，以便监督和评估企业的绩效，并在必要时做出调整。帮助企业达成财务目标，包括降低成本、提高收入、增加利润、优化现金流等。总之，全面预算管理报告旨在为企业提供一个全面的预算管理方案，以帮助企业管理层实现财务目标、优化财务状况和提高绩效。

（三）运营目标

（1）提高运营效率和效果。编制全面预算，要求预计未来某一特定期间的目标利润、需要实现的收入以及因此需要付出的成本和费用，从而预计需要多少资金和如何筹集管理资金。通过执行全面预算，企业可以对有限的资源进行最佳的安排，以避免资源浪费和低效使用。企业通过对全体员工进行全面预算管理和考核、奖惩，可以激励并约束全体员工追求尽量高的收入增长和尽量低的成本费用。最后将全面预算和实际执行情况进行比对和分析，能够为企业管理层提供有效的监控手段，使企业管理层了解采取哪些措施能够不断实现尽量高的收入增长和尽量低的成本费用，这样有利于提高企业的运营效率和效果。

（2）为企业的内部评估提供科学的参考数据。推行全面预算管理，可以根据内部控制的实际情况与预算进行比较分析，及时解决问题，以达到对企业内部控制监督与检查的目的。

（四）战略目标

企业的发展战略包括短期战略和长期战略，短期战略需要企业通过预算管理来实现，全面预算管理能将公司战略以数据化的形式落实于个人，实现战略落地。全面预算监控可以帮助企业发现未能预知的机遇和挑战，这些信息通过预算汇报反映到决策机构，从而帮助企业动态地调整战略规划，提升企业战略管理的反应能力。

二、全面预算管理内控所涉组织及职责体系

全面预算管理的内控操作演示

全面预算管理内控所涉组织及职责体系的设计是做好全面预算管理工作的前提和基础。全面预算组织领导与运行体制健全，是防止预算管理松散、随意，预算编制、执行、考核等各环节流于形式的关键。全面预算所涉组织一般包括全面预算管理决策机构（预算管理委员会）、全面预算管理日常工作机构（预算管理办公室）、预算责任单位（全面预算执行单位）三个层次。

（一）全面预算管理决策机构

为提高预算的权威性，企业应在高层设立预算管理决策机构。例如将企业全面预算管理的决策机构设定在董事会，董事会下设专业委员会——预算管理委员会，辅助董事会做好预算决策工作。预算管理委员会以预算会议的形式工作，主任一般由董事长或总裁或总经理兼任，总会计师或财务总监或分管财会工作的副总经理任副主任，委员由独立核算部门和各职能部门负责人兼任。预算管理委员会主要职责如下：

（1）制定、颁布企业全面预算管理制度，包括预算管理的政策、措施、办法、要求等。

（2）根据企业战略规划和年度经营目标，拟订预算目标，并确定预算目标分解方案、预算编制方法和程序。

(3) 指导各预算责任单位编制业务计划、预算草案、综合平衡预算草案，提供相关定员、定额、费用开支标准等基础信息。

(4) 下达经批准的年度全面预算方案。

(5) 协调解决预算编制和执行中的重大问题，仲裁与预算有关的冲突。

(6) 审议预算调整方案，依据授权进行审批。

(7) 审议预算考核和奖惩方案。

(8) 对企业全面预算的总体执行情况进行分析、评价与考核。

(9) 负责超预算或预算外支出的审批。

(10) 其他与全面预算管理有关的事宜。

(二) 全面预算管理日常工作机构

预算管理委员会一般为非常设机构，企业应设立预算管理日常工作机构（预算管理办公室），由其履行预算管理委员会的日常管理职责。预算管理办公室一般设在财会部门，其主任一般由总会计师（或财务总监、分管财会工作的副总经理）兼任；工作人员除了财会部门人员外，还应有计划、人力资源、投资、生产、销售、研发等业务部门人员参加。预算管理办公室的主要职责包括：

(1) 制定企业各项全面预算管理制度，并负责检查落实预算管理制度的执行。

(2) 拟订年度预算总目标分解方案及有关预算编制程序、方法的草案，报预算管理委员会审定。

(3) 组织和指导各级预算单位开展预算编制工作。

(4) 预审各预算单位的预算初稿，进行综合平衡，并提出修改意见和建议。

(5) 汇总编制全面预算草案，提交预算管理委员会审查。

(6) 跟踪、监控预算执行情况。

(7) 定期汇总、分析各预算单位预算执行情况，并向预算管理委员会提交预算执行分析报告，为委员会进一步采取行动拟订建议方案。

(8) 接受各预算单位的预算调整申请，根据企业预算管理制度进行审查，集中制订年度预算调整方案，报预算管理委员会审议。

(9) 协调解决预算编制和执行中的有关问题。

(10) 提出预算考核和奖惩方案，报预算管理委员会审议。

(11) 组织开展对企业二级预算责任单位（内部各职能部门、所属分企业、子企业）预算执行情况的考核，提出考核结果和奖惩建议，报预算管理委员会审议。

(12) 预算管理委员会授权的其他工作。

(三) 预算责任单位

预算责任单位即全面预算执行机构，是指根据其在企业预算总目标实现过程中的作用和职责划分，承担一定的经济责任，并享有相应权力和利益的企业内部单位，包括企业内部各职能部门、所属分（子）企业等。根据权责范围，企业内部预算责任单位可分为投资中心、利润中心、成本中心、费用中心和收入中心。预算执行单位在预算管理部门（预算管理委员会、预算管理办公室）的指导下，组织开展本部门或本企业全面预算的编制工作，并严格执行批准下达的预算。各预算执行单位负责人应对本单位预算的执行结果负责。各预算责任单位的主要职责有：

（1）提供编制预算的各项基础资料。

（2）负责本单位全面预算的编制和上报工作，将本单位预算指标层层分解，落实到各部门、各环节和各岗位。

（3）严格执行经批准的预算，监督检查本单位预算执行情况，及时分析、报告本单位的预算执行情况，解决预算执行中的问题。

（4）根据内外部环境变化及企业预算管理制度，提出预算调整申请。

（5）组织实施本单位内部的预算考核和奖惩工作，配合预算管理部门做好企业总预算的综合平衡、执行监控、考核奖惩等工作。

（6）执行预算管理部门下达的其他预算管理任务。

【引例分析 2－2】

晶晶味业的组织架构及岗位简图如图引分 2－1 所示。

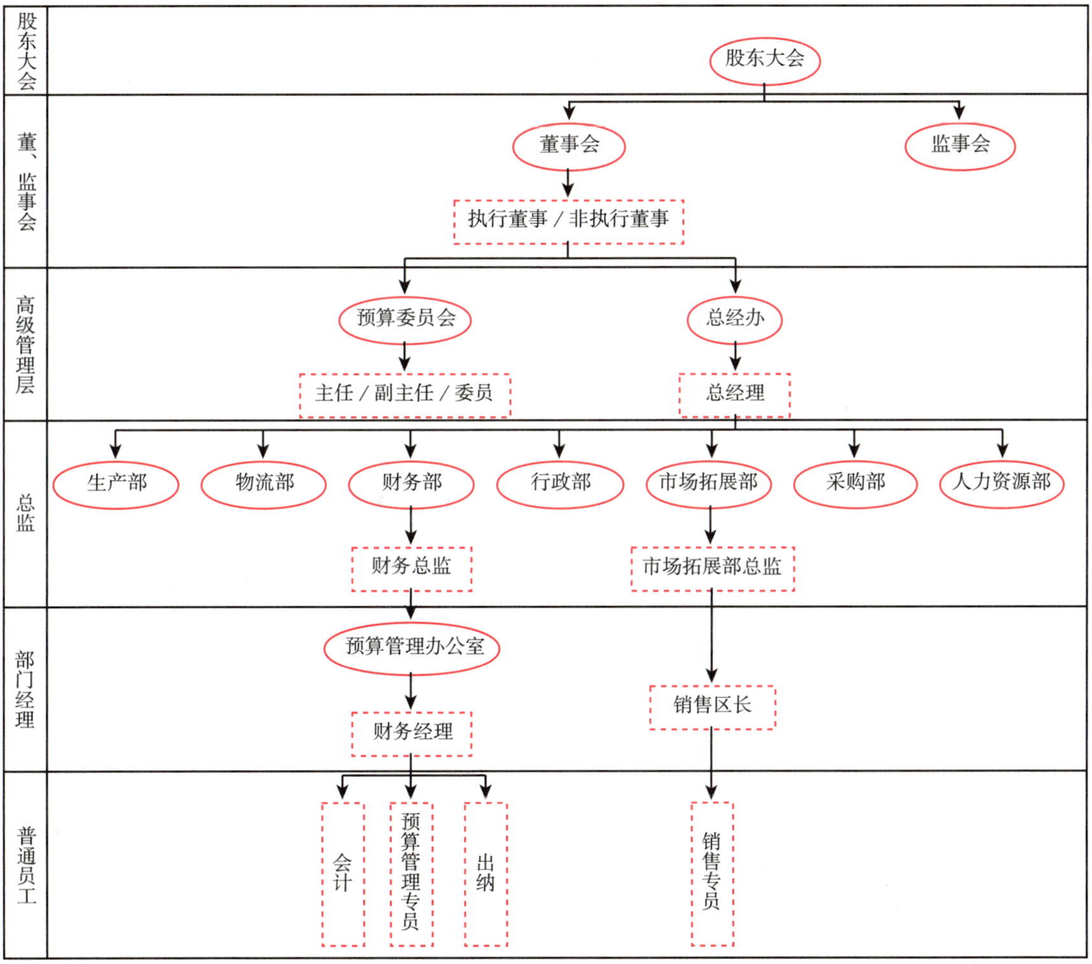

图引分 2－1　晶晶味业的组织架构及岗位简图

（1）晶晶味业的预算管理委员会是公司预算管理的决策机构。预算管理委员会主任由总经理兼任，副主任由财务总监兼任，委员由人力资源部、生产部、市场拓展部、物流部等各部门负责人组成。

（2）晶晶味业的预算管理办公室是公司预算管理的常设机构，设在财务部，由财经经理兼任预算管理办公室主任，主要工作人员为预算管理专员，负责预算管理工作的持续改进、总体预算编制的组织和协调。

（3）晶晶味业的预算责任单位是公司预算的执行机构，直接承担预算责任。预算责任单位包括财务部、人力资源部、生产部、市场拓展部等职能部门。

模块二　全面预算管理内控流程

全面预算关系到企业的财务控制、管理控制和合法合规控制，它不只涉及某一部门的工作，需要全面预算管理决策机构、全面预算管理日常工作机构、预算责任单位之间相互沟通，因此全面预算管理关系比较复杂。企业应当先梳理全面预算管理的业务流、资金流、信息流，以此作为全面预算管理内控建设的起点。

一、全面预算管理的业务流

全面预算管理内控业务流及所涉组织

全面预算管理的业务流通常包括编制预算草案、审批与下达预算方案、执行预算方案、分析与调整预算、考核与奖惩预算共五个环节。

（一）编制预算草案

预算编制是企业实施全面预算管理的起点，企业一般按照分级编制、逐级汇总的方式，采用自上而下、自下而上、上下结合或多维度相协调的流程编制预算。预算编制流程与编制方法的选择应与企业现有管理模式相适应。

1. 分解下达预算目标

预算管理办公室根据企业发展战略和年度经营目标，结合对预算期经济形势的初步预测，测算下一年度的全面预算目标，预算管理委员会审定后予以下达；预算管理办公室拟订年度预算总目标分解方案及预算编制政策（包括预算编制程序、方法等），经预算管理委员会审定后，预算指标连同编制政策层层下达至各预算责任中心。

企业预算管理办公室分解预算目标，应当建立系统的指标分解体系，并且应当在与各预算责任中心进行充分沟通的基础上进行分解。亦即预算管理办公室根据各责任中心的具体职能，在进行充分讨论、沟通的基础上，将预算目标细化、分解，产生各责任中心的量化目标。赋予责任中心的任务和预算目标应当是通过该责任中心的努力可以达成的。

2. 分级编制上报预算草案

各预算责任中心按照下达的预算目标和预算政策，结合自身特点以及预测的执行条件，认真测算并提出本责任中心的预算草案，经本责任中心负责人审核确认后，在规定的时间内逐级汇总上报预算管理办公室。预算草案包括预算报表和预算编制说明，预算编制说明需对预算报表的内容进行详细解释说明，并附相关附件依据、业绩报表。

3. 审查平衡预算草案

预算管理办公室对各责任中心上报的预算草案进行审查、汇总，提出综合平衡的建议。在审查、平衡过程中，预算管理办公室应当进行充分协调、沟通，对发现的问题和偏差提出初步调整的意见，并反馈给有关责任中心予以修正。这个过程可能要反复多次。对经多次协调仍不能达成一致的，应向预算管理委员会汇报，以确定是否调整有关责任中心的预算目标，并最终达成综合平衡。

4. 汇总编制预算草案

预算管理办公室根据各责任中心经修正调整后逐级汇总上报的预算草案，汇总编制整个企业的全面预算草案，一般应按“先经营预算、投资预算、筹资预算，后财务预算”的流程进行。在编制过程中，若预算平衡未能实现，预算管理办公室可以要求有关责任中心修订预算草案，直至企业总预算平衡为止。

预算管理委员会应当对预算管理办公室在综合平衡基础上提交的预算方案进行研究论证，从企业发展全局角度提出进一步调整、修改的建议，责成预算管理办公室完善后形成企业年度全面预算草案。

（二）审批与下达预算方案

全面预算草案完成后，由预算管理委员会提交董事会审批。企业董事会在审核全面预算草案时，重点关注预算的科学性和可行性，以确保全面预算与企业发展战略、年度生产经营计划相协调。

全面预算草案经企业董事会审议批准后，形成全面预算方案，并及时以文件形式下达。全面预算方案批准下达后，预算管理办公室应组织培训学习，并以全面预算方案为依据，制订详细可行的预算指标分解计划，将预算指标层层分解，从横向和纵向落实到内部各部门、各环节和各岗位，形成全方位的预算执行责任体系。

【引例分析 2－3】

晶晶味业为了加强内控建设，开始着手梳理自身的全面预算管理流程，其原“全面预算编制、审批与下达流程”如图引分 2－2 所示。

（三）执行预算方案

预算执行是将经批准的全面预算方案付诸实施的过程，全面预算要从“文件”走向“实用”，关键在执行环节。作为各责任中心的预算执行单位必须严格执行预算，财务部门

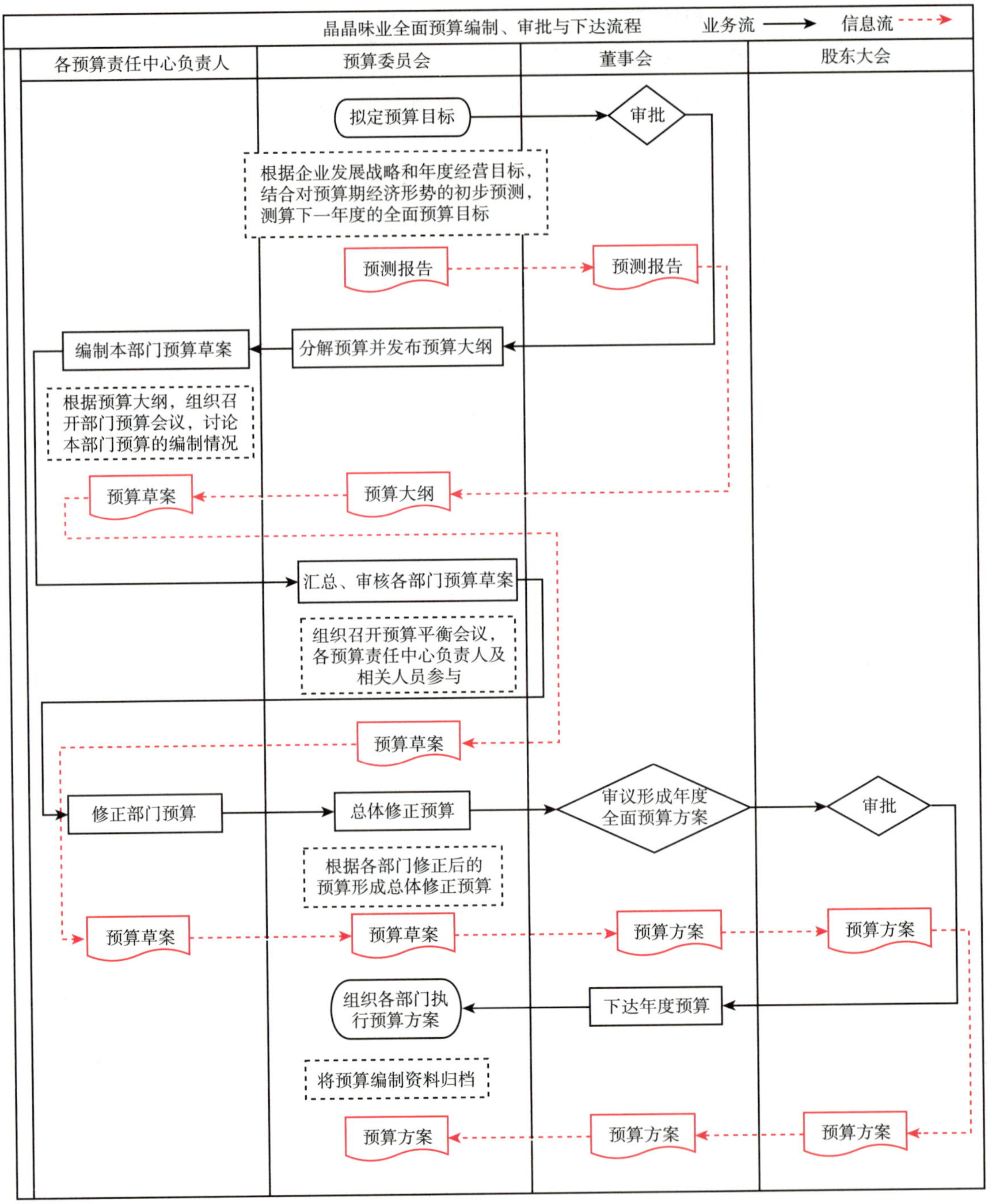

图引分 2－2　晶晶味业全面预算编制、审批与下达流程

对预算内各项支出按审批权限，经有关领导审核签字后方可办理借款、报销手续。企业应就涉及资金支付的预算内业务、超预算业务、预算外业务应建立规范的审批程序。预算执行单位应向预算管理办公室报送预算执行计划进度，这是预算管理委员会对预算进行过程监控的依据，也是预算管理委员会考虑是否调整年度预算的重要参考。

【引例分析 2－4】

预算执行是融合在日常费用报销中实施的，晶晶味业的原“预算费用执行流程”如图引分 2－3 所示。

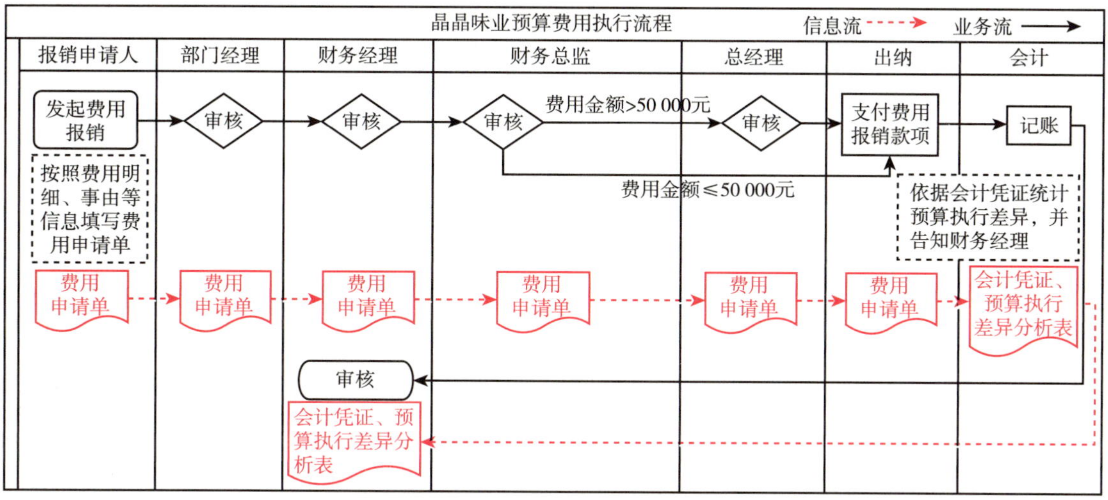

图引分 2－3 晶晶味业预算费用执行流程

（四）分析与调整预算

预算分析是通过比较预算的实际执行结果与预算标准之间的差异，分析差异产生的原因，以便采取适当措施予以矫正的行为。在实际工作中，对于管理者而言，不论计划做得如何周密，在预算执行过程中，内外部环境的变化以及各种各样的意外事件，都会对预算产生这样或那样的影响。因此预算与实际总会出现一些差异，但是出现差异并不代表预算的失误。面对预算差异，应按以下流程进行预算分析：第一，对差异进行分类，并找出差异出现的具体原因；第二，对这些差异有可能对本预算以及其他预算造成的连带性影响做出评估；第三，采取相应的措施，以便能够及时修正和消除这些影响。

预算调整是指经过批准的预算方案在执行中因特殊情况需要变更现行预算方案的行为。为保证预算的严肃性，强化预算的约束力，全面预算方案一经确定，原则上不予调整。如遇企业体制改革、国家宏观政策大幅调整、自然灾害、并购重组等特殊业务，对经营活动和财务收支产生重大影响，使既定预算确实难以实现时，允许对预算进行调整。

【引例分析 2－5】

晶晶味业的原“预算调整流程”如图引分 2－4 所示。

（五）考核与奖惩预算

预算考核与奖惩是对企业内部各级责任部门、岗位或责任中心的预算执行结果进行考核和奖惩的过程，是管理者对预算执行者实行的一种激励和约束形式。考核主体通常划分两个层级，第一层级是企业高层考评主体——预算管理委员会，负责对企业全面预算总体执行情

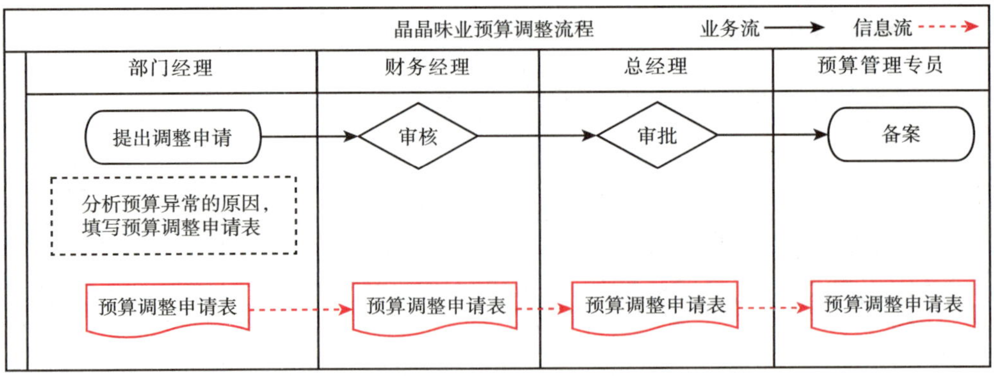

图引分 2－4　晶晶味业预算调整流程

况的考评；第二层级是企业内部各级预算责任单位，负责对下级单位和相关个人执行情况的考评，它既属于上级考评主体的考评对象，又是下级单位和个人的考评主体。

二、全面预算管理的资金流

全面预算管理内控资金流及信息流

全面预算管理的资金流是规划预算期内由于经营活动和资本投资业务引起的预计资金流入、预计资金流出及其资金余缺（见图 2－1）。此处资金为货币资金项目，包括库存现金、银行存款、其他货币资金。资金流的合理性和准确性决定着预算管控效率，因此应加强预算资金流的内部控制，正确调度资金，保证企业资金的正常流转。

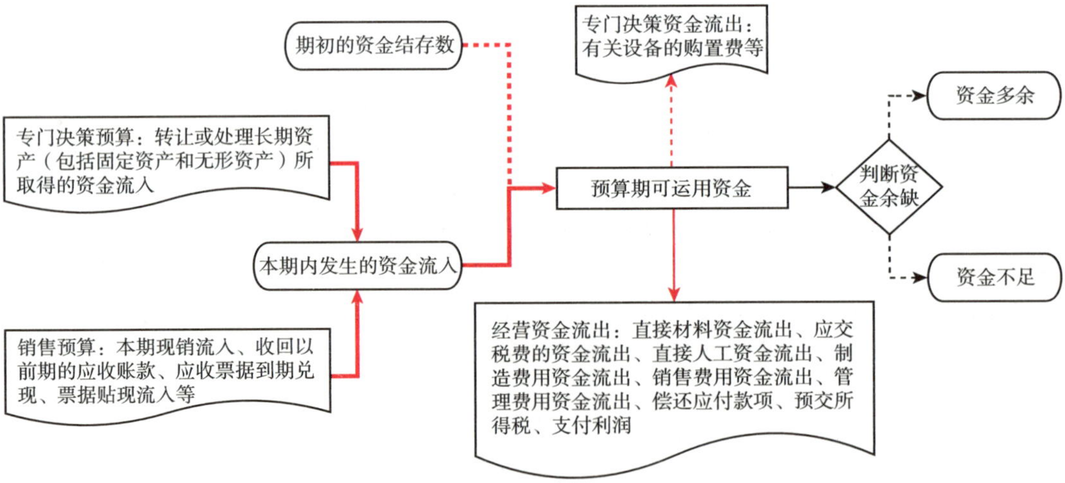

图 2－1　全面预算管理的资金流

（一）资金流入

资金流入是指预算期可运用资金，包括期初的资金结存数和本期内发生的资金流入

（见图 2－1 红色粗实线和粗虚线部分）。其中，本期内发生的资金流入包括预计发生的经营资金流入和非经营资金流入。前者数据来自销售预算，销售取得的资金收入是其主要来源，包括本期现销流入、收回以前期的应收账款、应收票据到期兑现、票据贴现流入等内容；后者数据来自专门决策预算，包括转让或处理长期资产（包括固定资产和无形资产）所取得的资金流入。

（二）资金流出

资金流出是指预算期内预计发生的资金支出，包括经营资金流出和资本性资金流出之和（见图 2－1 红色实线和虚线部分）。前者数据来自业务预算，包括直接材料资金流出、应交税费的资金流出、直接人工资金流出、制造费用资金流出、销售费用资金流出、管理费用资金流出、偿还应付款项、预交所得税、支付利润的资金流出；后者数据来自专门决策预算，例如有关设备的购置费等。下面着重介绍经营预算中的资金流出。

1. 直接材料资金流出

直接材料资金流出是预算期为采购直接材料发生的资金支出，是在生产预算的基础上预计的。生产预算是安排预算期生产规模的计划，是在销售预算的基础上编制的。在以销定产条件下，销售预算中的预计销货量从根本上限定了生产预算的编制，生产预算需要根据预计的销售量按产品品种分别编制。但一般情况下，预计生产量不等于预计销售量，因为企业的生产和销售不能做到“同步同量”，必须设置一定的存货，以保证能在发生意外需求时按时供货，并可均衡生产，节省赶工的额外支出。生产预算主要由生产部门负责编制，编制期间一般为一年，年内按产品品种进行分季或分月安排。

直接材料资金流出的预算与生产预算一样，也要考虑预算期期初与期末的存料水平，应注意采购量、耗用量与库存量之间保持合理的比例，以避免材料的供应不足或超储积压。直接材料资金流出预算的主要内容包括：单位产品直接材料耗用量、生产需用量、期初和期末存量、预计材料采购量和预计采购金额、材料采购方面预期的资金流出。直接材料资金流出的预算主要由物资供应部门负责。

2. 应交税费资金流出

应交税费资金流出额是预算期内预计发生的应交增值税、消费税、资源税、城市维护建设税和教育费附加资金的支出。本资金流出中不包括预交所得税和直接计入税金及附加的印花税。由于税金需要及时清缴，为简化预算方法，可假定预算期发生的各项应交税费均于当期以现金形式支付。应交税费预算需要根据销售预算、材料采购预算的相关数据和适用税率资料来预计。应交税费资金流出额一般由财务部门负责预计。

3. 直接人工资金流出

直接人工资金流出是为直接生产工人耗费发生的资金支出，是以生产预算为基础预计的。其主要内容包括：预计生产量、单位产品工时、人工总工时、每工时人工成本和人工总成本。直接人工资金流出主要由生产部门或劳动人事部门预计，预计时可按不同工种分别计算直接人工成本，然后予以汇总。

4. 制造费用资金流出

制造费用资金流出是指应列入产品成本的各项间接费用的资金支出，是除了采购直接材料、直接人工预算以外的其他一切生产成本的资金流出。制造费用必须按其成本习性分为变动性制造费用和固定性制造费用，分别就变动性制造费用和固定性制造费用两部分内容预计。

变动性制造费用是以生产预算为基础预计的，即根据预计的生产量或预计的直接人工工时总数和预计的变动制造费用分配率来计算。固定性制造费用与本期的生产量无关，可在上年的基础上采用增量预算法根据预算变动加以修正，也可采用零基预算法逐项预计再汇总。

制造费用的编制依据主要包括有关制造费用的历史资料、标准成本资料、预算期的生产规模变动情况、各费用的明细项目在预算期的开支水平等。制造费用预算中，除了折旧费以外都需要支付现金。因此应将制造费用预算总额扣除折旧费后，调整为现金支出的费用。制造费用资金流出的预计主要由生产部门负责。

5. 销售费用资金流出

销售费用资金流出是指为实现销售预算目标而需要的资金支出，是以销售预算为基础预计的。编制时要分析销售收入、销售利润和销售费用的关系，力求实现销售费用最有效的使用。其编制方法与制造费用预算的编制方法非常接近，可将其划分为变动销售费用和固定销售费用两部分。预计固定销售费用可采用与预计固定制造费用一样的方法进行计算。销售费用资金流出额一般由销售部门负责预计。

6. 管理费用资金流出

管理费用资金流出是指一般行政管理业务所必需的资金支出。管理费用预算的方法有两种：一是按项目反映全年预计水平，这是因为管理费用多属于固定成本，通常以其历史资料为基础，按预算期的可预见变化来调整确定；二是类似于制造费用预算或销售费用预算的方法。管理费用预算一般由企业行政管理部门负责编制。

（三）资金余缺

资金余缺即资金流入与资金流出相抵后的余额（见图2－1黑色实线和虚线部分）。如果差额为正，说明资金流入大于资金流出，资金有多余；如果差额为负，说明资金流入小于资金流出，资金不足。为确保预算期经营所需要的资金，企业需要根据资金余缺的性质与大小、期末应保持的资金变动范围，还有企业有关资金管理的各项政策，确定筹集或运用资金的数额。如果资金不足，可向银行取得借款，或转让短期投资的有价证券，或按长期筹资计划增发股票或公司债券。如果资金多余，除了可用于偿还借款外，还可用于购买作为短期投资的有价证券。

【引例分析2－6】

晶晶味业全面预算管理的资金流采用季度滚动预算方法进行预计，即先对2022年第一季度按月划分进行详细预算，其他三个季度的预算粗一些，只列出各季总数。到第一季度结束前，再将第二季度的预算按月细分，第三、四季度及下年度第一季度只列各季总数，依此类推，使预算不断地滚动下去。

例如晶晶味业市场拓展部以酱油产品的销售预算为起点，该产品2021年的平均售价为80元/箱，预计在未来一年内不会调整价格，根据销货合同和市场预测，该产品2022年销售量预计为175万箱，其中：第一季度30万箱、第二季度40万箱、第三季度50万箱、第四季度55万箱。公司采用赊销和现销两种方式，每季度现销70%，赊销30%，赊销账期不超过180天。2021年应收账款余额36万元预计在2022年第一季度全额收回。现行增值税税率为13%。根据上述资料，预计其2022年度的销售预算资金流入见表引分2－2。

预计到2021年末酱油产品库存有3 000箱，2022年末留存4 000箱，按照历史数据推测，每个季度末存货为下季度预计销量的10%。根据上述资料，晶晶味业2022年度的生产量见表引分2-1。

表引分2-1　　晶晶味业2022年度生产预算表

项目	第一季度	第二季度	第三季度	第四季度	全年合计
预计销售量/箱	300 000	400 000	500 000	550 000	1 750 000
加：预计期末存货量	40 000	50 000	55 000	4 000	149 000
减：预计期初存货量	3 000	40 000	50 000	55 000	148 000
预计生产量/箱	337 000	410 000	505 000	499 000	1 751 000

晶晶味业采购部在收到生产部编制的2022年生产预算表后，开始预计采购资金流出。酱油产品耗用的原材料有大豆、小麦、添加剂，配比用量为5∶1∶1，预计2022年大豆年初存量为90 000千克，年末存量为110 000千克；小麦年初存量为40 000千克，年末存量为80 000千克；添加剂年初存量为50 000千克，年末存量为80 000千克；各季末材料存量为下期生产需要量的10%。每箱酱油消耗大豆10千克、小麦2千克、添加剂2千克，计划单价分别为4元、3元、2元。预计各季采购材料的货款当期支付60%，其余40%在下季度付清；预计2021年末应付账款余额为大豆70万元、小麦30万元、添加剂20万元，且都于2022年第一季度支付，现行收购农产品增值税税率为9%，添加剂为13%。根据上述资料，预计其2022年度采购大豆、小麦、添加剂所需直接材料资金流出如表2所示。

晶晶味业财务部在收到销售预算资金流入、采购预算资金流出后，开始预计应交税费的资金流出。已知酱油产品的流通环节只缴纳增值税，并于销售的当期用现金完税，城市维护建设税税率为7%，教育费附加征收率为3%。根据上述资料，预计其2022年度应交税费资金流出如表2所示。

晶晶味业人力资源部在收到生产部预计的生产预算表后，开始预计直接人工资金流出。酱油生产线的直接工种只有一种操作员，2022年生产一箱酱油的工时为0.3小时，每小时人工成本为20元。根据上述资料，预计其2022年度直接人工资金流出如表2所示。

晶晶味业生产部在收到人力资源部预计的直接人工预算表后，开始预计制造费用的资金流出情况，分别就变动性制造费用和固定性制造费用两部分内容预计。变动性制造费用预算数按预计的直接人工工时和预计的变动费用分配率计算。变动制造费用标准分配表分别为：材料费1.5元/小时、人工费1.8元/小时、修理费1元/小时、水电费1.3元/小时、其他费用0.5元/小时。固定性制造费用与产量无关，含每季度折旧费用23万元，每季度管理人员工资3.8万元，每季度修理费1.5万元，水电费11.2万元，保险费9.8万元，设备租金38万元。根据上述资料，预计其2022年度制造费用资金流出如表2所示。

晶晶味业市场拓展部在2022年度销售资金流入预算表基础上预计销售费用资金流出额，分别就变动销售费用和固定销售费用两部分内容编制。变动销售费用率为9.3%，其中：销售佣金2.5%、销售运杂费1.8%、差旅费2.3%、业务招待费2.2%、其他0.5%。固定销售费用与销售预算无关，含每季度管理人员工资87万元，每季度折旧1.2万元，每季度专设销售机构办公费3.2万元，每季度广告宣传费19.8万元，每季度其他固定销售费用

30 200 元，且除折旧以外的其他销售费用均以现金在当季度支付。根据上述资料，预计其2022 年度销售费用资金流出如表 2 所示。

晶晶味业行政管理部门以历史资料为基础，按照预算期的可预见变化预计管理费用资金流出额。除折旧费和无形资产摊销以外的各种管理费用均以现金在当季度支付，为了简化预算方法，假设管理费用均为固定费用。根据上述资料，预计其 2022 年度管理费用资金流出如表 2 所示。

晶晶味业财务部收到各部门预计的 2022 年度资金流入额与资金流出额后，汇总整理出最终的资金余额。预计公司 2022 年初资金余额为 183 万元，根据相关政策规定，企业每季度末现金余额不得低于 40 万元，若资金不足，可以以万元为单位向银行取整借款。短期借款年利率为 4.3%，年初借入，年末偿还，借款利息于偿还本金时一起支付。另外，公司准备在 2022 年初准备投资 200 万元购置机器设备，款项在当季度内付清。根据上述资料，预计其 2022 年度管理费用资金流出如表引分 2－2 所示。

表引分 2－2　　晶晶味业 2022 年度资金预算表

项目	第一季度	第二季度	第三季度	第四季度	全年合计
期初资金余额	1 830 000	587 470	608 025	3 491 132	6 516 627
加：销售资金流入	19 344 000	33 448 000	42 488 000	48 364 000	143 644 000
可供使用现金合计	21 174 000	33 910 062	42 981 868	51 715 417.6	149 781 347.6
减：直接材料资金流出	13 215 168	21 768 034	25 714 250.4	26 310 085.2	87 007 537.6
直接人工资金流出	2 022 000	2 460 000	3 030 000	2 994 000	10 506 000
制造费用资金流出	1 369 710	1 427 700	1 613 650	1 611 670	6 022 730
销售费用资金流出	3 362 200	4 139 500	4 911 800	5 296 800	17 710 300
管理费用资金流出	1 061 260	1 081 160	1 086 590	1 090 960	4 319 970
应交税费资金流出	1 556 192	2 425 643	3 134 445.6	3 899 713.4	
机械设备资金流出	2 000 000				2 000 000
资金流出合计	24 586 530	33 302 037	39 490 736	41 203 228.6	127 566 537.6
资金多余（不足）	－3 412 530	608 025	3 491 132	10 512 189	22 214 810
短期借款	4 000 000				4 000 000
偿还短期借款				4 000 000	4 000 000
支付短期借款利息（年利率 4.3%）				172 000	172 000
期末资金余额	587 470	608 025	3 491 132	10 512 189	26 214 810

三、全面预算管理的信息流

全面预算管理是一个庞大的系统工程，涵盖经营预算、投资预算、财务预算，需要通过信息流传递各预算之间的勾稽关系，是全面预算管理的重要工具。通过对信息流内部控制有助于确保信息的准确性、完整性和时效性，从而提高预算编制、执行、监控和评估等各个环节的管理效率。例如，通过编制预算方案，不仅能全面、综合地协调、规划企业内部各部门、各层次的经济关系与职能，使之统一服从于未来经营总体目标的要求，同时又能使决策目标具体化。

全面预算管理信息流中的常见表单如图 2－2 所示。实践中各表单没有统一的样式，但基本构成要素相似。例如，预算方案一般由预算汇总表和多个附表构成，它是一系列表格的统称。其中，附表包括营业费用预算表、主营业务收入预算明细表、主营业务收入季度预算表、销售资金回收预算表、陈欠账款（含呆死账）回收预算表、年度生产预算表、季度生产预算表、生产费用及成本预算表、产品成本预算表、采购预算表、采购资金支出预算表、管理费用预算表、财务费用季度预算表、营业外支出预算表、固定资产支出预算表、筹资预算表、利息支出预算表、现金预算表、预算变更申请表、单项预算指标考核表、各部门成本费用预算执行情况考核表、生产部门预算执行情况考核表、企业年度费用预算分析表。

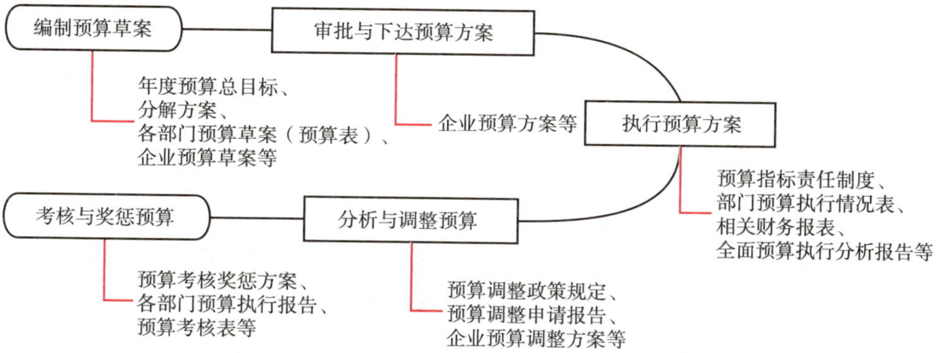

图 2－2　全面预算管理的信息流

【引例分析 2－7】

晶晶味业全面预算管理信息流中的各表单详情如表引分 2－3 所示。

表引分 2－3　　晶晶味业全面预算管理信息流中的表单详情

表单名称	表单作用	表单构成元素
预测报告	在进行财务预算编制之前要系统地收集、整理企业内部及外部的历史资料，全面掌握企业过去和当前的经营状况、财务状况，以及未来的发展趋势	报告人、报告日期、市场规模、消费者基本情况、产品调查、竞争对手调查、引用资料等
预算大纲	根据归口分级管理原则，将预算指标分解至各归口职能部门，各职能部门将所归口预算指标层层分解，并将预算指标细化为季度、月度计划，进行分期预算控制	填制日期、填报人、所属职能部门、对外部市场形势的预测分析、企业生产经营条件和竞争力的分析、预算年度企业经营方针和预期目标、预算年度企业重大经营事项和重点工作、年度预算的编制指导思想和基本原则、年度预算编制的时间进度安排等
预算方案	用于销售、生产、采购、行政等各部门编制预算期间各收入和费用开支金额	编制日期、编制人、销售方案、生产方案、采购方案、费用方案等
费用申请单	用于各部门费用报销申请	申请单号、费用申请人、申请日期、申请人职位、申请部门、申请说明、申请费用金额、费用明细等

续表

表单名称	表单作用	表单构成元素
预算执行差异分析表	用于分析费用实际发生额和费用预算额之间的差异	当月费用实际发生额、当月费用预算额、累计实际发生额、累计费用预算额、绝对差异、相对差异等
预算调整申请表	用于各部门调整预算金额	申请人职位、申请人部门、调整预算类别、调整项目、原预算值、申请增加额、申请调整事由等

模块三　全面预算管理内控流程的风险评估

全面预算管理内控流程的风险评估

全面预算管理的内部控制是否有成效，体现在企业能否有效应对所面临的各类风险，而风险评估是确定如何应对风险的基础。全面预算管理内控流程的风险评估是指通过对识别出的风险进行分析，并描述风险发生可能性高低和风险发生后果，进而明确风险重要程度的过程。风险评估又分为风险识别、风险分析、风险评价三个步骤。

一、风险识别

进行全面预算风险评估的首要任务是风险识别，即发现、认可并记录影响全面预算内部控制目标实现的风险的过程，其重点是收集全面预算管理中的风险信息，并识别风险信息的风险源。

（一）编制预算草案的主要风险

（1）预算编制所依据的信息资料不充分、基础数字不真实，导致预算目标与战略规划、经营计划、市场环境、企业实际相脱离，预算目标难以实现；

（2）预算编制以财务部门为主、业务部门参与程度较低，导致预算内容不全面，责、权、利不匹配，预算之间缺乏整合，全面预算难以发挥统率作用；

（3）预算编制程序不规范，横向、纵向信息未充分沟通，相互衔接配合不够，导致预算目标缺乏准确性、合理性和可行性，不能充分发挥预算作用；

（4）预算编制方法使用不当，导致预算目标缺乏科学性、合理性和可行性；

（5）预算目标及指标体系设计不完善、不完整，缺乏科学性及全面性，导致预算管理在实现发展战略、经营目标、促进绩效考核等方面的功能难以发挥；

（6）预算编制范围和项目不全面，各个预算之间缺乏整合，导致全面预算难以形成；

（7）预算编制的时间太早或太晚，导致预算准确性不高，影响预算的执行。

【引例分析 2－8】

晶晶味业梳理完自身的全面预算管理内控流程后，开始收集风险信息以便对流程各环节进行风险识别。在收集“非日晒”“0 添加”酱油减少收入近 100 万元的风险信息时，认为公司编制预算草案环节存在“预算编制不及时风险”。晶晶味业的全面预算管理制度规定各单位应于每年 11 月 20 日前提交下一年度的全面预算草案，尽管在 2021 年 11 月 1 日已开启 2022 年度预算编制工作，但市场拓展部拖延至 12 月 1 日才提交销售预算草案给财务部，比《关于编制 2022 年公司预算的通知》要求的时间晚了 11 天，导致整体预算进度偏慢，最终影响生产资金的筹集和生产工作的开展，使产品供应不及时，错失盈利近 100 万元。

（二）审批与下达预算草案的主要风险

（1）全面预算未经适当审批或超越授权审批，导致预算权威性不够、执行不力，或可能因重大差错、舞弊而导致损失；

（2）全面预算下达不力，导致预算执行或考核无据可查；

（3）预算指标分解不够详细、具体，导致企业的某些岗位和环节缺乏预算执行和控制依据；

（4）预算指标分解与业绩考核体系不匹配，导致预算执行不力；

（5）预算责任体系缺失或不健全，导致预算责任无法落实，预算缺乏强制性与严肃性；

（6）预算责任与执行单位或个人的控制能力不匹配，导致预算目标难以实现。

（三）执行预算草案的主要风险

（1）缺乏严格的预算执行授权审批制度，导致预算执行随意；

（2）资金支付的审批权限及程序混乱，导致越权审批、重复审批，降低预算执行效率和严肃性；

（3）预算执行过程中缺乏有效监控，导致预算执行不力，预算目标难以实现；

（4）缺乏健全有效的预算反馈和报告体系，导致预算执行情况不能及时反馈和沟通，预算差异得不到及时分析，预算监控难以发挥作用。

【引例分析 2－9】

晶晶味业在收集全面预算管理流程的风险信息时，还发现公司存在“预算执行监控不力风险”。在预算执行过程中，为了监控预算执行情况，财务部每月有编制“预算执行差异分析表”，但仍存在执行时随意超预算的现象。例如财务部 5 月 1 日将 4 月份预算执行差异分析表统计出来后，发现截至 4 月份市场拓展部差旅费累计已超预算。但市场拓展部张华 5 月 5 日出差上海差旅费 6 500 元的申请已审批通过，也就是说张华在还没有出差前市场拓展部的差旅费已超预算，并在已超预算的情形下市场拓展部又再一次同意其出差申请。

究其原因是原预算费用执行流程（见图引分 2－3）中，预算执行差异分析表是在会计人员对费用报销业务编制完会计凭证之后才形成的（见图引分 2－5），没有将预算控制与费用报销审批流程有效结合，未及时进行预警导致费用超支。

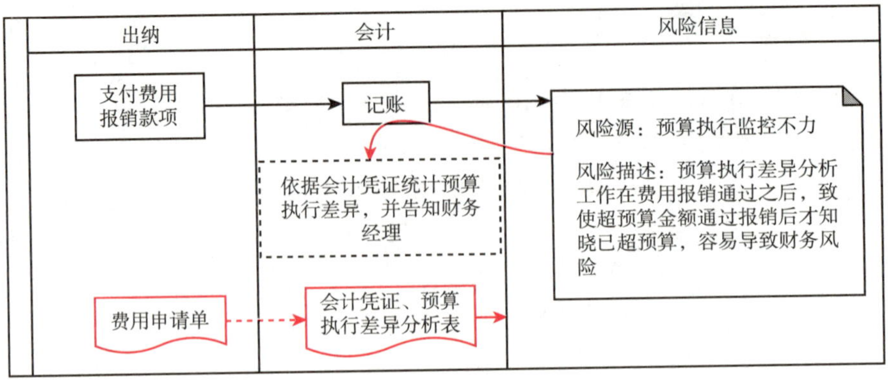

图引分 2－5　晶晶味业预算费用执行流程

（四）分析与调整预算的主要风险

（1）预算分析不正确、不科学、不及时，可能削弱预算执行控制的效果，或导致预算考评不客观、不公平；

（2）对预算差异的解决措施不得力，导致预算分析形同虚设；

（3）预算调整依据不充分、方案不合理、审批程序不严格，导致预算调整随意、频繁，使预算失去严肃性和“硬约束”。

【引例分析 2－10】

晶晶味业在收集全面预算管理流程的风险信息时，还发现公司存在“预算调整审批不严风险”。2022 年 4 月 5 日东北大区销售区长对一季度蚝油产品销售预算执行情况进行分析，该产品在东北大区一季度实际销售收入比预算下降了 10.22%，实际利润率比预算少 1.95%。东北大区销售区长认为本公司蚝油产品刚进入东北大区销售，市场认可度尚低，促销力度不大，因此造成销售情况不佳。为避免对预算绩效考核造成影响，计划第二季度通过抽奖、绑赠、试用品等促销活动将第一季度销售下降 10.22% 缺口弥补回来，预计第二季度相关促销活动需要花费 65 万元，可是蚝油产品的二季度销售费用预算数仅有 48 万元，预算缺口为 17 万元，遂销售区长决定将酱油产品的销售费用预算金额调整至蚝油产品，即将蚝油产品的销售费用预算提升近 35%。具体调整方案如表引分 2－4 所示。

表引分 2－4　　晶晶味业预算调整申请及审批表

申请部门：市场拓展部　　2022 年 4 月 5 日

序号	预算项目（蚝油品类）	原预算数	预算增减额	调整后预算额
1	其他	30 000	20 000	50 000
2	广告宣传费	150 000	50 000	200 000
3	促销人员工资	300 000	100 000	400 000
合计		480 000	170 000	650 000

审核人：市场拓展部总监、财经经理、总经理

此调整虽未对销售费用预算总额产生影响，但是会对酱油产品的销售费用造成影响。缩减酱油产品未来销售费用的投入，将削弱酱油产品的市场推广力度，这很可能会顾此失彼，影响企业战略目标的实现。究其原因一方面是原预算调整流程（见图引分 2－4）中，公司所有预算调整均最终由总经理一人审批，未经过预算管理委员会或董事会审议，可能会导致分析过于片面，未考虑预算变动对整体战略的影响；另一方面是预算调整流程没有设定具体调整规则和调整范围，导致调整随意性较大，仅凭各部门主管自身判断，如图引分 2－5 所示。

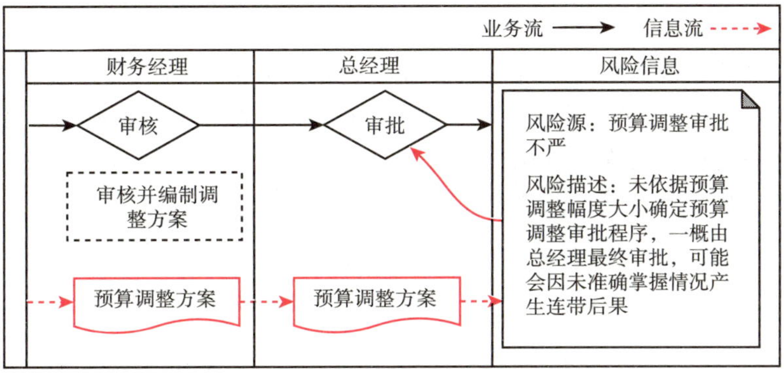

图引分 2－5　晶晶味业预算调整流程

（五）考核与奖惩预算的主要风险

（1）考核主体和考核对象的界定不合理，可能导致预算考核受阻；

（2）考核指标设计不科学，可能使考核结果不客观、不公正，导致预算考核的权威性受到质疑；

（3）考核过程不公开，缺少透明度，可能影响考核结果的客观性、公正性；

（4）奖惩措施不公平、不合理，不能奖罚并举，或在奖惩实施中添加人情因素，可能导致奖罚结果缺少约束性和公信力。

【内控“思”享】

“预算”还是“人算”

销售专员：领导，大事不好！

销售总监：啥事儿啊？天塌不下来，有啥事儿慢慢说，不急。

销售专员：这都快年底了，我们部门还有一些预算没用完呢！

销售总监：这不是好事儿嘛，预算没用完，业绩做到了，给公司省钱，公司还得感谢我！

销售专员：诶，你这么想，公司未必这么想。这预算没用完，业绩做完了，明年不得砍预算啊！

销售总监：嗯……这个倒是有可能。这样吧，你找点发票，把费用凑一凑。

销售专员：好的，领导。我手头正好还有几个项目没结，把费用走掉就行了。

销售总监：好！不过你千万记住啊，一定要控制在预算内，最好是预算不剩一点！

年终评价大会：

总经理：今年，公司市场拓展部业绩优异，并且费用也控制得很好！预算做得很准，很不错！

销售总监：惭愧，惭愧！还是领导给的机会，谢谢领导！

财务总监：等等…等一下，他们那个预算也算做得好？

总经理：是啊，我特意比较了销售费用的实际发生额和年初预算，控制得很好，并且还没超。

财务总监：领导，这你不能光看总数，你拆到每个月看看！他们前几个月费用波动基本不大，可以到年底11、12月，费用突然急剧增加起来，这是什么原因呢？肯定是看了预算没用完，赶紧调的啊！准是准，可这都是人为“造”出来的！

总经理：好家伙！玩这手，差点就上当了。

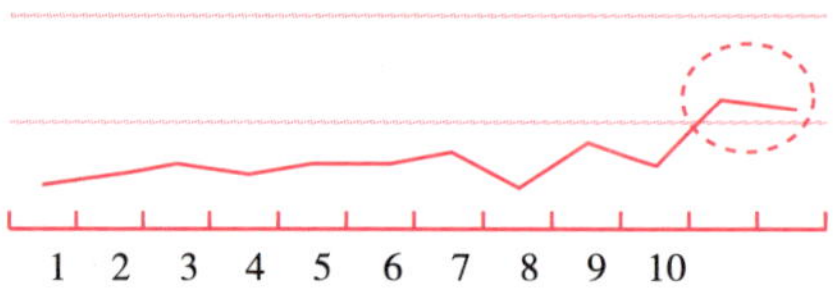

财务总监：没超预算需留意，每月拆分显端倪。年末费用波动大，预算人凑需注意！

资料来源：锐思商学院公众号。

二、风险分析

经过风险识别阶段，已经收集了全面预算管理流程中的风险信息，对面临的风险有了一个初步认识，接下来需要对各类风险的发生可能性和发生后果进行分析。

（一）风险发生的可能性

全面预算管理中的风险发生可能性是指在企业目前的管理水平下，全面预算管理中各类风险发生概率的大小或者发生的频繁程度。在风险管理实践中，一般利用全面预算管理方面的历史数据推断风险事件在未来发生的可能性。

【引例分析 2－11】

通过风险信息收集，晶晶味业识别出其全面预算管理流程中存在预算编制不及时、预算执行监控不力、预算调整审批不严共3类风险后，为了进一步分析风险，公司根据各类风险的属性和偏好制定了相应的风险发生可能性准则（见表引分2－5），即将风险发生的可能性分为5个等级，分别赋予1～5分，分值越大表示发生可能性越大。

表引分 2－5　　晶晶味业全面预算管理的风险发生可能性准则

风险源	1（较低）	2（低）	3（中等）	4（较高）	5（非常高）
预算编制不及时风险	5 年内未发生预算编制不及时事项	5 年内预算编制不及时次数 1 次	5 年内预算编制不及时次数 2 次	5 年内预算编制不及时次数 3 次	5 年内预算编制不及时次数 4（含）次以上
预算执行监控不力	1 年内费用报销属于超预算或预算外的次数 1 次以下（含）	1 年内费用报销属于超预算或预算外的次数 2～4 次	1 年内费用报销属于超预算或预算外的次数 5～8 次	1 年内费用报销属于超预算或预算外的次数 9～10 次	1 年内费用报销属于超预算或预算外的次数 11 次（含）以上
预算调整审批不严风险	1 年内预算调整幅度超过 5% 且金额超过 10 万元未经预算委员会审批的次数 1 次（含）以下	1 年内预算调整幅度超过 5% 且金额超过 10 万元未经预算委员会审批的次数 2～4 次	1 年内预算调整幅度超过 5% 且金额超过 10 万元未经预算委员会审批的次数 5～8 次	1 年内预算调整幅度超过 5% 且金额超过 10 万元未经预算委员会审批的次数 9～10 次	1 年内预算调整幅度超过 5% 且金额超过 10 万元未经预算委员会审批的次数 11（含）次以上

晶晶味业通过调阅相关历史资料并结合准则，判断出各类风险发生可能性的得分（见表引分 2－6、表引分 2－7、表引分 2－8），从而推测出各类风险在未来发生的概率。

表引分 2－6　　预算编制不及时风险发生可能性得分

发生可能性得分：2	
历史资料来源	5 年内预算编制不及时记录
历史资料详情	5 年内未在规定时间内完成预算编制工作 1 次： 2020 年采购部认为受疫情影响，大豆采购价格可能会上涨，在编制采购大豆预算时上调了 30%。财务部在统筹平衡各部门预算时，发现预算总资金不足，如果批准采购预算，将需筹集更多外部资金。考虑到本部门的财务费用指标考核问题，避免增加更多利息支出，遂把采购预算上调比例降为 10%。待反馈给采购部后，采购部和财务部互不相让，最后高层管理人员出面调解，双方确定采购预算上调比例为 15%。由于统筹平衡过程中各部门没有把控好时间进度，导致大豆采购预算草案于 2021 年 1 月 2 日才交给预算管理委员会，比《关于编制 2021 年公司预算的通知》规定的时间晚了 2 天
分析结论	未在规定时间内完成预算编制工作 1 次，因此属于“5 年内预算编制不及时次数 1 次”，所以发生可能性得分为 2

表引分 2－7　　预算执行监控不力风险发生可能性得分

发生可能性得分：2	
历史资料来源	近 1 年的费用报销审批记录
历史资料详情	见下表
分析结论	共计发生超预算或预算外费用报销 3 次，因此属于“1 年内费用报销属于超预算或预算外的次数 2～4 次”，所以发生可能性得分为 2

历史资料详情：

报销单编号	支出事由	支出金额	预算情况
BXD20210330	进驻万福超市的堆头费	10 000 元	1 月份广告宣传费超预算
BXD20210430	市场拓展部李明差旅费用报销	7 000 元	4 月份业务差旅费用超预算
BXD20210508	签约成功，宴请客户费用	5 800 元	5 月份业务招待费超预算

表引分 2-8　　预算调整审批不严风险发生可能性得分

<table>
<tr><td colspan="2">发生可能性得分：3</td></tr>
<tr><td>历史资料来源</td><td>近 1 年的预算调整审批记录</td></tr>
<tr><td>历史资料详情</td><td>

预算调整流程单号	所在部门	调整项目	调整金额	调整幅度
YSTZ20210429	行政管理部	办公费	13 万元	15.82%
YSTZ20210509	生产部	修理费	19 万元	18.03%
YSTZ20210628	行政管理部	其他	23 万元	39.89%
YSTZ20210803	市场拓展部	培训费	18 万元	17.43%
YSTZ20210913	生产部	其他	12 万元	13.2%

</td></tr>
<tr><td>分析结论</td><td>2022 年度预算调整有 5 次调整幅度超过 10%，因此属于“1 年内预算调整幅度超过 5% 且金额超过 10 万元未经预算委员会审批的次数 5～8 次”，所以发生可能性得分为 3</td></tr>
</table>

（二）风险发生的后果

全面预算管理风险发生的后果是通过假设特定事件或情形已经出现，然后判断其影响的性质、类型和大小。

【引例分析 2-12】

晶晶味业判断完全面预算编制不及时、预算执行监控不力、预算调整审批不严风险的发生可能性得分后，继续根据各类风险的属性和自身偏好制定了风险发生后果准则（见表引分 2-9），即将风险发生后果分为 5 个等级，分别赋予 1～5 分，分值越大表示发生后果越严重。

表引分 2-9　　晶晶味业全面预算管理的风险发生后果准则

风险源	1（轻微）	2（较小）	3（中等）	4（严重）	5（非常严重）
预算编制不及时风险	5 年内预算编制不及时造成直接或间接损失 10 万元（含）以内	5 年内预算编制不及时造成直接或间接损失 10 万～50 万元（含）以内	5 年内预算编制不及时造成直接或间接损失 50 万～100 万元（含）以内	5 年内预算编制不及时造成直接或间接损失 100 万～200 万元（含）以内	5 年内预算编制不及时造成直接或间接损失 200 万元以上
预算执行监控不力风险	1 年内费用报销属于超预算或预算外的金额在 2 万元（含）以内	1 年内费用报销属于超预算或预算外的金额在 2 万～4 万元（含）以内	1 年内费用报销属于超预算或预算外的金额在 4 万～7 万元（含）以内	1 年内费用报销属于超预算或预算外的金额在 7 万～9 万元（含）以内	1 年内费用报销属于超预算或预算外的金额在 10 万元以上
预算调整审批不严风险	1 年内预算调整幅度超过 5% 且金额超过 10 万元未经预算委员会审批的金额在 20 万元（含）以内	1 年内预算调整幅度超过 5% 且金额超过 10 万元未经预算委员会审批的金额在 20 万～35 万元（含）以内	1 年内预算调整幅度超过 5% 且金额超过 10 万元未经预算委员会审批的金额在 35 万～50 万元（含）以内	1 年内预算调整幅度超过 5% 且金额超过 10 万元未经预算委员会审批的金额在 50 万～70 万元（含）以内	1 年内预算调整幅度超过 5% 且金额超过 10 万元未经预算委员会审批的金额在 70 万元以上

晶晶味业通过调阅相关历史资料并结合准则，判断出各类风险发生后果的得分（见表引分2－10、表引分2－11、表引分2－12），从而推测出各类风险在未来发生的严重程度。

表引分2－10　　预算编制不及时风险发生后果得分

发生后果得分：3	
历史资料来源	5年内预算编制工作不及时记录
历史资料详情	5年内未在规定时间内完成预算编制工作1次： 采购部的大豆采购预算草案未及时交给预算管理委员会审核，导致预算下达不及时。当急需采购更多大豆投入生产时，采购大豆所需资金却未筹措到位，导致放弃订单12万箱，相应损失近45万元；原材料涨价造成损失近9万元。合计损失近54万元
分析结论	未在规定时间内完成预算编制工作1次，造成间接损失54万元，因此属于“5年内预算编制不及时造成直接或间接损失50万～100（含）万元以内”，所以发生后果得分为3

表引分2－11　　预算执行监控不力风险发生后果得分

<table>
<tr><td colspan="2">发生后果得分：2</td></tr>
<tr><td>历史资料来源</td><td>近1年的费用报销审批记录</td></tr>
<tr><td>历史资料详情</td><td>
<table>
<tr><th>报销单编号</th><th>支出事由</th><th>支出金额</th><th>预算情况</th></tr>
<tr><td>BXD20210330</td><td>进驻万福超市的堆头费</td><td>10 000元</td><td>1月广告宣传费超预算</td></tr>
<tr><td>BXD20210508</td><td>签约成功，宴请客户费用</td><td>5 800元</td><td>5月业务招待费超预算</td></tr>
<tr><td>BXD20210912</td><td>因深圳新奇超市渠道发生顾客疑似食用公司产品中毒，调解费用</td><td>8 200元</td><td>预算外</td></tr>
</table>
</td></tr>
<tr><td>分析结论</td><td>超预算或预算外费用报销合计24 000元，因此属于“1年内费用报销属于超预算或预算外的金额在2万～4万元（含）以内”，所以发生后果得分为2</td></tr>
</table>

表引分2－12　　预算调整审批不严风险发生后果得分

<table>
<tr><td colspan="2">发生后果得分：5</td></tr>
<tr><td>历史资料来源</td><td>近1年预算调整审批记录</td></tr>
<tr><td>历史资料详情</td><td>
<table>
<tr><th>预算调整流程单号</th><th>所在部门</th><th>调整项目</th><th>调整金额</th><th>调整幅度</th></tr>
<tr><td>YSTZ20210429</td><td>行政管理部</td><td>办公费</td><td>13万元</td><td>15.82%</td></tr>
<tr><td>YSTZ20210509</td><td>生产部</td><td>修理费</td><td>19万元</td><td>18.03%</td></tr>
<tr><td>YSTZ20210628</td><td>行政管理部</td><td>其他</td><td>23万元</td><td>39.89%</td></tr>
<tr><td>YSTZ20210803</td><td>市场拓展部</td><td>培训</td><td>18万元</td><td>17.43%</td></tr>
<tr><td>YSTZ20210913</td><td>生产部</td><td>其他</td><td>12万元</td><td>13.2%</td></tr>
</table>
</td></tr>
<tr><td>分析结论</td><td>2022年度预算调整幅度超过5%且金额超过10万元未经预算委员会审批事项金额合计85万元，因此属于“1年内预算调整幅度超过5%且金额超过10万元未经预算委员会审批的金额在70万元以上”，所以发生后果得分为5</td></tr>
</table>

三、风险评价

全面预算管理风险评价是风险评估的最后环节，将全面预算管理风险分析的结果（风险发生可行性和风险发生后果）与预先设定的风险重要性等级准则相比较，以确定全面预算管理风险的重要性等级。

（一）风险的重要性等级

全面预算管理风险的重要程度是发生可能性和发生后果的综合结果。在全面预算风险管理实践中，用得比较多的方法是把风险发生可能性的分值与风险发生后果的分值相乘，其乘积即为风险重要程度的大小，数字越大，对应的风险越高。

【引例分析 2－13】

分析完风险后，晶晶味业结合面临的社会经济环境及内部环境，制订了自身的风险重要性等级准则（见表引分 2－13），其中风险值的计算公式为：风险值＝风险发生可能性×风险发生后果。

表引分 2－13　　晶晶味业的风险重要性等级准则

风险等级	风险值范围	说明
低风险（可接受）	<5	制度健全且执行到位
中风险	5～14	制度基本健全合理，但执行尚有缺陷
高风险	15～25	制度还需健全、完善，执行还不到位

针对前期梳理全面预算管理流程发现的预算编制不及时风险、预算执行缺乏有效监控风险、预算调整审批不严风险，分别计算各类风险的风险值，并判断各类风险的重要性等级（见表引分 2－14）。

表引分 2－14　　晶晶味业全面预算管理的风险重要性等级

风险源	风险发生可能性	风险发生后果	风险值	风险重要性等级
预算编制不及时风险	2	3	6	中风险
预算执行监控不力风险	2	2	4	低风险
预算调整审批不严风险	3	5	15	高风险

（二）风险矩阵

全面预算管理的风险矩阵是利用全面预算风险发生可能性及其发生后果这两个维度来绘制的矩阵图，是用于对风险进行优先排序的有效工具。绘制矩阵时，一个坐标轴表示全面预算管理风险发生可能性等级，另一个坐标轴表示全面预算管理风险发生后果等级。根据风险在矩阵中所处的位置，可以直观地显现全面预算管理风险的分布情况，可以确定哪些风险更重要，需要更细致的分析和优先应对，非常有助于管理者确定关键风险和风险应对方案。

【引例分析 2－14】

为了更直观地展示风险分布情况，晶晶味业根据前面判断出的风险发生可能性及发生后果的得分，绘制出全面预算管理的风险矩阵。预算编制不及时风险落在矩阵的白色区域，表示中风险；预算执行监控不力风险落在矩阵的斜纹区域，表示低风险；预算调整审批不严风险落在矩阵的斜纹区域，表示高风险。由此可见预算调整审批不严风险是公司目前最紧急的，应该优先应对的（见图引分 2－6）。

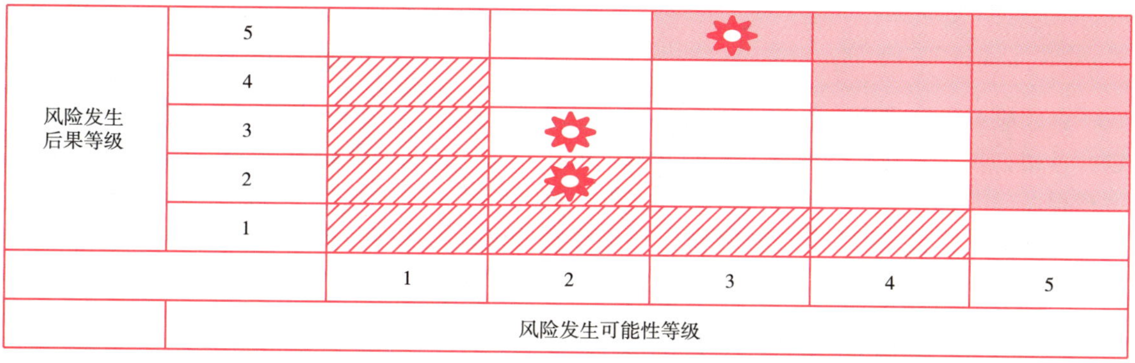

图引分 2－6　晶晶味业全面预算管理风险矩阵图

模块四　全面预算管理风险的内控措施

全面预算管理风险的内控措施

全面预算管理是帮助企业实现战略目标、提升企业竞争力的重要手段。企业经营运作过程中应将全面预算管理与风险控制相结合，通过建立健全全面预算管理内控体系，引导和规范企业加强全面预算管理各环节的风险管控，促进全面预算管理在推动企业实现发展战略过程中发挥积极作用。

常见的全面预算管理风险内部控制措施有：不相容职务分离控制、绩效考评控制、信息系统控制、授权审批控制和运营分析控制。

一、不相容职务分离控制

企业各部门的业务活动都要纳入预算管理，因此应当建立全面预算管理的岗位责任制，明确各岗位的预算责任，确保全面预算管理活动的不相容职务相分离。全面预算管理的不相容职务分离主要有：

（1）预算编制或调整与预算审批岗位应当分离，即预算编制或调整应由各预算责任中心填制预算方案或提出预算调整申请，由预算管理委员会或董事会进行审批。

（2）预算审批与预算执行岗位应当分离，即预算审批应由预算管理委员会或董事会进行，预算执行则由各预算责任中心进行。

（3）预算执行与预算考核岗位应当分离，即预算执行单位的预算考核应由其直接上级部门来进行，不能自己考核自己。

二、绩效考评控制

企业应对预算目标执行情况实施严格的绩效考评控制，按年度对各预算执行单位和个人进行考核，切实做到有奖有惩、奖惩分明。预算考核过程应公开、公平、公正，将全面预算考核程序、考核标准、奖惩办法、考核结果等及时公开，以客观事实为预算考核依据，预算考核表须经预算管理委员会审核评议，如果没有异议，则批准公布，并上报董事会备案。具体措施包括：

（一）科学设计预算考核指标体系

预算考核指标要以各预算责任单位承担的预算指标为主，同时本着相关性原则，增加一些全局性的预算指标和与其关系密切的相关责任单位的预算指标。考核指标应以定量指标为主，同时根据实际情况辅之以适当的定性指标。

【拓展阅读】

根据企业内部责任中心的权责范围及业务流动的特点，预算责任中心可以分为利润中心、成本中心、投资中心三大类，其相应考核指标设置如下：

1. 利润中心的考核

利润中心是指对利润负责的责任中心，既要控制成本费用的产生，又要对收入和成本的差额即利润进行控制，一般是指有产品或劳务生产经营决策权的企业内部部门。

（1）利润中心的类型。利润中心分为自然利润中心与人为利润中心两种。自然利润中心是指可以直接对外销售产品并取得收入的利润中心；人为利润中心是指对内流转产品，视同产品销售而取得“内部销售收入”的利润中心。

（2）利润中心的考评指标。利润中心的考评指标为利润，即通过比较一定期间实际实现的利润与责任预算所确定的利润，进而评价该责任中心的业绩。

①当利润中心不计算共同成本或不可控成本时，所用考评指标的计算公式如下：

利润中心边际贡献总额 = 该利润中心销售收入总额 − 该利润中心可控成本总额（变动成本总额）

一般而言，利润中心的可控成本是变动成本。

②当利润中心计算共同成本或不可控成本，并采取变动成本法计算成本时，采用的考评

指标及其计算公式如下：

利润中心边际贡献总额＝该利润中心销售收入总额－该利润中心变动成本总额

利润中心负责人可控利润总额＝该利润中心边际贡献总额－该利润中心负责人可控固定成本总额

利润中心可控利润总额＝该利润中心负责人可控利润总额－该利润中心负责人不可控固定成本总额

企业利润总额＝各利润中心可控利润总额之和－企业不可分摊的各种管理费用、财务费用等

2. 成本中心的考评

成本中心是指对成本或费用承担责任的责任中心，一般包括负责产品生产的生产部门、劳务提供部门及给予一定费用指标的管理部门。

（1）成本中心的分类。成本中心分为技术性成本中心和酌量性成本中心。技术性成本是指发生的数额通过技术分析可以相对可靠地估算出来的成本，可以通过弹性预算予以控制；酌量性成本是指以直接控制经营管理费用为主的成本控制，着重于预算总额的审批。

（2）成本中心的考评特点。只考评成本费用而不考评收益，只对可控成本承担责任，只对责任成本进行考评和控制。

（3）成本中心的考评指标。成本中心考评采用相对指标和绝对指标，即成本（费用）变动额和变动率两个指标。其计算公式为：

成本（费用）变动额＝预算责任成本（或费用）－实际责任成本（或费用）

成本（费用）变动率＝成本（费用）变动额/预算责任成本（费用）×100%

3. 投资中心的考评

投资中心是指既对成本、收入和利润负责，又对投资效果负责的责任中心。投资中心的考评指标有以下几种：

（1）投资利润率。又称投资报酬率，是指投资中心所获得的利润与投资额之间的比率。投资利润率能反映投资中心的综合盈利能力，具有横向可比性，可以作为选择投资机会的依据及作为评价投资中心经营业绩的尺度。它可以正确引导投资中心的经营管理行为，使其行为长期化。其计算公式为：

投资利润率＝利润/投资额×100%

投资利润率＝（销售收入/投资额）×（成本费用/销售收入）×（利润/成本费用）

＝资本周转率×销售成本率×成本费用利润率

（2）剩余收益。剩余收益是一个绝对数指标，是指投资中心获得的利润扣减其最低投资收益后的余额。其计算公式如下：

剩余收益＝利润－投资额×规定或预期的最低投资报酬率

如果考评指标是总资产息税前利润率，则剩余收益计算公式应进行相应调整。其计算公式如下：

剩余收益＝息税前利润－总资产占用额×规定或预期的总资产息税前利润率

（二）奖惩措施要公平合理并及时落实

预算考核结果应与各预算执行单位及其员工的薪酬、职位等挂钩，实施预算奖惩。预算奖惩方案应公平合理、奖罚并举，不能只奖不罚或只罚不奖。同时要注意各部门利益分配的

合理性，根据各部门承担的工作难易程度和技术含量合理确定奖励差距，而且要防止奖惩实施中的人情因素。

【引例分析2-15】

针对“预算编制不及时风险”，晶晶味业应采取“绩效考核控制”进一步细化全面预算管理。对市场拓展部预算草案提交延迟的情形，计划从以下方面开展绩效考核以避免类似情况的再次发生：

（1）财务部：应在预算草案提交截止日前5天对各单位进行督促、沟通与协助，要求预算管理办公室对超期未提交预算草案的单位进行每日预警提醒，并且时刻保持沟通与联系，明确了解预算责任单位的困难，同时要求预算管理办公室编制预算管理工作日志，以便有据可循。

（2）预算责任单位：若预算责任单位提交草案延迟5日以上的，将对单位整体绩效评级进行降级处理，并减少部门年度评优名额；对预算责任部门负责人及预算草案编制人未按时按质完成预算工作的，对其年终奖金发放系数进行调减。

三、信息系统控制

全面预算管理可借助先进的计算机技术，依靠网络信息系统，帮助企业实现全面预算管理的信息系统控制，成为企业进行内部控制的必然选择。企业的经营管理工作始于预算的编制，结束于预算的执行分析。预算管理信息系统能为企业预算的事前编制、事中控制和事后分析提供平台。平台应具备以下控制功能：

（一）全面预算的周期

满足不同时长的预算需求。长期计划：企业未来3~5年的总体规划，为企业描绘出未来经营发展的蓝图，体现出企业的战略思想。中期计划：从年度计划到季度、月计划，具体指导企业经营活动的各个环节，保证企业的经营活动能够沿着预算管理轨道科学合理地进行。短期预测：以前期实际情况或其他数据为依据，通过各种算法模型实现对未来一段时期内（旬、周、天）的预期和展望。

（二）预算体系的建立

可设置不同类型的预算体系。销售起点型：适合于可以销售情况调整生产能力的企业，比如家电、电子、服装等行业。以利润、销售额为企业全面预算的起点，分解生成其他相关计划预算。生产起点型：适合于以生产能力为企业发展的基础，生产能力不便于以外部情况做重大调整的企业，比如冶金、化工、电信等行业。以生产计划为全面预算的起点，分解生成其他相关计划预算。专项起点型：适合于承接项目，比如建筑施工、项目型软件企业等。以项目总计划为起点，分解生成子项目进度计划，再根据子项目进度计划分解生成其他相关计划预算。

（三）预算编制的方式

适合不同的预算编制方式。自上而下：由预算委员会先制订出总的计划，然后逐层分解到各单位、各部门，各单位对计划进行相应的调整后，再进行汇总。自下而上：由各单位、部门负责人先编制计划，然后汇总生成总的计划。预算委员会针对汇总计划进行调整后，再形成各单位的计划。

（四）预算控制的方式

设置不同的预算控制方式。刚性预算和柔性预算：刚性预算是指按照预算严格执行，超预算就不能通过；柔性预算则在超过预算后，给出提示信息。总额控制和分项控制：总额控制指可以对若干项预算项目进行综合控制，只要总额不超出预算即可；分项控制指对每个预算项目都分别进行控制。与预警平台结合：提供计划预算的预警功能，系统自动检测，生成预警信息自动通过网络传给相关负责人。

（五）预算的调整

预算编制完成后，在执行过程中，由于企业内外部环境的变化，会引起预算的偏差，当这些偏差达到足以影响到预算的控制与指导作用时，要对原来的预算进行调整。调整后，原来的预算仍然保留，新的预算形成新的版本，有利于预算数据多个版本直接比较分析。

（六）多角度、多层次的预算分析

能进行及时、灵活的预算分析，分析内容包括预算数与执行数比较分析，并提供多种图形分析，让上级单位能够及时了解到下级各单位预算执行情况。

【引例分析 2－16】

针对“预算执行监控不力风险”，晶晶味业应采用“信息系统控制”改进原预算费用执行流程（见图引分 2－3），在费用报销审核通过前先统计该费用的预算执行情况，若该费用已超预算或剩余预算金额不足，则不能同意其费用报销申请，应另执行预算调整流程。这样才能使费用报销与预算有效结合，事前控制费用随意超预算或预算外的现象（见表引分 2－15）。

表引分 2－15　　预算执行监控不力风险的信息系统控制

风险源	预算执行监控不力风险		风险等级	低风险
内控措施	信息系统控制			
具体方案	为实现费用支出与预算指标的全面对接，达成费用支出实时预警、全程监控，预算管理办公室经过前期部署、试点测试、专项培训等准备工作，预算管理信息系统正式上线。具备以下功能： （1）超标预警，限额使用。费用支出可设置预警提醒，累计支出达到预算预警比例，系统将予以提示，用户提前规划费用支出。 （2）机构部门，双重监控。预算管理信息系统可以分别通过财务部和预算责任部门设置预算指标，单独对比预算指标，实现双重管控。 （3）预算分析，实时提取。预算报表汇总查询功能可选择预算科目或部门，实时查询预算金额、花费金额、剩余金额及执行比例，随时掌握预算支出情况。			
控制部门	财务部、总经办	控制负责人	会计、出纳、财务经理、财务总监、总经理	

【练一练】晶晶味业预算费用执行的再造流程如何绘制？

四、授权审批控制

企业可采取授权审批控制全面预算管理中的风险，以明确各项生产经营活动、投融资活动的预算编制、执行、分析、调整、考核各环节的授权审批程序。

1. 预算编制的授权审批控制，应按上下结合、分级编制、逐级汇总的程序

具体编制程序是：首先由预算管理机构预测预算目标，提出预算编制指导意见书，经预算管理委员会、董事会审核通过→下达预算指标、拟订目标分解方案并下达各部门→各部门分别编制预算草案并上报预算管理机构→预算管理机构审查平衡预算草案→经修改后汇总编制全面预算草案→预算管理委员会、董事会审核全面预算草案→审议通过后正式下达预算方案→组织预算指标分解和责任落实。

2. 预算执行、分析、调整的授权审批控制，应确保各项业务活动合法合规，与预算目标一致

企业应就涉及资金支付的预算内业务、超预算业务、预算外业务建立规范的授权批准制度和程序，避免越权审批、违规审批、重复审批现象的发生。对预算内各项支出按审批权限，须经有关领导审核签字后方可办理资金支付手续。对于预算内非常规或金额重大业务，应经过总经理审批。对于超预算或预算外业务，应实行严格、特殊的层层审批程序，最后报经总经理审批；金额重大的，还应报经预算管理委员会或董事会审批。预算执行单位提出超预算或预算外资金支付申请时，应提供有关发生超预算或预算外支付的原因、依据、金额测算等资料。

3. 预算考核的授权审批控制

预算执行单位上报的预算执行报告是预算考核的基本依据，应经本单位负责人签章确认。预算考核主体应将各预算执行单位负责人签字上报的预算执行报告和已掌握的动态监控信息进行核对，确认各执行单位预算完成情况。

【引例分析 2－17】

针对“预算调整审批不严风险”，晶晶味业应改进原预算调整流程（见图引分 2－4），设计严格的预算调整审批程序和审批规则（见表引分 2－16）。

表引分 2－16　　预算调整审批不严风险的授权审批控制

风险源	预算调整审批不严风险	风险等级	高风险
内控措施	授权审批控制		
具体方案	(1) 采取刚柔结合，适需管控的原则；根据责任中心设置，将该中心有权力控制的成本划分为可控成本，将该中心无权力控制的成本划分为不可控成本。根据晶晶味业的责任中心设置，可控成本包含销售费用、管理费用等内部可以控制的费用；不可控成本包含大豆、牡蛎、食用盐等受外部不可控因素影响价格的原材料。对于可控成本采取刚性控制，不可控成本采取柔性控制。刚性控制的费用原则上禁止调整，柔性控制的不可控成本需按照公司规定，严格按照公司临时调整的流程执行。		

续表

具体方案	(2) 年度预算一经批准，原则上不得随意更改或调整，以确保预算的严肃性，但在公司批复的年度预算范围内，可发起常规调整程序，根据实际情况进行调整；各预算责任中心在年度预算执行过程中，由于市场环境、政策或其他客观因素导致预算执行发生重大差异确需调整预算的，可发起临时调整。 (3) 调整的条件。当有下列情况之一发生，且相关预算责任中心有明确证据表明预算目标和现实情形有重大差异，严重影响预算的执行时，可按规定程序申请进行预算调整： ①企业调整发展战略，重新制订本企业经营计划。 ②企业增加（缩减）任务。 ③市场形势发生重大变化，需要调整相应预算。 ④相关政策发生变化或客观条件发生变化。 ⑤发生不可抗力事件。 ⑥公司总经理办公会、董事会、股东大会认为应该调整的其他业务。 ⑦参与预算控制的预算项目额度确实不足，需要调整。 ⑧其他需要调整预算的业务。 (4) 调整的方式。预算调整分为常规调整和临时调整两种方式。 ①常规调整。常规调整时间一般在年度中期。在保证公司整体的经营目标不变的情况下，各预算责任中心根据上半年经营情况对下半年预算的指标进行修改，在不影响公司整体经营目标的情况下，总调整金额在10万元人民币以下的，由公司总经理审批；总调整金额超过10万元（含本数）人民币的，须经公司预算委员会审批并报董事长复核。 ②临时调整。如遇上述预算调整条件发生，公司可对预算进行临时调整，但须履行公司预算审批程序。预算调整幅度小于预算责任中心总预算5%以内的（含5%），且调整业务不影响公司整体经营目标的，可由预算责任中心负责人和总经理审批，并报公司财务部门备案；其他预算临时调整业务，经预算责任中心负责人和总经理审核后，报预算委员会审批，董事会复核，各预算责任中心方可具体执行。		
控制部门	财务部、预算委员会、总经办、董事会	控制负责人	财务经理、预算委员会（主任）、总经理、董事会（执行董事）

【练一练】晶晶味业预算调整的再造流程如何绘制？

五、运营分析控制

企业可以采用运营分析控制对预算执行实时监控，及时发现和纠正预算执行中的偏差，使生产、购销、投资、筹资、财务等方均应符合预算要求，及时制止不符合预算目标的经济行为。具体控制措施包括：

1. 定期编制预算执行情况分析报告

各预算责任单位按规定的格式和内容编制预算执行分析报告，预算管理办公室汇总各预算责任单位预算执行报告，最终汇总为企业的全面预算执行报告。每季或每月预算管理办公室应向预算管理委员会提交预算执行分析报告和说明。在年度结束后的一段时间内，预算管理办公室还应向预算管理委员会提交上年度企业全面预算完成情况综合分析报告，并由预算管理委员会审议后提交董事会。

2. 运用科学的预算分析流程和方法，确保预算分析结果准确、合理

分析预算执行情况，应充分收集有关财务、业务、市场、技术、政策、法律等方面的信息资料，根据不同情况分别采用比率分析、比较分析、因素分析等方法，从定量与定性两个层面充分反映预算执行单位的现状、发展趋势及其存在的潜力。

3. 及时采取措施恰当处理预算执行偏差

根据造成预算差异的不同原因采取不同的处理措施：因内部执行导致的预算差异，应分清责任归属，以管理费用中的办公用品消耗为例，预算执行偏差可能由消耗数量或采购成本或两者共同引起，消耗数量原因应由使用部门负责，采购成本原因应由采购部门负责；因外部环境变化导致的预算差异，应分析该变化是否长期影响企业发展战略的实施，并作为下期预算编制的影响因素。

4. 特别关注重大预算项目

对于工程项目、对外投融资等重大预算项目，预算管理办公室应密切跟踪其实施进度和完成情况，实行严格监控。借助信息化管理平台，建立预算执行情况预警机制，科学选择预警指标，合理确定预警范围，及时发出预警信号，积极采取应对措施。通过电子信息技术手段监控预算执行，提高预警与应对水平。

总结与提高

本项目我们学习了全面预算管理的内部控制目标，全面预算管理内控所涉组织及职责体系，全面预算管理内控的业务流、资金流、信息流，对全面预算管理内控流程中的风险进行了识别、分析、评价，并对此采取相应的内部控制措施。学习的重点是梳理全面预算管理内控流程和风险评估；学习的难点是针对风险选择恰当的内部控制措施。

【线上活动】

登录智慧职教平台，完成微课学习、习题和讨论，发表自己对全面预算管理的控制的理解和看法。

【推荐阅读】

《企业内部控制应用指引第 15 号——全面预算》

《管理会计应用指引第 200 号——预算管理》

评价与考核

一、项目实施评价

项目完成后，学员根据项目实施情况进行自我评价并填表（在○中打√，A 掌握，B 基本掌握，C 未掌握），指导老师根据评价结果进行讲评。

项目实施情况分析表

项目实施过程	自我评价
设计全面预算管理内控所涉组织及职责体系	A○ B○ C○
设计全面预算管理内控所需信息流、采资金流	A○ B○ C○
绘制全面预算管理内控的业务流	A○ B○ C○
识别全面预算管理内控流程的风险	A○ B○ C○
分析全面预算管理内控流程的风险	A○ B○ C○
评价全面预算管理内控流程的风险	A○ B○ C○
控制全面预算管理内控流程的风险	A○ B○ C○

二、理论考核

1. 判断题

(1) 全面预算是由一系列预算按照其经济内容及相互关系有序排列组成的有机整体，主要包括经营预算、投资预算、财务预算。 ( )

(2) 全面预算管理的本质属性是以预算为标准的管理控制系统，是企业实施内部控制的方法和工具。 ( )

(3) 财务预算是预算期内企业财务活动、经营成果和财务状况方面的预算，主要包括利润预算、现金预算和成本预算。 ( )

(4) 全面预算控制是具备计划、协调、控制、激励、评价等综合管理功能的控制活动。 ( )

(5) 作为全面预算的核心环节，关乎预算目标能否实现的关键是预算编制。 ( )

2. 不定项选择题

(1) 全面预算控制是指企业通过实施全面预算管理制度，建立以预算为标准的经营活动管理控制系统，实现企业经营活动、投资业务、( ) 的全面控制和管理。

A. 财务活动　　B. 业务活动　　C. 资金活动　　D. 生产活动

(2) 全面预算管理涉及企业经济活动的方方面面，是一项 ( ) 的综合性、系统性管理活动。

A. 全员参与　　B. 全方位管理

C. 全过程控制　　D. 全面预算

(3) 建立健全全面预算管理的组织体系，包括成立预算决策机构、( ) 和执行机构。

A. 控制机构　　B. 核算机构

C. 监督机构　　D. 日常管理机构

(4) 全面预算执行环节的主要风险包括不编制月度预算风险、( ) 预算目标未达成风险。

A. 预算执行不力风险　　B. 预算控制不力风险

C. 预算调整缺失风险　　D. 预算调整缺失风险

(5) 全面预算控制流程包括预算编制、( ) 和预算考评三个基本环节。

A. 预算控制　　B. 预算分析　　C. 预算执行　　D. 预算报告

三、技能考核

请根据以下案例进行风险识别与内部控制。

洁能公司是为集团其他公司提供服务而成立的服务共享公司，主要为集团的一些高成本区的子公司提供研发、设计等服务。洁能公司总员工600人左右，组织机构简单。总经理下设有负责公司营运的财务、人事、行政、信息部等职能部门以及负责业务的若干业务部门。各部门之间均为平行关系。

预算管理与运营体系为：总经理—财务经理—兼职预算员。未设立专门的预算管理和运营机构。各自的分工为：总经理审批通过最终的年度预算，并报送集团；负责重大预算内支出以及预算外支出的审批；财务经理收集、汇总数据，完成年度预算编制，提交总经理审批，并负责一般预算内支出的审批，对预算执行中的差异进行解释；兼职预算员由其他3个职能部门（人力资源部、行政部、信息部）的兼职人员组成，负责在预算编制时，向财务提供数据。

目前预算管理存在以下问题：

（1）行政、信息和人力资源部作为主要的预算相关业务单位，但业务部门对预算编制忽视，提供数据随意，一些重大支出未被纳入预算之内。在执行阶段，经常会发生业务部门的一些预算外的特批的费用、人情费用，使得预算控制流于形式，全面预算管理目标难以实现。

（2）在预算执行阶段，预算支出的控制、跟踪、分析等业务部门都不再参与，由财务一手操办。在预算执行过程中，财务负责费用控制和差异解释，事后业务部门不必对执行情况做分析、总结，也没有相应的奖惩。

（3）洁能公司目前预算编制、控制和分析，全部使用Excel表格。在预算编制阶段，有的部门随意修改表格、公式，造成财务部门在数据收集、汇总处理过程中，需要反复修改、确认，耗费大量时间和精力，业务部门也多有意见。而在预算控制阶段，依靠财务将支出手工录入，不仅工作量大，项目和金额也容易出错。其次，预算项目界定模糊，员工水平参差不齐，填报准确性差。洁能公司财务预算人员虽然设计出了模板，但是由于理解上的差异，人员变更，常常出现项目分类错误、资产和费用混淆。这些错误，需要财务花费大量时间进行沟通、确认。

任务实施过程	实施答案	评分标准	标准分	得分
一、确定内控目标		是否结合业务具体目标来设定内控目标	10	
二、识别风险源，并进行风险描述		是否识别出所有的风险源；风险描述是否清晰	10	
三、采取内部控制措施		所选内部控制措施是否正确	10	

项目三

筹资业务的内控

知识学习目标

1. 能列举筹资业务的内部控制目标
2. 能描述筹资业务内控所涉组织及职责体系
3. 能归纳筹资业务内控的业务流、资金流、信息流
4. 能叙述筹资业务内控流程的风险评估过程
5. 能举例说明筹资业务风险的内部控制措施

技能训练目标

1. 能设计筹资业务内控所需组织及职责体系
2. 能绘制筹资业务内控的业务流
3. 能设计筹资业务内控所需资金流、信息流
4. 能评估筹资业务内控流程的风险
5. 能控制筹资业务内控流程的风险

素养提升目标

增强防范非法集资、共建诚信社会的法治观

标志性成果

独立撰写一份筹资业务的风险评估与内控报告

思维导图

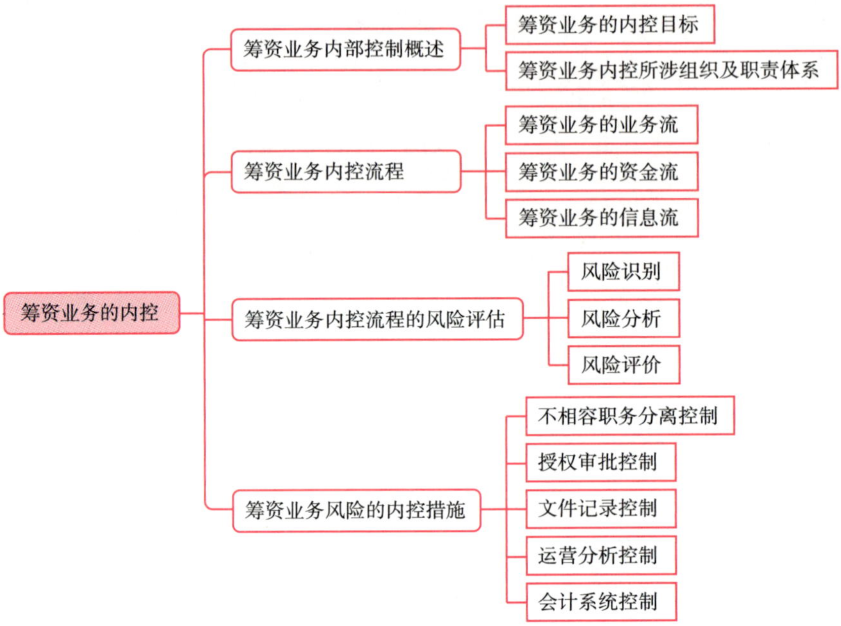

项目引例

江西新奇材料股份有限公司（以下简称“新奇材料”）是一家创业板上市公司。主营业务为锂电池模组整体研发、制造及销售。随着中国消费电子市场（手机等）迅速崛起，新奇材料的业绩不断突破新高。但是近年来消费电子市场日益饱和，手机出货量明显下降，新奇材料业绩也开始逐渐下滑。

为了寻找新的业绩增长点，新奇材料2019年开始布局动力电池新业务。根据《电动汽车充电基础设施发展指南》，2024年我国动力锂电池市场规模有望突破1 300亿元，这为新奇材料布局新业务增长提供了有力的保障。2022年初公司计划募资筹建年产4.5GWh的动力锂电池生产线项目，该项目所需投资总额和需要的筹资总额如表1所示。

表1　动力锂电池生产线项目

项目名称	项目投资总额（万元）	计划筹集资金（万元）	筹资占比	建设周期
年产4.5GWh的动力锂电池生产线项目	28 945.33	15 530.45	53.65%	14个月

2022年3月8日，公司筹资部门与Z银行就该项目确定了筹资方式（见表2），并签订了借款合同。

表 2 筹资方式

筹资渠道	筹集资金（万元）	借款利率	借款期限
短期借款	15 530.45	3.85%	6个月

然而不久后的一次内部审计发现，该项目建设周期为14个月，而借款期限仅为6个月，“短债长投”可能引发较大的财务风险。公司正处于由消费电子电池延伸到动力电池业务的特殊时期，新业务需要投入大量资金，目前财务压力日益显著。因此有效地控制公司财务风险，对于公司的生死存亡至关重要。高层紧急召开会议提出加强筹资业务的内控建设，内控负责人拟从梳理筹资业务内控流程着手，识别、分析、评价流程中存在的各类风险，并采用适当的内控措施控制风险。

思考与实践

（1）为何“短债长投”会增加财务负担？新奇材料应确立怎样的筹资业务内控目标？

（2）到底是筹资业务内控流程中的哪个环节失误导致了新奇材料筹资业务出现重大纰漏？

（3）新奇材料的筹资业务内控流程还涉及哪些环节？别的环节是否也存在风险？

（4）针对新奇材料筹资业务内控流程中的风险，应采取哪些内部控制措施？

模块一　筹资业务内部控制概述

筹资业务是企业为满足对外投资和生产经营需要，通过银行借款或发行股票、债券等形式筹集资金的过程。筹资业务根据筹集资金的来源不同，可以将筹资的方式分为内源筹资和外源筹资。内源筹资是指企业对内部已有的资金进行处置，这些资金源自企业的留存收益等；外源筹资是指从企业以外的地方筹集资金，来满足企业发展的需要，当前企业主要的外源筹资方式有银行借款、发行股票、发行债券、吸收直接投资、融资租赁等。

筹资业务内部控制是根据筹资目标和计划，结合年度全面预算，拟订筹资方案，明确筹资用途、规模、结构和方式等相关内容，对筹资成本和潜在风险做出充分估计，最终通过内控措施提升资金的筹措效率、降低资金的筹措成本的过程。为加强筹资业务的内部控制，企业应全面梳理筹资业务内控流程，识别、分析、评价筹资业务内控流程中的风险，并健全相应的风险管控措施。其内部控制具体要求在《企业内部控制应用指引第6号——资金活动》中有所体现，本项目仅探讨此指引所涉资金活动当中筹资业务的内部控制。

一、筹资业务的内控目标

筹资业务的内控目标

筹资业务的内部控制要深入实际业务，内控目标的设定首先就应基于具体业务设定。从内部控制建设和实施的角度，实务界将内部控制一般目标分为合规目标、报告目标、运营目标和战略目标。下面将结合筹资业务来谈其内部控制具体目标。

（一）合规目标

（1）企业的筹资业务必须遵循国家颁布的相关法律法规，如《中华人民共和国公司法》《中华人民共和国证券法》《上市公司证券发行管理办法》《股权众筹融资管理办法（试行）》（征求意见稿）等。企业需履行法律法规约定的责任，采取合法合规的手段进行资金的筹措，杜绝非法集资，并依法进行信息的披露，维护各方的合法权益。

【相关案例】

广州天河警方在开展“飓风2020”专项行动中，侦破一宗特大非法集资案件，涉案的深圳市滨海基金管理有限公司（以下简称“深圳滨海基金公司”）在未取得向公众吸收存款的资质下，犯罪嫌疑人林某等人利用深圳滨海基金公司名义，在2016年至2019年12月期间，先后以20余个项目发行理财产品30余个，累计募集资金20亿元；2019年10月开始不能如期兑付，累计存量待付额16.34亿元，涉及客户人数1 938人。

“广州天河公安”发布的消息显示，深圳滨海基金公司在陕西、山东、湖南等地成立分公司，以及以滨海企业信息咨询有限公司名义，在辽宁、江苏、浙江等地成立分公司或分部，大肆招聘业务员，通过举办高尔夫球赛、推介会、路演等公开方式，或让业务员向社会不特定人群进行公开宣传或口口相传等形式，彰显公司实力并推介理财产品。为大量吸纳资金，该公司的产品说明宣传单以及公司业务员口头或微信、短信、邮件等明确向客户承诺，本金不受损失并可获得8%～11%不等的年化收益；公司允许业务员以个人名义提出申请，即可成为“超级投资人”，接收投资额低于100万元不合格投资人的投资款。而实际上，该公司通过不备案、不托管（私募基金账户）、控制项目方资金账户等逃避监管，形成资金池操作，将数亿元投资款用于借新还旧、公司经营性支出以及挪作他用。

2020年6月9日，在广东省公安厅经侦局、广州市公安局经侦支队的统一指挥协调下，天河警方出动大批警力分为40余个抓捕组，将广州地区涉嫌参与集资诈骗的林某等61名犯罪嫌疑人抓捕归案，依法刑事拘留45人。

资料来源：中国基金报公众号。

（2）企业需要规范筹资流程，严格遵守筹资业务内部相关规章制度的要求，保证偿付体系的规范性。采取债务性筹资方式时，企业应当按时偿付利息，维护企业信誉；采取权益性筹资方式时，企业应当确立合理的股利分配政策，按照股利分配政策进行股利的发放。

（二）报告目标

企业应当保证筹资业务报告的真实性、完整性与准确性。真实性要求筹资业务中会计记录的交易活动都应当是真实发生的；完整性要求所有交易活动都应当完整记录，不存在遗漏；准确性要求企业对筹资业务进行准确记录，因筹资业务的相关会计处理较为复杂，企业需要提升会计信息的准确性，比如借款费用的利息核算，未确认融资费用的分摊等业务。

（三）运营目标

（1）企业应当保证筹资资金量规模适当，既要避免筹资过度出现过多闲余资金，也要避免筹资不足不能满足企业资产生产经营需求。为保障筹资规模与资金需求量相匹配，企业应分析梳理生产经营情况，选取定性预测方法或者定量预测方法对资金需求量展开合理科学的预测。

（2）企业应当保证筹资期限与使用期限匹配，合理安排资金筹措时间。企业应当按照资金使用时间合理编制筹资计划，永久性流动资产和固定资产以长期融资方式（负债或权益）来融通，波动性流动资产用短期来源融通。还要保证筹资时间与使用时间相衔接，既要避免筹资时机过早造成资金投放前的闲置，增加筹资成本；也要避免筹资时机滞后错过资金投放时间，造成企业损失。

【引例分析 3-1】

自从 2019 年募资建设动力锂电池生产线项目以来，新奇材料的资本性支出开始一路飙升。2019 年至 2022 年一季度，新奇材料的资本性支出分别是 15.92 亿元、20.91 亿元、30.79 亿元、7.35 亿元，累计金额高达 74.97 亿元；同期新奇材料产生的经营性现金净流量和吸收的股权投资合计为 32.27 亿元，相较 74.97 亿元的资本支出还有 42.7 亿元的差额。剩余的资金缺口公司主要依靠债务筹资弥补。

据统计，2019 年到 2022 年一季度，新奇材料长期贷款分别为 2.94 亿元、7.07 亿元、8.13 亿元、8.98 亿元；短期贷款分别为 19.24 亿元、25 亿元、55.59 亿元、65.28 亿元。可以看出，在此期间新奇材料的短期贷款急速增加，而长期贷款却相对保持平稳。2019 年到 2022 年一季度新奇材料的资本支出 74.97 亿元，减去股权融资 32.27 亿元和长期贷款 14.06 亿元剩余 28.64 亿元。在此期间，新奇材料主要通过短期贷款弥补 28.64 亿元的资金缺口。

与高支出形成鲜明对比，新奇材料经营性现金流量净额并不算充裕，从 2019 年到 2022 年一季度，新奇材料的经营性现金流量净额分别为 -1.5 亿元、11.01 亿元、7.44 亿元、1.74 亿元。由此可见新业务未来盈利尚不清晰，投融资期限错配会增加企业短期债务偿还压力。因此新奇材料应确定其筹资业务内部控制的运营目标——科学筹资，通过科学合理的决策方法在财务风险可控的情况下，尽可能地降低筹资成本。

（3）企业应当尽量降低筹资成本，以最小的代价实现最大的效益，实现企业价值最大化的目标。不同的筹资渠道及筹资方式对应的筹资成本差异较大，为降低筹资成本，企业应全面考察并合理选择资金的来源渠道及筹措方式。

（4）企业应当权衡权益性筹资和债务性筹资的利弊关系，优化自身资本结构。企业应当综合考量获利水平、现金流量、资产结构、信用评级和利率变动等因素，采取每股收益分析法、比较资本成本法或企业价值比较法等确定企业最优资本结构。

（四）战略目标

企业应当保证筹资方案符合企业整体发展战略。开展筹资业务时，应根据企业发展战略、预算情况与资金现状等因素提出筹资方案，再组织相关专家对筹资方案进行可行性论证，并将战略性评估列为重要考量因素。

二、筹资业务内控所涉组织及职责体系

筹资业务的内控操作演示

筹资业务内控的有序开展需要有力的组织保障，应先建立相关岗位责任制，以清晰界定各部门的职责。筹资业务内控一般涉及以下组织：

（一）筹资决策部门

企业中参与筹资业务决策的部门主要有股东大会、董事会、战略委员会和预算委员会等。主要负责决策公司的筹资方案；决策公司内部机构在筹资业务环节中的职责权限；授权审批筹资业务的负责人与执行人员。

（二）筹资管理部门

筹资管理一般由财务部门负责，但筹资业务发生频繁的企业会成立单独的筹资管理部门或融资管理部门，负责筹资调查工作与统筹安排工作，包括根据企业战略方向、年度预算和经营计划等文件，制订筹资方案和筹资计划等筹资业务必要文件；根据筹资评审流程要求提交、补充相应阶段评审文件；组织各部门展开筹资方案的可行性论证，编制可行性论证报告；根据编制的筹资计划，实施具体筹资业务。

（三）财务管理部门

财务管理部门主要职责包括预测企业资金需求量，确定企业自有资金与长短期筹资规模；对筹资业务进行会计核算记录；制定并实施筹资相关财务管理规章制度；对筹资业务进行尽职调查并参与论证分析工作；对筹资计划提出合理建议；对筹资业务涉及的资金及费用进行管理与审核；核查与保管筹资业务的相关文件；盘点筹资业务取得的相关资产；对本金、利息及股利进行计提与支付。

（四）筹资监督部门

企业中履行筹资业务监督职能的部门主要有监事会、内审部门等。主要负责核实筹资业务中相关人员是否遵守内部控制制度与政策；实施与维护筹资业务的内部控制程序、风险评估流程；监督董事、高级管理人员在筹资业务中是否正确履行其职责；跟踪与检查企业的重大筹资方案；审核筹资合同与协议的合法性、合理性与完整性；审查筹资业务财务记录的准确性，出具审计报告；监督筹资资金的使用用途与偿付；评价筹资业务环节、落实违规人员追责制度。

（五）法律部门

法律部门主要负责筹资业务的相关法律性事务。职责包括对公司筹资业务的开展进行合法性论证并提供法律支持；对公司筹资合同的重要法律条款进行审查；对重要条文、违约责任等提出意见与建议。

【引例分析 3－2】

新奇材料的组织架构中，筹资业务主要涉及 5 个部门，分别是股东大会、董事会、总经办、财务部、法务内审部（见图引分 3－1）。

（1）股东大会、董事会、总经办是筹资业务的“筹资决策部门”。

（2）财务部下设投融资组是筹资业务的“筹资管理部门”，负责项目筹资综合管理，由筹资经理和筹资专员构成。财务组负责筹资业务资金管理事项，下设财务经理、出纳、会计岗位。会计负责设置筹资总账及明细分类账的核算，出纳负责筹资业务相关的货币资金收付。

（3）法务内审部门负责筹资业务合法、合规事项，下设法务专员岗位，主要负责审查筹资合同和协议条款，提供专业建议及法律性支持。

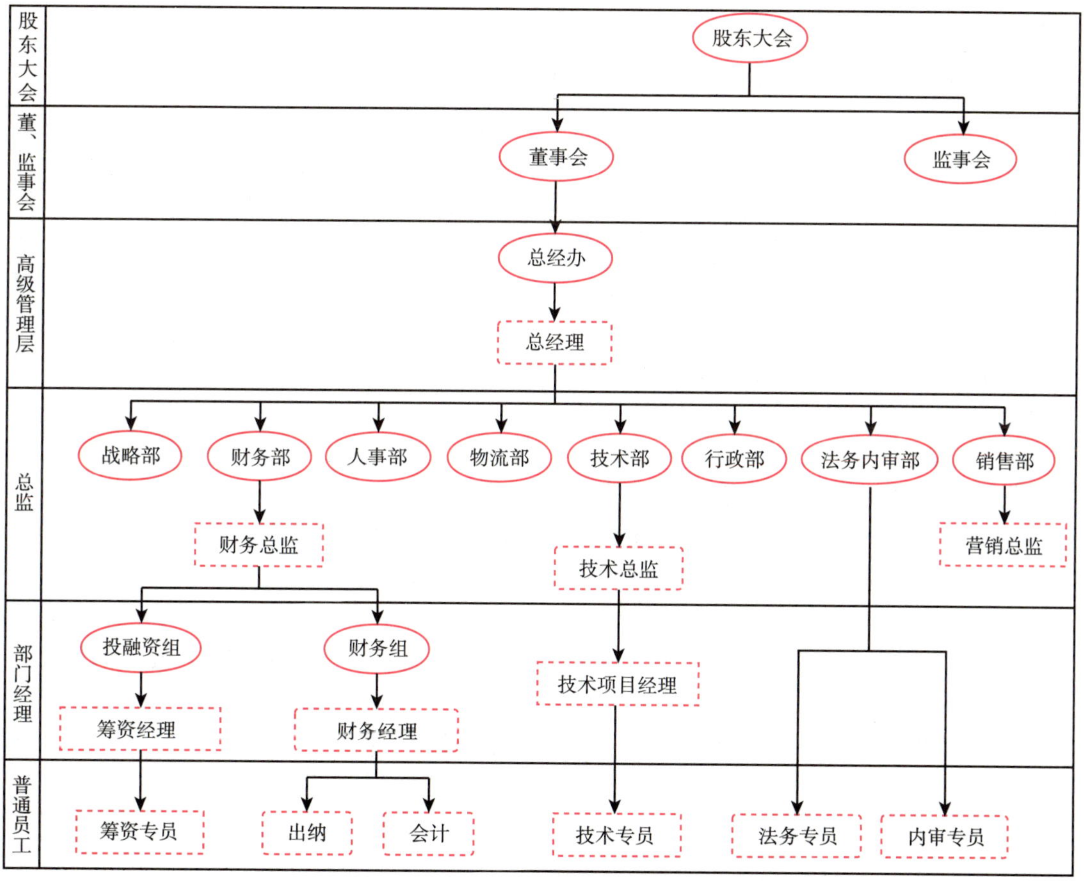

图引分 3－1　新奇材料的组织架构及岗位设置

模块二　筹资业务内控流程

筹资业务不仅是企业资金活动的起点，也是企业整个经营活动的基础。同时筹资业务也属于高风险经济活动，很多企业因对外筹资导致重大经济损失，严重影响了企业的生存和可持续发展能力。因此企业应当根据筹资业务的特点，设计出合理的业务流、资金流、信息流，以有效防范筹资风险，将完善筹资业务内控流程作为内控建设的起点。

一、筹资业务的业务流

筹资内控业务流及所涉组织

筹资业务的业务流通常包括筹资决策、筹资执行、筹资后评估三个环节。

（一）筹资决策环节

筹资决策环节又包括拟订筹资方案、论证筹资方案与审批筹资方案三个步骤。

1. 拟订筹资方案

一般由企业的筹资管理部门进行筹资方案的初步拟订。从企业内部角度出发，筹资方案的拟订需要考虑企业资金需求量、年度预算计划、企业经营战略、目标资本结构、授信情况、偿债能力等因素。从外部环境出发，筹资方案的拟订需要考虑政治、经济、政策、法律法规等因素。综合上述因素，筹资部门提出至少两个备选筹资方案。其中，筹资方案需预计筹资成本，考虑筹资时机与筹资风险等因素；需明确筹资规模、筹资使用途径、筹资方式、筹资期限以及筹资结构等相关内容。拟订筹资方案的过程中，筹资部门还应与其他生产经营部门进行沟通协调，保证筹资的针对性，然后形成初步的筹资方案。

2. 论证筹资方案

拟订筹资方案之后，筹资管理部门需要组织财务部门、法律部门、内部审计部门等相关部门人员组成专项小组，进行筹资方案可行性论证。论证前应对筹资方案进行充分调研，论证报告应全面反映论证人员的意见，并由所有论证人员签章。

3. 审批筹资方案

筹资方案论证通过后，企业须按照分级授权审批制度对筹资方案进行审批并保留完整的书面记录。审批流程中，如有超出授权范围内的筹资业务，审批人员需将筹资方案递交上层进行进一步审批。

【引例分析 3－3】

新奇材料为了加强筹资业务内控建设，开始着手梳理自身的筹资业务内控流程，其筹资决策流程如图引分 3－2 所示。

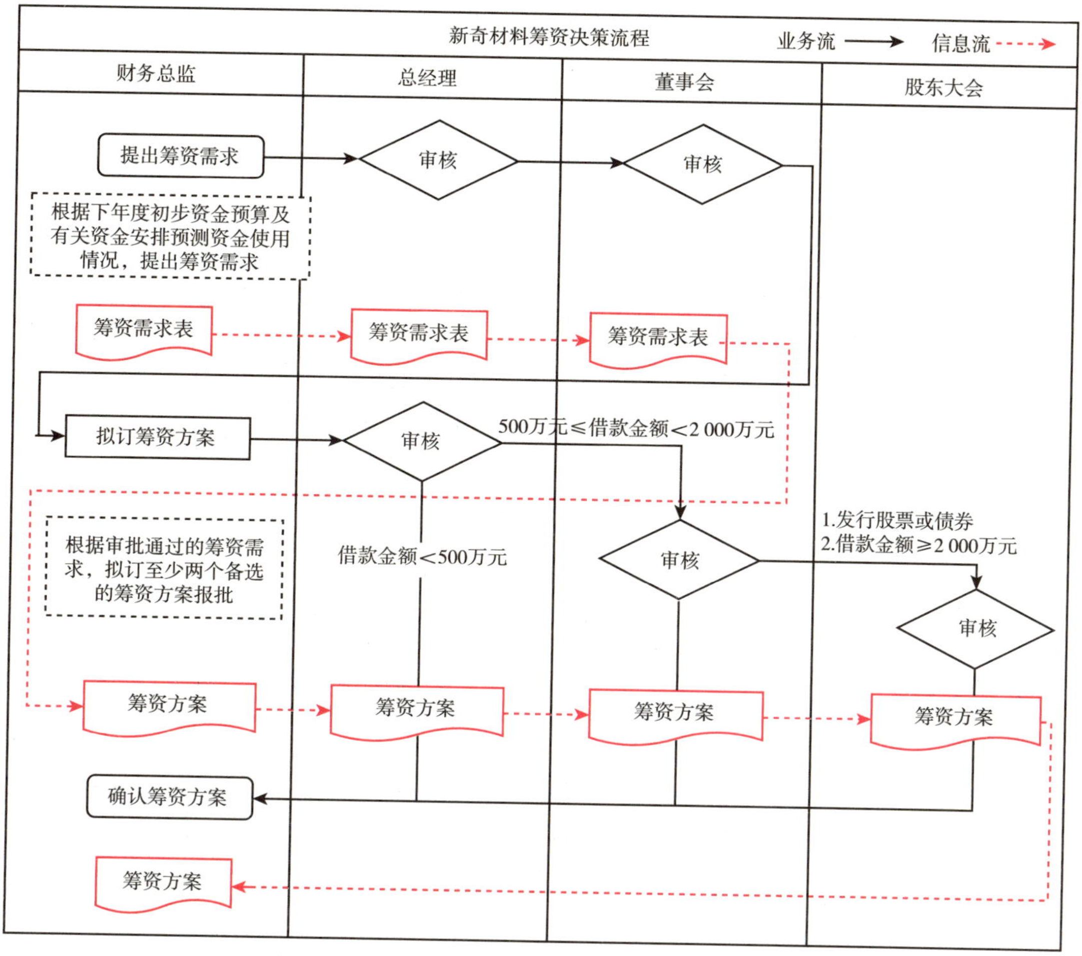

图引分 3－2 新奇材料筹资决策流程

（二）筹资执行环节

1. 编制筹资计划

企业的筹资部门需依据经由审批的筹资方案，编制更加详细的筹资计划，对筹资业务的实施进行细致规划，对筹资人员的工作进行具体安排，保障筹资业务有效推进。

2. 实施筹资计划

依据编制的筹资计划，办理相关的筹资业务，主要包括筹资合同或筹资协议的审核与签署；筹资合同或筹资协议的履行；筹资费用的支付；筹资资金的使用；筹资书面凭证的记录等。实践中分以下三种情况：

（1）企业通过银行借款方式筹资的，应当与有关金融机构进行洽谈，明确借款规模、利率、期限、担保业务、还款安排、相关的权利义务和违约责任等内容。双方达成一致意见后签署借款合同，据此办理相关借款业务。

（2）企业通过发行债券方式筹资的，应当合理选择债券种类（如普通债券、可转换债券等），并对还本付息方案做出系统安排，确保按期、足额偿还到期本金和利息。

（3）企业通过发行股票方式筹资的，应当依照《中华人民共和国证券法》等有关法律法规和证券监管部门的规定，优化企业组织架构，进行业务整合，并选择具备相应资质的中介机构（如证券公司、会计师事务所、律师事务所等）协助企业做好相关工作，确保符合股票发行条件和要求。

【引例分析 3－4】

新奇材料实施动力锂电池生产线项目的筹集计划流程如图引分 3－3 所示。

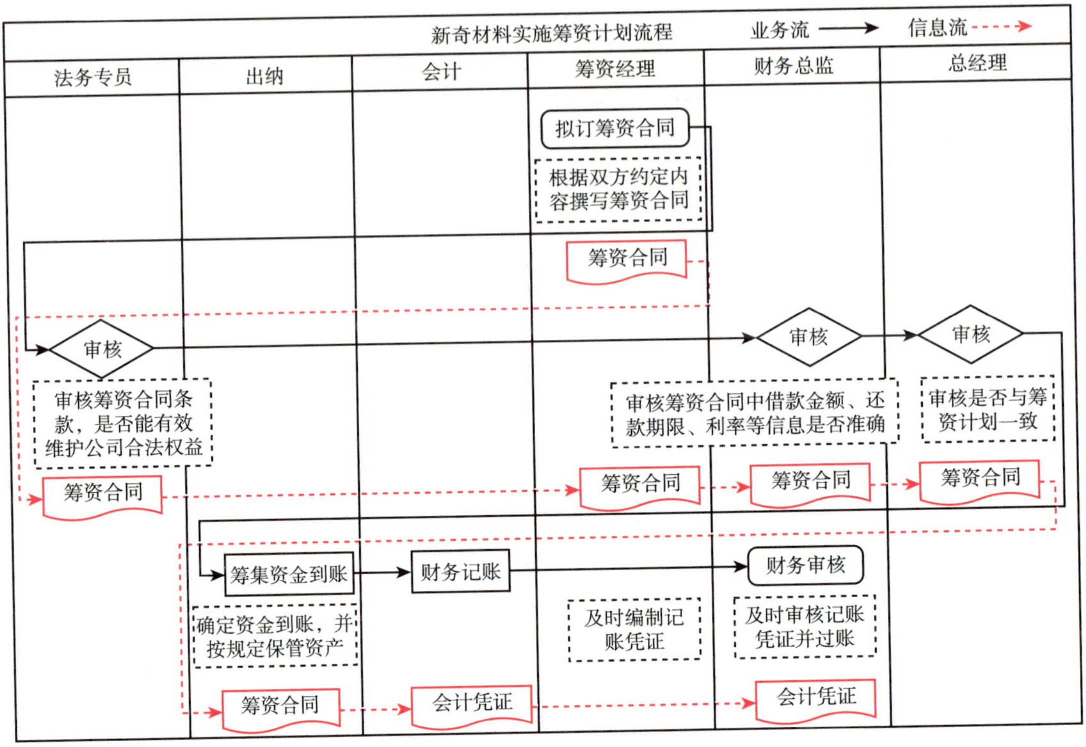

图引分 3－3　新奇材料实施筹资计划流程

3. 偿付筹资款项

筹资相关款项的偿付主要包括本金、利息、租金、股利等，需要提前计划偿付形式和预算安排，确保各款项偿付符合筹资合同或协议的规定。以非货币资产偿付本金、利息、租金或支付股利时，应由相关机构或人员合理确定其价值，并报授权审批部门批准，必要时可委托具有相应资质的机构进行评估。股利分配方案应当经过股东（大）会批准，并按规定履行披露义务。

（三）筹资后评估环节

筹资业务执行完成之后，企业应当对筹资业务的实施情况进行分析评价。确保筹资业务的记录与监督贯穿于全流程之中；确保企业严格按照筹资计划确定的用途使用资金；确保资金收支、股息、利息支付、股票、债券托管符合规定。如有违规行为，企业应严格追究相关责任。

二、筹资业务的资金流

筹资内控资金流及信息流

企业在分析筹资业务流的同时，也应当梳理筹资业务的资金流。对于筹资业务，主要是实施筹资计划和偿付筹资款项两个环节会引起资金运动。依据业财融合视角，只有将业务流和资金流有效结合起来，才能实现对筹资业务的精准管控。资金流反映了筹资业务中资金运动的过程，是筹资业务效率与效益的直接反馈。一般企业筹资方式可以划分为权益性筹资与债务性筹资，这里将分以上两种方式讨论筹资业务的资金流。

（一）权益性筹资的资金流

权益性筹资是指企业自有资金的筹集方式，一般包含发行股票、吸收直接投资和留存收益等方式。相较于债务性筹资，企业采取权益性筹资方式一般面临的财务风险较小，无须到期还本付息，但筹资成本较高。

1. 资金流入

权益性筹集资金的来源依公司类型而不同。若企业属于非股份制公司，其初期采取的权益性筹资方式一般为吸收直接投资，资金投入所引起的资金运动如图 3－1 中红色粗实线段运动所示（箭头符号反映资金运动方向）；若企业属于股份制公司，其初期采取的权益性筹资方式除了吸收直接投资，还可以发行股票，其权益性筹资资金的投入所引起的资金运动如图 3－1 红色粗虚线段运动所示。企业接受的权益性筹资除了货币形态的资金外，还可以以固定资产、无形资产等非货币形态资产吸收筹资。若取得的筹资为货币形态，其引起的资金运动如图 3－1 红色实线段所示。若取得的筹资为非货币形态，其引起的资金运动如图 3－1 红色虚线段所示。

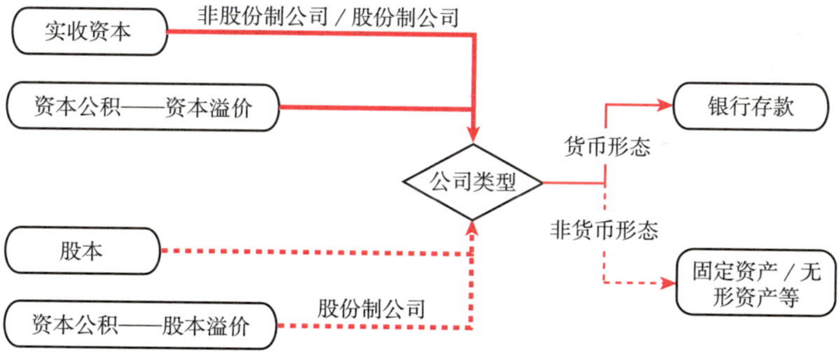

图 3－1　权益性资金流入的资金流

2. 资金循环与周转

企业获取初始筹资后开始进行生产运营活动，后续企业还可以继续增加资本，主要有以下几种方式：接受投资者直接追加资本，其所引起的资金运动如图 3－2 红色粗实线段运动所示；通过发放股票股利间接追加资本，其所引起的资金运动如图 3－2 红色粗虚线段运动所示；资本公积转增筹资资本，其所引起的资金运动如图 3－2 红色实线段运动所示；盈余公积转增筹资资本，其所引起的资金运动如图 3－2 红色虚线段运动所示。

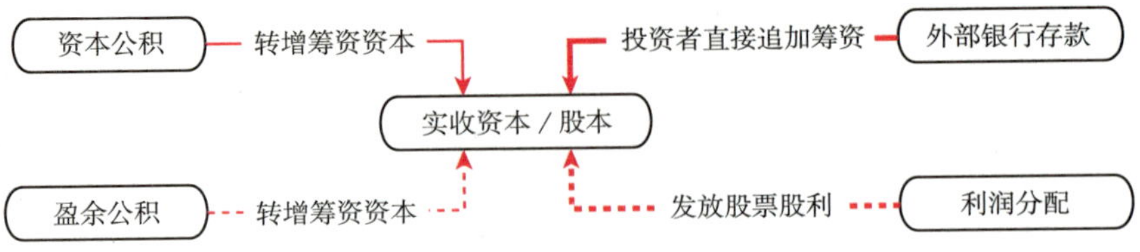

图3－2　权益性资金循环与周转的资金流

【相关案例】

中慧公司是一家注册资本为2 000万元的公司，其年度财务报告显示，截至2022年4月，累计亏损为89万元。但是验资报告显示该公司在2022年4月盈余公积300万元转增资本，这引起了审计师的注意。经过追加检查程序，审计师发现中慧公司违反了法定程序，没有经过股东大会批准，就将盈余公积转增为资本；且该公司转增资本后的盈余公积数额为200万元，这意味着该公司盈余公积转增资本后的留存额低于注册资本的25%。根据公司法规定，盈余公积转增资本后留存额不得少于注册资本的25%。针对中慧公司的违规行为，工商行政管理部门应对其进行处罚。中慧公司可能面临的处罚包括罚款、责令改正、注销营业执照等。此外，股东们也可能会采取法律行动，要求中慧公司撤销违法转增资本行为，恢复原来的资本结构。

3. 资金退出

企业权益性资金的退出实质上就是减资行为。对于非股份制企业而言，减资的程序较为简单，按法定程序报批减少注册资本即可，按减少的注册资本金额减少实收资本，其引起的资金运动如图3－3红色粗实线段运动所示。对于股份制企业而言，企业需要通过回购本公司股票再注销股票来进行减资，其引起的资金运动如图3－3红色虚线段运动所示。

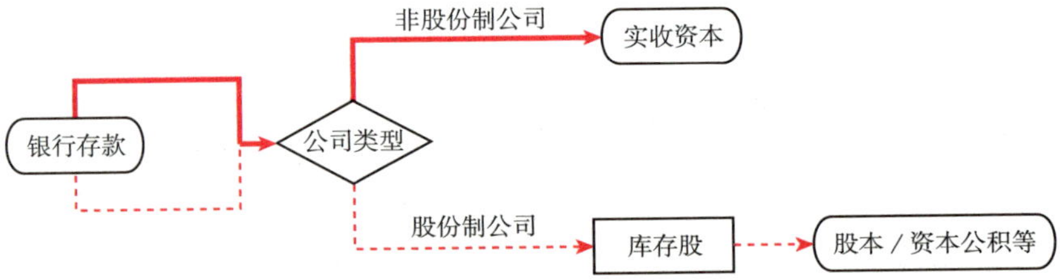

图3－3　权益性资金退出的资金流

（二）债务性筹资的资金流

债务性筹资是指企业借入资金的筹资方式，主要包括银行借款、发行债券、商业信用、融资租赁等。相较于权益性筹资，债务性筹资方式需要还本付息，企业承担的财务风险较大，但对应的资本成本较低。下面通过资金流入、资金循环与周转、资金退出三个阶段探讨债务性筹资的资金流。

1. 资金流入

债务性筹资最常见方式有银行借款、发行债券两种。企业选择银行借款方式时，又可划分为短期借款和长期借款。短期借款是指企业向银行或其他金融机构借入的期限在一年及一年以下的款项；长期借款是指企业向银行或其他金融机构借入的期限在一年以上的款项，其借入资金的流入所引起的资金运动如图 3－4 红色粗实线段运动所示。若企业选择发行债券方式，其债务性资金的流入所引起的资金运动如图 3－4 红色粗虚线段运动所示。

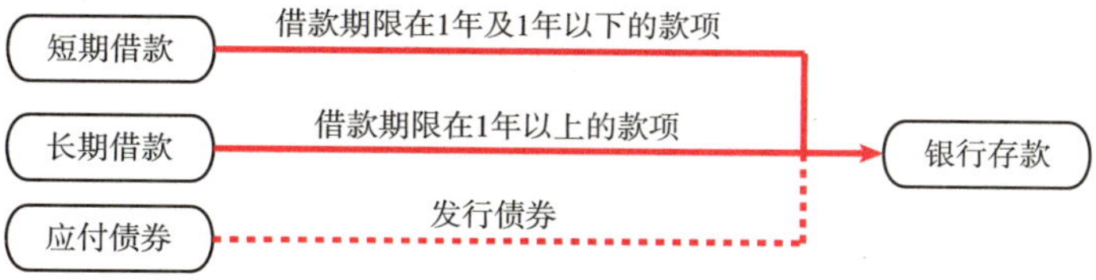

图 3－4　债务性资金流入的资金流

2. 资金循环与周转

债务性资金的循环与周转主要涉及利息支付业务。根据利息支出的性质，可分为收益性支出和资本性支出。收益性支出在发生当期直接扣除，应当在发生时根据其发生额确认为费用，计入当期损益，所引起的资金运动如图 3－5 红色实线段运动所示。资本性支出应当予以资本化，计入相关资产成本，其所引起的资金运动如图 3－5 红色粗实线段运动所示。同时满足下列条件的，才能开始资本化：第一，资产支出已经发生，资产支出包括为购建或者生产符合资本化条件的资产而以支付现金、转移非现金资产或者承担带息债务形式发生的支出；第二，借款费用已经发生；第三，为使资产达到预定可使用或者可销售状态所必要的购建或者生产活动已经开始。

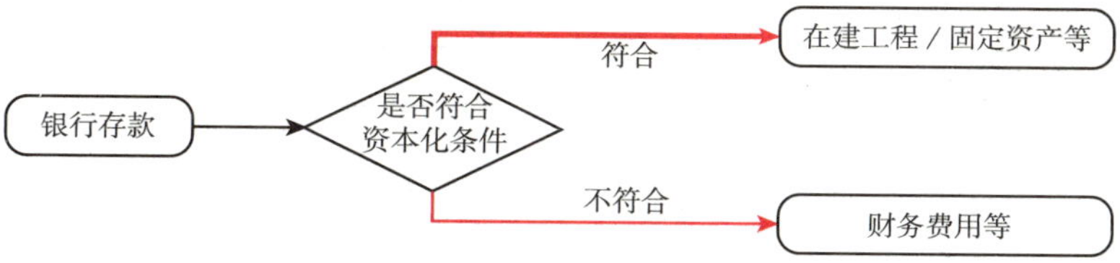

图 3－5　债务性资金循环与周转的资金流

【相关案例】

税务人员在检查仁强公司时发现，该公司 2019 年 1 月 1 日向银行借入专项资金 3 000 万元，开工新建一幢综合办公楼，借款利息 8%，借款期为 3 年。办公楼于 2020 年 11 月 30 日完工并投入使用。企业共支付利息 720 万元，并全部在“财务费用”中进行列支。因此，该公司 2020 年 11 月 30 日之前发生的利息支出 460 万元应当资本化，计入固定资产原值。对此，税务人员对该公司 2019 年和 2020 年的应纳税所得额进行了纳税调整，补征企业所得税及加收滞纳金，并处以 50% 的罚款。

3. 资金退出

债务性资金的退出阶段主要涉及偿还本金业务。企业归还银行借款本金所引起的资金运动如图 3－6 红色粗实线段运动所示，企业归还债券本金所引起的资金运动如图 3－6 红色粗虚线段运动所示。

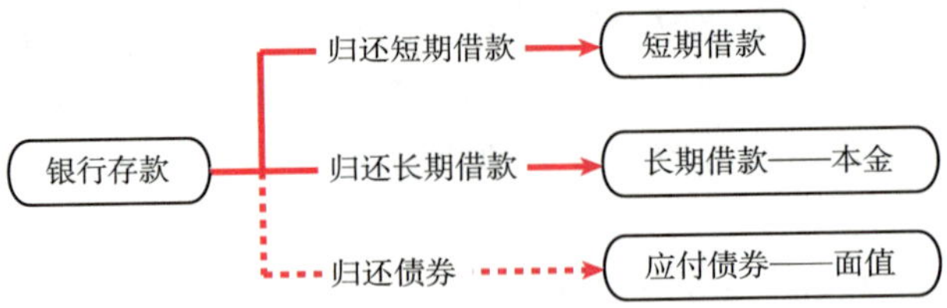

图 3－6　债务性资金退出的资金流

三、筹资业务的信息流

筹资业务信息流是指在筹资过程中，各种相关的信息在筹资主体、投资者、中介机构以及其他相关方之间传递和沟通的过程。筹资业务信息流为企业提供了关于市场趋势、资金成本、筹资渠道和筹资策略等方面的信息，有助于企业制定更为明智的筹资决策。筹资业务的信息传递畅通有效时，筹资各环节的业务流与资金流才能协同起来，保障筹资业务的高效处理。筹资业务信息流涉及的表单如图 3－7 所示。

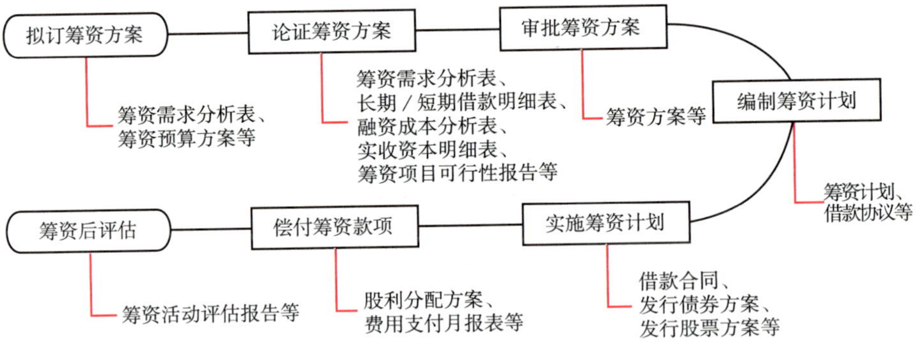

图 3－7　筹资业务的信息流

【引例分析 3－5】

新奇材料筹资业务信息流中的各表单详情如表引分 3－1 所示。

表引分 3－1　　新奇材料筹资业务信息流中的表单详情

表单名称	表单作用	表单构成元素
筹资需求表	统计拟融资项目所需资金情况，报上级领导审批	企业概况（种子期、初创期、成长期、扩张期、成熟期）、所属行业、部门名称、资金用途、拟融资额度、拟融资渠道、资金到位时间等
筹资方案	根据公司发展战略，针对企业资金需求拟订的筹资方案，挑选合适的贷款机构和方式，供决策者审批	筹资日期、筹资方式、筹资金额、筹资用途、筹资风险、筹资机构、筹资成本、筹资年限、还款方式等
筹资合同	用于公司和贷款机构签订借款协议	合同编号、签订日期、借款人、贷款人、法定代表人、借款金额、收款银行户名、合同正文等

模块三　筹资业务内控流程的风险评估

筹资内控流程的风险评估

筹资业务开展过程中可能会面临多种风险，为减少风险发生的可能性，企业应当针对筹资业务内控流程展开合理的风险评估，再进一步采取有效的控制措施。风险评估是指通过对筹资业务内控流程识别出的风险进行分析，并描述风险发生可能性的高低和风险发生后果的大小，进而明确风险重要性等级的过程。风险评估包括风险识别、风险分析、风险评价三个环节。

一、风险识别

进行筹资业务风险评估的首要任务是风险识别，即发现、认可并记录影响筹资业务内部控制目标实现的风险的过程，其重点是收集筹资业务中的风险信息，并识别风险信息中的风险源。

（一）筹资决策环节的主要风险

（1）筹资项目成员未充分评估企业的资金需求，筹资过度导致企业收益与偿还能力不匹配，面临偿债风险；或筹资不足导致资金流断裂，面临经营风险。

（2）筹资项目成员未与生产经营等部门人员进行充分沟通，筹资方案缺乏针对性。

（3）筹资项目成员不具有充分的法律意识或有意违反法律法规，非法募集资金，企业可能蒙受信誉和经济损失。

【内控“思”享】

差点“非法集资”

老板：最近咱们公司资金流有些紧张啊，财务部门考虑一下有什么方法能够尽快筹集资金。

财务部负责人：老板，因为公司信誉评级不太良好，银行都不愿意借款给我们。

老板：借款不行那咱们换种方法，能不能拉到投资公司来投资呢？

财务部负责人：老板，你这就更难为人了……

老板：唉，要不最近的购货款都再赊赊吧，别付了。

总经理：要不咱们成立一个养老机构，没啥成本，去发发宣传单，开设一下讲座，让老人们预付养老费用。老人们耳根子最软了，先拿一笔预付款紧急周转一下。

老板：这能行吗？那我们之后还得负责给他们养老？

总经理：哎呀，咱们可以说现在付款，5 年之后享受服务可以打对折，老人们喜欢享受折扣，5 年之后他们可能都忘到九霄云外了呢。

老板：听起来还有点道理。

法务听到后惊出一身冷汗：老板，你这可是非法集资啊！这拿了钱坐牢了也花不了啊！你可得想清楚。

老板和总经理：这也算非法集资？

法务：公司非法集资是会构成非法集资罪的，根据不同的数额来进行不同的量刑。数额较大的，处 5 年以下有期徒刑或者拘役，并处 2 万元以上 20 万元以下罚金；数额巨大或者有其他严重情节的，处五年以上 10 年以下有期徒刑，并处 5 万元以上 50 万元以下罚金；数额特别巨大或者有其他特别严重情节的，处 10 年以上有期徒刑或者无期徒刑，并处 5 万元以上 50 万元以下罚金或者没收财产。

（4）筹资方案未经可行性论证或虽经过可行性论证但不够全面科学，导致筹资业务偏离企业发展战略；筹资成本过高；收益情况与偿债能力不匹配；筹资结构不合理；筹资风险未充分考虑等情形的发生。

【引例分析 3－6】

新奇材料梳理完自身筹资业务内控流程后，开始收集风险信息以便对流程各环节进行风险识别。在收集动力锂电池生产线项目筹资风险信息后，发现其筹资决策环节存在“可行性论证不充分风险”。究其原因是原筹资决策流程（见图引分 3－2）中，从筹资方案的拟订到审批，虽经过财务部、总经办、董事会的战略性、经济性评估（见图引分 3－4 箭头所指），但未和销售部针对筹资项目未来经营风险进行协商评估。财务部仅按往期回款数据估计未来经营性现金流入，未基于当下市场环境与客户关系充分评估未来经营性现金流入，从而对短期经营现金回款过于乐观，采用激进的“短债长投”筹资方案，给企业带来较大的短期债务压力。

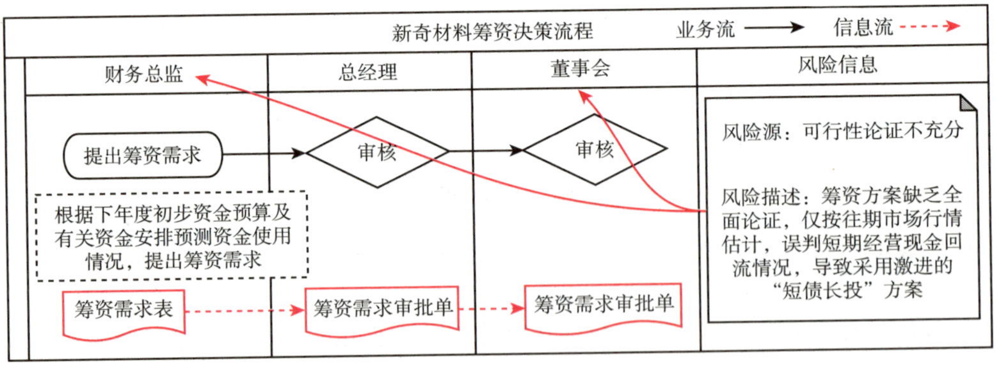

图引分 3－4　可行性论证不充分风险

（5）筹资方案可行性论证成员不具备充分的专业知识与研究能力，错误评判筹资方案，导致企业面临筹资风险。

（6）筹资方案审批流程不规范，未经适当审批或越权审批。尤其重大筹资业务，未按规定的权限和程序实行集体决策或者联签制度，导致企业筹资决策出现重大纰漏。

（7）筹资方案审批过程中，存在重大差错、舞弊、欺诈等行为，导致企业遭受损失。

（二）筹资执行环节的主要风险

（1）筹资计划编制人员缺乏经验，未充分考虑企业预算、经济金融形势等因素，导致实际执行时难以推进，使企业蒙受损失。

（2）筹资计划对各职能部门及员工的职责划分不明确。例如，筹资计划编制与审批未实现不相容职务分离，筹资合同或协议的拟订与审批未实现不相容职务分离，导致实际执行时权责混乱或未经适当授权审批，甚至发生徇私舞弊现象。

（3）筹资计划执行时未按照预定计划实施，资金流与企业预估发生偏差，导致企业面临财务风险。

（4）筹资资料未妥善保管或筹资记录未完整留存，甚至缺少筹资合同或协议等重要文件，导致企业对筹资业务监管困难或者不能明确违约责任。

（5）筹资合同或协议不符合法律法规要求，企业可能面临法律纠纷风险。

（6）未对筹资资金的用途执行有效监控，导致资金使用混乱，企业需承担资金流失的风险。

【引例分析 3－7】

新奇材料在收集筹资业务相关风险信息时，还发现其筹资执行环节存在“筹资用途缺乏监管风险”。2021 年 4 月 11 日公司从 M 银行筹集 200 万循环贷款①用于购买锂电池电解液回收装置专利，贷款的授信期为 5 年，按月支付利息，每年需还入一次本金，之后可以继续按需借出。由于原筹资计划流程（见图引分 3－3）中，筹资所获资金到账后，未对后续的使用情况实施严格的监管（见图引分 3－5）。因此 2022 年 4 月 5 日，上述贷款还款期临近，但公司周转资金不足，于是挪用了污染物净化处理系统项目的专用资金 200 万来偿还该笔贷款。

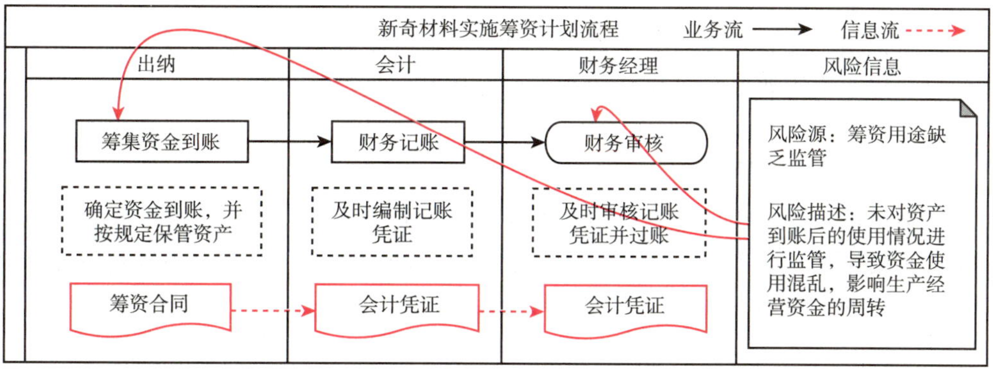

图引分 3－5 筹资用途缺乏监管风险

① 循环贷是指客户将抵押物抵押给银行，就可获得一定的贷款额度，在房产抵押期限内客户可分次提款、循环使用，不超过可用额度单笔用款时，只需客户填写提款申请表，不用专门再次审批，一般 1 小时便可提取现金，等于随身有了一个安全又方便的流动大“金库”。

（7）筹资相关资金不能按时偿付，包括本金、利息、股利等，导致企业违约，蒙受信誉损失。

（8）筹资会计核算不符合会计准则要求或存在差错，导致会计信息披露失真。

【引例分析 3－8】

新奇材料在收集筹资业务相关风险信息时，还发现其筹资执行环节存在“筹资账务不合规风险”。2021 年 3 月收到证监会《行政处罚事先告知书》（处罚字【2021】13 号），经查明《2020 年年度报告》，新奇材料存在年报虚假记载，累计虚增利润 1.12 亿元。

经追查，其造假详情如下：以 7%～8% 的利息向 10 位客户借款 1.06 亿元，在收到客户借款后，故意将其会计处理为预售款，借记“银行存款”，贷记“预收账款”，同时虚构货物的销售合同、出库单等资料虚增收入，在账面借记“应收账款”，贷记“主营业务收入”，月底将预收账款和应收账款进行对冲核销。如果客户后续的购货量上升，这个借款可以在下月通过调节收入来平掉，但是客户都是传统老客户，每月的购货量变化不大，所以账面上的借款一直没有平掉，而且为了营造业绩增长的局面，每月都有新增客户借款去虚增收入，累计高达 1.06 亿元了。同时对借款产生的利息也未入账，导致少计财务费用 0.06 亿元。

（三）筹资后评估环节的主要风险

筹资后评估环节的主要风险包括筹资业务缺乏严密的跟踪管理制度，未将筹资效益与筹资人员的绩效挂钩，导致筹资决策责任追究无法落实到具体的部门及人员。

二、风险分析

经过风险识别阶段，已经收集了筹资业务内控流程中的风险信息，对面临的风险有了一个初步认识，接下来需要对各类风险的发生可能性和发生后果进行分析。

（一）风险发生的可能性

筹资业务中的风险发生可能性是指在企业目前的管理水平下筹资业务中各类风险发生概率的大小或者发生的频繁程度。在历史数据情况可观的情形下，实践中一般利用筹资业务方面的历史数据推断风险事件在未来发生的可能性。

【引例分析 3－9】

通过风险信息收集，新奇材料识别出其筹资业务内控流程中存在未经可行性论证、筹资用途缺乏监管、筹资账务不合规三类风险后，根据风险管理矩阵——风险发生可能性准则（见表引分 3－2）对相关风险进行分析。

表引分 3－2　　新奇材料筹资业务的风险发生可能性准则

风险源	1（较低）	2（低）	3（中等）	4（较高）	5（非常高）
可行性论证不充分风险	1 年内筹资业务论证不充分 1（含）次以下	1 年内筹资业务论证不充分 1～3（含）次	1 年内筹资业务论证不充分 3～5（含）次	1 年内筹资业务论证不充分 5～7（含）次	1 年内筹资业务论证不充分至少发生 7 次以上
筹资用途缺乏监管风险	1 年内筹资用途缺乏监管发生次数低于 1（含）次	1 年内筹资用途缺乏监管发生次数 1～3（含）次	1 年内筹资用途缺乏监管发生次数 3～5（含）次	1 年内筹资用途缺乏监管发生次数 5～8（含）次	1 年内筹资用途缺乏监管发生次数 8 次以上
筹资账务不合规风险	1 年内筹资账务不合规发生 2 次以下	1 年内筹资账务不合规发生 2（含）～5 次	1 年内筹资账务不合规发生 5（含）～8 次	1 年内筹资账务不合规发生 8（含）～10 次	1 年内筹资账务不合规发生 10（含）次以上

新奇材料通过调阅相关历史资料并结合准则，判断出各类风险发生可能性的得分（见表引分 3－3 、表引分 3－4、表引分 3－5 ），从而推测出各类风险在未来发生的概率。

表引分 3－3　　可行性论证不充分发生可能性得分

<table>
<tr><td colspan="2">发生可能性得分：3</td></tr>
<tr><td>历史资料来源</td><td>2021 年公司筹资业务审批流程记录表</td></tr>
<tr><td>历史资料详情</td><td>2021 年共发生 5 笔可行性论证不充分筹资业务：
<table>
<tr><td>日期</td><td>贷款项目名称</td></tr>
<tr><td>2021. 01. 15</td><td>新建锂电池装配车间</td></tr>
<tr><td>2021. 04. 05</td><td>污染物净化处理系统</td></tr>
<tr><td>2021. 04. 11</td><td>购买锂电池电解液回收装置专利专利</td></tr>
<tr><td>2021. 08. 31</td><td>新建办公楼</td></tr>
<tr><td>2021. 12. 15</td><td>购买锂电池检测设备</td></tr>
</table></td></tr>
<tr><td>分析结论</td><td>2021 年全年共发生 5 笔可行性论证不充分筹资业务。因此属于“1 年内筹资业务论证不充分 3～5（含）次”，所以发生可能性得分为 3</td></tr>
</table>

表引分 3－4　　筹资用途缺乏监管风险发生可能性得分

<table>
<tr><td colspan="2">发生可能性得分：3</td></tr>
<tr><td>历史资料来源</td><td>2021 年资金挪用记录表</td></tr>
<tr><td>历史资料详情</td><td>2021 年发生资金挪用记录 4 笔，详情如下：
<table>
<tr><td>日期</td><td>挪用事由</td><td>申请人</td><td>审批人</td><td>所在部门</td></tr>
<tr><td>2021. 01. 15</td><td>归还贷款本金</td><td>资金专员</td><td>财务经理</td><td>财务部</td></tr>
<tr><td>2021. 04. 05</td><td>购买专利权</td><td>研发经理</td><td>总经理</td><td>研发部</td></tr>
<tr><td>2021. 04. 11</td><td>购进生产设备</td><td>生产经理</td><td>总经理</td><td>生产部</td></tr>
<tr><td>2021. 06. 19</td><td>新品投入广告</td><td>销售经理</td><td>总经理</td><td>销售部</td></tr>
</table></td></tr>
<tr><td>分析结论</td><td>2021 年发生资金挪用记录 4 笔，因此属于“1 年内筹资用途缺乏监管发生次数 3～5（含）次”，所以发生可能性得分为 3</td></tr>
</table>

表引分 3 –5　　筹资账务不合规风险发生可能性得分

发生可能性得分：2	
历史资料来源	证监会公告
历史资料详情	2021 年涉嫌信息披露违法违规事件： 时间：2021. 03. 08；事件：签订虚假协议，将筹资借款转为营业收入
分析结论	2021 年发生涉嫌信息披露违法违规事件 1 次，因此属于“1 年内筹资账务不合规发生 2 次以下”，所以发生可能性得分为 1

（二）风险发生的后果

筹资业务风险发生的后果是通过假设特定事件或情形已经出现，然后判断其影响的性质、类型和大小。

【引例分析 3 –10】

新奇材料判断完可行性论证不充分风险、筹资用途缺乏监管风险、筹资账务不合规风险的发生可能性得分后，继续根据风险管理矩阵——风险发生后果准则（见表引分 3 –6）进行风险分析。

表引分 3 –6　　新奇材料筹资业务的风险发生后果准则

风险源	1（轻微）	2（较小）	3（中等）	4（严重）	5（非常严重）
可行性论证不充分风险	筹资方案论证不充分，累计涉及金额 500 万元以下	筹资方案论证不充分，累计涉及金额 500 万（含）~1 000 万元	筹资方案论证不充分，累计涉及金额 1 000 万（含）~ 3 000 万元	筹资方案论证不充分，累计涉及金额 3 000 万（含）~ 5 000 万元	筹资方案论证不充分，累计涉及金额 5 000 万元（含）以上
筹资用途缺乏监管风险	筹集资金挪用于其他项目合计金额 50 万元以下	筹集资金挪用于其他项目合计金额 50 万（含）~100 万元	筹集资金挪用于其他项目合计金额 100 万（含）~ 300 万元	筹集资金挪用于其他项目合计金额 300 万（含）~ 500 万元	筹集资金挪用于其他项目合计金额 500 万元（含）以上
筹资账务不合规风险	筹资账务不合规导致损失合计 1 000 万元（含）以内	筹资账务不合规导致损失合计 1 000 ~ 2 000 万元（含）	筹资账务不合规导致损失合计 2 000 ~ 3 000 万元（含）	筹资账务不合规导致损失合计 3 000 ~ 4 000 万元（含）	筹资账务不合规导致损失合计 4 000 万元（含）以上

新奇材料通过调阅相关历史资料并结合准则，判断出各类风险发生后果的得分（见表引分 3 –7 至表引分 3 –9），从而推测出各类风险在未来发生的严重程度。

表引分 3－7　　可行性论证不充分发生后果得分

<table>
<tr><td colspan="2">发生后果得分：5</td></tr>
<tr><td>历史资料来源</td><td>2021 年公司筹资业务审批流程记录表</td></tr>
<tr><td>历史资料详情</td><td>2021 年共发生 5 笔筹资业务，筹资金额如下：
<table>
<tr><th>日期</th><th>贷款项目名称</th><th>贷款金额（万元）</th></tr>
<tr><td>2021.01.15</td><td>新建锂电池装配车间</td><td>3 000</td></tr>
<tr><td>2021.04.05</td><td>污染物净化处理系统</td><td>1 500</td></tr>
<tr><td>2021.04.11</td><td>购买锂电池电解液回收装置专利</td><td>200</td></tr>
<tr><td>2021.08.31</td><td>新建办公楼</td><td>3 000</td></tr>
<tr><td>2021.12.15</td><td>购买锂电池检测设备</td><td>300</td></tr>
<tr><td colspan="2">总计</td><td>8 000</td></tr>
</table></td></tr>
<tr><td>分析结论</td><td>2021 年未经可行性论证的筹资方案所涉筹集金额共 8 000 万元。因此属于“累计筹集资金金额 5 000 万元以上”，所以发生后果得分为 5</td></tr>
</table>

表引分 3－8　　筹资用途缺乏监管风险发生后果得分

<table>
<tr><td colspan="2">发生后果得分：4</td></tr>
<tr><td>历史资料来源</td><td>2021 年资金挪用记录表</td></tr>
<tr><td>历史资料详情</td><td>2021 年发生资金挪用记录 4 笔，详情如下：
<table>
<tr><th>日期</th><th>挪用事由</th><th>预计挪用时长</th><th>金额（万元）</th></tr>
<tr><td>2021.01.15</td><td>归还贷款本金</td><td>60 天</td><td>120</td></tr>
<tr><td>2021.04.05</td><td>购买专利权</td><td>90 天</td><td>80</td></tr>
<tr><td>2021.04.11</td><td>购进生产设备</td><td>60 天</td><td>150</td></tr>
<tr><td>2021.06.19</td><td>新品投入广告</td><td>30 天</td><td>50</td></tr>
<tr><td colspan="2">总计</td><td colspan="2">400</td></tr>
</table></td></tr>
<tr><td>分析结论</td><td>2021 年发生资金挪用金额合计 400 万元，因此属于“筹集资金挪用于其他项目合计金额 300 万（含）～500 万元”，所以发生后果得分为 4</td></tr>
</table>

表引分 3－9　　筹资账务不合规风险发生后果得分

<table>
<tr><td colspan="2">发生后果得分：2</td></tr>
<tr><td>历史资料来源</td><td>证监会公告</td></tr>
<tr><td>历史资料详情</td><td>2021 年涉嫌信息披露违法违规事件：
<table>
<tr><th>事件</th><th>详情</th></tr>
<tr><td>签订虚假协议，将筹资借款转为营业收入</td><td>新奇材料一股东出资 2 000 万元作为收入注入新奇材料。签订品牌授权使用协议，通过构造虚假交易，将该业务账务处理为“借：银行存款，贷：其他业务收入”，伪造与业绩相关的资金收付款痕迹。为此带来 600 万元损失</td></tr>
</table></td></tr>
<tr><td>分析结论</td><td>2021 年筹资账务不合规导致损失 600 万元，因此属于“筹资账务不合规导致损失合计 1 000 万元（含）”，所以发生后果得分为 1</td></tr>
</table>

三、风险评价

筹资业务风险评价是风险评估的最后一个环节，将筹资业务风险分析的结果（风险发生可能性和发生后果）与预先设定的风险重要性等级准则相比较，以确定筹资业务风险的重要性等级。

（一）风险的重要性等级

筹资业务风险的重要程度是发生可能性和发生后果的综合结果。在筹资业务风险管理实践中，用得比较多的方法是把风险发生可能性的分值与风险发生后果的分值相乘，其乘积即为风险重要程度的大小，数字越大，对应的风险越高。

【引例分析 3－11】

分析完风险后，新奇材料结合面临的社会经济环境及内部环境，制定了自身的风险重要性等级准则，其中风险值的计算公式为：风险值＝风险发生可能性×风险发生后果（见表引分 3－10）。

表引分 3－10　　新奇材料的风险重要性等级准则

风险等级	风险值范围	说明
低风险（可接受）	<5	制度健全且执行到位
中风险	5～14	制度基本健全合理，但执行尚有缺陷
高风险	15～25	制度还需健全、完善，执行还不到位

针对前期梳理筹资业务内控流程发现的可行性论证不充分风险、筹资用途缺乏监管风险、筹资账务不合规风险，分别计算各类风险的风险值，并判断各类风险的重要性等级（见表引分 3－11）。

表引分 3－11　　新奇材料筹资业务的风险重要性等级

风险源	风险发生可能性	风险发生后果	风险值	风险重要性等级
可行性论证不充分风险	3	5	15	高风险
筹资用途缺乏监管风险	3	4	12	中风险
筹资账务不合规风险	1	1	1	低风险

（二）风险矩阵

筹资业务的风险矩阵是利用筹资业务风险发生可能性及其发生后果这两个维度来绘制的矩阵图，是用于对风险进行优先排序的有效工具。绘制矩阵时，一个坐标轴表示筹资业务风险发生可能性等级，另一个坐标轴表示筹资业务风险发生后果等级，根据风险在矩阵中所处的位置，可以直观地显现筹资业务风险的分布情况，可以确定哪些风险更重要，需要更细致地分析和优先应对，非常有助于管理者确定关键风险和风险应对方案。

【引例分析 3－12】

为了更直观地展示风险分布情况，新奇材料根据前面判断出的风险发生可能性及发生后果的得分，绘制出筹资业务的风险矩阵图（见图引分 3－6）。未经可行性论风险证落在矩阵的红色区域，表示高风险；筹资用途缺乏监管风险落在矩阵的白色区域，表示中风险；筹资账务不合规风险落在矩阵的斜纹区域，表示低风险。由此可见可行性论证不充分风险是公司目前最紧急的，应该优先应对的风险。

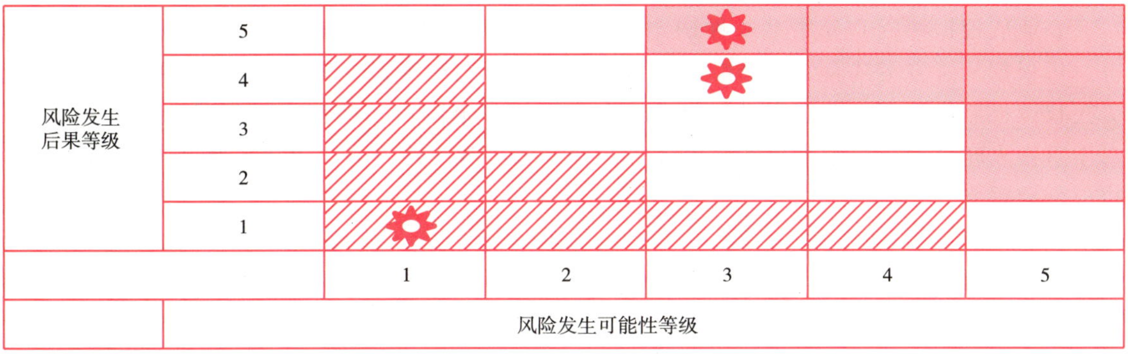

图引分 3－6　新奇材料筹资业务风险矩阵图

模块四　筹资业务风险的内控措施

筹资业务风险的内控措施

针对筹资业务内控流程展开风险评估后，企业应当采取内部控制措施对评估出的风险加以控制，降低或减轻风险发生的可能性和后果，将风险控制在企业可承受范围之内，让筹资业务更加经济高效。常见的筹资业务风险内控措施有以下五种。

一、不相容职务分离控制

不相容职务分离控制是指企业应当分析筹资业务中各部门和岗位的职责、权限，确保同一部门或个人不得办理筹资业务的全过程。该措施可以形成各司其职、互相牵制、互相监督的工作机制，避免内部舞弊的发生。常见筹资业务中不相容职务分离主要有：

（1）筹资方案的拟订人员与论证、审批人员相分离；

（2）筹资计划编写人员与审批人员相分离；

（3）筹资计划审批人员与执行人员相分离；

（4）筹资合同或协议的订立人员与审批人员相分离；
（5）与筹资有关的各种款项偿付的审批人员与执行人员相分离；
（6）筹资业务的执行人员与会计记录人员相分离；
（7）筹资业务的绩效评估人员与绩效执行人员相分离。

二、授权审批控制

企业应根据筹资业务的重要性确定不同的授权审批程序，从而保证各管理层有权亦有责。可根据筹资方案涉及的资金总额、营业收入或净利润等确定重要性大小，建立严格的分级授权审批制度，不得超越审批权限；经办人在职责范围内，按照审批意见办理筹资业务；对于审批人超越授权范围审批的筹资业务，经办人有权拒绝办理，并及时向审批人的上一级授权部门报告。

【引例分析 3－13】

新奇材料依据筹资方案金额大小确定了不同的授权审批层次（见图引分 3－7），以筹资方案金额大小作为分支条件，在总经理、董事会审批处都产生了分支。

分支 1：满足以下情形之一，应由总经理、董事会、股东大会依次审批：

（1）发行股票或发行债券；

（2）借款金额≥2 000 万元。

分支 2：500 万元≤借款金额＜2 000 万元，应由总经理、董事会依次审批。

分支 3：借款金额＜500 万元，应由总经理审批。

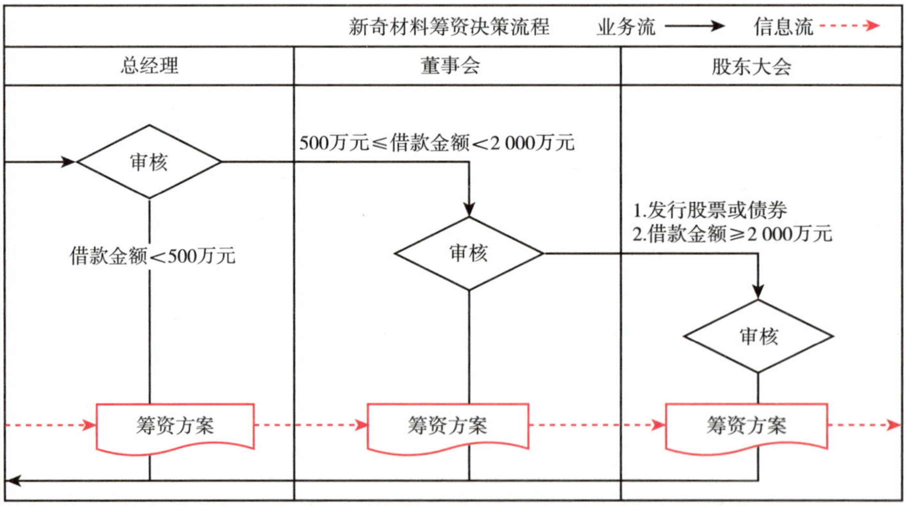

图引分 3－7　新奇材料筹资业务分级授权

筹资业务应严格按照企业规定的权限履行审批程序。例如，筹资方案一般由筹资经理审批后报送财务经理，财务经理审批后报送总经理，由总经理负责审批；重大筹资方案则应当提交股东大会和董事会进行审议，实行集体决策审批或联签制度。筹资计划等也需经由筹资经理、财务经理、总经理、董事会、股东大会等逐级审批。

【引例分析 3－14】

（1）针对“可行性论证不充分风险”，应采用“授权审批控制”与“不相容职务分离控制”把风险降到公司可承受范围内，具体授权审批方案见表引分 3－12。

表引分 3－12　　可行性论证不充分风险的授权审批控制

风险源	可行性论证不充分风险	风险等级	高风险
内控措施	授权审批控制		
具体方案	为了确保筹资方案可行性分析全面科学，需在原筹资决策流程（见图引分 3－2）中增加“论证筹资方案”环节，对筹资方案进行战略性、经济性、风险性评估。授权销售部、财务部、战略部一同参与可行性论证，形成可行性论证报告，论证通过后，再将筹资方案报送给高层审批。必要时，还可邀请外部专家或聘请外部专业机构参与可行性论证		
控制部门	销售部、财务部、战略部	控制负责人	技术经理、财务经理、战略经理

【练一练】新奇材料筹资决策的再造流程如何绘制？

（2）针对“筹资用途缺乏监管风险”，应采用“授权审批控制”把风险降到公司可承受范围内，具体授权审批方案见表引分 3－13。

表引分 3－13　　筹资执行环节的授权审批控制

风险源	筹资用途缺乏监管风险	风险等级	中风险
内控措施	授权审批控制		
具体方案	为监督所筹资金按照筹资合同或筹资计划中约定的用途使用，在原实施筹资计划流程（见图引分 3－3）中增加“监督筹集资金使用”环节，即筹资资金到账后，授权财务部管理资金、法务内审部监督资金的使用情况，并形成借款存量表、借款计划表、还款计划表等资料。若确实需要更改资金使用用途，需提交资金用途修改申请表，经过严格的授权审批流程		
控制部门	财务部	控制负责人	筹资经理、财务经理

【练一练】新奇材料实施筹资计划的再造流程如何绘制？

三、文件记录控制

企业应加强对与筹资业务有关的各种文件和凭据的管理，建立筹资决策、执行环节的书面记录制度，以及有关合同或协议、收款凭证、支付凭证等资料的存档、保管和调用制度。例如，在论证筹资方案时，应全面记录评估人员的可行性论证意见，形成可行性论证报告。一般应记录以下内容：

1. 筹资方案的战略性评估

主要评估筹资方案与企业整体发展战略是否符合，控制筹资业务偏离企业发展战略的风险；评估筹资规模与企业经营计划是否相符，控制筹集资金过度带来的财务风险与偿债压力或筹资资金不足带来的资金缺口问题。

2. 筹资方案的经济性评估

主要分析筹资方案的经济性因素，包括筹资成本、筹资期限、筹资形式、经济效益、资本结构等。主要评估筹资成本是否为能获取的最低成本；评估筹资形式是否合适；评估筹资期限是否合理；评估经济效益是否满足要求；评估资本结构是否最优。其中，筹资成本是评判筹资方案经济性的重要因素。一般而言，权益性筹资方式的筹资成本较高，负债性筹资方式的筹资成本较低。对于权益性筹资与负债性筹资方式的选择会引起企业资本结构的变动。企业需结合自身生命周期、行业特性等因素，综合考虑筹资成本与资本结构的问题。

3. 筹资方案的风险性评估

主要分析筹资方案面临的风险性因素。评估利率和汇率趋势、货币政策导向、宏观经济走势可能引起的风险。比如，企业选择债务性筹资方式时需按时还本付息，承担的财务风险较大，企业需综合考虑利率、偿债能力、现金流量等因素，评断风险是否可控；企业选择权益性筹资方式时无须按时还本付息，但权益性方式筹资成本较高，承担的不可控风险较大，企业需综合考虑筹资成本、控制权、股利分配等因素，评判风险是否可控。

四、运营分析控制

企业的运营分析控制主要是指合理预测筹资资金需求量，降低筹资成本以及优化资本结构。

（一）筹资资金需求量

企业的资金需求量是筹资业务的重要依据，只有建立在科学合理的资金需求量预测上，才能保障资金规模筹集适度。企业一般可以采取定性分析法和定量分析法进行资金需求量的预测。其中，定性分析法是指预测人员根据相关知识及经验对资金需求量进行主观分析及判断，可以采取德尔菲法、市场调查法和相互影响预测方法进行定性分析。定量分析法是指根据历史资料，采取数学方法揭示资金需求量和相关因素直接数量关系的方法，实践中常用定量分析法如下：

1. 销售百分比法

销售百分比法是指基于某些（经营性或敏感性）资产和负债与销售额存在稳定的百分比关系（与销售额同比变动）的假设，进而预测外部资金需求量的方法。此方法需要确定随销售额而变动的资产和负债项目有哪些，以及这些项目与销售额的稳定比例关系是多少。计算原理如下：

$$\text{追加资金需要量} = (\text{敏感资产项目销售百分比} - \text{敏感负债项目销售百分比}) \times \text{增加的销售额} - \text{增加的留存收益}$$

其中：

(1) 敏感资产项目（经营性资产）指随销售额变动而同比例变动的流动资产，通常包括货币资金、应收账款和存货；不包括短期投资的股票、债券、国库券。

(2) 敏感负债项目(经营性负债)指随销售额变动而同比例变动的流动负债,通常包括应付票据、应付账款、应付职工薪酬、应交税费等,不包括短期借款。

2. 资金习性预测法

资本习性预测法是基于资本的变动与产销量(业务量)的变动之间的依存关系的一种资金需要预测方法。按照资本习性可将资本分为不变资本、变动资本和半变动资本。其中不变资本表示不随销售变动而变动的资本,用 a 表示;变动资本表示总额随着产销量变动呈同向变动的资本。如果用 b 表示单位变动资本,x 表示产销量,则变动资本可用 bx 表示。半变动资本可以采用一定的方法划分为不变资本和变动资本。y 表示资本占用量,总资本习性模型为 $y = a + bx$。

(二) 资本成本

资本成本是指企业因为筹集和使用资本而付出的代价,企业在筹资过程中应当尽量降低资本成本的支出。其计算原理如下:

资本成本率 = 年使用费用/(筹资数额 - 筹资费用)

资本成本具体应用时可以区分为个别资本成本、综合资本成本和边际资本成本三类。个别资本成本是指企业单个长期资金的成本,如债券资本成本、长期借款资本成本、优先股资本成本、普通股资本成本、留存收益资本成本等;综合资本成本是指企业全部长期资金的加权平均资本成本;边际资本成本是指企业追加长期资金的成本。

(三) 资本结构

资本结构是指企业各种资金的构成及其比例关系。资本结构是企业筹资决策的核心问题。企业确定最佳资本结构的方法主要有每股收益分析法、资本成本比较法和企业价值比较法。

1. 每股收益分析法

每股收益分析法是指在息税前利润的基础上,通过比较不同资本结构方案的普通股每股收益,来选择最优资本结构或评价债务与权益资本如何安排更为合理。公式如下:

$$\frac{(EBIT - I_1)(1 - T) - D_1}{N_1} = \frac{(EBIT - I_2)(1 - T) - D_2}{N_2}$$

式中:$EBIT$ 为两种筹资方案的每股收益无差别点;I_1 和 I_2 为两种筹资方案下的债务年利息;D_1 和 D_2 为两种筹资方案下的优先股年股利;T 为公司所得税;N_1 和 N_2 为两种筹资方案下的流通在外的普通股股数。

2. 资本成本比较法

资本成本比较法是通过计算各方案的加权平均资本成本,并根据加权平均资本成本的高低来确定资本结构的方法。

【相关案例】

一凡生物科技有限公司目前长期借款余额 8 000 万元,年利率 6%;普通股 12 000 万元,上年支付的每股股利 2 元,预计股利增长率 6%,发行价格 20 元,目前价格也为 20 元。企业所得税税率 25%,公司需要筹集资金 1 000 万元购买设备,有以下两种筹资方案可供选择:

方案 1：增加长期借款 1 000 万元，借款利率 5.4%；

方案 2：发行普通股 476 190 股，普通股市价增加到每股 21 元。

筹资方案成本分析

金额单位：万元

筹资方案		筹资额	权重	资金成本率	综合
筹资前	长期借款	8 000	40%	4.50%	11.76%
	普通股	12 000	60%	16.60%	
方案 1	长期借款 1	8 000	38%	4.50%	11.39%
	长期借款 2	1 000	5%	4.05%	
	普通股	12 000	57%	16.60%	
方案 2	长期借款 1	8 000	38%	4.50%	11.96%
	普通股	13 000	62%	16.10%	
决策结论		最低的综合资本成本		11.39%	
		最佳筹资方案		方案 1	

经过对比分析，公司选择筹资方案 1。

3. 企业价值比较法

企业价值分析法是指通过计算和比较各种资本结构下企业的市场总价值进而确定最佳资本结构的方法。这种方法确定的最佳资本结构为企业价值最大时的资本结构。

五、会计系统控制

企业应当加强筹资业务的会计系统控制，主要包括以下几个方面：

（1）企业财会部门应建立严密的筹资业务账簿体系，并妥善保管筹资合同或协议、收款凭证、入库凭证、验收证明和支付凭证等资料。为更好地管控筹资业务，财会部门还应当建立借款台账，登记债权人、本金、利率、还本付息期限和方式等；建立股东名册，记录股东名称、地址、股东所持股份、股票编号以及股东取得股票的日期；建立债券存根簿，记录持有人、债券编号、债券总额、票面金额、利率、还本付息期限和方式、债券发行时间等；对于以抵押、质押方式筹资，还应对抵押或质押物资进行登记，待业务终结后，应对抵押或质押资产进行清理、结算、收缴，及时注销有关担保内容。

（2）企业财会部门应随时掌握资金情况，监督资金取得、资金使用、费用支付、本息偿还、股利支付等情况。财会部门应编制贷款申请表、内部资金调拨审批表等，严格管理筹资程序，以保障资金管理工作的良好运作；财会部门应通过编制借款存量表、借款计划表、还款计划表等，掌握贷款资金的动向；财会部门还应定期与资金提供者进行账务核对，以保证资金及时到位与资金安全。

（3）企业财务部门应按照会计准则或会计制度对筹资业务进行正确核算，为相关利益者提供高质量的财务信息。若资金为非货币资金且无法确定价值时，资金取得时须经有资质的机构进行验资和评估后进行会计核算处理。

（4）建立科学的预算和严格的内部稽核制度。合理的会计政策和会计程序是会计核算与监督的依据，内部稽核则可及时发现舞弊行为。

【引例分析3－15】

针对“筹资账务不合规风险”，应采取“会计系统控制”把风险降到公司可承受范围内（见表引分3－14）。

表引分3－14　　筹资执行环节的会计系统控制

风险源	筹资账务不合规风险	风险等级	低风险
内控措施	会计系统控制		
具体方案	财务部门在进行会计处理时，应进行会计复核控制： （1）与银行借款、股权有关的文件（如董事会决议、借款合同、银行进账单等）是否齐全、是否合法；相关文件、账单（如借款申请、银行借款合同）的内容是否一致；如不一致，应查明原因，并进行相关处理；其他有关部门和人员在单证上的签字是否齐全 （2）对应付账款、应付票据、预收账款的真实性、完整性、所有权、计价、账务正确性、合法性进行内部稽核。对长期借款的合法性、计价、分类、截止日进行审查，并对企业在会计报表上是否正确揭示了年内到期的长期借款、借款抵押等情况进行揭示；对应付债券的合法性、计价进行查验，并查明会计报表对债券种类、抵押、年内到期等情况是否做了必要说明 内审专员也应定期对公司各筹资项目的账务处理、投资效益等情况进行检查，并向董事会提出书面报告		

总结与提高

本项目我们学习了筹资业务的内部控制目标，筹资业务所需组织架构，筹资业务内控的业务流、资金流、信息流，对筹资业务流程中的风险进行了识别、分析、评价，并对此采取相应的内部控制措施。学习的重点是梳理筹资业务流程和风险评估；学习的难点是针对风险选择恰当的内部控制措施。

【线上活动】

登录智慧职教平台，完成微课学习、习题和讨论，发表自己对筹资业务内控的理解和看法。

【推荐阅读】

《企业内部控制应用指引第6号——资金活动》

评价与考核

一、项目实施评价

项目完成后，学员根据项目实施情况进行自我评价，并填表（在○中打√，A掌握，B

基本掌握，C 未掌握)，指导老师根据评价结果进行讲评。

项目实施情况分析表

项目实施过程	自我评价
创建筹资业务内控所需组织架构	A○　B○　C○
绘制筹资业务的业务流	A○　B○　C○
设计筹资业务的资金流、信息流	A○　B○　C○
识别筹资业务内控流程的风险	A○　B○　C○
分析筹资业务内控流程的风险	A○　B○　C○
评价筹资业务内控流程的风险	A○　B○　C○
控制筹资业务内控流程的风险	A○　B○　C○

二、理论考核

1. 判断题

(1) 筹资的目的就是为企业获得尽可能多的资金。(　　)

(2) 筹资方案发生重大变更的，应当重新进行可行性研究并履行相应审批程序。(　　)

(3) 股利分配方案应当经过董事会批准，并按规定履行披露义务。(　　)

(4) 筹资相关资金（本金、利息、股利等）不能按时偿付属于筹资后评价环节风险。(　　)

(5) 企业应当按照国家统一会计准则制度，正确核算和监督资金筹集、本息偿还、股利支付等相关业务。(　　)

2. 不定项选择题

(1) 筹资业务活动内部控制的要求有（　　）。

A. 保证筹资资金量规模适当

B. 保证筹资期限与使用期限匹配

C. 保证筹资业务财务报告的真实性、完整性与准确性

D. 保证偿付体系的规范性

E. 保证筹资业务的合法性

(2) 下列关于对筹资方案进行经济性评估的说法中，正确的有（　　）。

A. 评估资本结构是否最优

B. 评估筹资方案是否符合企业整体发展战略

C. 评估筹资成本是否为能获取的最低成本

D. 评估筹资规模与企业经营计划是否相符

E. 评估宏观经济走势可能引起的风险

(3) A 公司下列筹资岗位分工职责中，不恰当的有（　　）。

A. 筹资部门甲职员负责筹资方案和筹资计划的拟订工作

B. 法务部门乙职员负责筹资合同的拟订与审批工作

C. 财务部门丙职员负责筹资款项偿付审批与执行工作

D. 财务部门丁职员负责筹资业务执行与会计处理工作

E. 人事部门戊职员负责筹资业务绩效评估与执行工作

(4) 筹资业务的主要业务环节包括（　　）。

A. 拟订筹资方案　　B. 核实筹资方案

C. 编制筹资计划　　D. 论证筹资计划

E. 偿付筹资款项

(5) 企业应加强对与筹资业务有关的各种文件和凭据的管理，建立筹资决策、审批过程的书面记录制度，以及有关合同或协议、收款凭证、支付凭证等资料的存档、保管和调用制度。这种行为属于（　　）控制措施。

A. 文件记录　　B. 财产保护

C. 会计系统　　D. 不相容职务分离

E. 授权审批

三、技能考核

请根据下述案例进行风险识别与内部控制。

亚欣酒店在2020年筹建期间，为提升企业竞争力，总经理筹划向外国银行进行借款。酒店与广西一家信托投资公司协商后，当即决定以酒店之房产及土地使用权做出反担保，请求该投资公司担任其借款合同保证人。经双方协商一致后，2020年8月，由投资公司担保，亚欣酒店与以荷兰商业银行香港分行为代理的几家银行签订了为期八年半的贷款合同，并于2020年10月至2021年11月期间，分19次提取了全部贷款1 500万美元。

由于亚欣酒店没有充裕的资金，无法按照“信贷合同”的规定按期偿还该贷款的本金及利息，造成多次违约。贷款银行根据“信贷合同”约定，于2022年宣布全部贷款本金、利息及其他费用提前到期，要求亚欣酒店立即将应付款1 592万美元付清。酒店一直不予偿付。贷款银团遂要求投资公司履行保证人义务。投资公司替亚欣酒店清偿了所欠本金及利息，并发函向亚欣酒店追索。因酒店未予偿付，投资公司遂将亚欣酒店告上法院，最终亚欣酒店败诉，变卖企业以偿还债务。

任务实施过程	实施答案	评分标准	标准分	得分
一、确定内控目标		是否结合业务具体目标来设定内控目标	10	
二、识别风险源，并进行风险描述		是否识别出所有的风险源；风险描述是否清晰	10	
三、采取内部控制措施		所选内部控制措施是否正确	10	

项目四
投资业务的内控

知识学习目标

1. 能列举投资业务的内部控制目标
2. 能描述投资业务内控所涉组织及职责体系
3. 能归纳投资业务内控的业务流、资金流、信息流
4. 能叙述投资业务内控流程的风险评估过程
5. 能举例说明投资业务风险的内部控制措施

技能训练目标

1. 能设计投资业务内控所需组织及职责体系
2. 能绘制投资业务内控的业务流
3. 能设计投资业务内控所需信息流、资金流
4. 能评估投资业务内控流程的风险
5. 能控制投资业务内控流程的风险

素养提升目标

养成诚信法治、审时度势、谨慎评估的投资理财职业素养

标志性成果

独立撰写一份投资业务的风险评估与内控报告

思维导图

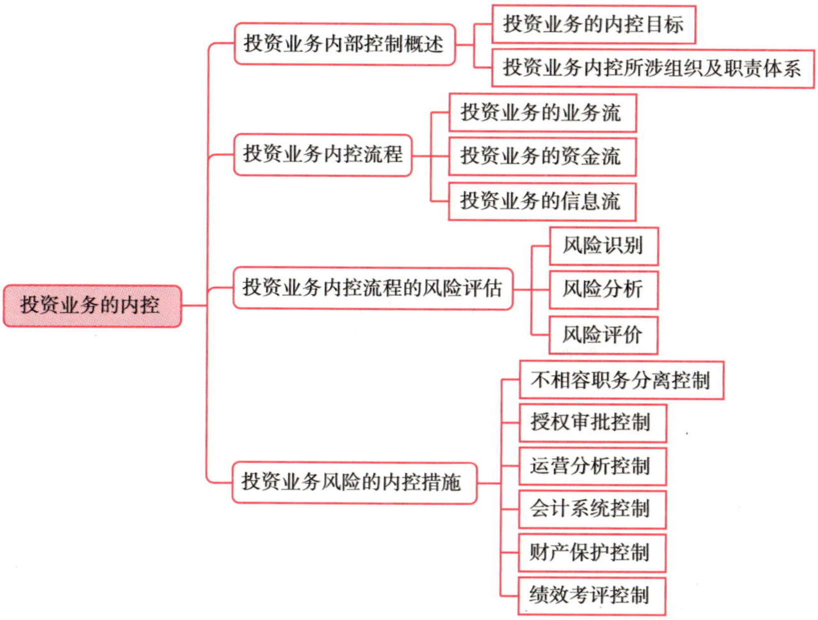

项目引例

上海天门创意股份有限公司（以下简称“天门创意”）成立于2009年3月，注册资本9 000万元，是一家以创意设计为核心，以数字技术为支撑，为城市展览馆、博物馆、图书馆、科技馆等多馆合一的文化中心或文化综合体空间环境提供一站式设计服务的企业。公司2018年度的营业收入比2017年减少22.86%，原因是2017年12月国家发展改革委、住房城乡建设部发布了《关于规范城市规划展览馆建设布展的通知》，要求各地严格规范城市规划、展览馆建设布展，严格审批，严禁举债建设，严控建设规模和标准，杜绝奢华布展。

鉴于此，2019年初公司管理层提出“非相关多元化”发展战略，认为目前展馆建设行业已经进入饱和状态，当前业务高度集中，且缺乏增长潜力。企业要做大做强，必须利用现有资源优势通过并购、重组等方式寻求新的增长点。经过多方调研考察，公司决定布局电商行业。

2019年3月公司成立投资小组，经过与电商行业内多家公司深入交流后，结合自身特点与财务筹划需要，公司最终锁定深圳后裔网络股份有限公司（以下简称“后裔网络”）为本次股权投资标的公司。根据公司章程及相关业务流程，工作组将后裔网络收购项目逐级上报至总经办、董事会、股东（大）会进行审议。审议通过后，天门创意以自有资金和债务融资相结合的方式向后裔网络原股东支付5 066.22万元，取得后裔网络25%的股权。

收购后的第三年2021年，天门创意合并报表显示全年净利润同比下滑882.96%。导致净利润下滑的主要原因是长期股权投资——后裔网络计提减值损失2 714.08万元。对此公司立即成立调查小组，就2019年并购后裔网络事件展开调查。同时为保证其他投资业务安全，决定加强公司投资业务内控建设，从梳理投资业务内控流程着手，识别、分析、评价流程中存在的各类风险，并采用适当的内控措施控制风险。

思考与实践

（1）为何投资后裔网络第三年就发生如此重大的减值损失？由此天门创意应确立怎样的投资业务内控目标？

（2）到底是投资业务内控流程中的哪个环节失误导致了投资损失？

（3）天门创意投资业务内控流程还涉及哪些环节？其他环节是否也存在风险？

（4）针对天门创意投资业务流程中的风险，应采取哪些内部控制措施？

模块一　投资业务内部控制概述

投资业务是指企业投入财力以期望在未来获取收益的一种行为，是筹资业务的延续，作为一种营利活动，对于补偿筹资成本和创造企业利润，具有举足轻重的意义。投资业务内部控制是指根据投资目标和规划，合理安排资金投放结构，科学确定投资项目，拟订投资方案，关注投资项目的风险，进而采取内控措施确保投资收益的过程。其内部控制要求在《企业内部控制应用指引第6号——资金活动》有所体现，该项指引所称“资金活动”是指企业筹资、投资和资金营运等活动的总称，本项目仅探讨资金活动中对外投资业务的内部控制。

一、投资业务的内控目标

投资业务的内控目标

要对投资业务进行有效控制，首先需要明确其控制的目标。企业内部控制主要有四个目标，分别是合规目标、报告目标、运营目标和战略目标。下面结合投资业务来谈其内控具体目标。

（一）合规目标

（1）为了规范企业的投资行为，国家颁布了相关法律法规，如《中华人民共和国公司法》《中华人民共和国证券法》《中华人民共和国外商投资法》《中华人民共和国招投标法》及《中华人民共和国企业国有资产法》等。各种投资的交易手续、程序、各种文件记录以及账面的反映和财务报表的披露等均应符合国家的法律法规，以保护投资者自身的利益。

（2）保证投资业务符合企业相关内部规章制度。比如保证一切投资业务必须经过适当的授权或审批程序才能进行，据此设置职务分离制度、批准投资业务负责人的级别，使投资业务在投资初期就得到严格的控制。

（二）报告目标

（1）保证企业投资资产在报表上合理反映。由于市场变化较快，投资资产的价值变化很大，因此企业的利益相关人必然会关心报表所反映的价值是否真实合理。企业要使利益相关人及审计人员对其提供的财务信息感到可信，就必须对投资的计价和反映进行有效的控制，防止计价方法的不恰当运用和其他原因导致的报表错误。

（2）对外投资的全资子公司、控股子公司应执行信息披露管理制度，重大信息及时向投资方报告，例如对外投资涉及收购出售资产行为、重大诉讼仲裁事项、重大经营性或非经营性亏损、重大行政处罚、重要合同（借贷、委托经营、受托经营、委托理财、赠予、承包、租赁等）的订立或变更和终止等重大事项。

（三）运营目标

（1）企业应当在保证投资资产的安全性与完整性基础上实现投资收益。强调保住本金才是投资的首要目标，才能为获益打好根基。保住本金的关键是识别并控制投资中的风险，如企业投资资产中的有价证券，其流动性仅次于现金，它们被挪用的可能性较大，如果没有适当的控制，它们较易被冒领或转移。

【引例分析 4-1】

因后裔网络经营不善，按照《企业会计准则第 2 号——长期股权投资》对其进行减值测试后，发现后裔网络可收回金额低于账面价值，因此确认减值损失 2 714.08 万元。投资损失如此之大，那当初进行投资决策时是否经过谨慎研究？据调查，当时进行投资可行性分析时，投资小组组建了投资、财务、人力、法务等企业内部人员参与决策，并就投资方案的战略性和经济性进行了评估：

（1）战略性评估。此项投资是基于“非相关多元化发展战略”，天门创意进入了与创意设计产业和市场均不相关的跨境电商领域。战略目标不是利用原有产品、技术、营销渠道等方面的共同性，而是获取新的利润增长点，以规避原有产业或市场的发展风险。

（2）经济性评估。中国跨境电商交易规模在 2015 年已突破 5 万亿元，2017 年规模增长至 7.6 万亿元，同比增长 20.63%。截至 2018 年底中国跨境电商交易规模超 9 万亿元，达到 9.1 万亿元，同比增长 19.5%。根据权威机构预测，2019 年、2020 年中国跨境电商交易规模将达到 10 万亿元和 12.7 万亿元，市场前景广阔。天门创意预估 2019 年、2020 年、2021 年后裔网络可实现营业收入分别为 11 951.63 万元、12 907.76 万元、13 875.84 万元，净利润分别为 585.63 万元、658.30 万元、735.42 万元。

由此可见，当时的可行性分析缺乏风险性评估，导致不仅没有盈利而且自身资本损失。因此天门创意确立其投资业务内控运营目标为“在保证对外投资风险可控的基础上实现投资收益”。因为投资业务与企业的其他业务相比，具有交易数量少、每笔交易金额大、风险大等特点，一旦投资决策失误，往往造成巨大的损失，甚至会导致企业承担巨额债务，使企业破产、倒闭。

（2）保证投资规模与筹资、资源调配能力相适应。企业确定的投资方案或项目所需资金，需要通过筹资业务来募集。只有如数、及时筹集到投资所需资金，投资方案才能实施。如果筹资不顺利、筹集不到或不足所需资金，即使再好的投资方案也不能得以实施。另外，企业投资中需要的原材料、优秀人才、能源等一系列资源，以及企业本身是否有独特的优势也是企业运营的关键。

（3）保证投资业务资金来源的可靠性。企业的短期投资业务只能利用企业暂时闲置不用的资金，并且不得削弱企业的偿债能力；企业的长期投资业务一般规模较大，占用资金的时间长，应以不影响企业的正常经营活动为限。因此企业在进行投资前，应进行周密、科学的投资规划，确保投资业务具有可靠的资金来源。

（4）保证投资弹性适度。第一，规模弹性，投资企业必须根据自身资金的可供能力和投资效益或市场供求状况，调整投资规模，或收缩或扩张。第二，结构弹性，投资企业必须有能力根据市场风险或市场价格变动，调整现存投资结构。由于市场处于永续变动之中，企业的经营规模和投资规模、经营结构和投资结构都必须相应调整，调整的前提就是投资弹性。

（四）战略目标

对外投资业务是企业发展战略中的重要环节。企业需保障发展战略的有效执行，将发展战略细化到投资环节之中，需制定明确的投资战略，并确保其与发展战略的一致性。因此，企业在选择投资项目时应实施可行性论证，并将战略性评估列为重要考量因素，确保投资项目与战略目标方向相符。

二、投资业务内控所涉组织及职责体系

投资业务的操作演示

投资业务的有序开展需要有力的组织保障，应先建立相关岗位责任制，以清晰界定各部门的职责。常见投资业务所涉组织及职责体系如下：

（一）投资管理部门

投资管理部门（包括证券部、投资部等）主要负责投资调查工作与统筹安排工作，包括编制投资方案、投资可行性研究报告、投资计划、资产清算处置方案等投资业务必要文件；根据投资评审流程要求提交、补充相应阶段评审文件；组织各部门展开投资方案的可行性论证等。

（二）投资决策部门

参与投资业务决策的部门主要有股东大会、董事会、战略委员会等。主要负责投资业务中的决策行为，包括授权审批投资方案、可行性报告、投资计划、投资合同或协议、资产清

算处置方案等重要信息流文件；制定企业发展战略，并审核投资业务与发展战略的一致性等。

（三）运营管理部门

运营管理部门主要负责包括投资项目的运营管理与投后管理工作，定期进行投资项目的运营情况分析与汇报；对投资项目的运营情况进行建议与调整等。

（四）投资监督部门

履行投资业务监督职能的部门主要有监事会、内审部门、审计委员会等。主要负责对投资业务的内部控制实施进行全程监督与检查；制定企业投资业务内部审计规章制度；对企业以及被投资单位的经济活动进行审计监督，出具审计报告。

（五）财务管理部门

财务管理部门主要职责包括对投资业务进行会计核算记录；对投资相关财务管理规章制度进行制定并实施；对投资项目进行尽职调查并参与论证分析工作；对投资计划提出合理建议；对投资业务涉及的资金及费用进行管理与审核。

（六）法律部门

法律部门主要负责投资业务的相关法律性事务。职责包括对公司投资业务的开展进行合法性论证并提供法律支持；对公司投资规章制度、合同协议中的法律条款进行审查，对重要条文、违约责任等提出意见与建议；对投资单位展开资信审查等。

【引例分析 4－2】

天门创意的组织架构及岗位设置如图引分 4－1 所示。

投资业务主要涉及以下部门：

（1）投资部是投资项目的“投资管理部门”。投资部由投资经理管理，下设投资专员岗位。投资部负责投资项目的信息收集、项目建议书以及可行性研究报告的编制、项目实施过程中的监督、协调以及项目后评价工作。

（2）股东大会、董事会、总经办是投资项目的“投资决策部门”，各自在其权限范围内，对公司的对外投资作出决策。其他任何部门和个人无权作出对外投资的决定。

（3）监事会是投资项目的“投资监督部门”，负责对公司对外投资项目的决策程序、批准权限、投资管理、投资后运行的合法合规性进行监督。

（4）财务部是投资项目的“财务管理部门”。财务部由财务总监统筹管理，财务经理辅助管理，财务部下设出纳、会计岗位。会计负责设置对外投资总账及明细分类账的核算，以及对对外投资资产进行定期财产清查工作；出纳负责投资业务相关的货币资金核算、往来结算等。

（5）法务部是投资项目的“法律部门”。法务部由法务经理管理，下设法务专员岗位。法务专员主要负责审查项目合同和协议条款，提供法律性支持。

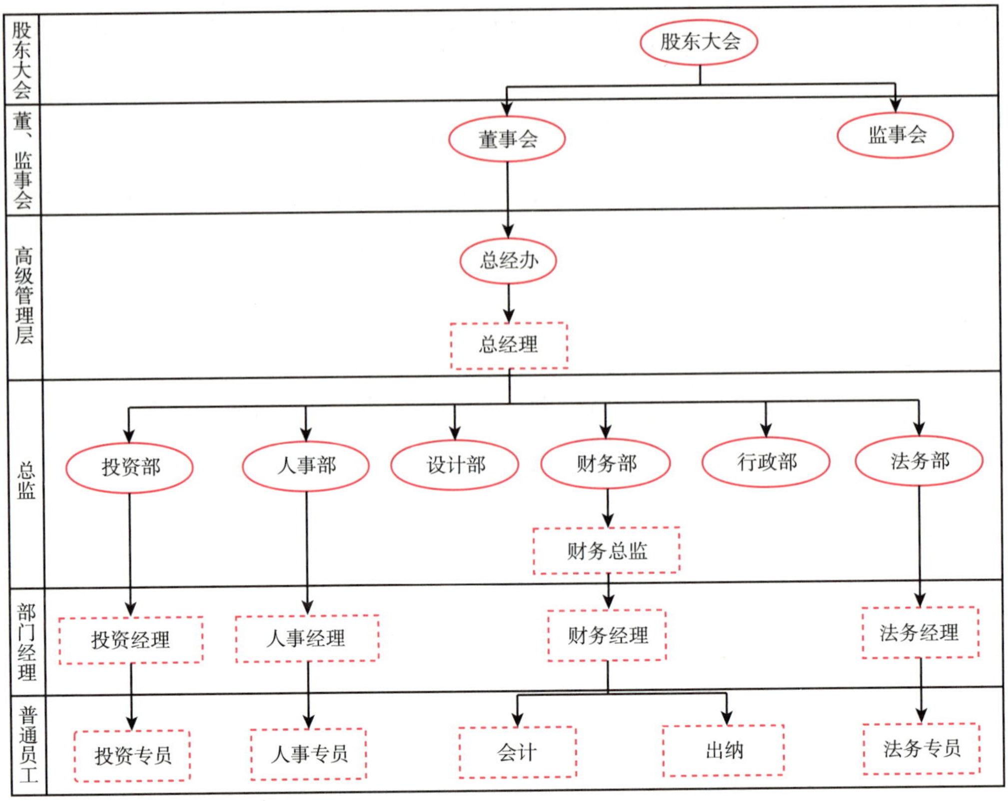

图引分4-1　天门创意的组织架构及岗位设置

模块二　投资业务内控流程

投资业务属于高风险经济活动，很多企业因对外投资导致重大经济损失，严重影响了企业的生存和可持续发展能力。为了谨慎投资，合理安排资金投放的数量、结构、方向与时机，企业应将完善投资业务内控流程作为内控建设的起点，根据投资业务的特点，设计出合理的业务流、资金流、信息流。

一、投资业务的业务流

投资业务的业务流通常包括投资决策、投资执行、投资处置三个环节。

投资内控业务流及所涉组织

（一）投资决策环节

投资决策环节又包括拟订投资方案、论证投资方案与授权审批投资方案三个步骤。

1. 拟订投资方案

企业应结合内外部因素制定合理的投资方案，一般由企业的投资管理部门进行初步拟订。从企业内部角度出发，投资方案的拟订需要考虑企业整体发展战略、投资战略、投资预算与规划、企业经营计划等因素，其中投资战略因素需重点关注。一般企业需事先制定科学的投资战略，并根据市场变动情况进行战略的修订，明确企业投资的整体方向与目标。投资管理部门拟订投资方案时应确保与投资战略目标一致。从企业外部环境出发，投资方案的拟订还需要考虑产业政策、宏观趋势、经济形势、市场情况、法律法规等因素。

2. 论证投资方案

拟订投资方案之后，先由投资经理与总经理对投资方案进行初步审批。审批完毕后需要对投资方案进行可行性论证，主要由投资管理部门组织相关部门人员组成专项小组，或委托外部具有资质的专业机构进行投资方案可行性论证。论证前应对投资方案进行充分调研，收集详尽、可靠的项目资料，论证报告应全面反映论证人员的意见，并由所有论证人员签章。专项小组主要针对以下几个方面展开论证：

（1）进行投资方案的战略性评估。主要评估投资战略与企业整体发展战略是否相符，尤其当企业采取股权方式对外投资时，需考虑投资对象对企业长期战略的影响。企业需获取投资对象的战略发展文件，调查其经营模式、战略部署情况、战略实施情况与未来发展趋势，分析是否与本企业长期战略相符。

（2）进行投资方案的经济性评估。主要分析投资方案的经济性因素，包括投资方式、投资回报率、投资流动性、资金来源、筹资能力、预期成本、税收优惠、投资规模、投资时机等。主要评估投资方式是否合理；投资回报率是否具有吸引力；投资项目是否有可靠的资金来源渠道；企业的筹资能力是否能覆盖投资项目所需资金；投资的预期成本是否合理；是否享受税收优惠政策；投资规模与投资时机是否恰当等。

（3）进行投资方案的风险性评估。主要分析投资方案面临的风险性因素是否在可承受范围之内。评估政府政策、宏观经济走势、技术可行性、市场前景、法律法规等可能引起的投资风险（包括经营风险、财务风险、市场风险等），强化投资项目的风险管理。比如，企业采取并购方式投资时，需考虑的法律风险有以下几点：交易主体瑕疵的法律风险、交易程序瑕疵的法律风险、股权转让的法律风险、资产权属风险、信息不对称的法律风险、由并购协议程序带来的风险、行政干预的法律风险、劳动法律风险和税务风险等。

【内控“思”享】

可行性研究可“不行”

老板：同志们，考虑到目前市场情况以及我们的产能，我们准备对现有业务进行升级拓展。由以前单一的加工生产业向全行业进行拓展延伸，考虑通过并购的投资项目来实现。

各部门：老板说得对！老板英明！这个市场一定有戏！

老板：先别吹，先别吹！我跟你们说，这么大的事，得先做个可行性的研究才行。这可是关乎到企业的未来。

各部门：老板说得对！该做该做！

老板：销售部门，你们看一下市场；生产部门，你们看一下产线和产能；采购部门，你们看一下供应情况；技术部，你们看看我们后续的技术……

各部门：好的好的！没问题！

老板走后……

技术部负责人：老板要我们写可行性报告啊，你们怎么整？

销售部负责人：啊呀，就你最认真，说不行得找理由，说可行还不容易吗？老板想做肯定可行啊！

一段时间后，老板拿到了可行性报告。

老板：啊呀，看了你们的报告，给我的感觉就是那不是可不可行的问题，那是我后悔没早做的问题，感觉自己错过了1个亿啊！

各部门：老板过奖了！

老板：我邀请了投资专家帮我评估一下，你怎么看？

专家：整篇报告看似写得内容丰满，逻辑通顺，但其实各个部门在衔接上却有不少出入。更重要的是，整篇报告都在写怎么可行、市场怎么大，难道就没有一点风险吗？

各部门：你懂什么，可行性研究就是证明可行就行了，写风险有啥用？有风险不就不太可行了吗？

专家：首先，有风险不一定不可行！反而是你们，明明发现风险却不提示，瞒报风险才更不可行！

资料来源：锐思商学院公众号。

3. 授权审批投资方案

投资方案论证通过后，企业须对投资方案进行分级授权审批并保留完整的书面记录。投资方案发生重大变化时，应重新对其进行可行性论证，并再次办理相关授权审批。

【引例分析4-3】

天门创意为了加强投资业务内控建设，开始着手梳理自身的投资业务流程，其投资决策流程如图引分4-2所示。

（二）投资执行环节

1. 编写投资计划

企业需依据经由审批的投资方案，编制更加详细的投资计划，合理安排投资项目的实施执行，保障投资业务有效推进。企业可能同时有多个需推进的投资项目，因此企业应编写整体投资计划，合理调度与分配企业资源。投资计划可以划分为短期投资计划与长期投资计划进行编制，但都应与企业发展战略保持一致。

一般由投资管理部门编制投资计划，投资计划中应明确项目成员，进行具体的权责划分；明确投资项目具体的执行步骤；明确项目筹资来源渠道、方式；明确资金投入阶段与金额；明确投资项目验收的标准与要求等。在投资过程中，需要根据内外部环境的变化实时修订投资计划。投资计划编制完成后，企业须分级授权审批投资计划并保留完整的书面记录。

2. 实施投资计划

实施投资计划是保障企业投资项目正常运作的重要环节。企业需要根据已授权审批的投资

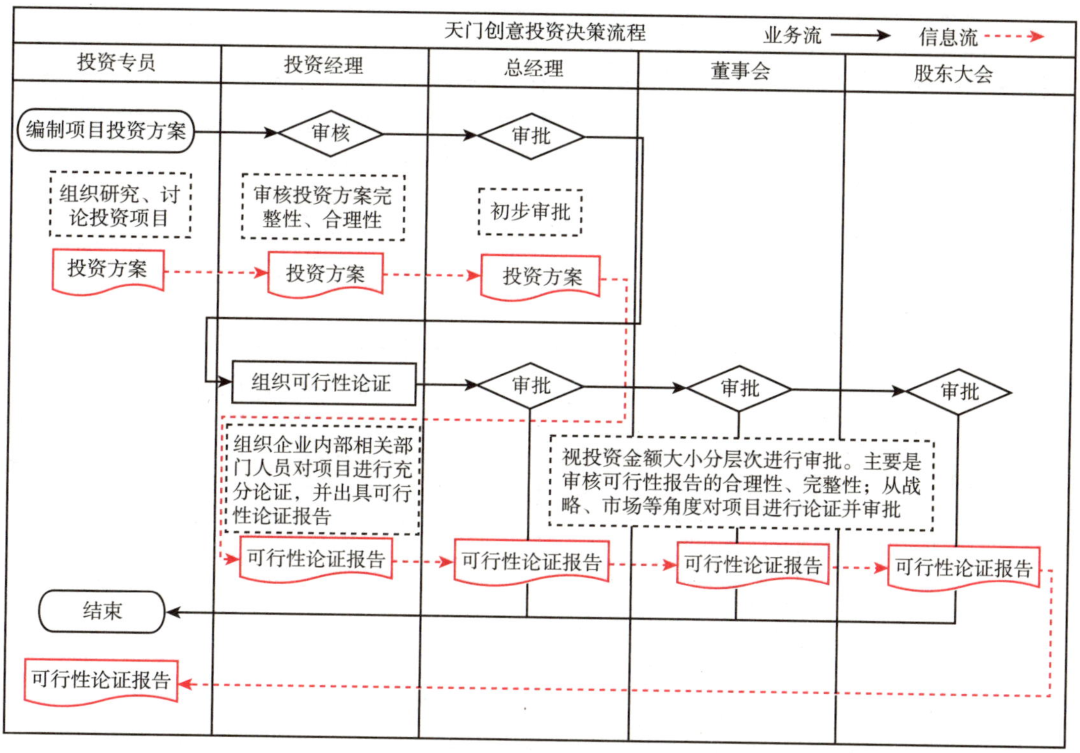

图引分 4－2　天门创意投资决策流程

计划，组织投资项目实施成员、规划投资计划进度、签订相关合同或协议等。投资合同与协议一般由企业法务部门、投资部门、财务部门等共同讨论拟定，审核其中的条款。拟定完毕投资合同或协议后，一般经由投资经理、总经理、董事会、股东大会等逐级审批的流程。审批完毕后，由投资部门或运营部门等相关部门执行实际的投资计划，合理地安排项目资金投放的进度。

在投资计划执行期间，企业还需定期对投资资产进行减值测试。一般由财务部人员定期对投资资产进行减值测试，编制投资减值报告后，按照资产减值重要程度，经由财务经理、财务总监、总经理、董事会、股东大会等逐级审批。

【引例分析 4－4】

天门创意的投资执行流程包含了两个子流程，分别是编写投资计划流程、实施投资计划流程（见图引分 4－3）。

（三）投资处置环节

企业投资项目的处置环节主要包括投资项目的回收、转让与核销等业务。企业须针对对外投资项目实施监督与控制，考察投资项目的执行情况与投资报酬率等。除定期清算处置已到期投资项目以外，若投资项目效益不佳，企业须考量退出投资项目。处置投资项目时应编制资产清算处置方案，并由相应部门及人员完成投资评估流程，必要时应当聘请具有资质的机构完成评估。评估过程中需选择恰当的资产评估方法，确保客观地评价项目价值。处置投资资产的决议需要经过相关管理层的授权审批。

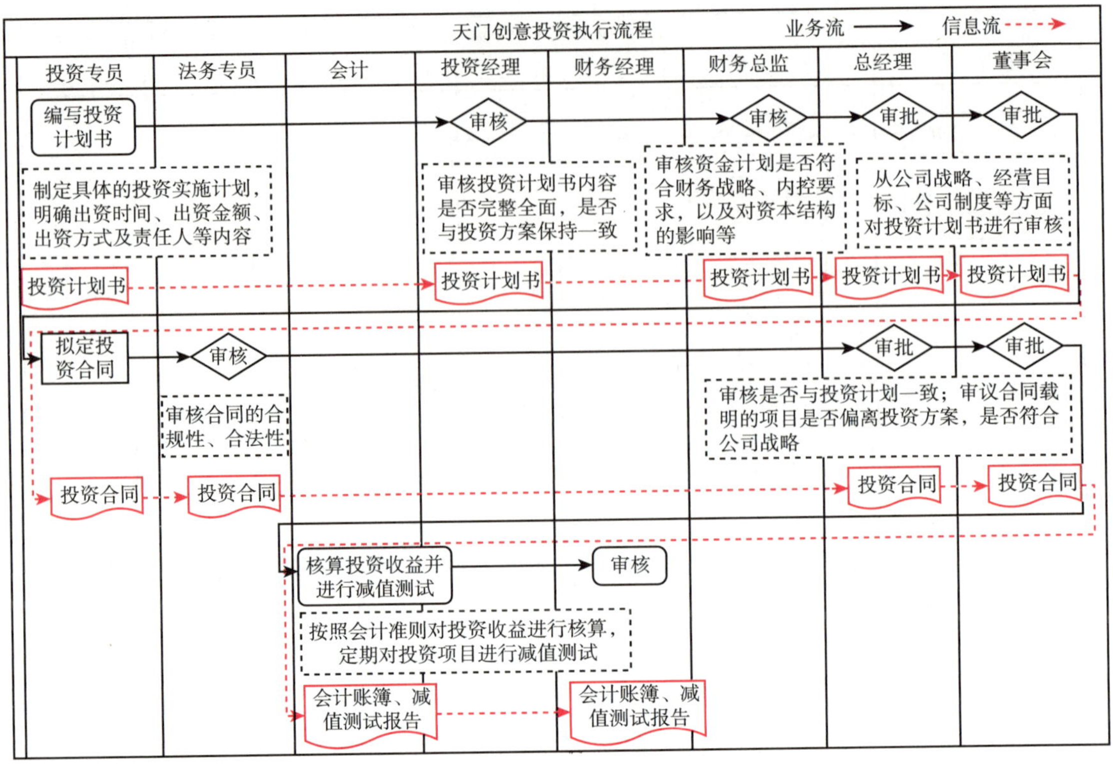

图引分 4－3　天门创意投资执行流程

二、投资业务的资金流

依据业财融合视角，在关注投资业务流的同时，也应关注投资业务的资金流。企业投资业务的成功需要大量的资金支持，如果投资收益不能弥补投资成本，会给企业的持续经营带来影响。资金流反映了与投资业务相关的价值转移，管控资金流可以确保对外投资的保值、增值。

投资内控资金流及信息流

（一）短期投资的资金流

短期投资是指企业投资在一年以内的对外投资。短期投资期限较短，较容易变现。短期投资主要包括以一年内存续期的以公允价值计量且其变动流入“公允价值变动损益”的金融资产，一年内存续期的以公允价值计量且其变动计入“其他综合收益”的金融资产以及一年内存续期的以摊余成本法计量的金融资产。其中一年内存续期的以公允价值计量且其变动流入“公允价值变动损益”的金融资产，即为交易性金融资产。在此以交易性金融资产的资金流为例进行介绍。

1. 资金投入

根据《企业会计准则》与《小企业会计准则》，在此将企业划分为非小企业与小企业展开讨论。取得交易性金融资产时，涉及的资金流内容包括所支付含税价款与附加股利或利息以及相关费用。支付交易性金融资产的含税价款，非小企业所引起的资金流如图 4－1 中红色粗实线段运动所示（箭头符号反映资金的运动方向），小企业所引起的资金流如图 4－1 中红色粗虚线段运动所示。支付交易性金融资产所包含的已宣告但尚未发放的现金股利或利息时，非小企业与小企业处理相同，所引起的资金流如图 4－1 中红色粗虚线段运动所示。支付相关交易费用时，所引起的资金流如图 4－1 中红色实线段运动所示。

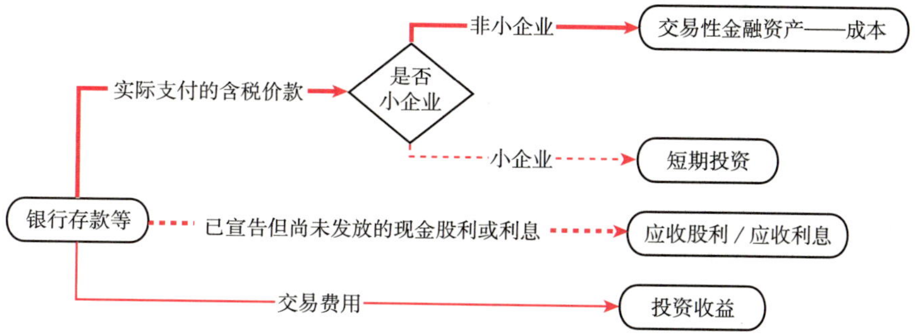

图 4－1　交易性金融资产资金投入流

2. 资金循环与周转

持有交易性金融资产期间，所引起资金流内容包括宣告发放的现金股利、计提的利息收入以及实际收到的发放股利或利息。其中，企业购入属于交易性金融资产的股票被投资单位宣告分派现金股利所引起的资金流如图 4－2 中红色实线段运动所示，企业购入分期付息债券计提票面利息收入所引起的资金流如图 4－2 中红色粗实线段运动所示。企业实际收到发放的股利，所引起的资金流如图 4－2 中红色粗虚线段运动所示。企业实际收到利息收入，所引起的资金流如图 4－2 中红色虚线段运动所示。

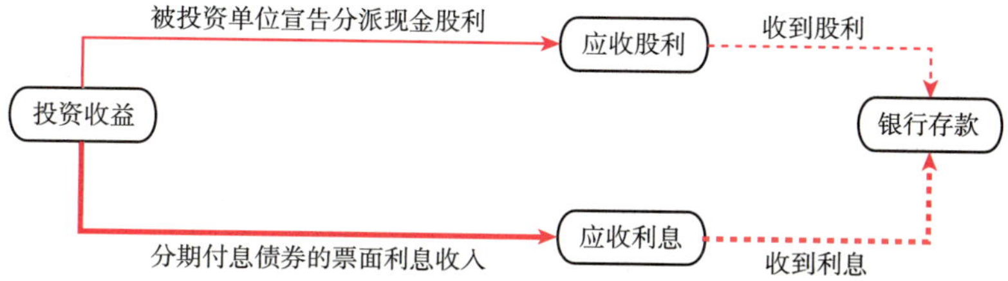

图 4－2　交易性金融资产资金循环与周转流

3. 资金退出

企业处置交易性金融资产，所引起资金流内容包括回收交易性金融资产的账面价值与取得利息收入。其中账面价值主要包括原值与公允价值变动损益两部分。首先，回收交易性金融资产原值时，小企业所引起的资金流如图 4－3 中红色粗实线段运动所示，非小企业所引起的资金流如图 4－3 中红色实线段运动所示。其次，处理由于交易性金融资产公允价值变动带来的收益时，小企业与非小企业处理一致，所引起的资金流如图 4－3 中红色虚线段运动所示。除上述情形以外，企业购入一次性还本付息的债券，出售时会收取应得的利息收入，所引起的资金流如图 4－3 中红色粗虚线段运动所示。处置交易性金融资产产生的溢价收益，所引起的资金流如图 4－3 中红色虚线段所示。

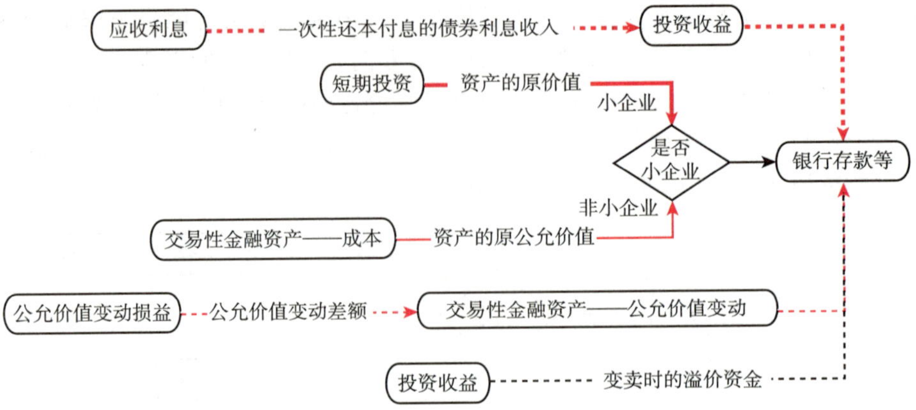

图 4-3　交易性金融资产资金退出流

【相关案例】

海瑞公司购入努美公司股票 10 000 股，拟持有 4 个月，每股面值 30 元，购入价为每股 48 元，实际支付金额为 480 000 元，其包含有已宣告发放但尚未支付的股利，即每股 8 元。12 月份海瑞公司以每股 52 元价格出售 5 000 股。按会计制度规定，短期股票投资实际支付的价款中包含的已宣告而未领取的现金股利应作为“应收股利”处理，而该企业却将其作为“投资收益”处理。另外，短期投资出售时，按出售的处置收入与短期投资账面价值或账面余额的差额确认为投资收益。若该项短期投资尚有列为债权单独反映的应收股利或应收利息未收回，则确认处置收益时还应扣除这些应收项目，但该企业在出售股票确认投资收益时未将应收股利予以扣除。由于投资收益处理错误，该企业投资收益虚减 100 000 元，减少了本期的利润总额，少纳了企业所得税。

（二）长期投资的资金流

长期投资是指企业投资在 1 年（含）以上的对外投资。长期投资投资期限相对较长，同时收益性也相对较高。长期投资可以划分为债权投资与股权投资，主要包括债权投资、其他债权投资、长期股权投资、其他权益工具投资等对外投资。

1. 债权投资

企业以债权工具形成的长期投资主要包括债权投资与其他债权投资两类。在此仅讨论债权投资的资金流。

（1）资金的投入。债权投资是指以摊余成本计量的金融资产。取得债权投资时，摊余成本的资金流内容分为两部分：面值以及面值与实际含税价款之间的差额。非小企业与小企业所引起的资金流不同；当取得的债权投资包含已到付息期但尚未领取的债权利息时，非小企业与小企业的资金流相同。各资金流运动如图 4-4 所示。

（2）资金的循环与周转。企业持有债权投资期间涉及的资金流内容包括：以摊余成本和实际利率确定的投资收益、实际收到的应收利息和应收利息与投资收益间的差额。其中，对于投资收益的处理，非小企业与小企业处理一致，引起的资金运动如图 4-5 中红色实线段运动所示。应收利息与投资收益差额的处理，小企业引起的资金流如图 4-5 中红色粗实

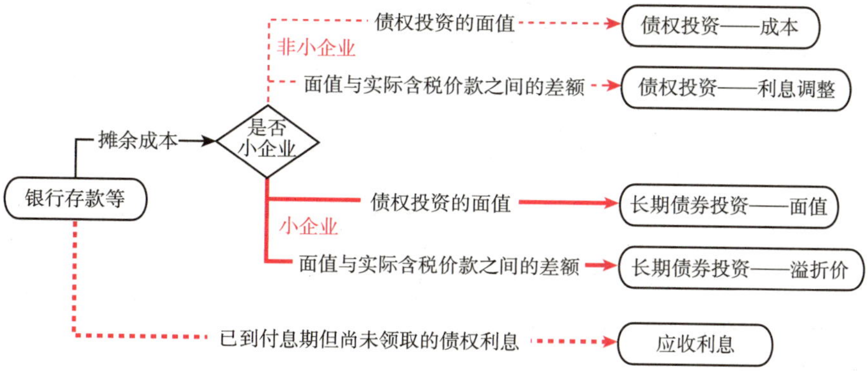

图 4－4 债权投资资金投入的资金流

线段运动所示与非小企业引起的资金流如图 4－5 中红色虚线段运动所示。实际收到分期付息的应收利息时，引起的资金流如图 4－5 中黑色实线段运动所示。

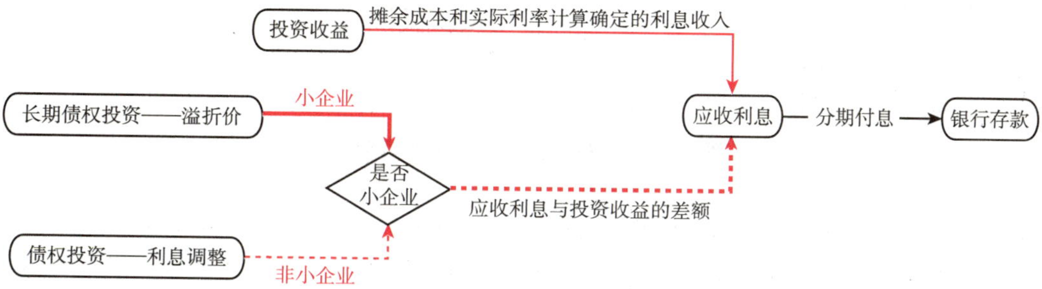

图 4－5 债权投资资金循环与周转的资金流

（3）资金的退出。企业处置债权投资时，资金流内容主要是债权投资价值的回收。债权投资的价值包括三部分：债权投资的面值、债权投资的减值与债权投资的利息。处理债权投资的面值时，非小企业引起的资金流如图 4－6 中红色粗虚线段运动所示，小企业引起的资金流如图 4－6 中红色虚线段运动所示。处理债权投资的减值时，债权投资减值属于银行存款回收时的损失，引起的资金流如图 4－6 中黑色虚线段运动所示。处理债权投资的利息，非小企业对最后一期利息收入的计提引起的资金流如图 4－6 中红色粗实线段运动所示，小企业对最后一期利息收入的计提引起的资金流如图 4－6 中红色实线段运动所示。实际收到利息收入时引起的资金流如图 4－6 中黑色实线段运动所示。

2. 股权投资

企业以股权方式形成的长期投资主要包含长期股权投资与其他权益工具两种类别。在此仅讨论长期股权投资的资金流。长期股权投资根据投资方对被投资方施加的影响程度，可以划分为子公司投资、合营企业投资及联营企业投资。其中子公司投资为企业对被投资方实施控制；合营企业投资为企业与其他合营方一同对被投资单位实施共同控制且对被投资单位净资产享有权利；联营企业投资为企业对被投资单位具有重大影响。

（1）资金的投入。企业取得长期股权投资时，涉及的资金流内容是所支付的长期股权投资相关成本与费用。其中成本包含初始投资成本以及已宣告但尚未支付的现金股利两部

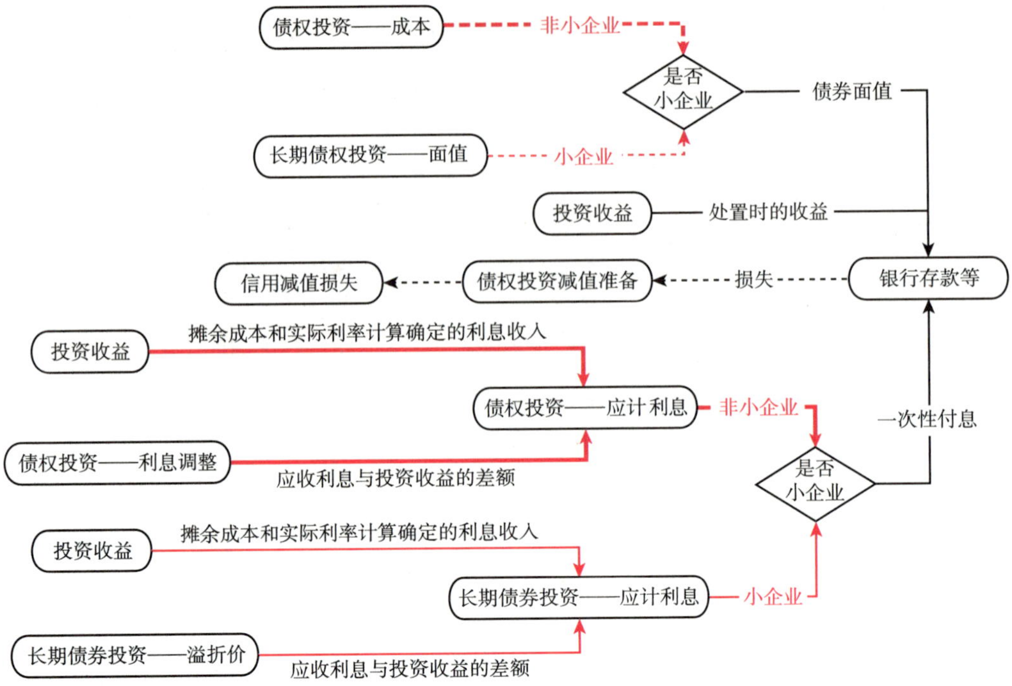

图 4－6　债权投资资金退出的资金流

分，投资方可以支付现金、转让非现金资产、发行权益性证券或承担债务方式作为合并对价。其资金流核算方式由该资产的取得方式决定，分为以企业合并方式取得或以合并以外方式取得。其中以合并方式取得又可以划分为同一控制下的企业合并和非同一控制下的企业合并。同一控制下企业合并引起的资金流如图 4－7 中红色粗实线段运动所示。非同一控制下企业合并与企业通过合并以外方式引起的资金流运动相同，如图 4－7 中红色实线段运动所示。取得长期股权投资时包含的已宣告但尚未支付的现金股利引起的资金流如图 4－7 中红色虚线段运动所示。与取得长期股权投资相关的管理费用引起的资金流如图 4－7 中红色粗虚线段运动所示，一些其他必要支出引起的资金流如图 4－7 中黑色虚线段运动所示。

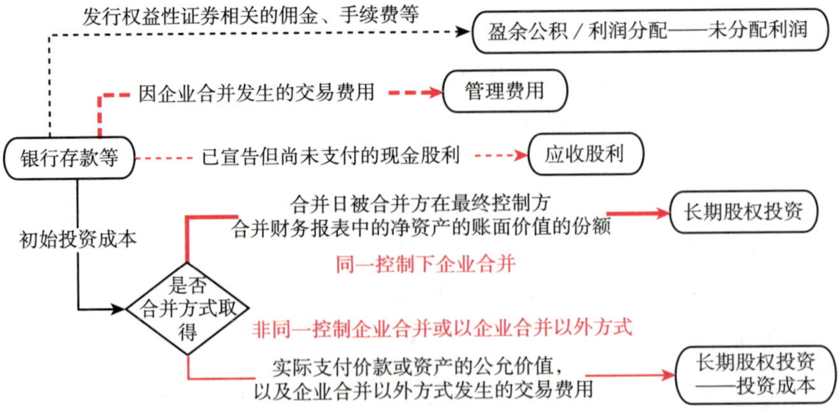

图 4－7　长期股权投资资金投入的资金流

（2）资金的循环与周转。持有长期股权投资期间引起资金流的内容主要是宣告发放股利与实际发放股利。企业应依据对被投资方施加影响的程度选取不同的资金流核算方式。子公司投资采取成本法核算，其引起的资金流如图 4－8 中红色粗实线段运动所示。联营公司或合营公司投资采取权益法核算，其引起的资金流如图 4－8 中红色实线段运动所示。

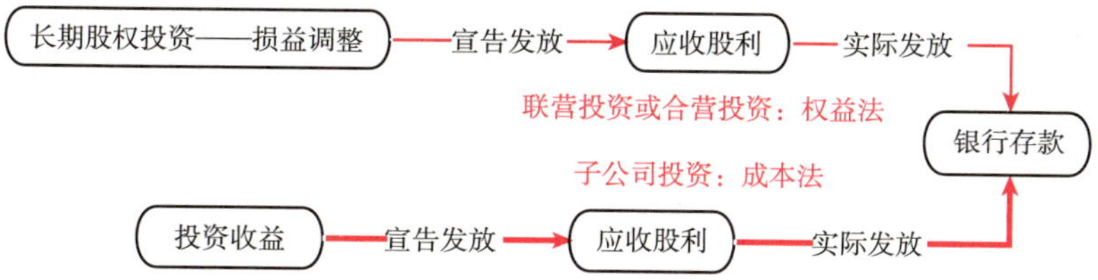

图 4－8　长期股权投资资金循环与周转的资金流

（3）资金的退出。处置长期股权投资时，引起的资金流内容主要为长期股权投资的回收，包括长期股权投资账面余额、减值金额与投资收益。长期股权投资的账面余额部分，若持有子公司投资采取成本法核算，其引起的资金流如图 4－9 中红色实线段运动所示；若持有联营公司或合营公司投资采取权益法核算，账面余额需要依据被投资方的情形进行调整，包括：当被投资方净资产公允价值发生变动时调整初始投资成本，以及被投资方实现净损益时计入损益调整，其引起的资金流如图 4－9 中红色粗实线段运动所示；当被投资方除净损益、利润分配以外其他综合收益变动或所有者权益的其他变动，则转入其他权益变动或其他综合收益，其引起的资金流如图 4－9 中红色粗虚线段运动所示。除账面余额部分，企业还需考虑长期股权投资减值带来的损失，其引起的资金流如图 4－9 中黑色虚线段运动所示。上述长期股权投资的账面余额与减值构成了它的账面价值，而处置长期股权投资所收到的价款与其账面价值间的差额就是投资收益，其引起的资金流如图 4－9 中红色实线段运动所示。

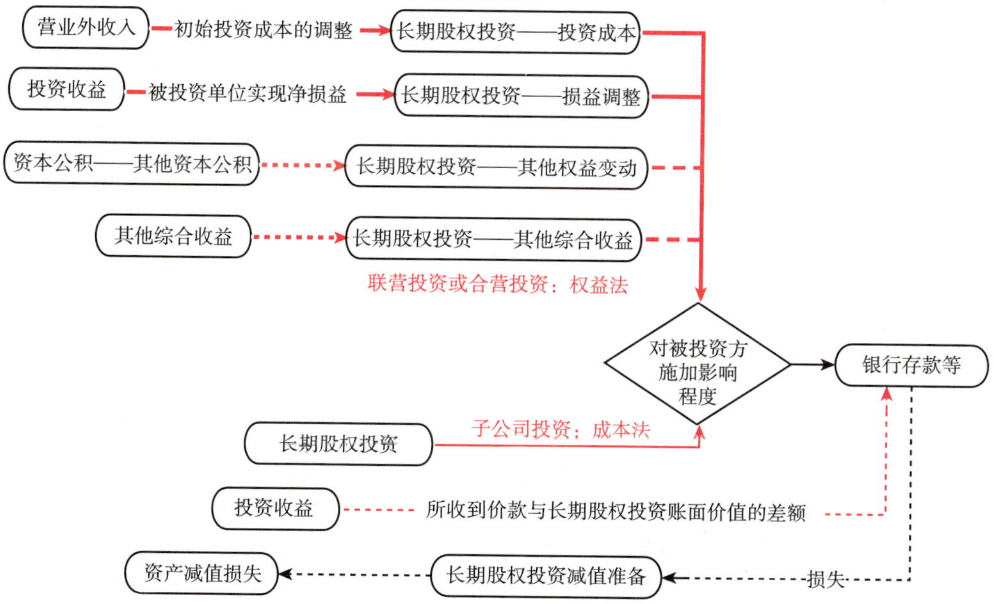

图 4－9　长期股权投资资金退出流

【相关案例】

美林公司原始投资51万元，持有初创公司新海公司51%的股权，新海公司估值100万元。后来新海公司引入新的投资方，投后估值1亿元，美林公司此时持股比例被稀释至50%，因为持股比例下降了1%，导致美林公司失去了控制权。根据会计准则规定，此时美林对新海的投资需要转换为权益法核算，按新的投后估值，美林公司持股的公允价值为5 000万元，权益法下初始确认的长期股权投资应为5 000万元，不考虑持有期间的损益变动，其与原投资成本51万元之间的差异4 949万元可以一次性计入投资收益。此时我们看到，一个点的持股比例变动，会造成利润的大幅波动，可以说，长期股权投资的核算方法转换是调节利润的一件重武器，因此应加强其资金流管控。

三、投资业务的信息流

投资业务运转所需表单构成了信息流，其核心功能是在各部门或岗位间传递信息。这包括投资决策、执行、处置等环节的各种信息，如市场分析、投资策略、投资组合、风险评估、交易记录和投资业绩等。通过在表单上列明确认事项，对特定工作的关键点予以明确，例如在投资项目可行性报告上应明确评估关注的重点事项；或通过在表单上填写岗位，授予其对事项特定方面的确认权力，例如对投资过程中形成的各种决议、合同、协议以及对外投资权益证书等指定专人负责保管，并建立详细的档案记录。未经授权人员不得接触权益证书。投资业务常见信息流中的表单如图4－10所示。

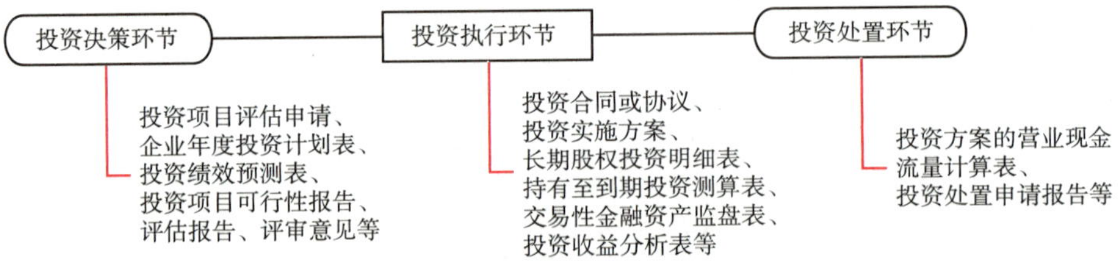

图4－10　投资业务的信息流

【引例分析4－5】

天门创意投资业务信息流中的各表单详情如表引分4－1所示。

表引分4－1　　天门创意投资业务信息流中的表单详情

表单名称	表单作用	表单构成元素
投资方案	根据公司发展战略拟订的投资项目方案说明	日期、项目编号、项目名称、标的介绍、投资额、投资用途、市场前景、行业现状、投资风险、盈利预测等
可行性论证报告	对项目进行充分调研和论证后形成的书面文件	日期、项目编号、负责人、部门、项目名称、项目地址、投资额、投资用途、项目运作模式、组织架构、项目可行性分析（被投资单位和资产分析、投资环境、市场前景、国内国际行业现状、项目技术水平、盈利能力及预测、风险评估及防范措施）等

续表

表单名称	表单作用	表单构成元素
投资计划书	通过各部门商讨研究制订的投资方案详细实施计划书面文件	日期、项目编码、投资金额、项目概况、进度计划、计划明细、资金计划等
投资合同	拟订的与被投资方签订的投资合同	项目编号、合同编号、投资方、被投资方、项目内容、投资方式、双方权利义务、违约责任、签章等
减值测试报告	对被投资方经营业绩情况、财务状况等方面进行减值测试后形成的报告	日期、测试对象、减值测试依据、减值测试对象基本情况、减值测试过程、结论等

模块三　投资业务内控流程的风险评估

投资内控流程的风险评估

投资业务内部控制是否有成效，体现在企业能否有效应对所面临的投资业务风险，而风险评估是确定如何应对风险的基础。投资业务内控流程的风险评估是指通过对识别出的风险进行分析，并描述风险发生可能性的高低和风险发生后果的大小，进而明确风险重要性等级的过程。风险评估包括风险识别、风险分析、风险评价三个环节。

一、风险识别

进行投资业务风险评估的首要任务是风险识别，即发现、认可并记录影响投资业务内部控制目标实现的风险的过程，其重点是收集投资业务中的风险信息，并识别信息中的风险源和风险类别。

（一）投资决策环节的主要风险

（1）投资项目成员未进行深入的市场调研，缺乏相关决策信息，导致企业不了解市场发展趋势或国家产业政策，造成投资损失。

（2）投资项目成员不具有充分的法律意识或有意违反法律法规，非法牟取盈利，企业可能蒙受信誉及经济损失。

（3）投资规模不恰当，投资规模过小导致企业持有大量货币资金，效益低下；投资规模过大，导致企业面临较高经营风险与财务风险。

（4）投资方案审批流程不规范，未经适当审批或越权审批。尤其重大投资项目，未按规定的权限和程序实行集体决策或者联签制度，导致企业投资决策出现重大纰漏。

（5）投资方案审批过程中，存在重大差错、舞弊、欺诈等行为。

（6）投资方案未经过可行性评估与论证，导致没有突出主业，资源配置效率低下，企业缺乏长期核心业务竞争力，或盲目从事高风险投资如股票投资或衍生金融产品投资，或投资方案盲目采取并购方式，未考虑并购对象的隐性债务、承诺业务、发展能力、员工状况等。

（7）投资方案经过可行性评估与论证但不够全面科学，未充分考虑战略层面是否一致、经济层面是否能带来效益，以及风险层面是否考虑全面，包括政府政策、宏观经济走势、技术可行性、市场前景、法律法规等可能引起的投资风险。

（8）投资方案可行性论证成员不具备充分的专业知识与研究能力，错误评判投资项目给企业带来投资风险。

【引例分析 4－6】

天门创意梳理完自身的投资业务内控流程后，开始收集风险信息以便对流程各环节进行风险识别。在收集并购后裔网络相关投资信息时，发现其投资决策环节存在“投资论证不充分风险”。由于参与投资论证人员都对新扩展的跨境电商领域不熟悉，在追求新业绩增长点时忽略了风险，例如法律风险，跨境电商行业的客户过于分散，客户身份验证难度较高，存在数据泄露或侵犯个人隐私、数据篡改以及刷单的合规风险，如图引分 4－4 所示。

究其原因是原投资决策流程（见图引分 4－2）虽然组织了公司内部相关部门人员参与论证，但是此次投资是跨行业投资，公司内部相关人员缺乏相关的背景知识与业务经验。对陌生领域的投资应该聘请有相关胜任能力的专业人士参与，以弥补自身知识与经验的不足，因此天门创意应委托外部专业机构参与投资论证。

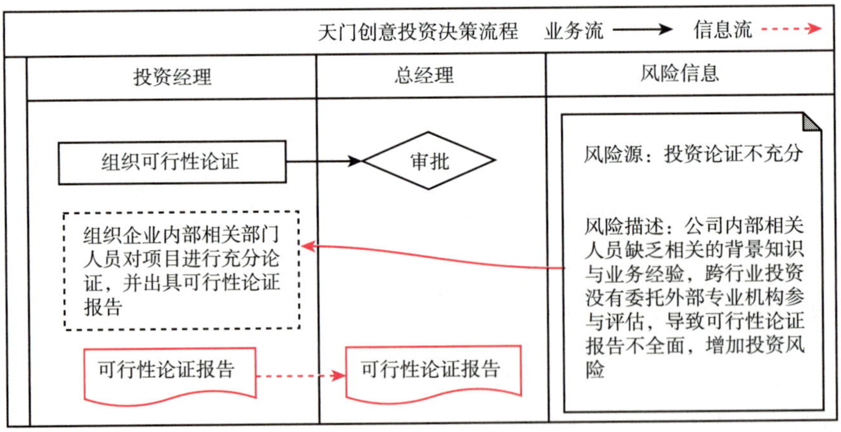

图引分 4－4　天门创意投资论证不充分风险

（二）投资执行环节的主要风险

（1）投资计划中对各职能部门及员工的职责划分不明确，造成权责混乱。

（2）相关部门未做到尽职调查义务，投资计划编制的依据信息不充足，导致错误判断市场，投资业务与市场环境脱离。

（3）投资计划超出目前公司的承受能力，比如资金发放金额、时机安排不恰当，造成企业筹资压力较大。

（4）投资计划中资产评估有失公允，加大企业投资成本。

（5）投资计划未经适当的授权审批，可能存在徇私舞弊的现象。

（6）市场环境发生变化时，未及时调整投资计划，企业可能面临市场风险。

（7）投资合同或协议未严格审核，企业可能面临法律风险。

（8）投资实际执行过程中偏离投资计划，出现无法预估的投资风险。

（9）未对投资项目的实施进行有效监控，导致企业承担投资亏损。

【引例分析 4－7】

天门创意在收集投资业务相关风险信息时，发现其投资执行环节存在“投后监控不力风险”。后裔网络 2019 年、2020 年的营收分别为 11 962.50 万元和 8 156.25 万元，其电商平台活跃用户从 2019 年的 75.2 万下跌至 2020 年的 41.5 万。用户和营收双双下滑是因为 2020 年后裔网络多位核心员工离职，其中包括平台运营、供应商管理、跨境推广、数据分析等重要岗位人员。这直接造成公司核心竞争力下降，盈利能力受到重大影响，但是天门创意并未进行深入的跟进分析，仅仅每年末根据公允价值对长期股权投资的财务价值进行计量。

由此可见，天门创意对投资项目执行环节缺乏有效监控，未及时发现核心人才流失。究其原因是原投资执行流程（见图引分 4－3）缺少运营分析监控环节，对其进度和质量缺乏监管，导致未能及时发现异常情况（见图引分 4－5）。

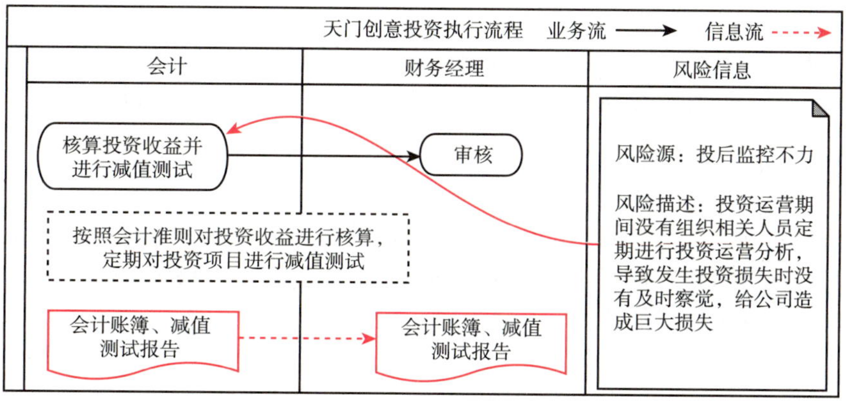

图引分 4－5　天门创意投后监控不力风险

（10）未对投资资产进行定期的减值测试，导致企业资产价值计量不准确。

（11）投资资产减值申请与审批不合理，导致企业资产虚增或资产流失。

（12）投资资产减值的会计处理不规范，导致会计信息披露失真。

（13）未明确投资项目业绩与相关人员绩效考核挂钩制度，导致企业出现投资重大损失时无法追责。

【引例分析4-8】

天门创意在收集投资业务相关风险信息时，还发现其投资执行环节存在“责任与绩效不匹配风险”。由于投资经理没有对后裔网络投资项目的运营情况进行详细调查，给天门创意造成了重大损失。2022年3月12日进行2021年业绩考核时，人事部计划针对此事进行奖惩时，未能找到明确的考核依据，后经总经理授意，以不尽职为由扣除投资经理肖某10万元绩效。事后肖某与公司沟通未果，便以公司克扣工资为由辞职。

2022年3月23日，肖某申请仲裁，要求补发2021年度绩效奖及其他权益共计12万元。最终天门创意因未能提供绩效考核依据，无法证明肖某绩效不达标的事实，审判机关支持了肖某的全部诉求。

（三）投资处置环节的主要风险

（1）投资处置环节未经适当的授权审批，导致存在欺诈、舞弊等情形。

（2）资产评估时未选择恰当的评估方法，或员工舞弊导致资产价值评估不准确，造成资产处置利益的流失。

（3）处置资产的会计计量与报告未遵循会计准则，导致会计信息披露有误。

（4）投资处置环节未经合法性审查，存在违法违规处置资产行为，导致企业面临法律风险。

二、风险分析

经过风险识别阶段，已经收集了投资业务内控流程中的风险信息，对面临的风险有了一个初步认识，接下来需要对各类风险的发生可能性和发生后果进行分析。

（一）风险发生的可能性

投资业务中的风险发生可能性是指在企业目前的管理水平下，投资业务中各类风险发生概率的大小或者发生的频繁程度。在风险管理实践中，一般利用投资业务方面的历史数据推断风险事件在未来发生的可能性。

【引例分析4-9】

通过风险信息收集，天门创意识别出其投资业务流程中存在投资论证不充分、投资监控不力、投资责任不到位共3类风险后，为了进一步分析风险，公司根据风险管控矩阵进一步规范风险发生可能性准则（见表引分4-2），即将风险发生的可能性分为5个等级，分别赋予1分至5分，分值越大表示发生可能性越大。

表引分 4－2　　天门创意投资业务的风险发生可能性准则

风险源	1（较低）	2（低）	3（中等）	4（较高）	5（非常高）
投资论证不充分风险	3 年内投资方案可行性论证模块内容完整率 100%	3 年内投资方案可行性论证模块内容完整率介于 99%（含）~100%	3 年内投资方案可行性论证模块内容完整率介于 98%（含）~99%	3 年内投资方案可行性论证模块内容完整率介于 97%（含）~98%	3 年内投资方案可行性论证模块内容完整率低于 97%
投后监控不力风险	3 年内发生对投资项目未实施有效监控导致投资受损事件 0 次	3 年内发生对投资项目未实施有效监控导致投资受损事件 1 次	3 年内发生对投资项目未实施有效监控导致投资受损事件 2 次	3 年内发生对投资项目未实施有效监控导致投资受损事件 3 次	3 年内发生对投资项目未实施有效监控导致投资受损事件 4 次（含）以上
责任与绩效不匹配风险	3 年内未明确投资项目业绩与相关人员绩效挂钩事件发生 1（含）次以下	3 年内未明确投资项目业绩与相关人员绩效挂钩事件发生 2 ~ 3（含）次	3 年内未明确投资项目业绩与相关人员绩效挂钩事件发生 4 ~ 5（含）次	3 年内未明确投资项目业绩与相关人员绩效挂钩事件发生 6 ~ 7（含）次	3 年内未明确投资项目业绩与相关人员绩效挂钩事件发生 8 次（含）以上

天门创意通过调阅相关历史资料并结合准则，判断出各类风险发生可能性的得分（见表引分 4－3 至表引分 4－5），从而推测出各类风险在未来发生的概率。

表引分 4－3　　投资论证不充分风险发生可能性得分

发生可能性得分：5	
历史资料来源	投资方案论证记录
历史资料详情	3 年内发生 3 次投资，其中 1 次投资方案可行性论证不足事件，详情如下：随着国家对文化产业的政策支持，2018 年 7 月在福建龙岩投资了“龙岩博物馆项目”，与原预期相差甚远。事后调查发现，项目当时的可行性论证明显缺乏经济性评估
分析结论	近三年内发生 3 起投资，其中 1 起论证不充分事件，所以完整率为 $(1-1/3)\times 100\% = 66.67\%$，因此属于“3 年内投资方案可行性论证模块内容完整率低于 97%”，所以发生可能性得分为 5

表引分 4－4　　投后监控不力风险发生可能性得分

发生可能性得分：2	
历史资料来源	投资分析记录
历史资料详情	3 年内发生对投资项目未实施有效监控导致投资受损事件，详情如下： 2020 年 3 月公司计划与木风科技有限公司共同投资成立西元设计有限公司，注册资本 30 000 万元，木风科技限公司出资 27 000 万元，天门创意出资 3 000 万元。木风科技限公司派出人员担任董事与总经理等职位，天门创意投资经理担任监事。2021 年 1 月西元设计与木风科技的大股东发生关联方交易，西元设计以比市场价高出 4 449.2 万元的价格购买固定资产。天门创意派出的监事未察觉该笔交易存在异常，也未向天门创意汇报该事项
分析结论	共发生 1 次投后监控不力风险事件，因此属于“3 年内发生对投资项目未实施有效监控导致投资受损事件 1 次”，所以发生可能性得分为 2

表引分 4-5　　责任与绩效不匹配风险发生可能性得分

发生可能性得分：1	
历史资料来源	劳动纠纷记录
历史资料详情	3 年内发生未明确投资项目业绩与相关人员绩效挂钩事件，详情如下：2020 年 12 月 25 日，投资经理以投资专员李某未在指定日期完成“北疆投资”项目的市场调查为由，扣除其当月绩效 5 000 元
分析结论	共发生责任与绩效不匹配事件 1 次，因此属于“3 年内未明确投资项目业绩与相关人员绩效挂钩事件发生 1（含）次以下”，所以发生可能性得分为 1

（二）风险发生的后果

投资业务风险发生的后果是通过假设特定事件或情形已经出现，然后判断其影响的性质、类型和大小。

【引例分析 4-10】

天门创意判断完投资论证不充分风险、投后监控不力风险、责任与绩效不匹配风险的发生可能性得分后，继续根据风险管控矩阵规范了风险发生后果准则（见表引分 4-6），即将风险发生后果分为 5 个等级，分别赋予 1 分至 5 分，分值越大表示发生后果越严重。

表引分 4-6　　天门创意投资业务的风险发生后果准则

风险源	1（轻微）	2（较小）	3（中等）	4（严重）	5（非常严重）
投资论证不充分风险	3 年内论证不充分方案所涉投资金额合计 400 万元以下	3 年内论证不充分方案所涉投资金额合计 400 万（含）~1 000 万元	3 年内论证不充分方案所涉投资金额合计 1 000 万（含）~2 000 万元	3 年内论证不充分方案所涉投资金额合计 2 000 万（含）~4 000 万元	3 年内论证不充分方案所涉投资金额合计 5 000 万元（含）以上
投后监控不力风险	3 年内因投资监控不利影响利润总额小于 200 万元	3 年内因投资监控不利影响利润总额 200 万（含）~300 万元	3 年内因投资监控不利影响利润总额 300 万（含）~400 万元	3 年内因投资监控不利影响利润总额 400 万（含）~500 万元	3 年内因投资监控不利影响利润总额 500 万元（含）以上
责任与绩效不匹配风险	3 年内因未明确业绩与绩效挂钩导致经济损失合计小于 5 万元	3 年内因未明确业绩与绩效挂钩导致经济损失合计 5 万（含）~10 万元	3 年内因未明确业绩与绩效挂钩导致经济损失合计 10 万（含）~15 万元	3 年内因未明确业绩与绩效挂钩导致经济损失合计 15 万（含）~20 万元	3 年内因未明确业绩与绩效挂钩导致经济损失合计 20 万元（含）以上

天门创意通过调阅相关历史资料并结合准则，判断出各类风险发生后果的得分（见表引分 4-7 至表引分 4-9），从而推测出各类风险在未来发生的严重程度。

表引分 4 – 7　投资论证不充分风险发生后果得分

发生后果得分：5	
历史资料来源	投资方案论证记录
历史资料详情	“龙岩博物馆项目”耗费自有资金 5 066.22 万元
分析结论	投资项目总额为 5 066.22 万元，因此属于“论证不充分方案所涉投资金额合计 5 000 万元（含）以上”，所以发生后果得分为 5

表引分 4 – 8　投后监控不力风险发生后果得分

发生后果得分：4	
历史资料来源	投资分析记录
历史资料详情	3 年内发生对投资项目未实施有效监控导致投资受损事件，详情如下：2021 年 1 月因西元设计关联交易购买固定资产，天门创意持股部分多支付了 444.92 万元（4 449.2 × 3 000/30 000）
分析结论	因未对投资项目实施有效监控导致损失合计 444.92 万元，因此属于“3 年内因投资监控不利影响利润总额 400 万（含）~500 万元”，所以发生后果得分为 4

表引分 4 – 9　责任与绩效不匹配风险发生后果得分

发生后果得分：1	
历史资料来源	劳动纠纷记录
历史资料详情	3 年内发生未明确投资项目业绩与相关人员绩效挂钩事件，详情如下：2020 年 12 月 25 日，投资经理扣除投资专员李某当月绩效 5 000 元，后经仲裁向李某支付 1 万元赔偿
分析结论	责任与绩效不匹配导致经济损失 1 万元，因此属于“3 年内因未明确业绩与绩效挂钩导致经济损失合计小于 5 万元”，所以发生后果得分为 1

三、风险评价

投资业务风险评价是风险评估的最后一个环节，是将投资业务风险分析的结果（风险发生可行性和风险发生后果）与预先设定的风险重要性等级准则相比较，以确定投资业务风险的重要性等级。

（一）风险的重要性等级

投资业务风险的重要程度是发生可能性和发生后果的综合结果。在投资业务风险管理实践中，用得比较多的方法是把风险发生可能性的分值与风险发生后果的分值相乘，其乘积即为风险重要程度的大小，数字越大，对应的风险越高。

【引例分析 4 – 11】

分析完风险后，天门创意结合面临的社会经济环境及内部环境，制定了自身的风险重要性等级准则，其中风险值的计算公式为：风险值 = 风险发生可能性 × 风险发生后果（见表引分 4 – 10）。

表引分 4－10　　天门创意的风险重要性等级准则

风险等级	风险值范围	说明
低风险（可接受）	<5	制度健全且执行到位
中风险	5～14	制度基本健全合理，但执行尚有缺陷
高风险	15～25	制度还需健全、完善，执行还不到位

针对前期梳理投资业务流程发现的投资论证不充分风险、投后监控不力风险、责任与绩效不匹配风险，分别计算各类风险的风险值，并判断各类风险的重要性等级（见表引分 4－11）。

表引分 4－11　　天门创意投资业务的风险重要性等级

风险源	风险发生可能性	风险发生后果	风险值	风险重要性等级
投资论证不充分风险	5	5	25	高风险
投后监控不力风险	2	4	8	中风险
责任与绩效不匹配风险	1	1	1	低风险

（二）风险矩阵

投资业务的风险矩阵是利用投资业务风险发生可能性及其发生后果这两个维度来绘制的矩阵图，是用于对风险进行优先排序的有效工具。绘制矩阵时，一个坐标轴表示投资业务风险发生可能性等级，另一个坐标轴表示投资业务风险发生后果等级，根据风险在矩阵中所处的位置，可以直观地显现投资业务风险的分布情况，可以确定哪些风险更重要，需要更细致的分析和优先应对，非常有助于管理者确定关键风险和风险应对方案。

【引例分析 4－12】

为了更直观地展示风险分布情况，天门创意根据前面判断出的风险发生可能性及发生后果的得分，绘制出投资业务管理的风险矩阵图（见图引分 4－5）。投资论证不充分风险落在矩阵的红色区域，表示高风险；投后监控不力风险落在矩阵的白色区域，表示中风险；责任与绩效不匹配风险落在矩阵的斜纹区域，表示低风险。由此可见投资论证不充分风险是公司应该优先应对的问题。

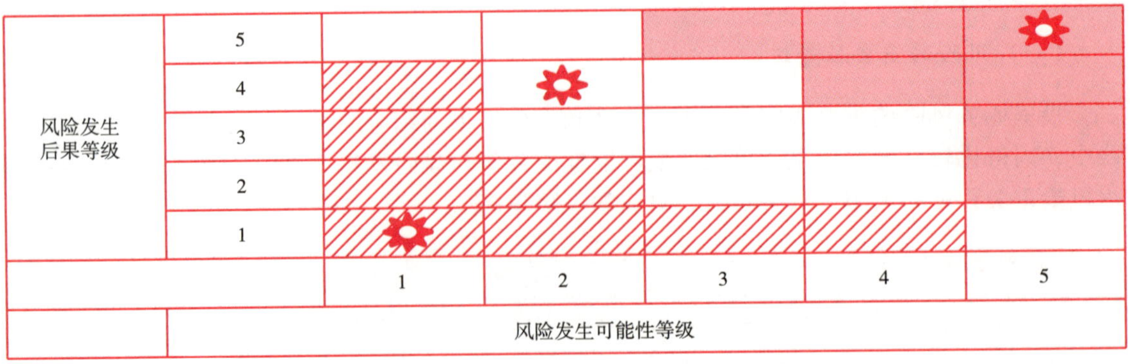

图引分 4－5　天门创意投资业务风险矩阵图

模块四　投资业务风险的内控措施

投资业务风险的内控措施

企业对投资业务流程进行风险识别、分析与评价后，应对识别出的风险采取一定的内部控制措施，旨在降低或减轻风险发生的可能性和后果，将风险控制在企业可承受范围之内。确保企业的对外投资行为符合国家有关法规及产业政策，符合公司发展战略，有利于增强公司竞争能力，有利于合理配置企业资源，创造良好经济效益，促进公司可持续发展。常见的投资业务内部控制措施如下：

一、不相容职务分离控制

企业应当合理设置投资业务中的各岗位职责权限，确保投资业务中不相容岗位的分离，形成各司其职、互相牵制、互相监督的工作机制。不相容职务分离控制能极大程度地减少内部舞弊事件的发生，是风险控制中的重要措施。常见投资业务中的不相容职务分离情形如下：

（1）投资方案编写人员与审批人员相分离；

（2）投资方案可行性研究与可行性评估人员相分离；

（3）投资计划编写人员与审批人员相分离；

（4）投资计划审批人员与执行人员相分离；

（5）投资合同或协议订立人员与审批人员相分离；

（6）投资业务执行人员、会计记录人员与资产保管人员相分离；

（7）投资业务绩效评估人员与绩效考核执行人员相分离；

（8）投资资产处置申请人员、处置审批人员与处置执行人员相分离。

【相关案例】

2005 年 11 月 13 日开始，外电纷纷披露，中国国家物资储备局一名投资交易员刘其兵在 LME（伦敦金属交易所）铜期货市场上通过伦敦金属交易所场内会员 SEMPRA，在每吨 3 000 多美元的价位附近抛空，建立空头头寸约 15 万至 20 万吨。这批头寸交割日在 12 月 21 日。但自 9 月中旬以来，铜价每吨上涨约 600 多美元，这些空单无疑已经造成了巨额亏损，而该交易员刘其兵则神秘失踪。面对这样的境况，国储局选择了部分交割，即向伦敦交易所交付 5 万吨现货铜，其余 15 万吨的空单展期到远期。市场人士指出，国储以 3.7 亿元左右的亏损，换得了短期的风平浪静。

在国储铜事件上，身为一名普通的交易员，刘其兵竟然可以一边为中心做交易，一边为自己建立了多达 20 万吨的头寸，严重被套且长时间没人发现，究其原因是交易行为由原来的两个岗位变成由刘其兵一个人操控所致。不仅缺乏监督，不符合其进行期货操作套期保值的初衷，还使得刘其兵有利用职务之便为自己谋取利益的机会，这些都为危机的爆发埋下了隐患。

资料来源：《金陵晚报》。

二、授权审批控制

投资业务在正式执行前必须进行严格的审批，明确被授权者在履行权利时应对哪些方面负责，应避免责任不清、一旦出现问题又互相推诿的情况发生。如何建立完善的投资业务授权审批制度，包括以下几点：

1. 授权审批的范围

投资业务流程的各环节均须经过严格的授权审批，包括对外投资的决策权限、对外投资的后续日常管理、对外投资的转让与回收、对外投资的财务管理及审计、对外投资的重大事项报告及信息披露等。

【引例分析 4－13】

（1）针对公司的“投资论证不充分风险”，天门创意决定采取“授权审批控制”进行风险控制，具体控制措施见表引分 4－12。

表引分 4－12　投资论证不充分风险的授权审批控制

风险源	投资论证不充分风险	风险等级	高风险
内控措施	授权审批控制		
具体方案	在原投资决策流程（见图引分 4－2）中增加委托外部专业机构对投资方案进行独立评估，授权总经理委托会计师事务所、评估事务所等对投资方案进行独立评估，以降低投资风险。如若对外投资标的为股权，公司还应当聘请具有从事证券、期货相关业务资格会计师事务所对交易标的最近一年财务会计报告进行审计；若交易标的为股权以外的非现金资产，公司则应当聘请资产评估机构进行评估，披露评估报告		

【练一练】天门创意投资决策的再造流程如何绘制？

（2）针对“投后监控不力风险”，天门创意应在股权交割完毕后，立即成立收购整合工作小组推进整合工作。同时应采用“授权审批控制”单独设置“投后管理专员”岗位，通过设立规范的运营分析流程，并定期召开董事会、股东（大）会等方式实现与后裔网络的有效监控。在原投资执行流程（见图引分 4－3）中增加运行分析环节，细化各层级运营分析的职责（见图引分 4－6）。

2. 授权审批的层次

企业应根据投资业务交易标的物性质和金额大小确定不同的授权审批层次，从而保证各管理层有权亦有责。可根据投资业务涉及的资产总额或成交金额、营业收入或净利润等指标建立严格的分级授权，例如当投资行为属少量闲置现金进行的临时性短期投资，投资计划可

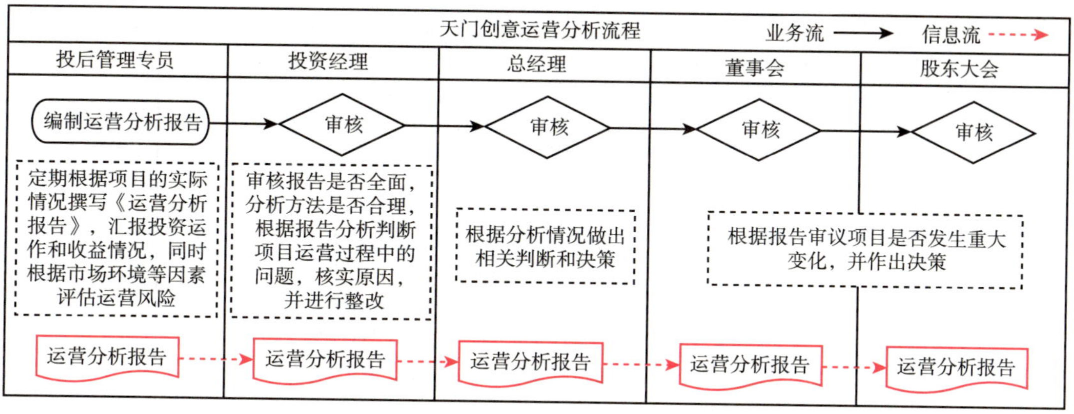

图引分 4－6 天门创意投资业务的运营分析流程

由董事会授权的一位高级管理人员来负责审批；当投资金额较大或属长期投资性质，审批一般由董事会、股东大会进行。

【引例分析 4－14】

天门创意依据投资方案金额大小确定了不同的审批层次，投资决策分支流程以投资方案金额大小作为流程分支条件，在董事会审批处及总经理审批处产生分支（见图引分 4－7）。

分支 1：公司发生的投资业务达到下列标准之一的，应当提交股东大会审议：

（1）投资方案涉及的资产总额占上市公司最近一期经审计总资产的 50% 以上；

（2）投资方案交易标的在最近一个会计年度相关的营业收入占公司最近一个会计年度经审计营业收入的 50% 以上，且绝对金额超过 5 000 万元；

（3）投资方案交易标的在最近一个会计年度相关的净利润占公司最近一个会计年度经审计净利润的 50% 以上，且绝对金额超过 500 万元；

（4）投资方案交易标的占公司最近一期经审计净资产的 50% 以上，且绝对金额超过 5 000 万元；

（5）投资方案交易产生的利润占公司最近一个会计年度经审计净利润的 50% 以上，且绝对金额超过 500 万元。

分支 2：公司发生的投资业务达到下列标准之一的，应当提交董事会审批：

（1）投资方案涉及的资产总额占企业最近一期审计总资产 10% 以上；

（2）投资方案交易标的在最近一个会计年度相关的营业收入占公司最近一个会计年度经审计营业收入的 10% 以上，且绝对金额超过 1 000 万元；

（3）投资方案交易标的在最近一个会计年度相关的净利润占公司最近一个会计年度经审计净利润的 10% 以上，且绝对金额超过 100 万元；

（4）投资方案交易的成交金额占公司最近一起经审计净资产的 10% 以上，且绝对金额超过 1 000 万元；

（5）投资方案交易产生的利润占公司最近一个会计年度经审计净利润的 10% 以上，且绝对金额超过 100 万元。

分支 3：不满足以上情形时，应由董事会授权总经理审批。

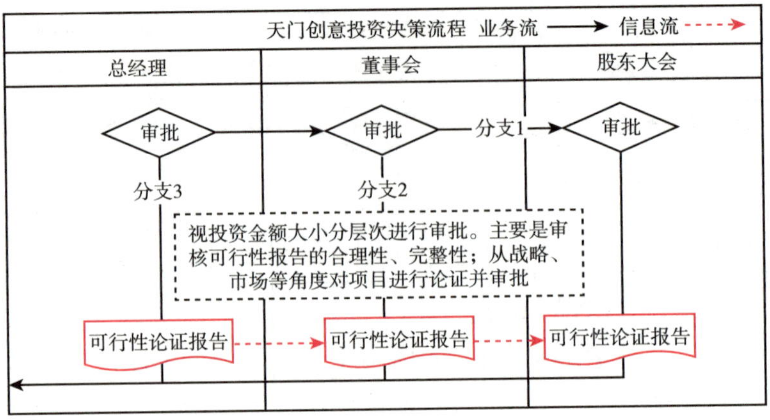

图引分 4－7 天门创意投资决策分支流程

三、运营分析控制

投资业务是以营利为目的的资本性支出活动。为实现投资收益，企业应综合运用投资信息，定期开展运营分析并出具相关报告，对存在的问题及时查明原因并加以改进。常见运营分析控制方法如下：

（一）现金流量分析

项目现金流量是投资项目可行性分析的关键要素，项目的现金流量情况比会计期间利润的实现更为重要。若将投资项目周期划分为投资期、运营期与处置期，这三个区间的现金流量计算如下：

投资期现金流量：初始现金流量＝营业收入－付现成本－所得税

运营期现金流量：营业现金流量＝税后经营利润＋折旧摊销等非付现成本

处置期现金流量：处置资产的净损益与营运资本的收回

（二）项目评价指标

基于现金流量分析，企业可以进一步使用财务指标进行投资决策，常用指标如表 4－1 所示。

表 4－1 投资决策财务指标

评价指标	计算公式	决策原则
净现值（NPV）	未来现金净流量现值－原始投资额现值	NPV＞0 时，投资方案可行
年金净流量（ANCF）	现金净流量总现（终）值/年金现值系数	ANCF＞0 时，投资方案可行
现值指数（PI）	未来现金净流量现值/原始投资额现值	PI≥1 时，投资方案可行
内含收益率（IRR）	NPV＝0 时，得到内含收益率 IRR	IRR＞期望报酬率时，投资方案可行
回收期（PP）	未来现金净流量的现值等于原始投资额现值时所用时间	PP 时长越短的投资方案越好

【相关案例】

湖滨服饰有限公司为提升行业竞争力，计划投资智能化仓储中心项目。经考察后选取了3个备选投资方案A、B、C，公司需要做出以下四种情形时的投资决策：

（1）各方案之间相互独立，可以同时投资，且公司有足够的资金投资3个方案；

（2）各方案之间相互独立，可以同时投资，但公司只有280万元投资资金；

（3）各方案之间相互排斥，不能同时投资，且方案的期限相同；

（4）各方案之间相互排斥，不能同时投资，且方案的期限不同。

湖滨服饰投资方案评价指标分析

金额单位：万元

投资方案		方案A	方案B	方案C
原始投资额		（100）	（180）	（180）
期限		5年	5年	8年
净现值NPV		5 164	6 642	8 674
现值指数PI		1.52	1.37	1.48
内含报酬率IRR		28.68%	23.61%	22.28%
年金净流量ANCF		1 362	1 752	1 626
独立投资方案	资金无限时	决策指标	内含报酬率IRR	
		决策结论	按照A、B、C顺序实施投资	
	资金有限时	决策指标	现值指数PI	
		决策结论	按照A、C顺序实施投资	
互斥投资方案	期限相同时	决策指标	净现值NPV	
		决策结论	A和B对比选择B方案	
	期限不同时	决策指标	年金净流量ANCF	
		决策结论	B和C对比选择B方案	

（三）项目投后管理

项目投资后企业仍要对被投资单位实施运营分析，企业应定期获取被投资单位的运营信息，包括但不限于以下方面：被投资单位月度、季度、半年度、年度的财务报表；重大合同；业务经营信息；重大的投资业务和融资活动；标的企业经营范围的变更；重要管理人员的任免；其他可能对标的企业生产经营、业绩、资产等产生重大影响的事宜。依据以上信息，运营部经过深入分析后形成运营分析报告，报告被投资单位的经营效率（存货周转率、应收账款周转率等）、盈利能力（净资产收益率等）、市场占有率等，如有经营异常，须及时上报高层。

四、会计系统控制

企业应严格执行投资业务相关的会计制度，规范会计核算形式、会计报告制度、会计档案管理制度等。投资业务会计系统的有效控制，可以确保会计处理程序的规范性，保证会计信息的真实性与完整性，实现投资业务内部控制的财务目标。可采取的措施如下：

（1）企业应确定适用的会计政策并有效执行。总体而言，企业应当严格遵循国家统一的会计准则完成会计处理工作，但会计准则中也提供了一些可选择项。针对投资业务，企业应当基于根据《企业会计准则第 2 号——长期股权投资》和《企业会计准则第 22 号——金融工具确认和计量》等文件，确定合适的会计政策，比如对长期股权投资的后续计量，应视其对被投资方的影响程度等情况，采取权益法或成本法进行计量。

（2）企业应妥善保管投资业务相关会计资料与档案，确保可对投资过程进行查证。主要包括投资合同或协议、出资证明、股东名册、债券契约等文件纪录。

（3）企业应建立并及时维护投资管理台账。投资管理台账中应详细记录投资对象、投资金额、投资期限、投资收益等相关业务。财务人员须及时更新投资管理台账记录内容，企业应定期对台账内容进行清点与核查。

（4）企业应及时关注对外投资资产的公允价值以及被投资对象的运营分析结果。若出现资产公允价值下降或被投资对象财务状况恶化等情形，企业应及时合理地计提资产减值准备，调整资产账面价值。

五、财产保护控制

面对风险的不确定性，公司在进行投资决策时应当首先考虑投资财产的保护问题，以避免损失，促进进一步的投资扩张。以证券投资为例，企业可采取以下措施：

1. 明确资产保管制度

企业一般可以采取两种方式进行证券投资的保管：第一种方式是将资产委托给银行、证券公司、信托公司等金融机构进行管理，企业需要选择具有资质的机构；第二种方式是企业自行管理证券类资产，企业应建立严格的联合控制制度，只有经过授权审批的人员才能接触证券，且保证有两人以上对证券实施共同控制，不得由一人单独管理。

2. 健全定期盘点制度

企业应定期对投资资产展开盘点工作，确保账存数和实存数相符。依据企业资产保管制度，如果证券类资产由银行等第三方金融机构代为保管，企业应由机构发来的凭证证券存放清单确定实存数，由企业自行记录的登记簿、明细账确定账存数，核对两者是否相符。如果证券类资产由企业自行保管，企业应定期组织盘点工作，将证券实存的盘点结果与登记簿、明细账进行对比，确认两者是否相符。

3. 执行记名登记制度

企业购入证券类对外投资资产时，除不记名证券外，都不可登记于企业个体名下，应于取得当天尽快登记于企业名下。健全的记名登记制度可以为企业避免员工或其他个体违规转移或出售相关资产，同时避免个体盗取企业应获股利和利息。记名等级制度的实施能进一步保障授权审批制度控制成效，避免个人在未经授权审批的情形下接触企业资产，是企业确保财产安全的有效内部控制手段。

六、绩效考评控制

企业应建立完善的投资业务绩效考评制度，选取合理的考评指标，针对企业投资业务的相关部门及人员开展绩效考核工作，形成奖惩分明的制度。基于绩效考评制度，企业可以规范投资业务中各职能部门与员工的行为，降低员工工作不尽责、不规范带来的投资损失。一般由人事部门提出投资业务中的绩效考核方案，将相关人员绩效与投资执行情况挂钩，再经由人事经理、运营经理、总经理等环节对绩效考核报告进行授权审批。

企业可通过以下途径制定奖惩合理的投资业务绩效考评制度：确定投资业务绩效考评目标；设置考核指标体系；选择考核评价标准；形成投资业务相关职能部门与个人的考核评价结果；制定合理的奖惩措施，以评价结果作为人员薪酬及职务晋升、评优、降级、调岗的依据。

【引例分析 4－15】

针对“责任与绩效不匹配风险”，天门创意决定对投资部员工采取“绩效考评控制”，将风险控制在风险承受度之内（见表引分 4－13）。

表引分 4－13　　责任与绩效不匹配风险的绩效考评控制

<table>
<tr><td>风险源</td><td>责任与绩效不匹配风险</td><td>风险等级</td><td>低风险</td></tr>
<tr><td>内控措施</td><td colspan="3">绩效考评控制</td></tr>
<tr><td>具体方案</td><td colspan="3">将投资项目业绩与投资决策、执行、处置过程中所涉部门和岗位绩效考核挂钩，当获取较大投资收益时可以奖励相关人员，出现重大投资损失时可以进行追责相关人员。具体 KPI 指标包括但不限于以下类型：
<table>
<tr><th>序号</th><th>KPI 指标</th><th>考核周期</th><th>指标定义/公式</th></tr>
<tr><td>1</td><td>投资计划完成率</td><td>年度</td><td>实际投资额/计划投资额×100%</td></tr>
<tr><td>2</td><td>项目投资收益率</td><td>年度</td><td>所有项目总收益额/所有项目投资总额×100%</td></tr>
<tr><td>3</td><td>项目可行性报告编制及时率</td><td>年度</td><td>规定时间内报告提交数/应提交报告总数×100%</td></tr>
<tr><td>4</td><td>投资方案通过率</td><td>季/年度</td><td>方案通过数量/提交方案总数×100%</td></tr>
<tr><td>5</td><td>投资项目评审准确性</td><td>年度</td><td>评审工作有无重大疏漏</td></tr>
<tr><td>6</td><td>投资运行监控报告提交及时率</td><td>年度</td><td>规定时间内报告提交数/应提交报告总数×100%</td></tr>
<tr><td>7</td><td>投资失败次数</td><td>年度</td><td>投资失败项目数量</td></tr>
</table></td></tr>
<tr><td>控制部门</td><td>人事部</td><td>控制负责人</td><td>人事专员、人事部经理</td></tr>
</table>

总结与提高

本项目我们学习了投资业务的内部控制目标，投资业务内控所需组织架构及职责体系，投资业务的业务流、资金流、信息流，对投资业务流程中的风险进行了识别、分析、评价，并对此采取相应的内部控制措施。学习的重点是梳理投资业务流程和风险评估；学习的难点是针对风险选择恰当的内部控制措施。

【线上活动】

登录智慧职教平台，完成微课学习、习题和讨论，发表自己对投资业务的控制的理解和看法。

【推荐阅读】

《企业内部控制应用指引第6号——资金活动》

《企业会计准则第2号——长期股权投资》

评价与考核

一、项目实施评价

项目完成后，学员根据项目实施情况进行自我评价，并填表（在○中打√，A掌握，B基本掌握，C未掌握），指导老师根据评价结果进行讲评。

项目实施情况分析表

项目实施过程	自我评价
创建投资业务内控所需组织架构	A○ B○ C○
绘制投资业务内控的业务流	A○ B○ C○
设计投资业务内控的资金流、信息流	A○ B○ C○
识别投资业务内控流程的风险	A○ B○ C○
分析投资业务内控流程的风险	A○ B○ C○
评价投资业务内控流程的风险	A○ B○ C○
控制投资业务内控流程中的风险	A○ B○ C○

二、理论考核

1. 判断题

（1）企业选择投资项目时应当突出主业，谨慎从事股票投资或衍生金融产品等高风险投资。（　　）

（2）为简化投资工作，投资方案只有在投资数额较大时才需进行可行性分析。（　　）

（3）企业购入证券类对外投资资产时，除不记名证券外，都应在购买当日尽快登记在经办人员名下。（　　）

（4）只要企业投资出现市价大幅下跌的情况，企业就应该对投资计提减值准备。（　　）

(5) 企业应当指定专门机构或人员对投资项目进行跟踪管理，及时收集被投资方经审计的财务报告等相关资料。（　　）

2. 不定项选择题

(1) 下列属于投资业务主要风险的是（　　）。

A. 投资方案未经过可行性评估与论证

B. 未对筹资资金用途执行有效监控

C. 投资计划中资产评估有失公允

D. 未对投资资产进行定期的减值测试

E. 不能按时偿付本金、利息、股利等

(2) 投资合同反映的信息有（　　）。

A. 日期、项目编号　　B. 盈利能力及预测

C. 项目运作模式　　D. 项目技术水平

E. 出资金额、出资方式

(3) 企业投资业务控制的运营目标主要包括（　　）。

A. 投资规模与筹资和资源调配能力相适应

B. 资金来源可靠

C. 投资弹性适度

D. 在保证投资资产的安全性与完整性基础上实现投资收益

E. 尽量降低资金成本，实现企业价值最大化的目标

(4) 投资业务的不相容岗位主要包括（　　）。

A. 投资业务会计凭证记录人员与登记账簿人员相分离

B. 投资方案编写人员与审批人员相分离

C. 投资业务执行人员与会计记录人员相分离

D. 投资业务绩效评估人员与绩效执行人员相分离

E. 投资资产处置申请人员与处置执行人员相分离

(5) 投资业务采取的财产保护控制措施主要有（　　）。

A. 明确资产保管制度　　B. 进行现金流量分析

C. 健全定期盘点制度　　D. 执行记名登记制度

E. 形成考核评价结果

三、技能考核

请根据下列案例进行风险识别与内部控制。

上市公司天山生物近年来一直亏损，公司为摆脱困境，努力寻找并购对象，以此规避退市风险。而令公司没想到的是，花费24亿元的投资并购项目竟是一场惊天诈骗案。

2018年，主营已连亏两年的天山生物公司可谓是病急乱投医，为摆脱困境，以发行股份和支付现金的方式，以24亿元高价跨界收购大象广告公司98.8%的股权，完成了一次从农牧业到广告业的跨界“牛吞象”。本以为收购了一家被称为新三板的“白富美”，然而，仅半年后，天山生物便发现“表面光鲜”的大象广告却暗藏玄机。大象广告实控人陈德宏隐藏了多项违规操作，包括借贷纠纷、合同诈骗、资金挪用、违规担保等违法违规行为。天山生物的自我救赎，终究还是“竹篮打水一场空”，天山生物因此面临巨额亏损。

然而，天山生物的亏损也有迹可循，上述问题大多发生在天山生物进行该项投资并购和并购的过渡期间。天山生物并没有进行充分的尽职调查，首先大象广告的会计处理办法存在问题，强行在并购前夕将广告媒体经营权调增为无形资产，导致利润和资产增加、负债减少。其次，并购预案中未披露大象广告的毛利率水平，但根据大象广告2016年年报，其毛利率水平为37%，远高于同行业的省广股份（18.12%）、蓝色光标（12.19%）、思美传媒（11.09%）和引力传媒（8.23%），天山生物针对以上问题都未深入调查。除此之外，在并购过程中，天山生物曾提出设置董事会，但鉴于陈德宏认为“董事会架构影响决策效率”，大象广告不设董事会，由天山生物委派陈德宏为执行董事。也就是说，对于大象广告的运营状况天山生物“一概不知”。

任务实施过程	实施答案	评分标准	标准分	得分
一、确定内控目标		是否结合业务具体目标来设定内控目标	10	
二、识别风险源，并进行风险描述		是否识别出所有的风险源；风险描述是否清晰	10	
三、采取内部控制措施		所选内部控制措施是否正确	10	

项目五

采购与付款业务的内控

知识学习目标

1. 能列举采购与付款业务的内部控制目标
2. 能描述采购与付款业务内控所涉组织及职责体系
3. 能归纳采购与付款业务内控的业务流、资金流、信息流
4. 能叙述采购与付款业务内控流程的风险评估过程
5. 能举例说明采购与付款业务风险的内部控制措施

技能训练目标

1. 能设计采购与付款业务内控所需组织及职责体系
2. 能绘制采购与付款业务内控的业务流
3. 能设计采购与付款业务内控所需资金流、信息流
4. 能评估采购与付款内控流程的风险
5. 能控制采购与付款内控流程的风险

素养提升目标

强化采购时廉洁奉公，恪尽职守的职业素养

标志性成果

独立撰写一份采购与付款业务的风险评估与内控报告

思维导图

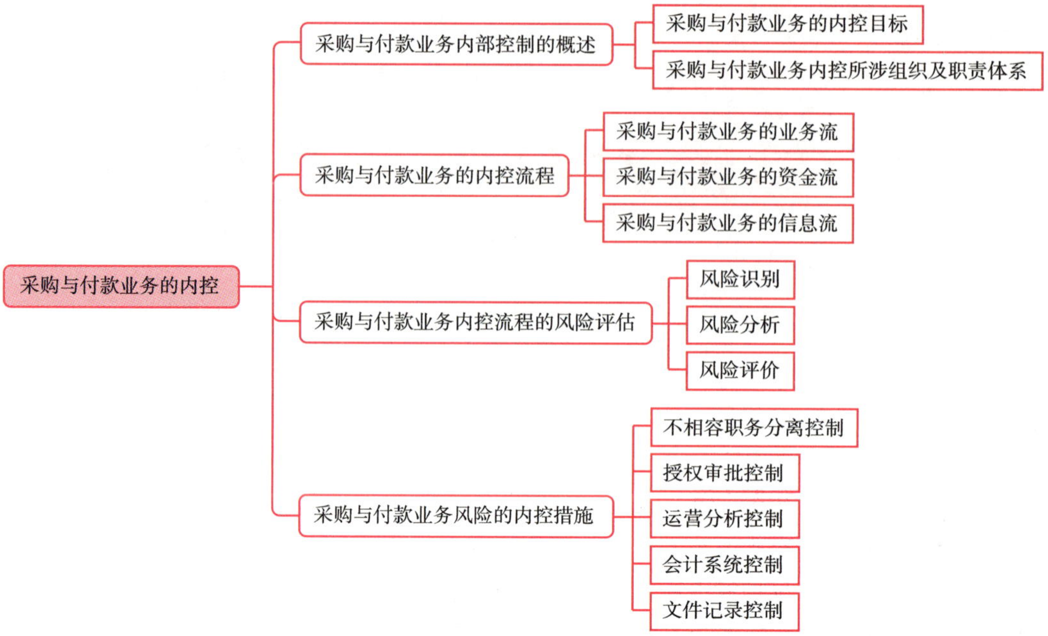

项目引例

小麦有芒科技有限公司（以下简称“小麦有芒”）成立于2012年3月，注册资本1.5亿元，是一家集研发、生产于一体的OLED企业。OLED是继LCD以后新一代平板显示技术，其依靠省电、轻薄、可视角度大、柔性等优点，逐渐成为中小尺寸显示面板的主流方案，被广泛应用于消费类电子、工控仪表、金融、医疗、车载、通信等领域，目前该行业正处于高速发展时期。

OLED面板的核心原材料包括有机发光材料、阳极材料和阴极材料，其中有机发光材料是OLED产业链中技术壁垒最高的领域，在OLED面板成本中占比12%左右。

小麦有芒的有机发光材料一直由国外京瓷电子科技股份有限公司（简称“京瓷科技”）供应。2022年2月，小麦有芒采购部突然收到该供应商的通知函，称自2019年下半年新冠疫情开始暴发并全球蔓延，其所在地区防控不力已严重影响公司正常生产，未来将不能按时按量供应有机发光材料。

收到该通知函后，采购部立刻召开部门会议，讨论如何应对有机发光材料采购问题，会上收集到如下信息：

（1）京瓷科技是小麦有芒有机发光材料的独家供应商。目前公司有机发光材料库存仅能生产5 000件OLED产品，而2月底公司需要交货8 000件OLED产品。如果不能按时按量交货，法务部等相关部门测算公司将承担大约90万元的经济损失。

（2）近些年随着研发的不断投入，我国在有机发光材料领域已经实现了核心技术的突破，国内企业已研制出高质量的有机发光材料，且在国际市场的份额也不断扩大。

鉴于以上信息，公司采购部立即启动国内第二供应商的开发。为了有效管理相关业务风险，公司决定加强采购与付款业务的内控建设，从梳理采购与付款流程着手，识别、分析、评价该流程中的各类风险，并采用适当的内部控制措施管理风险。

思考与实践

（1）小麦有芒为何采用独家供应商模式采购有机发光材料？为防止原材料供应不足，小麦有芒应确立怎样的采购与付款内控目标？

（2）到底是采购与付款流程中的哪个环节失误导致了有机发光材料供应不足？

（3）小麦有芒的采购与付款流程还涉及哪些环节？别的环节是否也存在风险？

（4）针对小麦有芒采购与付款流程中的风险，应采取哪些内部控制措施？

模块一　采购与付款业务内部控制概述

采购与付款是指企业取得外购材料、商品或劳务并支付价款的过程，是生产经营中的重要环节。采购与付款业务和后续的生产、销售紧密相关，且发生频繁、交易金额大、运行环节多，容易产生管理漏洞，因此企业必须加强对采购与付款的内部控制。

采购与付款业务的内部控制是指规范采购与付款行为，防范采购与付款过程中的差错和舞弊，保障生产经营需要，提高采购资金的使用效益。企业应全面梳理采购与付款流程，及时发现采购与付款中的潜在风险，对其采取内部控制措施，其具体控制要求在《企业内部控制应用指引第7号——采购业务》中得到了体现，有关采购合同的控制要求则在《企业内部控制应用指引第16号——合同管理》中体现。

一、采购与付款业务的内控目标

采购与付款业务的内控目标

为了建立有效的采购与付款内部控制，企业首先要制定清晰的控制目标。典型的内控目标包括：

（一）合规目标

采购行为或采购合同等都必须符合国家法律法规的要求（如《中华人民共和国合同法》《中华人民共和国招标投标法》等），在维护企业自身合法权益的同时，防范由此导致的行政处罚或名誉损失；采购与付款业务还应遵守企业内部规章制度，如公司《合同管理制度》

《货币资金管理制度》等，防范采购与付款过程中的差错和舞弊。

（二）报告目标

企业应按照会计准则及相关规章制度的规定，及时、准确、完整地记录并报告采购与付款过程，防范会计核算多记、错记、漏记采购成本或应付账款等可能导致的财务风险，以确保财务会计报告合理揭示采购业务享有的折扣或折让。根据《招标投标法》及其《实施条例》，招标采购的开标需公开投标截止时间前收到的且经确认密封完好的所有投标文件，企业应确保所公开内容的真实性，包含投标人名称、投标价格等信息。

（三）运营目标

（1）提高采购的效率和效益，在满足需求的前提下，努力降低采购成本，减少采购资金占用和采购环节的损失。既要避免重复采购、盲目采购，也要避免因采购不及时影响生产经营的正常运行。

【引例分析 5－1】

小麦有芒为何采用独家供应商模式采购有机发光材料？采购总监称，公司在 2013 年商讨选择有机发光材料供应商时，鉴于当时的技术壁垒，国内厂商生产的有机发光材料质量不佳，最终选择了国外企业京瓷科技作为唯一供应商。一直以来公司与京瓷科技的合作都很稳定，其质量和服务也都保持优质的水平，长期的合作也让京瓷科技愿意给予价格折扣等优惠，所以直到突发事件前一直未考虑增加或替代供应商。

如今京瓷科技因疫情不能按时按量供应有机发光材料，将影响 OLED 产品的正常生产，进而导致小麦有芒可能承担约 90 万元的经济损失。因此小麦有芒应确定将“运营增效”定为采购与付款内控建设的核心目标，即保证公司拥有可靠的原材料供应，满足生产需要。由于原材料的质量、价格、交货及时性以及供应商的供货条件及其资信、经营状况等条件都会影响企业的运营效益，所以需要对原材料和供应商进行多方位评估。

（2）保证采购与付款过程中相关资产安全完整。既要保证企业所购货物安全完整、保质保量地运达企业，又要保证应付账款的真实性和货款支付的严密性。

（四）战略目标

采购战略根据企业竞争战略而派生，必须与之相匹配，保持目标一致性。因为采购物资或劳务的质量、价格、供应商选择、运输和验收等方面的情况，在很大程度上决定了企业的生存与可持续发展，因此采购与付款业务应与企业战略紧密联系，有效支持企业经营计划的落实。

二、采购与付款业务内控所涉组织及职责体系

采购与付款业务的内控操作演示

有效控制采购与付款业务并不只是采购部门的责任，采购与付款过程中

涉及的各部门都应该承担相应责任，以确保采购与付款的有序推进。采购与付款业务主要涉及请购、采购、验收和财务共四个部门。

（一）请购部门

请购部门是指生产经营等需求部门根据采购计划和实际需要提出采购申请的部门。企业也可根据实际需要设置专门的请购部门，对需求部门提出的采购需求进行审核，并进行归类汇总，统筹安排企业的采购计划。

（二）采购部门

采购部门在相关职能部门的配合协助下，严格制定并执行采购制度与采购工作流程，确保企业生产、经营活动顺利进行。采购部在企业中行使下列职能：

（1）建立采购部组织。结合企业实际情况和发展需求，建立健全采购部的组织结构设计，明确职责分工，优化人员配置，提高采购工作绩效。

（2）建立健全采购管理制度体系。根据企业管理要求及部门任务，制定并严格执行采购规章制度，规范采购作业。

（3）采购计划管理。在调查和分析采购需求的基础上进行采购决策，编制采购计划与采购预算，指导采购活动。

（4）供应商管理。根据采购计划进行市场调研，选择、评审、考核供应商，建立并完善供应商档案。

（5）采购价格管理。建立并更新重要物资及常备物资的价格档案，指导采购作业与价格谈判，提高采购绩效。

（6）采购合同管理。组织合同评审，签订采购合同，建立采购合同台账并分类管理，监督合同的执行。

（7）采购进度控制。监督采购合同签订与执行，开展采购跟单与催货工作并进行交期管理，严格控制采购进度，确保供应及时。

（8）采购质量控制。建立采购认证体系，对供应商及采购物资的质量进行检验、认证，确保采购物资符合企业要求。

（9）采购成本控制。严格执行采购预算，监督采购询价、议价、订购过程费用的使用情况，开展成本分析，有效控制采购成本。

（10）采购绩效管理。定期对部门采购作业及各采购人员进行绩效考核，并根据采购结果实施奖惩，分析采购过程中的薄弱环节与问题，制订改进计划，提高采购绩效。

（三）验收部门

验收部门的主要职责是核对采购物资数量、检验质量，确保入库物资符合合同约定。为此，验收部门应当配备必要的专业人员对质量进行检验，必要时也可将物资送到第三方机构检验。如果发现物资出现问题，验收部门应及时报告，并对不符合合同要求的物资作出相应处理。

（四）财务部门

财务部门的主要职责是对采购与付款业务进行审核记账并付款。负责审查发票等票据的真实性、合法性和有效性，判断采购款项是否确实应予以支付。例如，审查发票填制的内容与发票种类是否相符，发票加盖的印章与票据种类是否相符；严格遵循合同规定和相关法规，合理选择付款方式；定期与供应商核对应付账款、应付票据、预付账款等往来款项，发现问题及时处理；对于采购退货，协助采购人员办理退货手续，涉及符合索赔条件的退货，及时办理索赔手续。

【引例分析 5－2】

小麦有芒的组织架构及岗位设置如图引分 5－1 所示，其中有机发光材料的采购与付款主要涉及四个部门，分别是生产部、采购部、物流部、财务部。

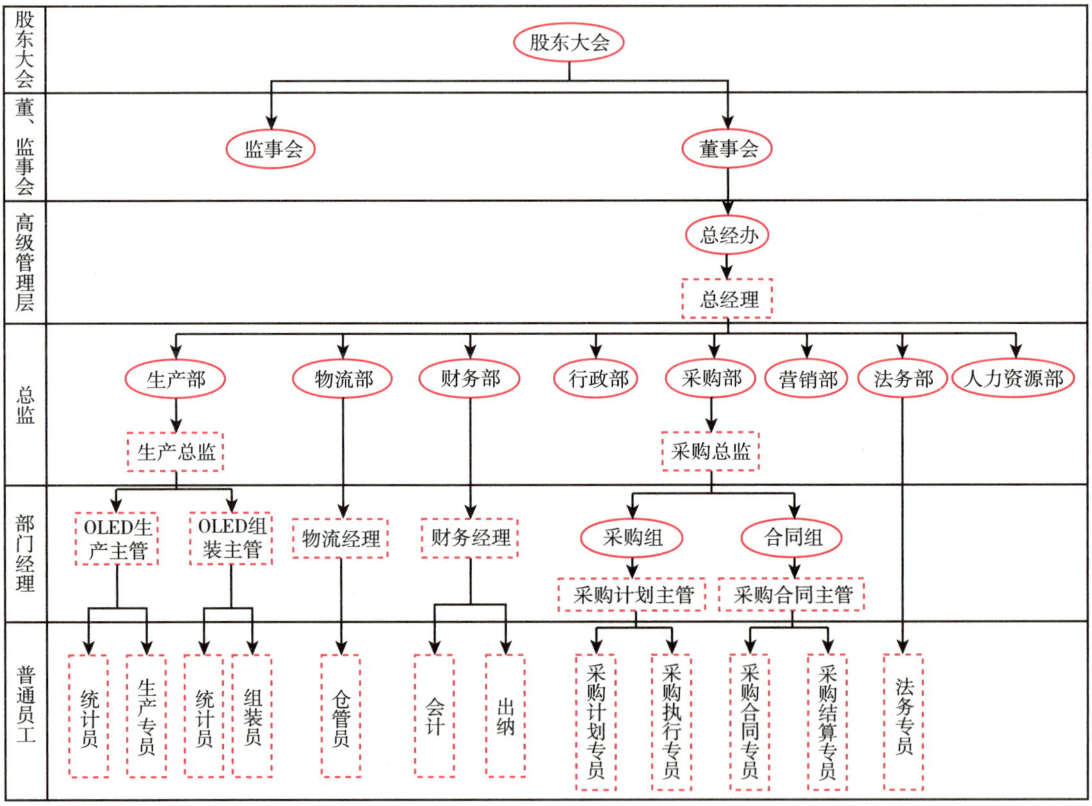

图引分 5－1　小麦有芒的组织架构及岗位设置

（1）生产部是有机发光材料的“请购部门”，其下再设 OLED 面板生产车间和 OLED 面板组装车间。

OLED 面板生产、组装车间都由“统计员”负责编排、制订、实施生产计划和物料采购计划；“生产专员”负责一线生产，“组装员”负责组装各元件，并测试产品样机各方面的性能，包括功能测试、性能测试、安全测试等。

（2）采购部是有机发光材料的“采购部门”，其下再设采购组和合同组。

采购组由“采购计划专员”负责在各部门提交的采购计划基础上，结合企业现有库存和在途情况，科学、合理、有序地安排采购计划；“采购执行专员”负责下达采购订单，最终执行落实采购；“采购主管”按照规定的权限履行采购计划与执行业务的审批，防止采购量过高或过低。

合同组由“采购合同专员”负责与供应商比价、议价等谈判，以及合同签署工作，包括谈判资料、价格资料和合同文件的整理、汇总和归档。“采购结算专员”负责制定结算制度，按照采购合同结算条款或财务结算进度要求，与供应商进行对账和货款结算。“采购合同主管”负责建立合同管理体系，检查合同执行情况，履行采购合同相关业务的审批。

（3）物流部是有机发光材料的“验收部门”。由“仓管员”负责材料验收入库，检查材料是否有缺损，核对入库数量是否与订单一致，如有缺损应报采购执行专员与供应商进行沟通。“物流经理”负责审核验收工作。

（4）财务部依据有机发光材料的采购合同及相关单据进行付款活动。其下再设会计与出纳两个岗位。

模块二　采购与付款业务的内控流程

采购与付款业务是企业生产经营的起点，是业务、资金、信息三流交织的经营活动，因此蕴藏着大量潜在风险。为较好地保证物资和劳务供应顺畅，并能与生产和销售环节紧密衔接，企业应对采购与付款业务进行全面分析，并有效控制其中的潜在风险。下面将从梳理采购与付款的内控流程开始着手。

一、采购与付款业务的业务流

采购与付款内控业务流及所涉组织

采购与付款的业务流通常包括需求与计划、请购与审批、选择供应商、谈判与执行、验收与付款以及采购后评估共六个环节。

（一）需求与计划

采购业务从计划（或预算）开始，包括需求计划和采购计划。实务中，一般于年底或月底制订下一年度或月度的物资需求计划。首先，由需求部门根据实际需要、库存和在途情况，向采购部门提出物资需求计划；其次，采购部门根据该需求计划归类、汇总、平衡现有库存物资后，统筹安排采购计划。采购计划是企业年度生产经营计划的重要内容，企业应科学安排采购计划，防止采购量过高或过低，应将采购计划纳入采购预算管理，作为刚性指令严格执行。

（二）请购与审批

请购是指生产经营等需求部门根据采购计划和实际需要，提出采购请求。大多数企业对正常经营所需物资的购买均作一般授权。比如，仓库可在现有库存达到再订购点时，直接提出请购申请，其他部门也可为维修等正常工作直接申请请购所需物品。但对资本支出和租赁合同，企业通常要求作特别授权，只允许指定人员提出请购。

请购通常需要经过内部审批流程，以确保采购请求是符合公司政策和预算的。通常审批人会审核请购单上的相关信息，例如，采购物品的类型、数量、价格、供应商等。如果请购单上的信息不够清晰或需要进一步核实，则审批人可能会要求请购人提供更多信息或核实所提供的信息。

（三）选择供应商

选择供应商即确定采购渠道，是企业采购与付款流程中非常重要的环节，采购部门应当结合采购业务的特点，确定供应商选择方式（见表5－1）。选择供应商后，还应对供应商进行管理，供应商管理包括供应商的资格评审、日常考核（月、季、年）、供应商的业绩评估、供应商的奖惩、供应商的淘汰、飞行检查和约谈等内容。

表5－1　　供应商选择方式的分析与比较

供应商选择方式		优点	缺点	适用条件
询比价	广义的询价是指获得准确的价格信息，以便在报价过程中对材料（设备）及时、正确地定价，从而保证准确控制投资额、节省投资、降低成本	效率高	不适用于技术复杂性较高的采购业务	复杂度较低、标准化较高的采购内容
竞争性谈判	竞争性谈判是指采购人或代理机构通过与多家供应商（不少于3家）进行谈判，最后从中确定中标供应商的一种采购方式	能与供应商有效沟通	如单纯使用竞争性谈判，会导致缺少供应商比较机制	须与供应商详细沟通采购方案的具体内容（如定制化水平较高的采购）
招标	招标指招标人（买方）事先发出招标通告或招标单，告知所需品种、数量、技术要求和有关的交易条件，邀请投标人（卖方）参加投标的行为	能充分引入竞争	实施成本高，耗时	重大采购业务、根据合规要求需进行招标的采购业务
战略供方	战略供方是指公司战略发展所必需的少数几家供应商。战略供应商的交货、产品质量、提前期、库存水平、产品设计等方面都影响着采购方的成功与否	配合度高	在战略合作期内缺少外部竞争压力	对供方充分评估后，判断其能够长期、合规、有效地满足采购需求

【相关案例】

可口可乐（Coca－Cola）作为全球最大的饮料公司，其业务范围遍布全球的各个角落。毋庸置疑，与可口可乐等大公司合作对于企业自身发展大有裨益，但是可口可乐对于供应商挑选极其严格，需要通过TCCC验厂后才可以进入备选行列。

TCCC验厂的审核重点在于企业社会责任方面的内容，主要包括：企业的合法性，童工和未成年工的雇佣情况，是否存在歧视或惩戒性措施，工作时间和劳动报酬是否合法合理，员工的健康安全能否得到保障等。

可口可乐要求供应商通过TCCC验厂目的在于：（1）保证产品质量；（2）判断供应商企业道德水准，若通过TCCC验厂，则一定程度上表明供应商薪酬合理、生产环境健康安全，人力资源和薪酬制度合理；（3）判断供应商的社会责任感，进而帮助可口可乐公司树立良好的口碑和社会公信力。

资料来源："可口可乐为什么要求供应商进行TCCC验厂"，2020年10月24日，快资讯。

（四）谈判与执行

采购谈判是指企业与供应商就采购物品的品种、规格、技术标准、质量保证、订购数量、包装要求、售后服务、价格与付款方式、交货日期与地点、运输方式等进行磋商，谋求达成协议的过程。谈判前企业应收集谈判对手的资料，熟悉谈判对手情况，并研究国家相关法律法规、行业监管、产业政策、竞品价格等信息，制定谈判策略；对于影响重大、涉及较高专业技术或法律关系复杂的采购业务，可组织法律、技术、财会等多方专业人员参与谈判，并做好全程谈判记录。洽谈成功后，则进入采购执行阶段，即订立框架协议或采购合同、下达采购订单、运输与供应的过程，详情如下：

1. 订立框架协议或采购合同

框架协议是企业与供应商之间为建立长期物资购销关系而作出的一种约定。采购合同则是指企业根据采购方式、采购价格等内容与供应商签订的具有法律约束力的协议。企业一般会根据物品金额、重要性等确定合同形式，除小额零星物品的采购可采用口头合同形式外，其他采购皆采用书面合同形式。合同管理人员应随时了解合同的执行情况，对合同执行过程中出现的异常情况及时向有关部门反映，提请有关部门处理。

一般企业订立合同过程如下：

（1）合同谈判。企业应根据拟采购物品的金额、重要性等确定合同谈判人员。对于影响重大、涉及较高技术或法律关系复杂的合同，应当组织法律、技术、财会等专业人员参与谈判，必要时可以聘请外部专家参与相关工作，谈判人员至少应有两人，并与订立合同的人员相分离。

（2）合同评审。企业大额或者重要的采购合同，在签订前应当经过财务、法律等相关部门和专业人员评审。小额或零星采购也应经过授权的部门事先对价格等有关内容进行审查。

（3）合同审批。企业所有采购合同须经审批人批准后方可签订。

（4）合同订立。书面合同应经法定代表人或其授权代理人签字，并加盖公章或合同专用章。对按法律规定需办理批准、登记、公证等手续的应及时办理，以保证合同的有效性。

2. 下达采购订单

采购订单是依据采购合同条款制定的，采购合同条款约定采购订单的内容。采购合同的内容是约定双方的权利、义务，包括产品质量、付款期限、售后服务、违约责任等，而采购订单是采购合同生效、实施的载体。采购订单体现的是某一时间购进某批具体产品，且根据采购合同下达的采购订单应连续编号。

3. 运输与供应

运输与供应是指企业根据生产、建设进度和采购物资特性等因素，选择合适的运输工具和运输方式，并办理投保等事宜，也可通过全程信息化实时掌握物资采购供应情况，以确保采购合同的有效履行，从而使采购物资能够按时、按质、按量供应。

【引例分析 5-3】

小麦有芒为了加强内控建设，开始着手梳理自身的采购与付款流程。对有机发光材料采购采用穿行测试法进行了解，该采购申请与执行流程包含了需求与计划、请购与审批、谈判与执行三个环节（见图引分 5-2）。

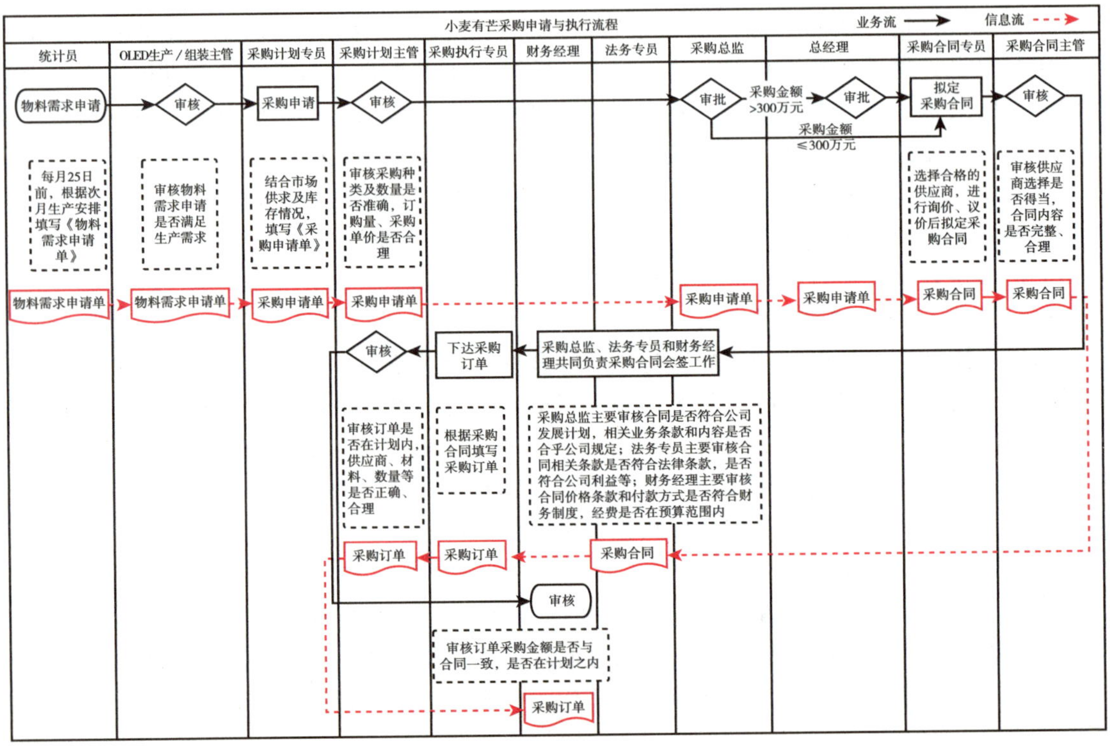

图引分 5-2　小麦有芒采购申请与执行流程

（五）验收与付款

1. 验收

有效的采购订单代表了企业已授权验收部门检验供应商发送过来的商品或服务，以确保其符合合同中的相关规定或产品质量要求。企业应明确采购验收标准，结合物资特性确定必检物资目录，规定此类物资出具质检报告后方可入库。验收机构或人员应当根据采购合同及质检部门出具的质检报告，关注采购合同、发票等原始单据与实际物资的数量、质量、规格型号等是否一致。对验收合格的存货办理入库手续；对验收不符合要求的存货，应立即向有关部门报告，及时查明原因，必要时办理退货、换货或者索赔。

2. 付款

付款是指企业在对采购预算、合同、相关单据凭证等内容进行审核并确认无误后，按照采购合同的规定及时向供应商办理支付款项的过程。企业应合理选择付款方式，根据国家有关支付结算的规定和企业生产经营的实际情况，除了不足转账起点金额的采购可以支付现金外，采购价款的转账应通过银行办理。

【引例分析 5－4】

小麦有芒采购材料验收与付款流程如图引分 5－3 所示。

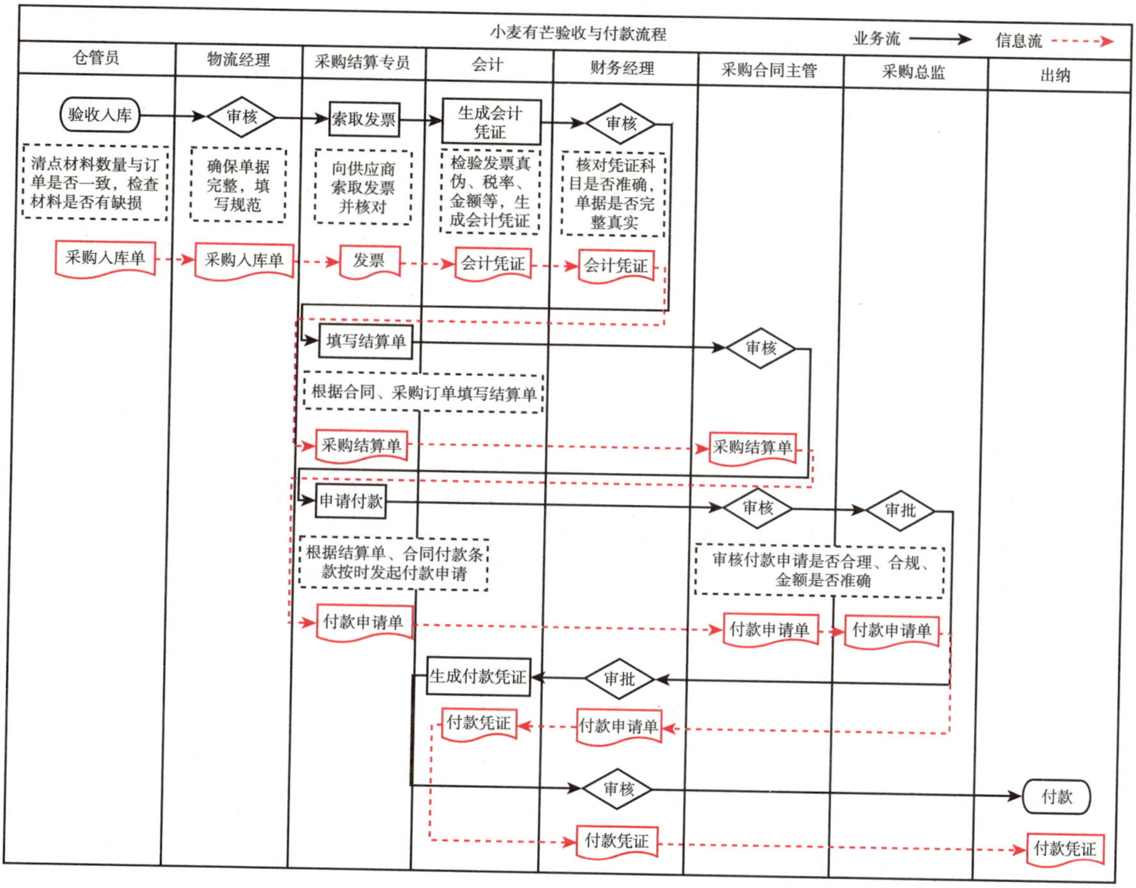

图引分 5－3　小麦有芒验收与付款流程

（六）采购后评估

由于采购与付款业务对企业生存与发展具有重要影响，企业应当设立采购业务后评估环节。即企业应当定期对物资需求计划、采购计划、采购渠道、采购价格、采购质量、采购成本或合同签约与履行情况等物资采购供应活动进行专项评估和综合分析，及时发现采购业务薄弱环节，循环优化采购与付款流程。

二、采购与付款业务的资金流

采购与付款内控资金流及信息流

采购与付款业务的资金流反映了资金从存储形态转化为生产或服务所需储备物资的过程，资金流内容反映库存商品或材料采购成本，具体指企业从外部购入原材料等所实际发生的全部支出，主要由材料的买价和采购费用两部分构成：(1) 购买材料，结算价款即买价；(2) 支付各种材料采购费用，包括运输费、装卸费、保险费、包装费、仓储费、入库前的挑选整理费，以及运输途中的合理损耗，小规模企业还包含增值税。加强材料采购成本的内部控制，使材料采购成本下降对一个企业的经营业绩至关重要。

材料采购成本的资金流核算方法有两种。一般规模较小、存货品种简单、采购业务不多的企业可选择“实际成本法”，它可以直接反映采购物资的实际资金占用额。对于材料品种规格繁多、采购收发业务频繁的企业则选择“计划成本法”，它可以反映资金流中采购物资的实际成本与计划成本的差异，便于考核采购与付款业务效率与效果；也有利于分析各部门耗用采购材料的节约或浪费情况，考核各用料部门的经济效果，从而有效提升内部控制的价值。采购与付款业务的资金流出现在采购与付款业务流中的验收与付款环节，下面以原材料的验收与付款为例，解释其资金流如何流转。

(一) 实际成本法下的资金流

实际成本法下，对已发出但尚未验收入库的原材料，其资金流先流转至“在途物资”。依据付款方式不同，资金流常有三种来源：若以钱货两清的方式采购原材料，支付的价款和相关费用所引起的资金运动如图 5－1 中红色粗实线段所示（箭头符号反映资金的运动方向），若采用赊购或者预付方式采购原材料，其引起的资金运动如图 5－1 中红色粗虚线段所示。待收到原材料并验收入库之后，资金流再转到“原材料”，其引起的资金运动如图 5－1 中红色实线段所示。

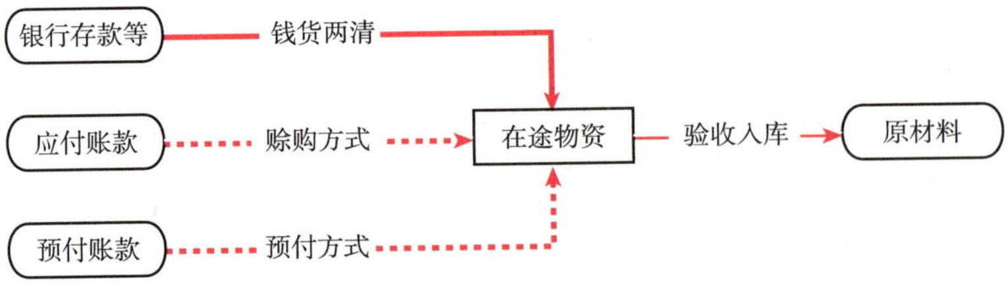

图 5－1　实际成本模式下采购与付款的资金流

(二) 计划成本法下的资金流

计划成本法下，无论企业所购买的材料是否已验收入库，资金流首先必须在“材料采购”处汇集，反映企业采购原材料所花费的实际资金成本。材料采购工作结束时，企业需要将这批材料按照计划价格确定价值，而材料采购的实际资金成本与其计划价格经常不一致，为此企业设置“材料成本差异”以反映和监督这种不一致所形成的差异。因此结转其实际资金成本时，将材料采购的实际资金成本分为两部分：与该批材料的计划价格对应的部分确认为原材料成本，其资金运动如图 5－2 中红色实线段所示；实际资金成本与计划价格的差异则作为“材料成本差异”反映，其资金运动如图 5－2 中红色虚线段所示。当实际资金成本高于计划成本时，材料成本差异为正，该差异属于不利差异；当实际资金成本低于计划成本时，材料成本差异为负数，该差异为有利差异。

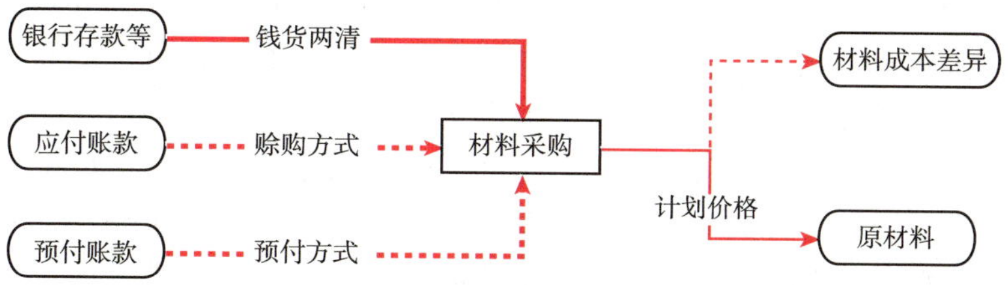

图 5－2　计划成本模式下采购与付款的资金流

【相关案例】

原因未明的超定额损耗计入材料成本差异，虚增材料超支差

豪迪食品生产企业采购原材料采用计划成本核算。购入食用材料一批，增值税专用发票填列：数量 12 000 千克，单价 10 元，价款 120 000 元，税率 13%，税额 15 600 元，价税合计 135 600 元。材料入库单填列：入库数量 11 250 千克，计划单价 8 元，入库材料计划成本 90 000 元。该材料定额损耗率为 5%。企业根据发票金额付款时，会计处理为：

借：材料采购　　135 600

　　贷：银行存款　　135 600

材料验收入库时，会计处理为：

借：原材料　　90 000

　　应交税金——应交增值税（进项税额）　　15 600

　　材料成本差异　　30 000

　　贷：材料采购　　135 600

根据食用材料的定额损耗率可以计算出超定额损耗的数量为 150 千克（超出 12 000 千克的 5%），金额为 1 695 元。其中价款 1 500 元，税额 195 元。这部分原因未明的超定额损耗，属于非正常损耗，按会计准则要求，不能直接计入材料采购成本，而应计入“待处理财产损溢”账户之中，其进项税额也不能计入扣除。原有的账务处理不仅使进项税额多计 195 元，也使得材料成本差异虚增超支差 1 500 元，必然影响当月材料成本差异率的计算和分配，进而影响成本费用。

材料成本差异的计算与结转是差异分配的基础。企业错算、错转差异的表现形式多种多样，此例是由于对超定额损耗的错误处理造成了材料成本差异的错转。此外，如收入材料计价的错误、计税的错误、差异计算的错误以及结转差异方向的错误、结转使用的科目等都可能导致材料成本差异的错算、错转，需要联系“材料采购”账户检查一并解决，切莫让“材料成本差异”账户成为调节利润的手段。

资料来源：警笙说话公众号。

三、采购与付款业务的信息流

采购与付款信息流伴随着业务流和资金流而产生，体现为特定采购与付款信息有方向性地输入和输出。采购与付款的信息流是企业在采购商品、原材料、设备或服务并完成支付过程中涉及的信息和数据流动，在这个过程中，不同部门（如采购部、财务部、仓库部等）需要协同合作，共享信息，以确保采购活动的顺利进行。例如，谈判与执行环节中下达采购订单时，采购执行专员需要依据采购合同及生产需要填写采购订单，再由采购主管审核采购订单中的采购需求。那么采购执行专员向采购主管发出采购订单的过程，其实质就是信息流的传递过程。由于信息流能反映业务流和资金流的运动状态，在很大程度上影响流程的整体运行效率和效果，因此加强信息流内部控制也很重要。采购与付款信息流涉及的常见表单如图 5－3 所示。

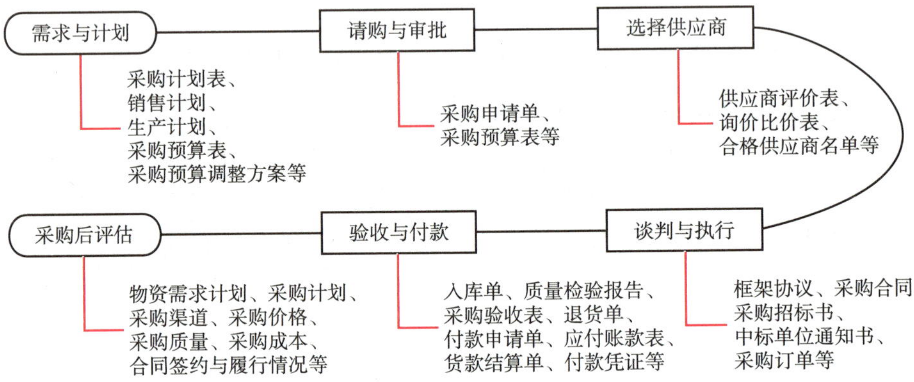

图 5－3　采购与付款业务的信息流

实践中各企业信息流中的表单形式并不统一，但表单上的构成元素大致相同。在此仅介绍采购申请单、采购订单、采购合同的常见形式。

（1）采购申请单应明确采购类别、质量等级、规格、数量、相关要求和标准、到货时间等。采购申请单通常一式三联，经审批后，一联退请购部门，以示答复；一联交财会部门筹备资金和备查；一联交采购部门作为编制采购计划和签订购销合同的依据。由于企业内不少部门都可以填列采购申请单，不便事先编号。为加强控制，每张采购申请单必须经过对这类支出预算负责的主管人员签字批准。

（2）采购部门在收到采购申请单后，只能对经过批准的采购申请单发出采购订单。对每张采购订单，采购部门应确定最佳的供应来源。采购订单应正确填写所需要的商品品名、数量、价格、厂商名称和地址等，预先予以编号并经过被授权的采购人员签名。其正联应送交供应商，副联则送至企业内部的验收部门、应付凭单部门和编制采购申请单的部门。

（3）采购合同是对采购人和供应商之间的权利和义务按照平等、自愿的原则进行约定。通常一式三份，一份交供应商请求发货；一份由采购部门专人保管，负责合同的执行；一份交财会部门，以监督合同的执行。

【引例分析 5－5】

小麦有芒采购与付款信息流中的各表单详情如表引分 5－4 所示。

表引分 5－4　　小麦有芒采购与付款信息流中的表单详情

表单名称	表单作用	表单构成元素
物料需求申请单	汇总生产部门所需物料采购需求，明确物料需求	申请单号、申请日期、申请人、申请人部门、预计到货日期、申请用途、物料明细等
采购申请单	用于正式下达采购申请，保障生产顺利进行	关联物料申请单号、采购申请单号、申请日期、申请人、申请人部门、采购金额总计、物料明细等
采购合同	明确采购方和供应商的权利和义务，为产品生产的物资供应提供保证	签订日期、合同编号、合同开始日期、合同结束日期、购货方、销货方、标的物信息、交货方式及验收、质量保证、结算方式及期限、违约责任、其他约定事项、双方签章等
采购订单	为供应商供货提供执行依据，跟踪采购订单能保证采购的材料通过过程管理，避免造成不必要的损失	采购合同编号、采购订单编号、订单日期、到货日期、订单总额、供应商、交货地点、物料信息、付款信息等
采购入库单	用于采购物资验收，确保物资的数量和质量符合验收标准	关联采购订单编号、采购入库单号、入库日期、供应商信息、物料信息等
采购结算单	确认结算款项的重要凭证，明确采购物资的结算金额	入库单号、结算单编号、结算金额、供应商信息、物料信息等
付款申请单	用于申请付款给供应商的书面单据	关联采购合同编号、付款申请单编号、付款方式、付款日期、付款金额、支付信息等

模块三　采购与付款业务内控流程的风险评估

采购与付款内控流程的风险评估

为了确保物资和劳务采购按质、按量、按时，并且经济高效地满足生产经营需要，企业应对梳理出的采购与付款内控流程进行风险评估，包括对识别出的业务风险进行分析，并描述风险发生可能性和发生后果的大小，进而明确风险重要性程度。因此风险评估分为风险识别、风险分析、风险评价三个步骤。

一、风险识别

进行风险评估的首要任务是风险识别，即发现、认可并记录影响采购与付款内部控制目标实现的风险，其重点是收集采购与付款业务中的风险信息，并识别风险信息的风险源。采购与付款业务的风险识别对象不包括采购与付款后评估环节，因为该环节本身就是用来识别风险的。

（一）需求与计划的主要风险

（1）企业未将采购计划纳入采购预算管理，或未对采购预算实行控制，或未对采购预算的执行情况进行定期分析，导致不能及时修正采购预算执行差异，造成资金使用效率低下。

（2）需求或采购计划不合理，未结合库存和在途情况科学安排采购计划，与企业生产经营计划不协调等，造成企业资源短缺或库存成本上升，甚至影响企业正常生产运行。

（二）请购与审批的主要风险

（1）缺乏采购申请制度，造成企业管理混乱。

（2）具有请购权的部门对于预算内采购项目，未严格按照预算执行进度办理请购手续，或者未根据市场变化提出合理的采购申请。

（3）请购未经适当审批或超越授权审批，出现采购申请内容不准确、不符合生产经营需要、不符合采购计划等问题，导致采购物资过量或短缺，影响企业正常生产经营。

【相关案例】

2019 年初，大疆公司在内部发布反腐败公告，称因内部腐败问题导致公司预计损失超过 10 亿元，涉事人员达 45 人。1 年后，2020 年 5 月 19 日，一则判决书曝光了这起“反腐风暴”的最新进展——其中，大疆公司原采购经理伊某和吕某利用职务上的便利，向威欣睿公司索取好处费，数额巨大，被判以非国家工作人员受贿罪。

司法机关作出的终审判决书显示：故事主角伊某于 2015 年 2 月加入大疆公司任采购经理，主要负责供应商的导入以及对接事宜，于 2015 年 8 月引进“威欣睿公司”作为大疆公司的供应商。吕某于 2015 年 2 月开始任职采购经理，主管采购电子元器件。2016 年 6 月，伊某离职后，吕某接手了伊某的相关工作，负责供应商对接。2016 年上半年一次碰面，吕某与伊某抱怨采购工作一点权力和地位都没有，想要额外赚点钱。两人讨论来讨论去，想到“公司采购不需要提出申请，也没有固定的采购计划”，一拍即合，打算利用这个管理漏洞来赚点“外快”。吕某与伊某商量后，由伊某做中间人，找威欣睿公司总经理林某索要好处费，提出按照大疆公司采购额的 5% 收取。此外，想到提高威欣睿的采购额，还需要公司研发部、下单组和品质部的配合，两人进一步讨论后，决定也由伊某出面进行打点。在收到威欣睿公司好处费后，由伊某进行“分赃”。实施过程中，吕某利用职务便利，帮助威欣睿公司获得了大量订单，2016 年 7 月至 2018 年 8 月间，大疆公司向威欣睿公司每月平均采购额维持在 364.8 万元左右，与此前的平均每月 21.5 万元相比，飙升了 16.9 倍。截至报案时，采购额共计约 7 500 余万元，伊某和吕某等人共收取好处费 360 多万元。最终，吕某与伊某自食恶果，均为自己的行为付出了代价。其中，伊某因认罪态度较好被判刑 1 年 6 个月，吕某被判刑 5 年。

资料来源：中国裁判文书网。

（三）选择供应商的主要风险

（1）未按照公开、公正和竞争的原则选择供应商，导致供应商选择不当，采购物资质次价高，甚至出现舞弊行为。

（2）对个别供应商过于依赖，缺乏完善的竞争机制，让企业陷入被动境地。

【引例分析 5－6】

小麦有芒梳理完自身的采购与付款流程后，通过问卷调查开始搜集风险信息，以便对流程各环节进行风险识别。过程中发现其选择供应商环节存在“独家供应商风险”，导致有机发光材料对国外独家供应商京瓷科技过于依赖，让自身陷入被动境地，面临生产所需原材料短缺（见图引分 5－4）。

究其原因是原采购申请与执行流程（见图引分 5－2）缺乏规范的供应商选择环节，请购审批通过后就直接进入采购合同拟定环节，对于供应商的选择没有严格的流程管理和具体标准，对供应商的背景了解不全面，给自身带来重大隐患。

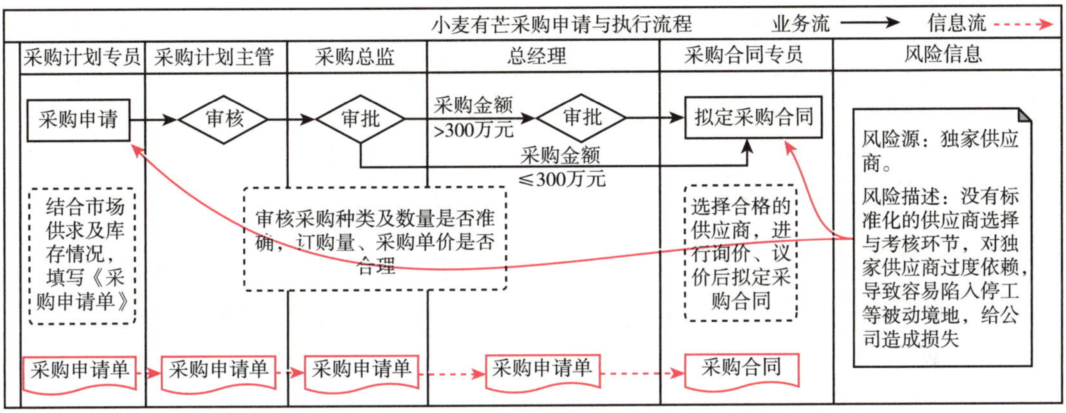

图引分 5－4 独家供应商风险

（3）未能对供应商的表现进行定期评价，或者供应商信息更新不及时，未对供应商进行动态管理，不能保证供应商资质的延续性。

（4）供应商档案管理混乱，合格供应商名录和档案的建立及修订未履行相关程序，未经充分授权和批准。

【内控“思”享】

“肥水”不能流“自家田”？

供应商年度评价工作结束后，采购部门负责人蔡总找到采购员小汪核实有关情况。

蔡总：小汪，我们在供应商年度评价的过程中发现了一个问题，需要跟你沟通一下。

小汪：蔡总，发生了什么事情？您说。

蔡总：我们去年新增了一个混原新仪的供应商你知道吗？

小汪：我当然记得，那个公司当初还是我提名的呢！它供货一直挺好的，发生什么了吗？

蔡总：供货确实没有问题，但是我们这次实地考察之后，看到他们老板桌上有个东西！

小汪：哦？是什么？

蔡总：是一张他和他夫人的合影。

小汪：这有什么奇怪的吗？

蔡总：你还要隐瞒吗？他的夫人和你的母亲长得有几分相似！经过我们进一步了解，他是你的姨夫啊！

小汪：呃。这有什么问题吗？

蔡总：你难道不知道我们采购要“避嫌”吗？你怎么还能明目张胆地推荐自家亲戚来作供应商？你以为不同姓，就能蒙混过关？

小汪：供应商是我提名的没错，但是我没有参加评审环节啊，最终能够入围也是你们综合评估的结果，说明大家都很认可这个企业。而且我并没有刻意去隐瞒我和供应商的关系，只是你们没有给我机会填报啊。

蔡总：照你这么说，你把自家人提报成供应商，还是我们做错了？是我们没有好好审核？要我说，你根本就不应该参与提名！

小汪：我不是很认同您的说法。作为供应商，它的价格属于中下游水平，而且采购质量和供货时间从来都没出现过问题！正因为我想着熟人做事比较靠谱，才推荐给公司，怎么还成为罪人了？难道价廉物美的不选，去选贵的，就是合规了？

【想一想】量价实质都过硬，准入评审也公平。只因老板是熟人，公司采购要避嫌吗？

资料来源：锐思商学院公众号。

（四）谈判与执行的主要风险

（1）采购定价机制不科学，采购定价方式选择不当，缺乏对重要物资价格的跟踪监控，引起采购价格不合理，造成企业资金损失。

（2）内部稽核制度不完善，导致因收受回扣等不端行为给企业造成损失。

（3）框架协议或合同约定的供应商主体资格、资信情况与履约能力等未达要求，导致物资采购不顺畅，无法满足企业的采购需求。

（4）采购合同未能准确描述合同商品的质量标准、交货地点、交货时间、货款支付方式等条款，没有明确双方权利、义务和违约责任，合同内容甚至存在重大疏漏和欺诈，导致企业合法权益受到侵害。

（5）未及时根据市场状况调整合同内容，造成企业采购行为脱离市场供需状况。

（6）采购人员在采购之前没有依据采购合同和库存做好规划工作，导致采购订单下达不及时或未选择合理的订购方式等。

【引例分析 5－7】

小麦有芒在收集采购与付款业务的风险信息时，还发现其谈判与执行环节存在“下达采购订单不及时风险”。为防止未来物资供应或产品需求的不确定性影响生产（如大量突发性订货、交货意外中断或突然延期等），小麦有芒在综合考虑订货满足率、缺货成本及库存持有成本后，确定其生产 OLED 的另一重要原材料——阳极材料的安全库存为 12 000 件。

于是当2021年7月10日阳极材料库存仅为8 000件，即低于安全库存储备量时，存货系统弹出了预警提示。由于已收到5.5代——LTPS/AMOELD生产线和6代——柔性AMOLED生产线7月13日共需15 000件阳极材料的信息，因此7月10日当天仓库管理员立即告知采购执行专员阳极材料库存不足，采购执行专员当即下达了采购20 000件阳极材料的紧急订单。但距离7月13日只有3天，时间太过匆忙，导致采购订单未及时送达，两条生产线被迫停工。

经调查得知事情原委如下：6月26日计划专员已收到5.5代——LTPS/AMOELD生产线提交的2张物料需求申请单，申请单中注明：7月10日、7月13日对阳极材料的需求量分别是8 000件和5 000件；同时6月27日采购计划专员又收到6代——柔性AMOLED生产线提交的2张物料需求申请单，申请单中注明：7月13日、7月20日对阳极材料的需求量分别是10 000件和7 000件。6月27日当日采购计划专员根据这4张物料需求申请单汇总了7月份的“采购申请单”（见表引分5－2）。

表引分5－2　　　　7月份采购申请单

申请日期：2021年6月27日			申请部门：采购部		说明：生产用	
序号	材料名称	数量（件）	单价（元）	金额（元）	预计到厂日期	备注
1	阳极材料	8 000	50	400 000	7月10日	
2	阳极材料	15 000	50	750 000	7月13日	
3	阳极材料	7 000	50	350 000	7月20日	
合计				1 500 000		

6月30日合同专员根据审批后的采购申请单与供应商鼎盛科技有限公司签订了采购合同，合同履约期限为7月1日至7月31日，合同记载采购阳极材料数量为30 000件，含税价50元/件，合同约定小麦有芒可以根据需要在履约期限内分次下达采购订单。因此，导致被迫停工的主要原因是原采购申请与执行流程（见图引分5－2）中下达采购订单的信息流不充分，采购执行专员仅结合采购合同履约时间下达采购订单（见图引分5－5中黑色箭头），认为履约期限还未结束，所以没有及早下单。未结合生产需要考虑采购的送达计划，导致原材料未能及时送达，造成停工损失。

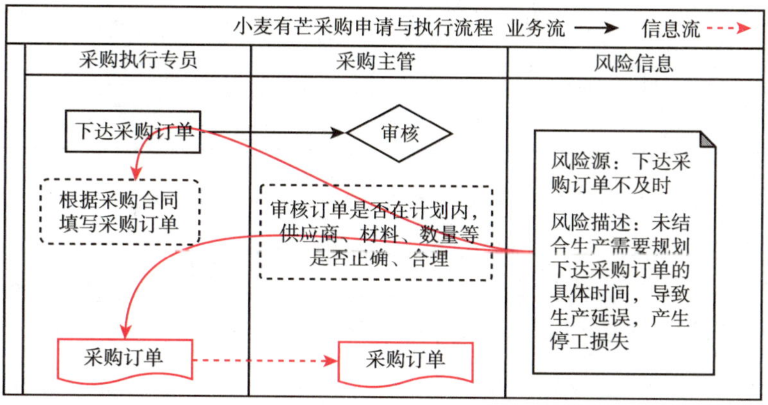

图引分5－5　下达采购订单不及时风险

(7) 采购订单变更风险，主要表现为随意变更采购订单，缺乏严格的审核制度，或者企业变更订单的次数过于频繁。

(8) 采购订单延误风险，采购人员下达采购订单后，供应商没有及时履行订购合同或者某种原因造成供应商订单延误等。

(9) 缺乏对采购合同履行情况的有效跟踪，无法实时掌握采购物资供应过程的具体情况。

(10) 运输方式选择不合理，忽视运输过程的保险风险，导致采购物资损失或无法保证供应。

(11) 没有对供应商的供应过程做好记录，导致供应过程评价缺少原始资料。

(五) 验收与付款的主要风险

(1) 验收标准不明确、验收程序不规范，导致不合格品流入企业。

(2) 验收时涉及技术性强的物资、大宗物资和新、特物资，没有邀请验收机构或人员对其进行专业测试或委托具有检验资质的机构或聘请外部专家协助验收，造成采购质量不合规损失。

【引例分析 5－8】

小麦有芒在收集采购与付款业务的风险信息时，还发现其验收与付款环节存在“采购验收不规范风险”。2021 年 12 月 31 日，生产主管收到统计员提交的 12 月份“生产统计表”，表上记录着 6 代——柔性 AMOLED 生产线所生产的拼接屏系列产品的加权平均综合报废率达 9.75%，远超公司规定的 5%（见表引分 5－3）。

表引分 5－3　　生产统计表　　单位：件

日期：2021/12/31		月份：12 月		产线：6 代——柔性 AMOLED 生产线			
序号	产品名	当月投产数量	上月半成品投入量	当月合规品数量	当月报废数量	当月半成品数量	报废率
1	OLED 透明拼接屏	3 000	0	2 673	145	182	5.15%
2	OLED 柔性拼接屏	2 600	0	1 835	155	610	7.79%
3	OLED 弧形拼接屏	2 300	345	2 216	396	33	15.16%
4	OLED 曲面拼接屏	1 400	223	1 366	178	79	11.53%
合计		9 300	568	8 090	874	904	9.75%
部门经理：孙月宾					统计员：吴胜广		

对此，生产部联合采购部、物流部对 12 月份报废情况展开调查。生产部检测发现，其中 795 件产品报废是因为阴极材料质量太差导致，阴极材料所含金属的功函数①大小决定 OLED 器件的发光效率和使用寿命。统计员和仓管员通过查找、比对领料单，找到了当月领用的阴极材料采购批次（2021 年 11 月 21 日，入库单号 20201121015），生产主管对剩余的 2 850 件阴极

① 功函数（work function）又称功函、逸出功，在固体物理中被定义成：把一个电子从固体内部刚刚移到此物体表面所需的最少的能量。

材料进行抽检，发现有15.4%的不合格率，远超采购合同约定的不合格率不超过3%。

究其原因是原验收与付款流程（见图引分5-3）的验收环节只由仓管员完成，没有技术人员参与，而仓管员验收材料的主要标准是数量是否正确、包装是否完整、外表是否残缺，对材料的技术指标并没有做进一步检验（图引分5-6）。

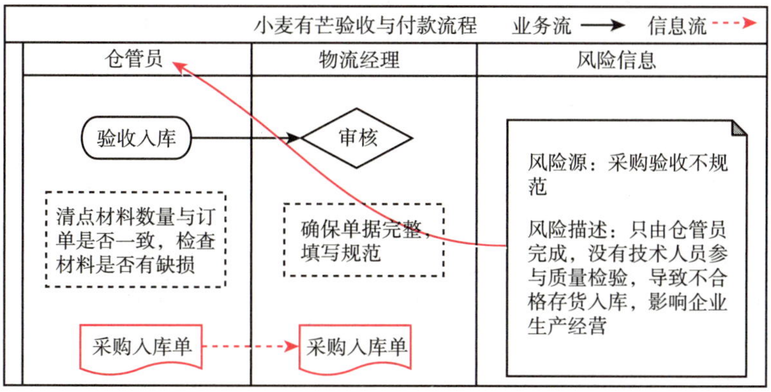

图引分5-6 采购验收不规范风险

（3）对于验收过程中发现的异常情况（如无采购合同或大额超采购合同的物资、超预算采购的物资、损毁的物资等）未及时处理，造成账实不符、采购物资受损。

（4）采购付款未对采购合同、到货情况、发票等票据的真实性和合法性以及有效性等相关内容进行严格审核，或不同层级的付款金额未经适当的授权审批，导致无法准确判断采购款项是否确实应予支付，企业出现资金损失和信用受损。

（5）付款方式不恰当，给企业带来法律风险。

（6）采购款项支付之前，没有认真核查已付款情况，忽视对预付账款和定金的管理，导致对供应商的重复付款或者面临不可回收风险。

二、风险分析

经过风险识别阶段，已经收集了采购与付款流程中的风险信息，对面临的风险有了一个初步认识，接下来需要对各类风险的发生可能性和发生后果进行分析。在风险管理实践中，一般利用采购与付款方面的历史数据推断风险事件在未来发生的可能性和后果。

（一）风险发生的可能性

采购与付款中的风险发生可能性是指在企业目前的管理水平下，采购与付款中各类风险发生概率的大小或者发生的频繁程度。

【引例分析5-9】

通过风险信息收集，小麦有芒识别出其采购与付款流程中存在独家供应商风险、下达采购订单不及时风险、采购验收不规范风险共3类。为了进一步分析风险，公司已根据风险属性和偏好制定了风险矩阵，其相应的风险发生可能性准则（见表引分5－4）即将风险发生的可能性分为5个等级，分别赋予1分至5分，分值越大表示发生可能性越大。

表引分5－4　小麦有芒采购与付款的风险发生可能性准则

风险源	1（极低）	2（低）	3（中等）	4（高）	5（极高）
独家供应商风险	1年内未发生因独家供应导致停工事件	1年内发生1次因独家供应导致停工事件	1年内发生2次因独家供应导致停工事件	1年内发生3～4次因独家供应导致停工事件	1年内至少发生5（含）次因独家供应导致停工事件
下达采购订单不及时风险	1年内发生下达采购订单不及时少于4（含）次	1年内发生下达采购订单不及时5～8次	1年内发生下达采购订单不及时9～12次	1年内发生下达采购订单不及时13～19次	1年内至少发生下达采购订单不及时20（含）次
采购验收不规范风险	1年内发生采购验收不规范少于3（含）次	1年内发生采购验收不规范4～7次	1年内发生采购验收不规范8～12次	1年内发生采购验收不规范13～16次	1年内至少发生采购验收不规范17（含）次

小麦有芒通过调阅相关历史资料并结合准则，判断出各类风险发生可能性得分（见表引分5－5至表引分5－7），从而推测出各类风险可能在未来发生的概率。

表引分5－5　独家供应商风险发生可能性得分

发生可能性分：3	
历史资料来源	生产停工记录
历史资料详情	1年时间内因独家供应商导致停工事件，详情如下： 2021/3/4　基板因独家供应商生产力不足断供 2022/2/5　电子传输层因独家供应商车间火灾断供
分析结论	因独家供应商断供造成停工事件共计2次，属于“1年内发生2次因独家供应导致停工事件”，所以发生可能性得分为3分

表引分5－6　下达采购订单不及时风险发生可能性得分

发生可能性分：2	
历史资料来源	采购订单下达记录
历史资料详情	1年时间内因下达采购订单不及时导致损失的事件。详情如下： 2021/3/29　有机发光材料采购不及时 2021/6/1　基板采购不及时 2021/7/9　阳极材料采购不及时 2021/7/10　阳极材料采购不及时 2021/7/29　电子传输层材料采购不及时
分析结论	下达采购订单不及时风险事件共计发生5次，属于“1年内发生下达采购订单不及时5～8次”，所以发生可能性得分为2分

表引分 5－7　　采购验收不规范风险发生可能性得分

发生可能性分：3	
历史资料来源	采购质量不合格记录
历史资料详情	1 年时间内因采购验收不规范导致损失的事件。详情如下： 2021/3/17　已验收的封装胶质量不合格 2021/4/30　已验收的有机发光材料残次品过高 2021/6/30　已验收的有机发光材料残次品过高 2021/7/31　已验收的基板中残次品超标 2021/8/11　已验收的驱动芯片中有部分型号不符 2021/9/9　已验收的空穴传输层材料中有部分型号不符 2021/10/13　已验收的阳极材料中有部分型号不符 2021/12/31　已验收的阴极材料残次品率过高
分析结论	因采购验收不规范导致损失的事件共计发生 8 次，属于“1 年内发生采购验收不规范 8～12 次”，所以发生可能性得分为 3 分

（二）风险发生的后果

采购与付款业务风险的发生后果是通过假设特定事件或情形已经出现，然后判断其影响的性质、类型和大小。

【引例分析 5－10】

小麦有芒判断完独家供应商风险、下达采购订单不及时风险、采购验收不规范风险发生可能性得分后，继续根据各类风险的属性和自身偏好制定了风险发生后果准则（见表引分 5－8），即将风险发生后果分为 5 个等级，分别赋予 1 分至 5 分，分值越大表示发生后果越严重。

表引分 5－8　　小麦有芒采购与付款的风险发生后果准则

风险源	1（极轻微）	2（轻微）	3（中等）	4（重大）	5（灾难性）
独家供应商风险	1 年内因独家供应造成停工、违约损失小于 20 万元	1 年内因独家供应造成停工、违约损失 20 万（含）～30 万元	1 年内因独家供应造成停工、违约损失 30 万（含）～50 万元	1 年内因独家供应造成停工、违约损失 50 万（含）～100 万元	1 年内因独家供应造成停工、违约损失 100（含）万元以上
下达采购订单不及时风险	1 年内因下达采购订单不及时影响年度利润小于 10 万元	1 年内因下达采购订单不及时影响年度利润 10 万（含）～20 万元	1 年内因下达采购订单不及时影响年度利润 20 万（含）～30 万元	1 年内因下达采购订单不及时影响年度利润 30 万（含）～50 万元	1 年内因下达采购订单不及时影响年度利润 50（含）万元以上
采购验收不规范风险	1 年内因采购验收不规范造成材料、停工等损失小于 10 万元	1 年内因采购验收不规范造成材料、停工等损失 10 万（含）～15 万元	1 年内因采购验收不规范造成材料、停工等损失 15 万（含）～30 万元	1 年内因采购验收不规范造成材料、停工等损失 30 万（含）～35 万元	1 年内因采购验收不规范造成材料、停工等损失 35（含）万元以上

小麦有芒通过调阅相关历史资料并结合标准，利用历史数据推演法，判断出各类风险发生后果的得分（见表引分 5－9 至表引分 5－11），从而推测出各类风险在未来发生的严重程度。

表引分 5－9　　独家供应商风险发生后果得分

<table>
<tr><td colspan="2">发生后果得分：5</td></tr>
<tr><td>历史资料来源</td><td>生产停工记录</td></tr>
<tr><td>历史资料详情</td><td>1 年时间内因独家供应商导致停工事件，详情如下：
<table>
<tr><td>基板因独家供应商生产力不足断供</td><td>造成设备停产损失约 30.43 万元</td></tr>
<tr><td>电子传输层因独家供应商车间火灾断供</td><td>造成违约损失 90.75 万元</td></tr>
</table></td></tr>
<tr><td>分析结论</td><td>因独家供应商造成损失约 121.18 万元，属于“1 年内因独家供应造成停工、违约损失 100（含）万元以上”，所以发生后果得分为 5 分</td></tr>
</table>

表引分 5－10　　下达采购订单不及时风险发生后果得分

<table>
<tr><td colspan="2">发生后果得分：3</td></tr>
<tr><td>历史资料来源</td><td>采购订单下达记录</td></tr>
<tr><td>历史资料详情</td><td>1 年时间因下达采购订单不及时导致损失的事件。详情如下：
<table>
<tr><td>有机发光材料采购不及时</td><td>采购执行专员未及时采购有机发光材料 25 000 件，致使当月两条产线停产，增加机会成本 15.87 万元</td></tr>
<tr><td>阳极材料采购不及时</td><td>采购执行专员未及时采购阳极材料，导致产线停工，造成经济损失 3.32 万元</td></tr>
<tr><td>阴极材料采购不及时</td><td>采购执行专员未及时采购阴极材料，导致产线停工，造成经济损失 4.08 万元</td></tr>
</table></td></tr>
<tr><td>分析结论</td><td>因采购订单下达不及时造成损失约 23.27 万元，属于“1 年内因下达采购订单不及时影响年度利润 20 万（含）~30 万元”，所以发生后果得分为 3 分</td></tr>
</table>

表引分 5－11　　采购验收不规范风险发生后果得分

<table>
<tr><td colspan="2">发生后果得分：3</td></tr>
<tr><td>历史资料来源</td><td>已验收材料质量不合格记录</td></tr>
<tr><td>历史资料详情</td><td>1 年时间内因采购验收不规范导致损失的事件。详情如下：
<table>
<tr><td>已验收的封装胶质量不合格</td><td>生产部在使用封装胶时，发现封装胶无法到达封装要求，经查 3 月 1 日入库单号为 20200301001 的采购批次中，封装胶质量不符合技术要求，造成经济损失 1.15 万元</td></tr>
<tr><td>已验收的有机发光材料残次品过高</td><td>4 月份产品报废率超标 1.98%，经查 4 月 5 日入库单号为 20200405003 的采购批次中，有机发光材料存在残次品，造成经济损失 2.66 万元</td></tr>
<tr><td>已验收的有机发光材料残次品过高</td><td>6 月份产品报废率超标 3.43%，经查 5 月 30 日入库单号为 20200530011 的采购批次中，有机发光材料存在残次品，造成经济损失 4.01 万元</td></tr>
</table></td></tr>
</table>

续表

发生后果得分：3	
历史资料详情	已验收的基板中残次品超标：7月份产品报废率超标2.12%，经查6月20日入库单号为20200620005的采购批次中，基板存在残次品，造成经济损失3.5万元 已验收的空穴传输层材料中有部分型号不符：生产部门领用空穴传输层材料时，发现型号不对，经查9月8日入库单号为20200908002的采购批次中，空穴传输层材料部分型号与订单不符，造成经济损失2.79万元 已验收的阴极材料残次品率过高：12月产品报废率过高，因入库单号为20201121015的采购批次中阴极材料存在残次品，导致经济损失6.55万元
分析结论	采购验收不规范造成经济损失约20.66万元，属于“1年内因采购验收不规范造成材料、停工等损失15万（含）~30万元”，发生后果得分为3分

三、风险评价

采购与付款业务的风险评价是风险评估的最后环节，将采购与付款风险分析的结果（风险发生可行性和风险发生后果）与预先设定的风险重要性等级准则相比较，以确定采购与付款风险的重要性等级。

（一）风险的重要性等级

风险的重要性等级是风险发生可能性与风险发生后果的综合性考量，在采购与付款风险管理实践中，常用的方法是把风险发生可能性的分值与风险发生后果的分值相乘，乘积即为风险值的大小，数字越大，对应的风险重要性等级越高，企业应该予以更多关注。

【引例分析5－11】

分析完风险后，小麦有芒结合面临的社会经济环境及内部环境，制定了自身的风险重要性等级准则（见表引分5－12），小麦有芒风险发生的可能性大小和发生后果大小已经用1~5五个等级进行了描述，其风险值的计算公式为：风险值=风险发生可能性×风险发生后果。

表引分5－12　　小麦有芒的风险重要性等级准则

风险等级	风险值范围	说明
低风险（可接受）	<5	制度健全且执行到位
中风险	5~14	制度基本健全合理，但执行尚有缺陷
高风险	15~25	制度还需健全、完善，执行还不到位

针对前期梳理采购与付款流程发现的独家供应商风险、下达采购订单不及时风险、采购验收不规范风险，分别计算各类风险的风险值，并判断各类风险的重要性等级（见表引分5－13）。

表引分 5-13　　小麦有芒采购与付款的风险重要性等级

风险源	风险发生可能性	风险发生后果	风险值	风险重要性等级
独家供应商风险	3	5	15	高风险
下达采购订单不及时风险	2	3	6	中风险
采购验收不规范风险	3	3	9	中风险

（二）风险矩阵

采购与付款的风险矩阵是利用采购与付款风险发生可能性及其发生后果这两个维度来绘制的矩阵图，是用于对风险进行优先排序的有效工具。绘制矩阵时，一个坐标轴表示采购与付款风险发生可能性等级，另一个坐标轴表示采购与付款风险发生后果等级，根据风险在矩阵中所处的位置，可以直观显现采购与付款风险的分布情况，明确不同风险的重要程度，帮助管理者快速识别采购与付款面临的各类风险及其紧急程度，风险应对更加有的放矢。

【引例分析 5-12】

小麦有芒根据风险发生可能性及发生后果的得分，绘制出采购与付款的风险矩阵（见图引分 5-7）。独家供应商风险落在矩阵的红色区域，表示高风险；下达采购订单不及时风险、采购验收不规范风险均落在矩阵的白色区域，表示中风险。由此可见独家供应商风险是公司目前面临的最紧急风险，应该优先应对。

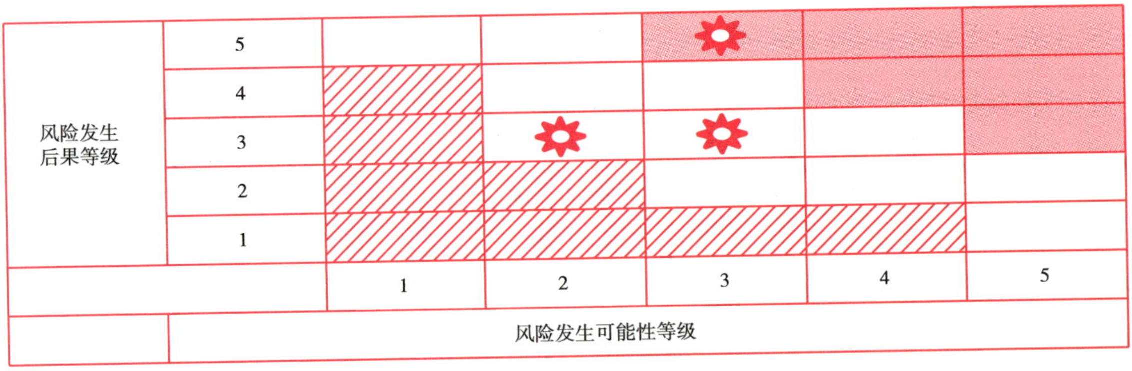

图引分 5-7　小麦有芒采购与付款风险矩阵图

模块四　采购与付款业务风险的内控措施

采购与付款业务风险的内控措施

采购与付款流程所涉环节较多，中间蕴含着较多风险，通过对风险进行识别、分析、评价后，企业应权衡成本效益，采取适当的内部控制措施降低风险，将风险控制在企业风险承受度之内。常见采购与付款业务的内部控制措施如下：

一、不相容职务分离控制

不相容职务分离控制要求企业全面系统地梳理采购与付款流程中所涉及的不相容职务，实施相应的分离措施，形成各司其职、各负其责、相互制约的工作机制。采购与付款常见不相容职务分离至少包括：

（1）采购生产和销售所需原材料、商品等需求必须由生产或销售部门提出，然后由采购部门采购；

（2）付款审批与付款执行人员相分离；

（3）采购合同的订立与审查职务相分离；

（4）采购人员不能同时担任验收工作的主要负责人；

（5）采购人员、验收入库人员和使用人员不能同时担任账务的记录工作；

（6）付款审批人和付款执行人不能同时办理寻求供应商和询价业务；

（7）记录应付账款的人员不能同时办理付款业务。

【相关案例】

东阳汽车零部件有限公司引进了一套QAD企业管理系统，业务流程的成本核算员韩某发现该系统存在漏洞，并密谋筹划窃取企业资金。他与采购科稽核管理员方某设计出虚构采购业务套取企业货款的“方案”，并联合一家身陷资金链困境的供应商实际控股人周某、实施计划。三人内外勾结，虚构业务骗取公司资金2 500余万元。经人民法院审理，判处韩某有期徒刑11年6个月，方某有期徒刑11年，包括周某在内的其他涉案老板均被判处3～6年有期徒刑。其作案手段包括：

（1）方某（采购人员）负责将生成的虚拟采购入库清单提供给周某（供应商），周某根据清单虚开增值税专用发票交给方某。

（2）方某利用QAD系统进行虚拟挂账，由韩某（财务人员）操作“审核通过”，确认虚拟存货生成采购应付账款。

（3）方某通过“复制”之前的审批签字字迹，伪造虚假付款审批单据，并与入库清单等资料一起交由韩某处理，进入财务审批付款环节。

（4）收到“货款”的供应商周某扣除税点后以现金或转账方式将非法所得分发给韩某、方某二人，完成计划。

本案例中该企业在管理上的内控缺陷——不相容职务未分离，采购人员方某按虚假的需求独立办理存货虚拟入库，生成入库清单，为虚构采购业务提供了机会。

二、授权审批控制

企业应根据采购物品或劳务的性质、本单位生产经营特点，对不同物品或者劳务所涉授权审批分别予以明确。可从以下方面入手：

1. 授权审批的范围

企业应将采购与付款业务流的各个环节均纳入授权审批范畴，明确授权审批的方式、权限、程序、责任和相关控制措施。例如，依据购买物资或接受劳务的类型，确定归口管理部门，授予相应的请购权，明确相关部门或人员的职责权限及相应的请购程序。请购部门对于预算内采购项目，应严格按预算执行进度办理请购手续，并根据市场变化提出合理采购申请。对于超预算和预算外采购项目，应先履行预算调整程序，由具备相应审批权限的部门或人员审批调整预算后，再行办理请购手续。对独家代理、专有、专利等特殊商品的采购应提供相应的独家、专有资料，经专业技术部门研讨后，经具备相应审批权限的部门或人员审批。具备审批权限的部门或人员审批采购申请时，应重点关注采购申请内容是否准确、完整，是否符合生产经营需要，是否符合采购计划，是否在采购预算范围内等。对不符合规定的采购申请，应要求请购部门调整请购内容或拒绝批准。

【引例分析 5－13】

（1）针对“独家供应商风险”，小麦有芒决定采取授权审批控制，在原采购申请与执行流程（见图引分 5－2）中增加“供应商评选环节”（见表引分 5－14），此环节的流程图见图引分 5－8。

表引分 5－14　　独家供应商风险的授权审批控制

风险源	独家供应商风险	风险等级	高风险
内控措施	授权审批控制		
具体方案	在采购计划主管下增设“供应商开发专员”岗位，物流经理下新增“质检员”岗位。其具体职责： （1）收集供应商信息。供应商开发专员要求供应商填写“供应商调查表”，同时提供工商、税务、办公场所的资质证明、产品认证书等资料 （2）筛选供应商。供应商开发专员根据供应商提供的相关资料以及第三方信息资料进行审慎评估，质检员根据专业技术要求对产品进行技术评估，初步筛选出符合要求的供应商；供应商开发专员依据筛选结果填写“供应商调查评审表”，要求供应商数量必须在 3（含）家以上 （3）询价。供应商开发专员向筛选出的供应商发出“询价单”，获取报价及付款条件		
控制部门	采购部、技术部	控制负责人	供应商开发专员、质检员、采购计划主管、采购总监、物流经理

（2）针对“采购验收不规范风险”，小麦有芒也决定采取授权审批控制，在原验收与付款流程（见图引分 5－3）中增加质检员检测采购材料质量环节，因为质检员了解采购物资应达到的质量技术标准，有利于保障所采购的物资达到生产经营的质量要求，并维护企业的合法权益（见表引分 5－15）。

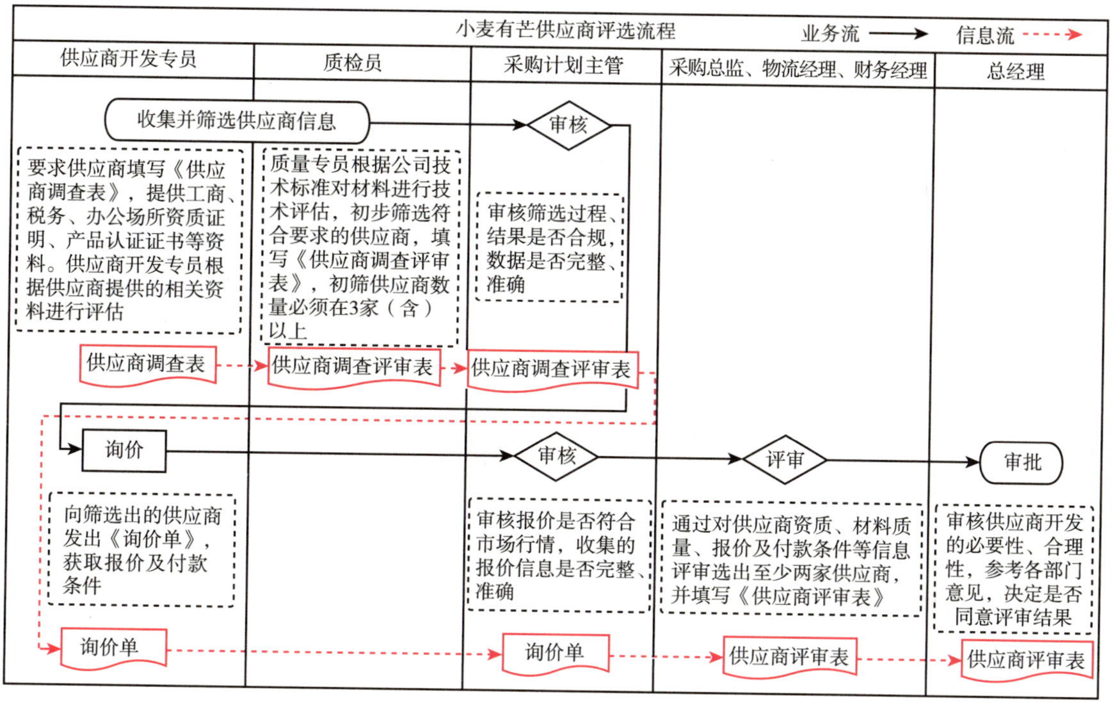

图引分 5－8　小麦有芒供应商评选流程

表引分 5－15　　采购验收不规范风险的授权审批控制

风险源	采购验收不规范风险	风险等级	中风险
内控措施	授权审批控制		
具体方案	组建完善的采购验收小组，结合资产特性确定验收标准。在物流经理下新增“质检员”岗位，由质检员与采购执行专员共同开展采购验收工作。质检员主要负责检验货物是否达到要求的质量技术标准；采购执行专员主要负责检验货物型号、外观、数量等是否与采购订单相符。检验合格后，应由质检员和仓管员在采购入库单上签字或盖章确认后货物方可入库		
控制部门	物流部	控制负责人	物流经理、质检员、仓管员

【练一练】小麦有芒验收与付款的再造流程如何绘制？

2. 授权审批的层次

根据采购业务活动的重要性和金额大小确定不同的授权审批层次，从而保证采购业务授权合理，各管理层权责匹配。例如，对于重要的和技术性较强的采购业务，企业应组织专家论证，实行集体决策和审批，防止决策失误。信息化技术较为先进的企业，采购职责权限可相对集中，以提高采购效率、堵塞管理漏洞、降低成本和费用。

【引例分析 5－14】

小麦有芒依据采购申请金额大小确定不同的审批层次，采购申请与执行流程中以采购申请金额大小作为流程分支条件，在采购总监审批处产生两个分支（见图引分 5－9）：

分支1：采购申请金额总计≤300万元，计划主管、采购总监审批；
分支2：采购申请金额总计>300万元，计划主管、采购总监和总经理依此审批。

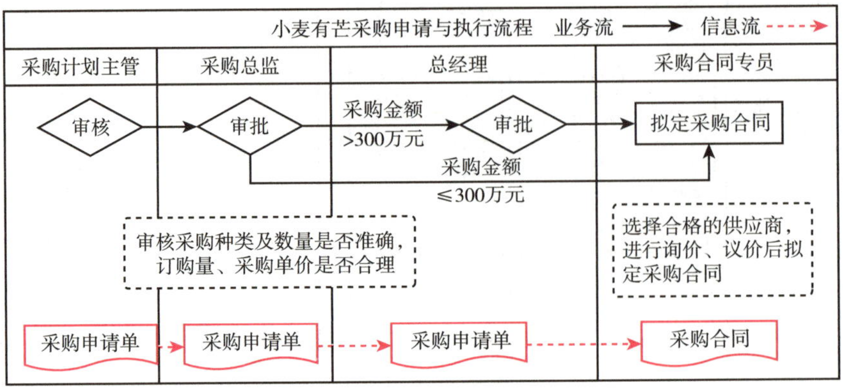

图引分5－9 小麦有芒采购申请流程分支

三、运营分析控制

为了确保以最优“性价比”采购到符合需求的物资，企业可通过运营分析控制使存货总成本最低。首先应定期研究采购物资或服务的成本构成与市场价格变动趋势，其次确定采购执行价格或参考价格；其次建立采购价格数据库，定期开展针对重要物资的市场供求形势及价格走势的商情分析。在考虑降低存货总成本时，需要综合考虑各成本的构成要素，才能找到最佳的经济订货量。存货总成本的公式表达如下：

存货总成本＝取得成本＋储存成本＋缺货成本

1. 降低取得成本

取得成本即为取得某种存货而支出的成本。取得成本包括订货成本加上购置成本，因此降低取得成本包括降低订货成本和降低购置成本，其公式可扩展为：

取得成本＝订货成本＋购置成本＝订货固定成本＋订货变动成本＋购置成本

（1）降低订货成本。订货成本是指取得订单的成本，如办公费、差旅费、邮资、电话费等支出。在订货成本中，一部分与订货次数无关，称为订货的固定成本；另一部分与订货次数相关，称为订货的变动成本。降低订货成本，就必须控制订货次数，当然要综合考虑存货总成本（因为订货次数少可能会引起缺货成本上升）。

（2）降低购置成本。购置成本是指存货本身的价值，等于采购数量与采购单价的乘积。控制单价是降低购置成本的关键。

2. 考虑储存成本

储存成本是指为保存存货而发生的费用，包括存货占用资金所应计的利息、仓储费用、保险费用、变质损失。储存成本也分为固定成本和变动成本。储存固定成本与存货的数量无关，储存变动成本与存货的数量有关。要降低储存成本，可以从仓库折旧、仓库员工工资、存货资金的应计利息、存货的破损和变质损失及存货的保险费用等方面入手，切实降低储存成本。

3. 评估缺货成本

缺货成本是指由于存货供应中断而造成的损失。要降低缺货成本，首先，要尽量缩短缺货时间；其次，降低材料供应中断造成的停工损失、产品库存缺货造成的拖欠发货损失和丧失销售机会的损失，以及紧急额外购入存货增加的费用等。

【相关案例】

上海必胜客有限公司南京虹桥餐厅（简称必胜客南京虹桥餐厅）2008 年 11 月 12 日成立，经营范围包括西式快餐餐饮服务、销售相关促销小礼品等服务，为应对周边餐饮品牌的竞争压力，开始加强自身的成本控制。必胜客南京虹桥餐厅存货成本主要包括订货成本、储存成本和缺货成本。订货成本指的是餐厅在经营过程中购买支撑餐厅发展的主要食材，相关的税费、运输费、装卸费等所有和采购相关的成本；餐厅的储存成本主要来源于两部分，一部分由于采购产品多为食材，需要经过冷藏、保鲜等，在此过程中产生的冷暖气费用、电费、折旧费等，另一部分是购买回来的食材、礼品等占用存储空间而产生的成本；缺货成本指的是由于种种原因造成供货中断给餐厅带来的损失。目前必胜客南京虹桥餐厅实施的是允许出现缺货的管理模式，规定基础性食材不允许缺货，但是其他由餐厅推出的特色服务项目或者销售量比较少的产品，允许适当缺货，降低不必要的储存成本，所以可能存在因为缺货产生的成本。

2019 年的经营数据显示，必胜客南京虹桥餐厅的订货成本为 193.6 万元，低于订货成本预算 237.7 万元，究其自身，订货成本的节省是因为餐厅近几年在材料采购中积累了经验，管理层对在什么时间采购物资、采购什么种类、采购多少数量有了更为精准的把控，能够制定出更为科学的物资采购方案，节省了订货成本。但是与此同时，存货的储存成本为 173 万元，包括仓库费 68 万元、水电费 13 万元、冷气费 21 万元、维修费 5 万元、仓储管理人力费 29 万元，此外还包括餐厅经营过程中食材存储与浪费造成的储存成本等其他费用 37 万元。储存成本高，一方面是由于保持食材新鲜所必须要付出的保鲜设备建设成本，另一方面则是由于对消费者口味变化估计不准确，导致购买的生鲜食材长期搁置，浪费了大量的储存空间和水电热器消耗。最后，数据表明存货不足引起了餐厅的缺货成本上升，主要表现在以下两个方面，一是餐厅主推新产品之后，经典产品退居二线，备料也会相应减少，但是老顾客对于某些产品有着特殊的钟爱，导致点单时被告知缺货，造成客户流失。二是缺乏节假日管理适应策略，必胜客由于平时消费量比较大，所以库存比较少，在节假日客流量大的时候，经常出现菜品售罄或者客人等待时间过长的情况，这些都会影响餐厅的销售盈利。

通过综合分析运营数据和经营情况可以得知，必胜客南京虹桥餐厅的存货成本仍有较大的优化空间，未来的发展中餐厅应该继续坚持存货成本控制的理念，重点关注储存成本和缺货成本的控制，密切结合市场变化，关注消费者需求，灵活组织存货管理，争取实现零库存，与市场规律适应度高的发展模式。

资料来源：崔铮：“上海必胜客有限公司南京虹桥餐厅存货成本控制研究”，《时代金融》，2018 年第 17 期。

四、会计系统控制

企业应当加强采购与付款业务的会计系统控制，详细记录供应商情况、请购申请、采购合同、采购通知、验收证明、入库凭证、商业票据、款项支付等情况，确保会计记录、采购记录与仓储记录核对一致，确保账实相符。具体包括：

（一）检查购进手续

通过账目或凭证流转跟踪以及实物流转跟踪，查明购进业务手续的齐全性。检查内容如下：存货购入是否经过质量检验、计量验收、办理入库手续；购进的凭证处理是否完整；凭证是否经主管、采购、质检、验收、保管、出纳、会计等人员复检签章。

（二）确保成本真实

存货采购成本包括采购价格以及按规定标准分摊记入的采购费用。常见不应列入存货采购成本的项目包括：存货包装物押金误入存货成本；应由供应商负担的运杂费，以及因不能及时支付货款的罚金；应由数种存货共同分担的采购费用列入某一种存货中，将未经批准的超定额损耗列入了存货采购成本；将责任事故造成的损失列作合理损耗记入采购成本。常见应列入但可能未被列入采购成本的项目包括：将购入存货的外地运杂费、挑选等采购费用，或挤入当期生产成本列作费用支出报销，或列作专项存货成本。

（三）应付账款管理

应付账款是因在正常的商业过程中接受商品和劳务而产生的未予付款的负债。企业应加强应付账款和应付票据的管理，由专人按照约定的付款日期、折扣条件等管理应付账款。已到期的应付账款须经有关授权人员审批后方可办理结算与支付。企业还应当指定专人通过函证等方式，定期与供应商核对应付账款、应付票据、预付账款等往来款项，重点审查应付和预付账款支付的正确性、时效性和合法性，发现差错应及时查明原因，报经批准后作出相应调整。

【相关案例】

美国俄亥俄州法尔莫公司曾经拥有300家连锁店，主营药品，米奇·莫纳斯是公司董事长。起初，莫纳斯设法获得了位于俄亥俄州阳土敦市的一家药店，在随后的10年中他又收购了另外299家药店，从而组建了全国连锁的法尔莫公司。然而，一切辉煌都是建立在资产造假未检查出来的存货高估和虚假利润的基础上，历时10年，至少引起5亿美元损失的财务舞弊，最终导致了莫纳斯及其公司的破产。为其审计的会计师事务所在民事诉讼中损失了3亿美元，公司财务总监被判33个月的监禁，莫纳斯本人被判入狱5年。

自获得第一家药店开始，莫纳斯就梦想着把他的小店发展成一个庞大的药品帝国。在莫纳斯的强大压力下，公司财务总监卷入了这起舞弊案件。公司保持了两套账簿，一套用以应付注册会计师的审计，一套反映糟糕的现实。莫纳斯将所有的损失归入一个所谓的“水桶账户”，然后再将该账户的金额通过虚增存货的方式重新分配到公司的数百家成员药店中。他们仿造购货单据、制造增加存货并减少销售成本的虚假记账凭证、确认购货却不同时确认负债、多计或加倍计算存货的数量，把实际上并不盈利且未经审计的药店报表拿来，为其加上并不存在的存货和利润。法尔莫公司之所以虚增存货，是因为注册会计师只对300家药店中的4家进行存货监盘，并且会提前数月通知检查哪几家药店。公司随之将那4家药店堆满实物存货，把那部分虚增分配到其余的296家药店。

五、绩效考评控制

采购绩效管理的目的是规范采购流程，提升采购质量及效率，挖掘更多更优降本空间，最终提升公司的综合竞争力。采购与付款业务的绩效评估指标应反映以下方面内容：

（一）价格与成本

采购的价格与成本指标包括参考性指标及控制性指标。参考性指标主要有年采购总额、采购人员年采购额及年人均采购额、各供应商年采购额及供应商年平均采购额、各采购物品年度采购基价（也称预算价或标准价）及年平均采购基价等。它一般是作为计算采购相关指标的基础，同时也是展示采购规模、了解采购人员及供应商负荷的参考依据，是进行采购过程控制的依据和出发点，常提供给公司管理层参考。控制性指标则是展示采购改进过程及其成果的指标，如平均付款周期、采购降价、本地化比率等。

（二）质量

质量指标主要是指供应商的质量水平以及供应商所提供的产品或服务的质量表现，它包括供应商质量体系、来料质量水平等方面。例如，来料质量包括批发质量合格率、来料抽检缺陷率、来料在线报废率、来料免检率、来料返工率、退货率、对供应商投诉率及处理时间等。

（三）企划

企划指标是指供应商在实现接收订单过程、交货过程中的表现及其运作水平。例如，订单与交货包括各供应商以及所有供应商平均的准时交货率、首次交货周期、正常供货的交货周期、交货频率、交货数量的准确率、订单变化接受率、季节性变化接受率、订单确认时间、交货运输时间、平均报关时间、平均收货时间、平均退货时间、退货后补货的时间等。

【引例分析5－15】

针对“下达采购订单不及时风险”，小麦有芒决定采取“绩效考评控制”降低风险，将风险控制在风险承受度之内（见表引分5－16）。

表引分 5-16　　下达采购订单不及时的绩效考评控制

被考核人岗位：采购执行专员　　　　考核月份：

考核指标	具体项目	权重	考核内容	评分标准	自评分	主管评分
工作业绩（80 分）	采购订单	20 分	当月采购订单完成率：实际按时完成订单数/采购订单总数	98% 以上，加 2 分；95% 以上不扣分；每降低 5% 扣 3 分		
	采购到货	20 分	物料准时交货率：当月准时交货批次/总批次	98% 以上，加 2 分；95% 以上不扣分；每降低 5% 扣 3 分		
	采购质量	20 分	来料检验合格率：当月来料检验合格批数/来料总批数	98% 以上不扣分，以下为每出现一批不合格扣 2 分；让步放行扣 1 分		
	生产物料及时性	20 分	由于订货不及时或者订货质量不合格造成停工断料的情况出现 1 次扣 5 分，出现 2 次以上当月绩效为零			
工作态度（20 分）	积极性	10 分	积极主动，服从指挥，敢于承担责任，工作计划性较强	8～10 分		
			较积极主动，偶有状态欠佳情况发生，但能完成本职工作	4～7 分		
			工作消极，经常抱怨，不服从指挥，不能主动完成本职工作	0～3 分		
	培训	10 分	当月参加 3 次及以上培训	8～10 分		
			当月参加 1～2 次培训	4～7 分		
			当月未参加任何培训	0～3 分		
考评分 = 工作业绩总分 + 工作态度总分				考评分		
考核得分 = 主管评分 ×70% + 自评分 ×30%				考核得分		
本月绩效奖金（计算）＝				主管签字		

（四）其他采购效果指标

其他与采购及供应商表现相关的指标有供应商总体水平、综合考核以及参与产品或业务开支、支持与服务等方面的指标。例如，综合指标包括供应商总数、采购的物品种数及项目数、供应商平均供应的物品项目数、通过 ISO 国际质量体系认证的供应商数目、独家供应的供应商数目及比例、伙伴型供应商及优先型供应商的数目及比例等。

总结与提高

本项目我们学习了采购与付款业务的内部控制目标，采购与付款业务内控所涉组织及职责体系，采购与付款内控的业务流、资金流、信息流，对采购与付款内控流程中的风险进行了识别、分析、评价，并对此采取相应的内部控制措施。学习的重点是梳理采购与付款业务流程和风险评估；学习的难点是针对风险选择恰当的内部控制措施。

【线上活动】

登录智慧职教平台，完成微课学习、习题和讨论，发表自己对采购与付款业务控制的理解和看法。

【推荐阅读】

《企业内部控制应用指引第 7 号——采购业务》

《企业内部控制应用指引第 16 号——合同管理》

评价与考核

一、项目实施评价

项目完成后，学员根据项目实施情况进行自我评价，并填表（在○中打√，A 掌握，B 基本掌握，C 未掌握），指导老师根据评价结果进行讲评。

项目实施情况分析表

项目实施过程	自我评价
创建采购与付款业务内控所需组织架构	A○　B○　C○
绘制采购与付款业务内控的业务流	A○　B○　C○
设计采购与付款业务内控的资金流、信息流	A○　B○　C○
识别采购与付款业务内控流程的风险	A○　B○　C○
分析采购与付款业务内控流程的风险	A○　B○　C○
评价采购与付款业务内控流程的风险	A○　B○　C○
控制采购与付款业务内控流程中的风险	A○　B○　C○

二、理论考核

1. 判断题

（1）验收货物时，采购部门人员必须到场。（　　）

（2）供应商选择不当，采购方式不合理，可能造成库存积压或短缺。（　　）

（3）采购计划安排不合理，市场变化趋势预测不准确，可能导致采购物资质次价高，出现舞弊或遭受欺诈的风险。（　　）

（4）企业超过一定金额的采购需求，可以由领用部门自行采购。（　　）

（5）企业应当根据市场情况和采购计划合理选择采购方式。大宗采购应当采用招标方式；一般物资或劳务等的采购可以采用询价或定向采购的方式并签订合同协议；小额零星物资或劳务等的采购可以采用直接购买等方式。（　　）

2. 不定项选择题

（1）《企业内部控制应用指引第 7 号——采购业务》中，如果采购流程不完善，将会面临的风险有（　　）。

A. 库存短缺或积压
B. 采购物资质次价高，出现舞弊或遭受欺诈
C. 资金损失
D. 信用受损
(2) 执行采购行为的岗位不应当（　　）。
A. 编制采购预算　　B. 询价
C. 选择供应商　　D. 验收货物
(3) 下列选项中哪个不属于采购与付款控制环节的不相容岗位（　　）。
A. 请购与审批　　B. 供应商确定与草拟采购合同
C. 付款审批与付款执行　　D. 采购、验收与相关会计记录
(4) 采购业务控制应围绕（　　）环节进行。
A. 采购申请　　B. 合同签订
C. 验收入库　　D. 货款结算
E. 供应商选择
(5) 以下属于企业采购业务内部控制目标的有（　　）。
A. 合法合规地进行采购与付款业务
B. 使采购量既满足生产需求，又保证采购经济合理
C. 保证采购与付款业务会计核算资料真实完整、所采购的实物资产安全完整
D. 力求节约成本，提高资金使用效率

三、技能考核

请根据下列案例进行风险识别与内部控制。

2020年10月1日，一家集团公司投资成立的涉外星级酒店——国际酒店正式对外营业。酒店大堂内如天宇星际一般的灯光装饰和一盏月亮水晶灯，使整个酒店绚丽夺目、熠熠生辉，毫无争议地成为了国际酒店区别于其他酒店的独特标志。这些珠宝灯饰都是公司王副总经理亲自组织货源，最终从瑞士某珠宝公司高价购买，货款总价高达150万美元。国际酒店因其精致高档的装修一举成名，对外营业当天客房入住率就达到了80%以上。王副总经理也因此受到了公司领导的高度赞扬。

然而好景不长，两个月后，这些水晶灯饰逐渐失去了原来耀眼的光泽，部分金属灯杆出现锈斑，还有一些灯珠破裂甚至脱落。国际酒店不仅因此遭受了巨额损失，更为严重的是，酒店名誉蒙受重创，沦为同行的笑柄。这对于一个新开业的公司而言，不啻为致命的打击。鉴于事态严重，公司领导责令王副总经理限期内对此事做出合理解释，并停止了他的一切职务。

经过调查，事件真相很快水落石出。原来这盏价值百万元人民币的水晶灯根本不是从瑞士珠宝公司处购得，而是通过南方某地的奥尔公司代理购入的赝品水晶灯。经查实，这笔采购业务由王副总经理一人经手，从供应商选择到采购合同签订到验收入库再到支付货款都由他一人负责审批。由于收取了奥尔公司的巨额好处费，在未经过公开招标的情况下，与南方奥尔公司签订了价值为150万美元的代购合同，其中20万元人民币为支付给奥尔公司的代理费。依照合同约定，南方奥尔公司必须提供瑞士某著名珠宝公司出产的珠宝灯饰，并由奥尔公司向国际酒店出具该批珠宝灯饰的验证证明书，然而交易达成后，奥尔公司并未按照合

同约定向国际酒店出具任何品质鉴定资料，国际酒店也始终没有会同奥尔公司办理必要的查验手续，最终导致采购的珠宝灯饰质量低劣，给公司带来了不可估量的负面影响。

任务实施过程	实施答案	评分标准	标准分	得分
一、确定内控目标		是否结合业务具体目标来设定内控目标	10	
二、识别风险源，并进行风险描述		是否识别出所有的风险源；风险描述是否清晰	10	
三、采取内部控制措施		所选内部控制措施是否正确	10	

项目六

存货与生产业务的内控

知识学习目标

1. 能列举存货与生产业务的内部控制目标
2. 能描述存货与生产业务内控所涉组织及职责体系
3. 能归纳存货与生产业务内控的业务流、资金流、信息流
4. 能叙述存货与生产业务内控流程的风险评估过程
5. 能举例说明存货与生产风险的内部控制措施

技能训练目标

1. 能设计存货与生产业务内控所涉组织及职责体系
2. 能绘制存货与生产业务内控的业务流
3. 能设计存货与生产业务内控所需资金流、信息流
4. 能评估存货与生产业务内控流程的风险
5. 能控制存货与生产业务内控流程的风险

素养提升目标

树立加强存货监管，提升生产效率的廉洁从业观

标志性成果

独立撰写一份存货与生产业务的风险评估与内控报告

思维导图

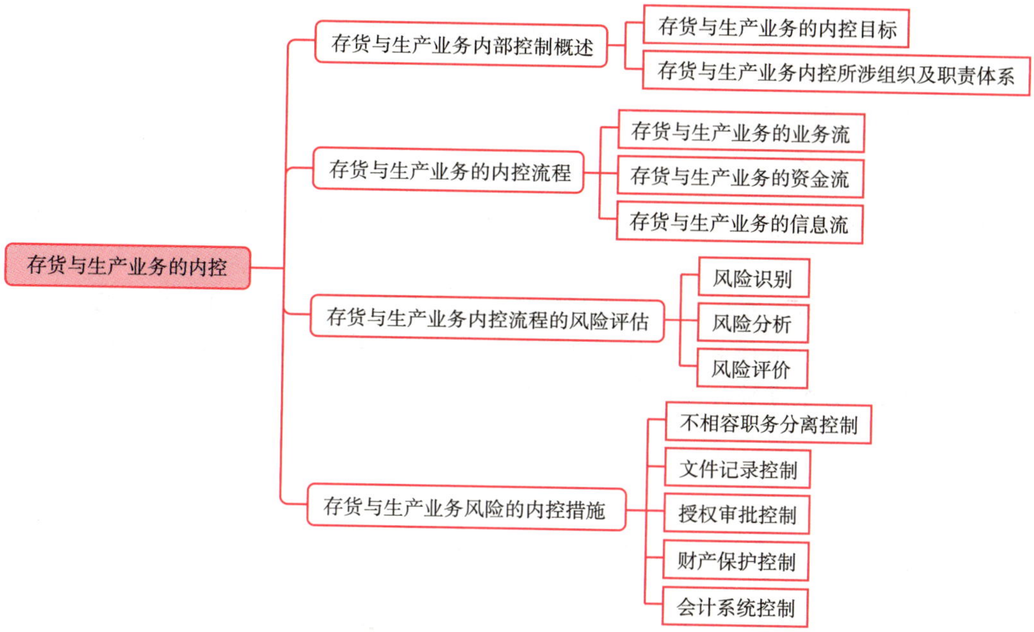

项目引例

四川碧映股份有限公司（以下简称“四川碧映”）成立于2005年1月，注册资本为12 000万元，是华南地区历史悠久的洗涤用品生产企业，产品包括洗衣皂、洗衣凝珠、洗衣粉等，其生产线和仓库主要设在攀枝花市。

2022年4月10日，四川省应急厅印发《关于开展日化工贸行业安全生产大检查大整治大提升专项行动工作的通知》，决定从即日起至7月底在全省开展日化工贸行业安全生产专项行动。4月25日，公司积极响应该项行动，在公司内部组织自查自纠，要求各生产车间的主管人员对生产车间进行抽样检查。经过排查，发现洗衣皂生产车间存在部分安全隐患与管理不规范问题：

（1）生产领料过于随意，半成品或原材料经常与生产需求数量不匹配。该来的不来，不该来的一大堆，造成车间大量堆积材料和半成品。多余的材料和半成品散布车间各处，包括消防通道和员工休息区域，这给车间安全造成了一定的隐患。

（2）现场测评发现其中“合成香料”物料的存放量超过安全存放水平，由于该物料对保存环境要求较高。如果存放不当容易发生泄漏，大量吸入会对神经系统和呼吸道造成危害，存在严重的安全隐患。

（3）生产领料未与生产计划匹配，生产车间常常停工待料。为了按期交货完成生产计划，生产工人经常加班，工作处于高负荷状态，这给生产工人的健康带来了巨大的隐患。

后经查证造成上述安全隐患的主要原因是车间领料员未按照 BOM 表[①]领料，而是仅凭个人经验填制领料单，导致生产效率低下的同时也带来了安全隐患。为避免风险事件的再次发生，公司决定加强存货与生产的内控建设，从梳理存货与生产流程着手，识别、分析、评价流程中存在的各类风险，并采用适当的内部控制措施控制风险。

思考与实践

（1）领料员为什么不按照 BOM 表领料呢？四川碧映应确立怎样的存货与生产内控目标？

（2）到底是存货与生产流程中的哪个环节失误导致了洗衣皂车间存在安全隐患？

（3）四川碧映的存货与生产流程还涉及哪些环节？别的环节是否也存在风险？

（4）面对四川碧映存货与生产流程中的风险，应采取哪些内部控制措施？

模块一　存货与生产业务内部控制概述

存货是指企业或商家在日常活动中持有以备出售的原料或产品，以及处在生产过程中的在产品，还有在生产过程或提供劳务过程中耗用的材料、物料、销售存仓等。生产则是将存货转化为产品的重要活动。生产所耗用的存货质量会影响生产效率，同时生产效率又会影响用于出售的存货质量，因此存货与生产两者关系密切，存货与生产活动是实现经营目标的重要环节。

存货与生产业务内部控制是指为保护存货的安全和完整，保证生产活动的有效进行，针对存货收、发、存各环节的特点制定和实施的程序与政策。为了落实存货与生产的内部控制建设，企业应全面梳理存货与生产流程，及时发现存货与生产中的薄弱环节，并采取有效措施加以改进。有关存货的基本控制要求在《企业内部控制应用指引第 8 号——资产管理》中得到体现，有关安全生产的控制要求则在《企业内部控制应用指引第 4 号——社会责任》中体现。

一、存货与生产业务的内控目标

存货与生产业务的内控目标

从内控建设和实施角度看，一般内部控制目标包含 4 个，分别是合规目

① BOM（Bill of Material）物料清单，就是以数据格式来描述产品结构的文件，是计算机可以识别的产品结构数据文件，也是 ERP 的主导文件。

标、报告目标、运营目标和战略目标。而内控建设是否真正落地，关键在于内控目标是否深入业务，下面结合存货与生产业务来谈内控目标。

（一）合规目标

存货和生产业务应符合国家相关法律、法规，如《中华人民共和国安全生产法》《中华人民共和国民法典》等。存货和生产业务也应严格遵守企业内部规章制度，包括《仓储管理制度》《安全生产管理制度》等，以达到规范存货与生产流程，严把质量关，禁止缺乏质量保障、危害人民生命健康的产品流向社会。

（二）报告目标

企业应确保所报告的采购与生产成本为实际发生的而非虚构的；所有的耗费或物化劳动均已反映在合适期间的成本中；成本以正确的金额，在恰当的会计期间记录在适当的会计账户。

（三）运营目标

（1）在保证及时交货的前提下，尽可能降低库存，减少呆滞，以最少的库存资金支撑尽可能大的出货，提高存货管理和利用效率，加速存货资金周转，提高资金效益，确保生产正常高效运行。

（2）定期盘点存货，保证各项存货安全、完整，对于霉烂、变质、损毁的存货，按照规定程序及时报经有关部门批准，并进行处理，保障企业生产运营顺利推进。

【引例分析 6－1】

领料员为什么不按照 BOM 表领料呢？对领料员进行访谈后，得知公司对于 BOM 表的管理尚不规范，具体表现为：BOM 表上同一个物料有多个编码或者物料名称，生产工艺组经常口头上通知领料员产品中某些物料需要增减或者使用替代材料。因此领料员觉得使用 BOM 表领料还不如个人经验准确。但是公司通过自查自纠专项行动发现，领料员凭经验领料会导致领料随意，不仅影响生产效率，同时也带来安全隐患。

因此四川碧映将存货与生产内控建设的核心目标定为“规范运营，安全生产”，采取相应措施规范管理 BOM 表，并且要求领料员基于完善后的 BOM 表领取物料，保证车间生产所需的原材料得到及时有效的供应，减少生产安全隐患。

（四）战略目标

存货与生产战略是企业根据所选定的目标市场和产品特点构造其存货和生产系统时所应遵循的指导思想，以及在这种指导思想下的一系列决策、规划及计划。存货与生产战略作为一个职能战略，其作用在于在存货与生产领域内取得某种竞争优势（降低生产成本、提高生产效率等）以支持企业的经营战略，而不局限于处理和解决生产领域内部的矛盾和问题。

【相关案例】

特斯拉公布 2022 财年第三季度财报。财报显示，第三季度特斯拉总营收为 214.54 亿美元，同比增长 56%；净利润为 32.92 亿美元，同比增长 103%。特斯拉称第三季度电动汽车产销量均创新高。财报会上，马斯克还透露一个重要信息，公司开发团队目前的主要精力是开发下一代汽车，虽然没有公布确切日期，但马斯克估计，其成本只有 Model 3 的一半，产量可能会高于特斯拉目前所有汽车产品的总和。目前，特斯拉在国内的售价 29.1 万，如果下一代特斯拉发布后，成本仅是 Model 3 的一半，意味着其售价也会与现有市场价格有十几万的区间。如果特斯拉生产两辆的成本和时间只相当于生产一辆 Model 3，特斯拉无疑将改变市场规则。

二、存货与生产业务内控所涉组织及职责体系

存货与生产业务的内控操作演示

企业应建立存货与生产活动的岗位责任制，明确相关部门和岗位的职责、权限，确保存货与生产业务有序开展。

（一）生产计划部门

生产计划部门主要负责生产指挥及总体调度，包括在综合考虑客户订单、销售预测以及存货需求分析的基础上，制订和下达生产计划；通过综合考量生产计划和实际库存量等因素后，编制和汇总物料需求计划；负责生产所需物料的跟催工作，确保生产顺利开展；决定授权生产时，签发预先按照既定规则编号的生产通知单。

（二）仓储部门

仓储部门主要负责存货的日常仓储管理与库存控制，确保存货的安全性及可使用性，账目的真实性和准确性。包括：根据生产部门签发的领料通知单发出生产用原材料；根据各仓库的库存需求情况，依据库存调拨单进行存货调拨；根据公司管理需要，定期或者不定期会同财务部门及其他相关部门进行存货盘点，核对存货的数量和质量，确保账账相符，账实相符，存货无明显损坏；负责定期对存货进行检查，对于存货变质、毁损、报废或流失的处理要分清责任，分析原因，及时处理。

（三）生产部门

生产部门主要负责：在收到生产通知单以及领取原材料后，及时按照生产计划组织生产；不定期检查生产人员执行操作规程，确保安全文明生产；严格执行技术工艺标准和作业指导书，对生产过程进行检查和控制，满足客户对产品质量的要求；负责各类生产设备的维护与检修工作；控制、降低生产成本；待生产完成后，将产品转交质检部门验收并按流程办理入库手续。

（四）质检部门

质检部门主要负责：制定存货质量管理、质量体系、质量检验等管理制度和程序；参与公司新产品开发、合格供应商业绩和购销合同的评审工作；负责公司外购品、产品和过程的质量检验工作，审核、审批、签署不合格品退货、报废和索赔的处置意见；编制年、季、月产品质量统计报表，开展质量统计分析工作。

（五）销售部门

销售部门主要负责：制订销售目标和下放销售任务后，协同给生产计划部门，让其在销售目标基础上制订生产计划。

（六）财务部门

财务部门主要负责存货与生产业务的会计核算和财务监督，为生产计划执行提供保障。包括：存货与生产业务的单据审核和整理；定期核算生产成本及单位成本；进行生产成本分析，提交成本分析报告；加强对仓储部门的经常性审核工作，开展定期或不定期盘点，定期进行账证、账账、账实核对，保证存货安全、正确记录；配合仓储部门做好实物管理和效益评价工作。

【引例分析 6－2】

四川碧映的组织架构及岗位设置如图引分 6－1 所示，存货与生产业务主要涉及生产部和物流仓储部。

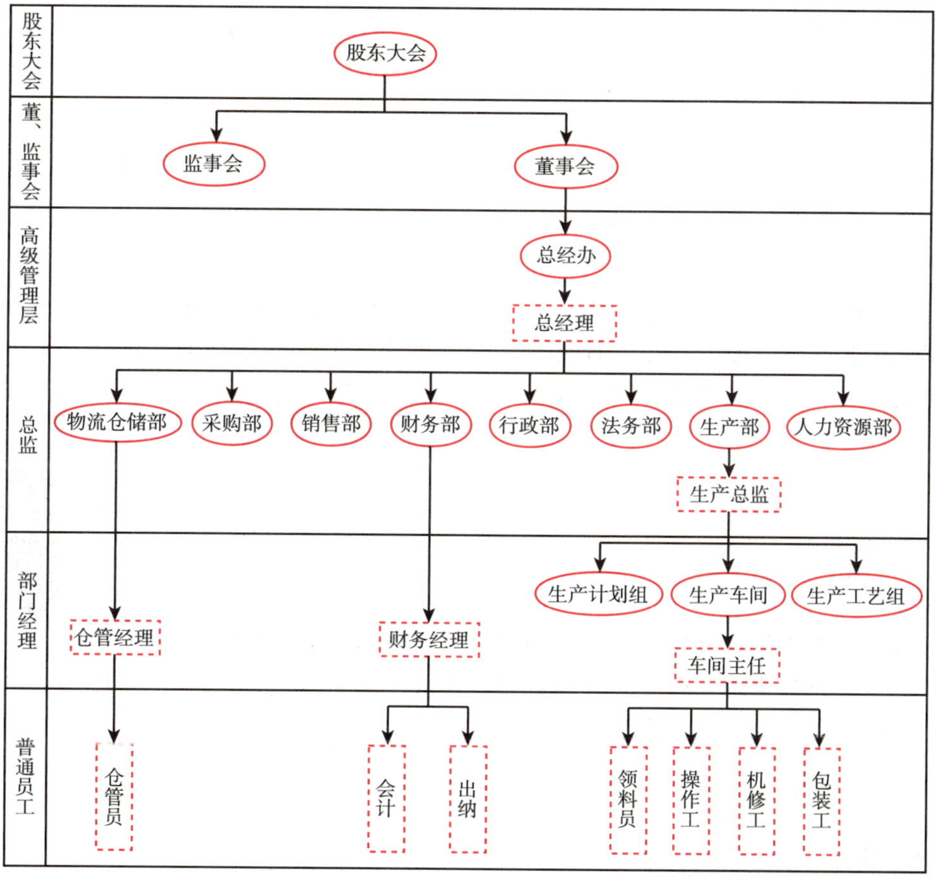

图引分 6－1　四川碧映的组织架构及岗位设置

（1）生产部由生产总监统筹，生产总监的职责是在总经办授权下批准、监控生产管理系统及指导生产管理体系的建立与运作。生产部下设生产计划组、生产车间、生产工艺组。

生产计划组依据市场需求及产能估算、安全库存分析等制订生产计划，积极跟进生产进度，及时调整生产计划，确保生产顺利推进。

生产车间由车间主任统筹，组织车间各类工种员工严格执行工艺标准和作业指导书，按照生产计划展开生产，领料员负责根据生产计划领用生产所需原材料，待生产完成后，将产品交由质监部门验收入库。

生产工艺组根据产品的规格、特性、质量要求以及所用原料的性能，拟定产品生产的工艺路线、工艺流程及加工方法和操作规程；拟定产品的工艺参数；制订工时和相关原材料的消耗定额；编制产品 BOM 表；规定检验产品质量的方法和使用的检验工具等。

（2）物流仓储部，其下设仓管经理和仓管员。仓管经理主要职责如下：审核仓库物资管理台账；审核月收货、出货报告；审核并确认盘点报告；审核存货补仓申请；审核存货保险购买申请。仓管员主要职责如下：进行货物验收和出入库手续办理；填写、更新仓库台账、卡片；进行在库存货的日常盘点，编制在库存货的日常盘点表；参与月度盘点和年度盘点；提出仓库补仓申请；提出库存呆废品处理意见；制作月收货、出货报告；办理存货保险申请手续。

模块二　存货与生产业务的内控流程

存货与生产业务是衔接采购与付款业务、销售与收款业务的中间流程，且存货与生产业务横跨多个职能部门，又因存货的种类繁多，其取得、发出频繁，流动性强且会计核算复杂，因此企业应梳理其业务流、资金流、信息流，以此作为存货与生产内部控制建设的起点。

一、存货与生产业务的业务流

存货与生产
内控业务流
及所涉组织

存货与生产的业务流通常包括计划与领用、生产与仓储、内部调拨与销售发出、盘点与处置共四个环节。具体到某一特定的企业实务中，业务流程可能更为复杂，在此探讨一般情形。

（一）计划与领用

1. 计划生产

生产计划部门根据公司发展战略、经营目标、年度销售计划以及估算的企业长期生产能力，制订当年的生产计划。审批完成后，组织生产部门、销售部门、仓储部门等相关负责人根据销售计划、已收到的客户订单、当前库存、预估的安全库存等将年度生产计划分解为季度、月度、周、日生产计划，生产任务按品种、规格、数量进行分解，分解完成后将生产计划与设备维护、质量、安全、环保等各种计划同时下达。生产计划部门在计划下达后对生产过程进行平衡、控制和监督，合理调度资源，重点关注生产过程中的安全、质量、成本等因素的控制。

2. 领用存货

领用存货指生产部门领用原材料、辅料、燃料和零部件等用于生产加工，以保障企业生产顺利开展。

首先，领用存货由工艺部门核定消耗定额并编制计划，生产部门根据物料需求计划、定额标准等填制“材料领用单”，部门负责人审批无误后交由仓储部门进行领料。对于大批存货的领用应实行特别授权。

其次，仓储部门应严格审核领料单或发货通知单，重点关注领料申请单据是否合规，手续是否齐全，存货品名、规格、型号、数量、计量单位是否准确等。审核无误由仓管员进行拣货、备货，并根据“材料领用单”和物料标签进行实物点验，确认一致后对“材料领用单”上的每一项物料进行签字确认，然后与领用人当面核对、点清交付并进行书面确认。仓管经理在存货出库后应及时登记存货出库台账，生成“材料出库单”，并且及时将相关单据交财务部门。

最后，财务部门会计应审核存货领用相关单据，根据加盖“材料发讫”的出库单登记库存材料明细账，并在材料出库单上签字，要求单据审核严格、规范，凭证填写和账簿登记及时、准确。财务经理监督和审核库存明细账的登记。

【引例分析 6－3】

四川碧映为了加强内控建设，开始着手梳理自身的存货与生产内控流程，其领用存货流程如图引分 6－2 所示。

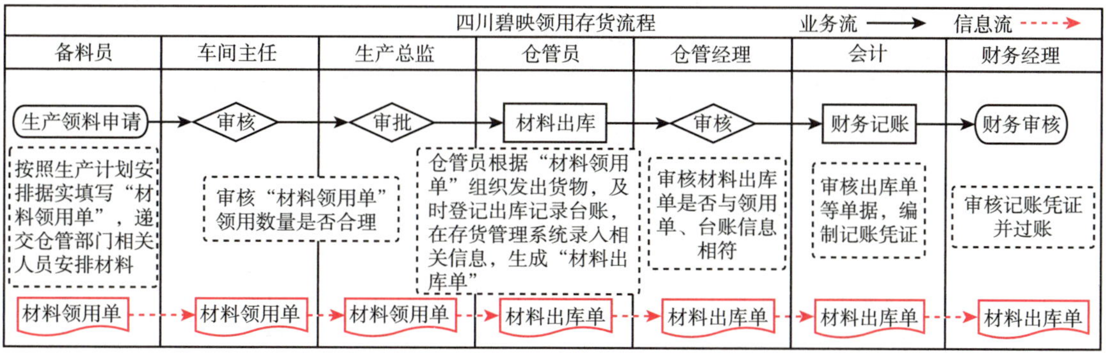

图引分 6－2 四川碧映领用存货流程

（二）生产与仓储

1. 生产产品

生产产品是指从原材料投入到成品出产的全过程。首先，生产部门综合考虑订单交期、客户重要程度、产能和工艺流程等因素将生产订单进行排序；其次，生产车间进行生产线准备，将生产所需原材料、生产设备和工具、工艺文件和作业指导书等技术资料按需求定位生产线相应的位置，并要求相关生产人员熟悉产品生产工艺及验收标准；准备完成后进行样品生产和检验，必要时进行工艺调试，满足标准后生产线正式投产，进行批量生产；生产期间对作业员进行指导，对生产进度和生产质量进行跟踪监控，审核生产报表、计件计时报表、生产异常报告和补料单等。

2. 仓储产品

仓储产品环节包括产品验收入库及仓储保管。

（1）产品验收入库。产品完工后，应及时通知质检部门进行检验，重点检查产品质量，检验合格后由质检员填制产品质量检验单，并由车间经办人员与质检人员在产品质量检验单上签字或盖章。车间经办人员持产品质量检验单向仓储部门申请办理入库手续。仓管员在收到产品质量检验单后与车间经办人员一同清点产品名称和数量，清点无误后可入库保管。财务部门审核相关单据并编制记账凭证，记账时应详细记录产品名称、数量、规格型号、入库时间、单证号码、验收情况，做到账实相符。

【引例分析 6－4】

四川碧映的产品验收入库流程如图引分 6－3 所示。

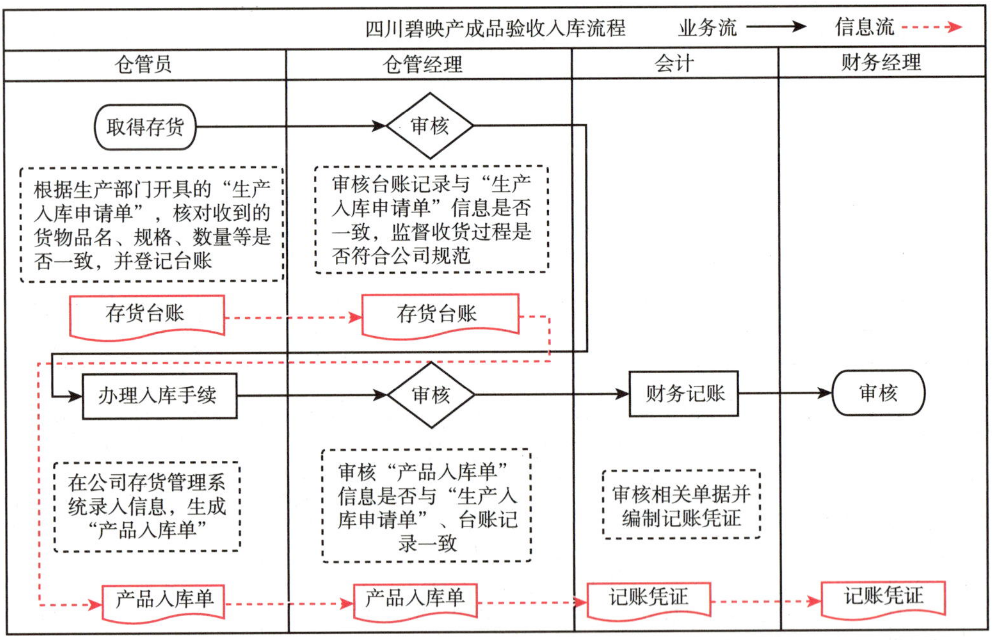

图引分 6－3　四川碧映产品验收入库流程

（2）仓储保管。收到验收入库的产品后，仓储部门指定专人负责存货的存放和管理。首先对存货进行分类编目，入库存货应及时登记并详细标明存放地点，存放地点选择的基本原则是保证存货安全、有序，存放安排有助于提高生产效率；其次应建立存货台账，详细登记存货类别、编号、名称、规格型号、数量等信息，并定期与财务部门就存货品种、数量、金额等进行核对，台账记录不得随意修改，如发现不符情况，及时上报处理；同时，应对库存物料和产品进行每日巡查和定期抽检，详细记录库存情况，发现毁损或存在跌价迹象的，应及时与生产、采购、财务等相关部门沟通。

（三）内部调拨

库存的内部调拨是指为了平衡库存供给和消耗，将库存从一个仓库调拨到另一个仓库的过程。首先，调入仓库提出调拨需求，库管人员根据实际需求填写并递交要素齐全的调拨单，经审核无误后，交由调出仓库；调出方库管人员在见到要素齐全的调拨单后，及时、准确地备货，发货人员应当根据调拨单清点数量、核实各种明细信息，确认无误后出库，如实录入出库单、出运单，通知调入方收货。其次，调入方根据业务系统内的调配信息和对方出运单信息，安排双人对送达的存货进行现场验收，核对数量、规格等明细信息，确认一致后，签字验收，并同步在系统录入入库单据。若存在差异，应及时与调出方沟通协调，务必确保实物与系统内容记录一致。最后，为了确保实际调拨物资与财务系统纪录保持一致，公司应当规范“内部调拨”业务的会计核算要求，明确财务人员及时根据完整、准确的业务原始凭证记账。

（四）盘点与处置

1. 盘点存货

为了保证账实相符，一般由财务部门会同生产部门、仓储部门定期对存货进行实物盘点。首先，财务部门拟订详细的盘点计划，确定存货盘点负责人、盘点时间、盘点范围、盘点分工、盘点方法以及盘点表设计，根据盘点计划具体组织各仓库进行盘点。其次，仓储部门明确盘点范围、方法、分工等具体内容，冻结存货移动，确定系统初始化数据，创建并打印仓位排序盘点表，进行盘点工作筹备。再次，仓储部门开始进行存货盘点工作，财务部门人员监督盘点，对特殊存货，可以聘请专家采用特定方法进行盘点。仓储部门会与财务部门结合盘点结果对存货进行库龄分析，确认是否需要计提存货跌价准备，经相关部门审批后，进行会计处理，并附上有关书面材料。最后，对于盘点清查中出现的问题，仓储部门会同相关部门，及时查明原因、落实责任，按照规定权限报经批准后处理。

【引例分析 6－5】

四川碧映的存货盘点流程如图引分 6－4 所示。

2. 处置存货

定期盘点后，对于需报废的产品，由仓储部门填写并及时上报“报废申请单”，并说明产品报废原因及数量，交经理审核，财务部会签，最后逐级核准。“报废申请单”核准后，交财务部及时进行账务处理，并会同财务部共同销账，以确保双方库存数量的一致性。如果报废品还能销售，则由仓管负责填写收款单，经销售经理核准，销售款交出纳签收，做相应账务处理，同时将收款单及时交财务部。

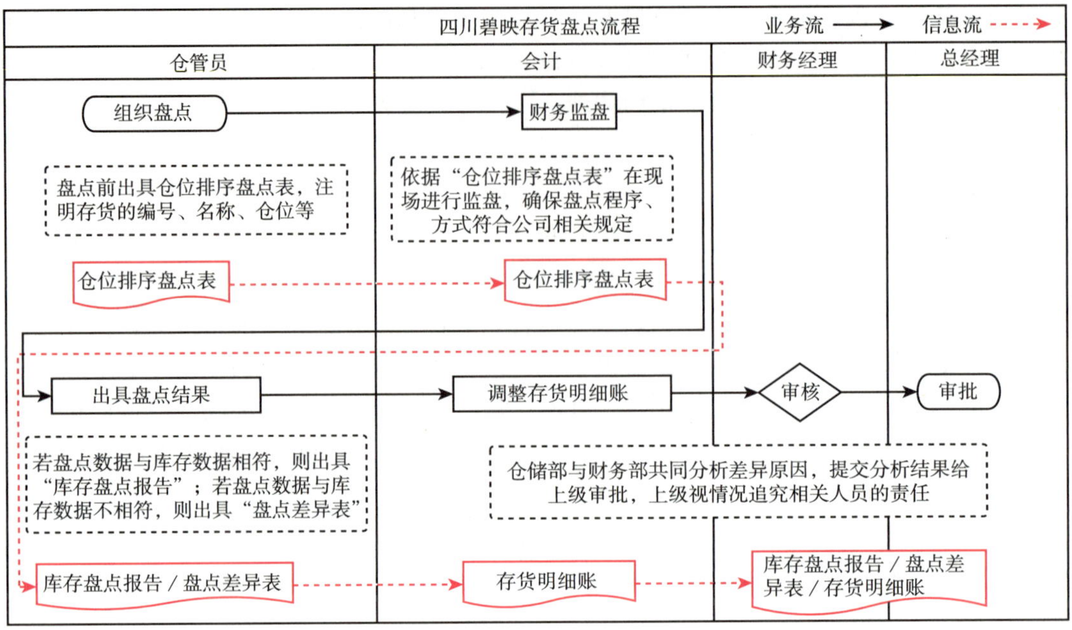

图引分 6－4　四川碧映存货盘点流程

二、存货与生产业务的资金流

存货与生产内控资金流及信息流

存货与生产的资金流是指存货生产业务所引起的价值运动。资金流内容为生产车间发生的各种支出，如材料支出、工资支出、机器设备等损耗。企业以营利为主要目的，降低成本并提高产品质量是企业增加盈利的根本途径，从这个意义上说，控制存货与生产资金流的质量至关重要。存货与生产资金流出现在业务流中的生产产品、盘点存货环节，下面结合这两个环节解释其资金流如何运动。

（一）生产产品的资金流

生产产品的资金流按照耗费要素分类核算，反映了一定时期内发生了哪些费用及其金额，可以用于分析各时期费用的构成和各要素所占的比重，进而考核各时期各要素计划的执行情况。生产产品一般会耗费人工、车间房屋建筑物和机器设备的折旧费、租赁费、机物料消耗、水电费、办公费以及停工损失、信息系统维护费等，所引起资金运动如图 6－1 中红色虚线段所示，分别从“应付职工薪酬”“累计折旧”“银行存款”流转至“生产成本”或“制造费用”，若属于不能根据原始凭证或原始凭证汇总表直接计入成本，需要按一定标准分配计入成本核算对象的费用则流转进“制造费用”，反之流转至“生产成本”。生产产品所耗费的原材料，其资金流运动则需区分实际成本法和计划成本法：

1. 实际成本法

实际成本法下，材料采购验收入库时，购入材料所花费的资金流入到“原材料”。生产领用材料时，企业按照领用材料的用途将资金流再转到“生产成本”“制造费用”，所引起的资金运动如图6－1中红色实线段所示，其资金流转金额取决于企业选定的计价方法，常用的计价方法包括先进先出法、后进先出法、月末一次加权平均法、移动加权平均法和个别计价法等，根据现行的《企业会计准则第1号——存货》的规定，企业不得采用后进先出法。

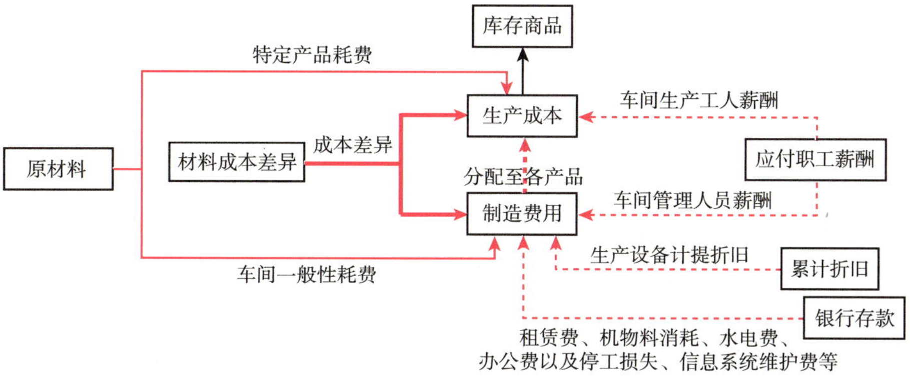

图6－1 生产产品的资金流

2. 计划成本法

计划成本法下，企业会提前制定各种材料的计划成本目录，规定材料的分类，各种材料的名称、规格、编号、计量单位和计划单位价格。材料采购验收入库时，根据前期制定的材料计划成本目录，购买材料所花费的资金被分成两股，一股为原材料的计划成本流入到"原材料"，另一股为实际成本与计划成本的差异流入"材料成本差异"。领用发出材料时，企业需要通过"材料成本差异"将发出存货和期末存货调整为实际成本，引起的资金运动如图6－1中红色粗实线段所示。调整的基本公式为：实际成本＝计划成本±材料成本差异。

以上归集至"制造费用"的资金，应在月末按一定标准分配至各产品的"生产成本"，其流转金额的分配方法有很多，通常采用生产工人工时比例法（或生产工时比例法）、生产工人工资比例法（或生产工资比例法）、机器工时比例法和按年度计划分配率分配法等。企业具体选用哪种分配方法，由企业自行决定，原则是确保分配到每种产品上的制造费用金额合理，其所引起的资金运动如图6－1中红色粗虚线段所示，与先期流转入"生产成本"的直接材料和直接人工一起汇总作为库存商品（如图6－1中黑色线段所示）。

【相关案例】

红星机械厂的主营产品是机械零部件，需要的主要原材料是钢板。2022年3月1日结存原材料钢板300千克，每千克的实际成本是10元，金额为3 000元。3月4日和3月20日分别购入该原材料300千克和400千克，每千克的单位成本分别是11元和12元，3月5日和3月23日车间领用数量分别为500千克和300千克。

采用不同领用存货的计价方法计算结果各不相同，个别计价法、先进先出法、月末一次加权平均法和移动加权平均法依次计算的发出存货成本分别为8 800元、8 700元、8 880元和8 760元。其中，受存货实际单价波动影响，最高的为采用月末一次加权平均法计算的发出存货成本为8 880元，最低的为采用先进先出法计算的发出存货成本为8 700元，二者相差180元，差异率约为2%。

由此可见，在企业进货单价不断上升的情况下，不考虑其他影响利润的因素，采用先进先出法计算的利润额最高，采用月末一次加权平均法计算的利润额最低，这对准确评价企业盈利能力产生一定影响；发出存货成本高则期末存货成本低，对存货周转率、资产负债率等财务指标形成一定影响，进而对评价企业营运能力和偿债能力产生一定的影响。可见，不同存货计价方法的经济后果可能存在差异，因此企业应在国家统一会计制度范围内选择合适的计价方法。

（二）盘点存货的资金流

为核查存货资产价值，企业需要定期或不定期开展盘点。若发生盘盈，经查明是由收发计量或者核算上的误差等原因造成的，应按照同类或者类似存货市场价格增加资金流至“待处理财产损溢”，按规定程序报有关部门批准后，冲减“管理费用”的资金流，引起的资金运动如图 6－2 中红色粗实线段所示。

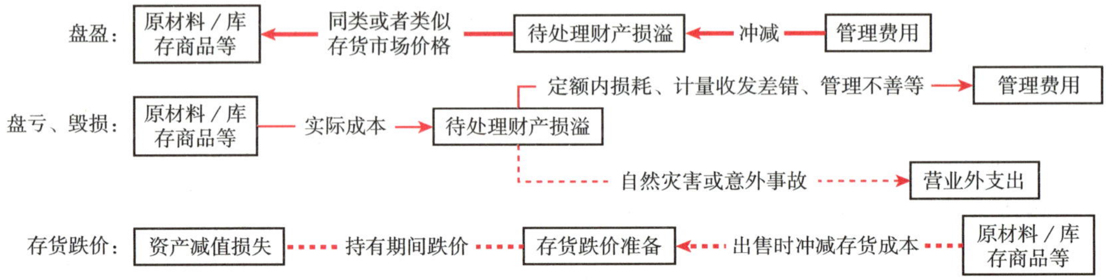

图 6－2　盘点存货的资金流

若发生盘亏或毁损，在报经批准前，应根据“存货盘存报告表”及时办理存货销账手续，调整减少存货的实存数，按盘亏、毁损存货的实际成本冲减“待处理财产损溢”的资金流。属于自然损耗产生的定额内的损耗，经批准后流转至“管理费用”；属于计量收发差错和管理不善等原因造成的存货短缺或毁损，应先扣除残值价值、可以回收的保险赔偿和过失人的赔偿，然后将净损失流转至“管理费用”，引起的资金运动如图 6－2 中红色实线段所示。属于自然灾害或意外事故造成的，应先扣除残值和可以回收的保险赔偿，然后将净损失流转至“营业外支出”，引起的资金运动如图 6－2 中红色虚线段所示。

资产负债表日，存货应当按照成本与可变现净值孰低计量。若存货销售前，其存货成本高于可变现净值时，则企业应按照存货可变现净值低于账面价值的差额，将资金流从营业成本流转至“资产减值损失”，如图 6－2 中红色粗虚线段所示。

三、存货与生产业务的信息流

存货与生产业务的信息流是指在企业进行原材料、半成品、成品等存货管理及生产过程中涉及的信息和数据流动。这个过程包括存货的领料、生产、质量控制、成品入库、出库等环节。在这个过程中，不同部门（如采购部、生产部、仓库部、质检部等）需要协同合作，共享信息，以确保存货管理和生产活动的顺利进行。信息流中的常见表单如图 6－3 所示。例如，生产管理部门在决定授权生产时，会签发经批准的生产计划，同时编制一份生产领料单，以供仓库部门根据领料单发出原材料，这就是一种信息流的传递。

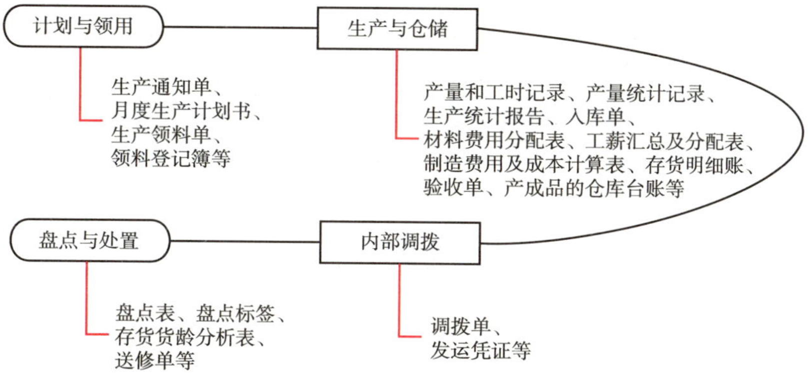

图 6-3 存货与生产业务的信息流

表单格式的设计质量，在很大程度上会影响流程的整体运行效率。限于篇幅，在此仅介绍领料单、调拨单的常见格式。

1. 领料单

领料单用于制造中心各车间生产领料，应明确领料单位、发料单位、生产订单号、物料名称、计量单位、领用数、实发数、发料仓库号等。领料单通常一式三联，一联给仓库用于出账，二联给财务用于核算，三联给车间用于留存。其种类又可分为定额领料单、限额领料单、领料登记表、退料单等。定额领料单是一次性的领料凭证，领料时，由领料车间或领料部门根据用料计划或费用计划填制。限额领料单是在规定限额和有效期内多次使用的物资发出凭证，用于需经常领用并有消耗定额的物资领发业务。限额领料单的限额由生产、计划和供应部门根据生产经营计划和消耗定额共同确定。领料登记表是可以多次使用的物资发出凭证，适用于办理使用部门经常领用的各种消耗性物资领发业务。退料单用于领用的物资不合用或有剩余，办理退库手续时使用。

2. 调拨单

调拨单主要用于多仓库之间商品库存量的调拨，应明确转库日期、转出和转入库房名称、物料名称、计量单位、申请数量、转库数量、实收数量等。调拨单通常一式四联，一联给转出库房用于留存，二联给转出财务用于核算，三联给转入库房用于留存，四联给转入财务用于核算。

【引例分析 6-6】

四川碧映存货与生产信息流中的各表单详情如表引分 6-1 所示。

表引分 6-1　　四川碧映存货与生产信息流中的表单详情

表单名称	表单作用	表单构成元素
材料领用单	用于申请领用生产所需材料	关联生产批号、领料单号、领料人、领料人部门、发料人、发料人部门、领料日期、领料用途、产品名称、生产数量、领料明细等
材料出库单	用于记录生产用领料的发出情况	出库单号、出库日期、仓库名称、出库人、出库材料明细等
存货台账	反映某一个阶段的库存期初值、期末值，期间的入库和出库合计	仓库、存货类别、存货名称、型号规格、入库数量、出库数量、结存数量等

续表

表单名称	表单作用	表单构成元素
产品入库单	用于自产或外购商品入库统计	关联生产批号、入库单号、入库经办人、经办人部门、入库日期、入库明细等
仓位排序盘点表	用于按照仓位顺序进行盘点	盘点时间、盘点人、监盘人、存放地点、存货名称、规格、型号、账面数量、实盘数量、盘盈数、盘亏数等
库存盘点报告	用于了解现有库存实际情况，检验库存管理各项工作的落实情况	盘点目的及时间、盘点范围、盘点人员、盘点流程、盘点结果及处理、盘点评价等
盘点差异表	用于记录存货盘点差异情况和原因	盘点日期、盘点人、盘点地点、盘点明细（存货名称、规格、单价、账面数、实存数、盘点差异）等
存货明细账	用于记录存货收发存情况明细，以便更好地对存货进行精细化管理	品名、型号、规格、日期、期初余额（单价、数量、金额）、本期购进（单价、数量、金额）、本期发出（单价、数量、金额）、本期结余（单价、数量、金额）、备注等

模块三　存货与生产内控流程的风险评估

存货与生产内控流程的风险评估

存货与生产内部控制的对象是存货与生产业务中的风险，应通过风险评估甄别出存货与生产流程中存在的风险，这是内部控制建设的基础工作。存货与生产流程的风险评估是指通过对识别出的风险进行分析，并描述风险发生的可能性和风险发生的后果，进而明确风险重要程度的过程。因此风险评估分为风险识别、风险分析、风险评价三个步骤。

一、风险识别

进行存货与生产风险评估的首要任务是风险识别，即发现、认可并记录影响存货与生产内部控制目标实现的风险过程，其重点是收集存货与生产中的风险信息，并识别风险信息的风险源。

（一）计划与领用的主要风险

（1）生产计划制订不合理或没有生产计划，致使生产所需的物料需求量预估偏差过大，导致存货积压或短缺。

（2）生产计划分解不合理，生产预算编制不科学，导致生产进度滞后，生产成本过高。

（3）生产部门没有按照 BOM 表领料，导致生产物料领取随意，影响公司生产效率以及生产管理紊乱，或者 BOM 表更新不及时，导致生产信息不准确，影响财务数据准确性和生产经营效率。

(4) 仓储部门存货领用发出审核不严格、手续不完备，因此领料随意，导致原材料浪费或者生产效率低下。

【引例分析6-7】

四川碧映梳理完自身的存货与生产流程后，开始搜集风险信息以便对流程各环节进行风险识别。在收集洗衣皂车间领料相关风险信息时，将各类原材料的领用数量与洗衣皂BOM表进行了对比（见表引分6-2），发现领料员未按照BOM表领料，且实际领用数量与BOM表所注合理数量之间往往存在差异，所以四川碧映在计划领料与实际领料环节存在“生产领料随意风险”。

表引分6-2　　四川碧映原料存放清查表

原材料名称	领用数量（kg）	BOM配比	合理数量（kg）（按10天生产用量测算）	超标数量（kg）
椰子油	8 570	1	6 850	1 720
棕榈油	3 200	0.28	1 918	1 282
橄榄油	800	0.14	959	-159
氢氧化钠	3 600	0.25	1 712.5	1 887.5
其他辅料（香料、防腐剂、抗氧化剂、发泡剂、硬化剂、黏稠剂）	460	0.05	342.5	117.5

（二）生产与仓储的主要风险

(1) 未结合企业实际情况建立严格的安全生产管理体系、操作规范和应急预案，难以保证安全生产。

(2) 安全生产制度不健全，安全生产主体不落实，制度形同虚设，安管人员配备不足。

(3) 安全生产投入不足，未按规定提取和使用安全生产费用，没有安全投入计划，特种设备定期查验。

(4) 企业领导不够重视、不清楚自己的法定职责，员工缺乏安全生产意识。

(5) 安管人员不具备从事安全生产管理相适应的知识和能力。

(6) 特种作业人员未经专门培训，未取得合格证即上岗作业。

(7) 未建立和落实严格的产品质量控制和检验制度，导致产品质量低下，不能满足消费者需求，同时也不利于企业品牌建设。

(8) 产成品验收入库时程序不规范，标准不明确，导致数量克扣、以次充好、账实不符。

【引例分析6-8】

四川碧映在收集存货与生产业务的风险信息时，还发现公司存在“入库质检不当风险”（见图引分6-5）。截至2月28日，2022年公司累计接到客户投诉共8次，投诉频率比往年同期增加了近30%，事后通过给予客户折扣平息，累计给予折扣金额9.6万元，投诉原因主要是洗衣皂容易软烂。召集相关技术人员排查后，发现根源是洗衣皂成型生产线未充分干燥洗衣皂。

据悉该设备2008年从德国进口，2021年年底开始出现故障，公司第一时间联系了德国厂家，但由于设备已过质保期，返回原厂维修报价太高，因此选择了国内类似厂家进行维修。但由于零件兼容性问题，导致洗衣皂未充分干燥。又由于洗衣皂利润率低，且该生产线自动化程度高，为了降低运营成本，缩减人工，原产品验收入库流程（见图引分6-3）生产完工后仅安排仓管员检查洗衣皂的感官指标如包装、皂体外观、数量等，并没有进行理化指标的检测，如干燥含量、氯化物含量、游离苛性碱含量、乙醇不溶物和发泡力指标等，因此没能发现洗衣皂存在的质量问题。

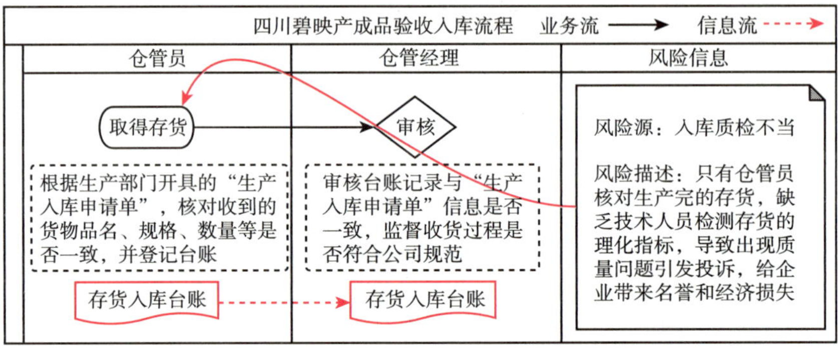

图引分6-5 入库质检不当风险

（9）存货出入库信息更新不及时或者不准确，导致存货台账不准确，影响企业经营效率和效果。

（10）库存水平未得到有效监控或调整，导致存货不足或过多，从而影响企业经营活动或占用资金。

（11）未根据存货特征选择合适的仓储保管环境，导致存货损坏变质、价值贬值等。

（12）未对不同类型、批次、类型和用途的存货分类存放，标识不清晰，导致存货管理混乱，出现存货遗失、交接错误等情况。

（13）仓储保管环境或方法不满足仓储标准或外部监管要求，未根据实际情况对存货进行保险投保，导致企业产生合规风险。

【引例分析6-9】

四川碧映在收集存货与生产业务风险信息时，还发现公司存在“仓储环境不当风险”。2022年5月15日，攀枝花市消防局对公司仓库进行了消防安全监督检查，发现了以下违规行为：

（1）室内消火栓被封堵；

（2）未按规定安装消防应急照明系统；

（3）未按规定安装应急疏散指引标识；

（4）未安装配备相应的灭火器材。

以上行为违反《中华人民共和国消防法》第十、十二、二十一条的规定，已构成火灾隐患。依据《中华人民共和国消防法》（2021修正）第六十条规定，责令公司在2022年5月31日前整改完毕，否则对公司处以罚金5万元，同时要求公司在此期间采取必要措施，防止发生火灾。事发后，公司决定对攀枝花仓管工作进行全面检查。经调查得知，攀枝花仓库没有购买任何财产或意外保险，一旦火灾或者其他意外事件发生，将遭受巨大损失。

（三）内部调拨的主要风险

（1）内部调拨的相关原始单据不完整、信息不准确，导致存货漏发、错发等。

（2）内部调拨存货未按照调拨单信息运抵调入方等，未及时满足生产需求。

（3）必要时主动核实单据的相关信息，鉴别在途存货是否已经真实发出，否则会导致实际库存与财务系统数量存在差异，引发法律风险。

（4）财务人员在调拨业务相关单据不齐全的情况下记账，特别是在缺少出运单、调入方入库单的情况下确认了内部调拨业务，导致实际调拨物资与财务系统记录存在出入，难以确认存货的实际数量。

【相关案例】

2022年2月18日，广东证监局对外公布了一则对星期六股份有限公司（以下简称“星期六”）的警示函。警示函表示，星期六在2018年度财务报表审计过程中，于审计机构开展存货监盘前发现有关门店实物存货数量与财务系统数据存在差异，为了消除存货数据差异，星期六于2019年3月从成都仓向西安有关门店集中调送29 980双鞋，存货监盘结束后又将相关货物运回成都仓。星期六未将前述数据差异及调货情况如实告知年报审计机构，以及其他一系列相关支持性过程数据与凭证的不齐全等违规问题，广东证监局决定对星期六及相关高管采取出具警示函的监管措施。星期六据此发布公告解释：存货数据存在差异的原因是前期成都仓调货给上述各店的单据没有及时将货物发出，从而形成的在途影响。

分析得知，案例中星期六在内部调拨过程中存在的问题主要有以下三个：第一，公司成都仓调货给西安各相关门店的29 980双鞋，未及时发货，造成存货数据差异；第二，公司成都仓“补发”调拨存货时未注意与业务系统调拨信息匹配，造成实际调拨的存货与业务系统单据中的信息无法对应；第三，公司财务人员在未取得调出方出库发货相关单据、调入方验收入库相关单据时，就编制存货内部调拨会计分录，导致西安门店库存女鞋与财务系统存货记录不一致。

（四）盘点与处置的主要风险

（1）存货盘点清查制度不完善、计划不可行，存货盘点工作流于形式，无法及时发现存货短少及其他异常状态，导致存货出现遗失、损坏、账实不符等情况。

（2）存货盘点中存在伪造、虚报等情况，导致存货盘点数据不实，企业蒙受损失。

（3）对于存货盘盈或者盘亏等情况，未及时查明原因，落实责任，甚至私下处置，导致企业遭受损失的同时面临违规风险。

【引例分析6-10】

四川碧映在收集存货与生产流程的风险信息时，还发现公司存在“盘盈处置不规范风险”（见图引分6-6）。2022年4月10日公司财务部计划依据“仓位排序盘点表”进行突击性盘点。这份“仓位排序盘点表”是仓管员近期按照仓位顺序，依次对洗衣凝珠仓、洗衣皂仓、洗衣粉仓、生产车间临时仓库进行盘点后填写的，盘点表中注明了品名、规格、单位、数量、盘点日期、盘点人、监盘人、存放地点等信息。

盘点当天，财务部根据“仓位排序盘点表”中列举的存货，对选定的物料进行数量清点并记录在“仓位排序盘点表”上。当巡查至生产车间临时仓库时，发现存放着一批“仓位排序盘点表”中未记录的辅料，同行仓管员表示这批辅料并未在仓库台账上记录，仓库未对其进行保管，对此事一无所知。财务人员随后询问生产车间的领料员，领料员答复这是平时生产剩余下来的辅料，由车间自行保管，以方便下次使用。

鉴于这笔辅料价值较低，且属于盘盈，不会对企业造成损失，因此最后仅按照存货盘点流程（见图引分6-4）进行了盘点差异记录，并未对辅料进行退库处理。6月30日，公司自查发现该车间主任涉嫌监守自盗，计划盗卖价值5 000元的辅料，现该名车间主任已经被公司开除，并勒令赔偿公司损失。

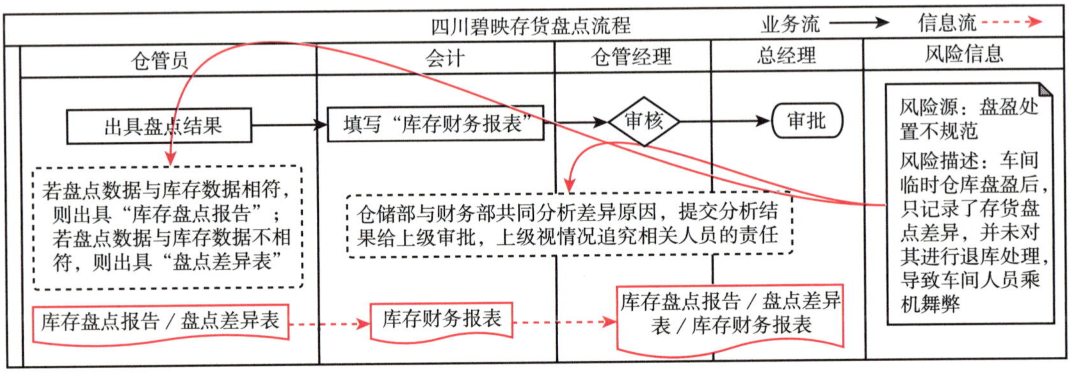

图引分6-6　盘盈处置不规范风险

（4）对存货报废等情况处置不规范、不及时，或者处置方式、对价不合理，导致企业利益受损。

二、风险分析

经过风险识别阶段，已经收集了存货与生产流程中的风险信息，对面临的风险有了一个初步认识，接下来需要对各类风险的发生可能性和发生后果进行分析。

（一）风险发生的可能性

存货与生产业务的风险发生可能性是指在企业目前的管理水平下，存货与生产业务中各类风险发生概率的大小或者发生的频繁程度。在风险管理实践中，一般利用相关风险的历史数据推断风险事件在未来发生的可能性。

【引例分析 6-11】

通过前期的风险信息收集，四川碧映识别出其存货与生产流程中存在生产领料随意风险、入库质检不当风险、仓储环境不当风险和盘盈处置不规范风险共 4 类。为了进一步分析风险，公司根据风险管理委员会制定的风险管理矩阵对存货与生产的风险发生可能性准则进行了规范（见表引分 6-4），将风险发生的可能性划分为 5 个等级，分别赋予 1 分至 5 分，分值越大表示发生的可能性越大。

表引分 6-4　　四川碧映存货与生产的风险发生可能性准则

风险源	1（较低）	2（低）	3（中等）	4（较高）	5（非常高）
生产领料随意风险	1 年内不按照 BOM 表领用原材料 10（含）次以下	1 年内不按照 BOM 表领用原材料 10～20（含）次	1 年内不按照 BOM 表领用原材料 20～30（含）次	1 年内不按照 BOM 表领用原材料 30～40（含）次	1 年内不按照 BOM 表领用原材料 40 次以上
入库质检不当风险	1 年内因入库质检不当引发客诉次数 3（含）次以下	1 年内因入库质检不当引发客诉次数 3～5（含）次	1 年内因入库质检不当引发客诉次数 5～7（含）次	1 年内因入库质检不当引发客诉次数 7～10（含）次	1 年内因入库质检不当引发客诉次数 10 次以上
仓储环境不当风险	1 年内因仓储环境不合规发生事故次数 1（含）次以内	1 年内因仓储环境不合规发生事故次数 1～3（含）次	1 年内因仓储环境不合规发生事故次数 3～5（含）次	1 年内因仓储环境不合规发生事故次数 5～8（含）次	1 年内因仓储环境不合规发生事故次数 8 次以上
盘盈处置不规范风险	1 年内发生盘盈却未调账的次数 1（含）次以下	1 年内发生盘盈却未调账的次数 1～3（含）次	1 年内发生盘盈却未调账的次数 3～5（含）次	1 年内发生盘盈却未调账的次数 5～7（含）次	1 年内发生盘盈却未调账的次数 7 次以上

四川碧映通过调阅相关历史资料并结合准则，判断出各类风险发生可能性的得分（见表引分 6-5 至表引分 6-8），从而推测出各类风险在未来发生的概率。

表引分 6-5　　生产领料随意风险发生可能性得分

发生可能性得分：4	
历史资料来源	2021 年生产车间的领料记录
历史资料详情	2021 年除 2 月外，其他每月月中和月末各领用材料 1 次，全年共计领料 33 次，每次领料数量均与 BOM 表存在差异
分析结论	未按照 BOM 表领用原材料共 33 次，因此属于“1 年内不按照 BOM 表领用原材料 30～40（含）次”，所以发生可能性得分为 4 分

表引分 6－6　　入库质检不当风险发生可能性得分

<table>
<tr><td colspan="2">发生可能性得分：3</td></tr>
<tr><td>历史资料来源</td><td>2021 年客诉统计表</td></tr>
<tr><td>历史资料详情</td><td>2021 年公司共发生 7 次因质量问题引发客户投诉事件，追溯原因是未进行完工质检，详情如下：

日期 ｜ 投诉客户名称 ｜ 客诉商品
2021.01.15 ｜ 四川民信贸易有限公司 ｜ 洗衣皂
2021.04.05 ｜ 浙江贵溪清洁用品贸易有限公司 ｜ 洗衣凝珠
2021.05.10 ｜ 灵丘美玲贸易有限公司 ｜ 洗衣皂
2021.08.31 ｜ 江西蓝郡贸易有限公司 ｜ 洗衣粉
2021.12.05 ｜ 厦门新华都贸易服务有限公司 ｜ 洗衣皂
2021.12.15 ｜ 广东世豪贸易有限公司 ｜ 洗衣皂
2021.12.25 ｜ 云南万江贸易有限公司 ｜ 洗衣粉</td></tr>
<tr><td>分析结论</td><td>因质量问题引发客户投诉共 7 次，因此属于“1 年内因入库质检不当引发客诉次数 5～7（含）次”，所以发生可能性得分为 3 分</td></tr>
</table>

表引分 6－7　　仓储环境不当风险发生可能性得分

发生可能性得分：1	
历史资料来源	2021 年仓库事故记录表
历史资料详情	2021 年 7 月 18 日，存放洗衣粉的攀枝花 1 号仓库环境过于潮湿，部分洗衣粉潮解、结块，同时潮解的洗衣粉会产生游离酸，而游离酸会破坏酶的蛋白质结构，导致酶的清洁功能大大降低
分析结论	仓库发生 1 次事故，因此属于“1 年内因仓储环境不合规发生事故次数 1（含）次以内”，所以发生可能性得分为 1 分

表引分 6－8　　盘盈处置不规范风险发生可能性得分

<table>
<tr><td colspan="2">发生可能性得分：3</td></tr>
<tr><td>历史资料来源</td><td>2021 年盘点差异记录表</td></tr>
<tr><td>历史资料详情</td><td>盘点日期 ｜ 名称 ｜ 账面数量（kg） ｜ 实盘数量（kg） ｜ 盘盈数量（kg）
2021.01.31 ｜ 其他辅料包 ｜ 4 200 ｜ 4 950 ｜ 750
2021.03.31 ｜ 氢氧化钠 ｜ 18 900 ｜ 19 400 ｜ 500
2021.05.31 ｜ 棕榈油 ｜ 21 900 ｜ 22 025 ｜ 125
2021.06.30 ｜ 椰子油 ｜ 79 100 ｜ 79 295 ｜ 195
2021.09.30 ｜ 橄榄油 ｜ 12 100 ｜ 12 335 ｜ 235</td></tr>
<tr><td>分析结论</td><td>发生盘盈共 5 次，属于“1 年内发生盘盈却未调账的次数 3～5（含）次”，所以发生可能性得分为 3 分</td></tr>
</table>

（二）风险发生的后果

存货与生产控制的风险发生后果通过假设特定事件或情形已经出现，然后判断其影响的性质、类型和大小。

【引例分析 6－12】

四川碧映判断完生产领料随意风险、入库质检不当风险、仓储环境不当风险和盘盈处置不规范风险的发生可能性得分后，继续根据风险管理矩阵规范了风险发生后果准则（见表引分 6－9），即将风险发生后果分为 5 个等级，分别赋予 1 分至 5 分，分值越大表示发生后果越严重。

表引分 6－9　　四川碧映存货与生产的风险发生后果准则

风险源	1（轻微）	2（较小）	3（中等）	4（严重）	5（非常严重）
生产领料随意风险	1 年内未按照 BOM 表领用原材料造成损失 1 万元（含）以下	1 年内未按照 BOM 表领用原材料造成损失 1 万～3 万元（含）以下	1 年内未按照 BOM 表领用原材料造成损失 3 万～5 万元（含）以下	1 年内未按照 BOM 表领用原材料造成损失 5 万～7 万元（含）以下	1 年内未按照 BOM 表领用原材料造成损失 7 万元以上
入库质检不当风险	入库质检不当造成损失金额 10 万元以下	入库质检不当造成损失金额 10 万（含）～20 万元	入库质检不当造成损失金额 20 万（含）～30 万元	入库质检不当造成损失金额 30 万（含）～50 万元	入库质检不当造成损失金额 50 万元（含）以上
仓储环境不当风险	因仓储环境不合规导致存货不能满足预定用途金额 10 万元以下	因仓储环境不合规导致存货不能满足预定用途金额 10 万（含）～20 万元	因仓储环境不合规导致存货不能满足预定用途金额 20 万（含）～30 万元	因仓储环境不合规导致存货不能满足预定用途金额 30 万（含）～40 万元	因仓储环境不合规导致存货不能满足预定用途金额 40 万元以上
盘盈处置不规范风险	1 年内盘盈差异金额在 1 万元（含）以下	1 年内盘盈差异金额在 1 万～3 万元（含）	1 年内盘盈差异金额在 3 万～5 万元（含）	1 年内盘盈差异金额在 5 万～7 万元（含）	1 年内盘盈差异金额在 7 万元以上

四川碧映通过调阅相关历史资料并结合准则，判断出各类风险发生后果的得分（见表引分 6－10 至表引分 6－13），从而推测出各类风险在未来发生的严重程度。

表引分 6－10　　生产领料随意风险发生后果得分

发生后果得分：5	
历史资料来源	2021 年领料随意造成的损失评估
历史资料详情	未按照 BOM 表领料导致备料混乱，进而影响成本核算的准确性、产品定价等一系列问题，经评估，此风险给企业造成间接经济损失约 13 万元
分析结论	间接损失 13 万元，属于“1 年内发生不按照系统生成 BOM 表领用原材料造成损失 7 万元以上”，所以发生后果得分为 5 分

表引分 6－11　　入库质检不当风险发生后果得分

<table>
<tr><td colspan="2">发生后果得分：5</td></tr>
<tr><td>历史资料来源</td><td>2021 年客诉统计表</td></tr>
<tr><td>历史资料详情</td><td>2021 年公司产品未进行完工质检，共引发客户 7 次投诉，处理方式皆为销售折让，详情如下：
<table>
<tr><th>日期</th><th>投诉客户名称</th><th>折让金额</th></tr>
<tr><td>2021. 01. 15</td><td>四川民信贸易有限公司</td><td>9 万元</td></tr>
<tr><td>2021. 04. 05</td><td>浙江贵溪清洁用品贸易有限公司</td><td>10 万元</td></tr>
<tr><td>2021. 05. 10</td><td>灵丘美玲贸易有限公司</td><td>11 万元</td></tr>
<tr><td>2021. 08. 31</td><td>江西蓝郡贸易有限公司</td><td>8 万元</td></tr>
<tr><td>2021. 12. 05</td><td>厦门新华都贸易服务有限公司</td><td>7 万元</td></tr>
<tr><td>2021. 12. 15</td><td>广东世豪贸易有限公司</td><td>11 万元</td></tr>
<tr><td>2021. 12. 25</td><td>云南万江贸易有限公司</td><td>5 万元</td></tr>
</table></td></tr>
<tr><td>分析结论</td><td>因入库质检不当发生折让金额共 61 万元，属于“入库检查不当造成损失金额 50 万元（含）以上”，所以发生后果得分为 5 分</td></tr>
</table>

表引分 6－12　　仓储环境不当风险发生后果得分

发生后果得分：1	
历史资料来源	2021 年仓库意外事故记录表
历史资料详情	2021 年 7 月 18 日，存放洗衣粉的攀枝花 1 号仓库发生事故，经仓储部门和财务部门进行盘点清查之后，确定损失货物近 3 万元
分析结论	仓储环境不合规导致公司损失近 3 万元，属于“因仓储环境不合规导致存货不能满足预定用途金额 10 万元以下”，所以发生后果得分为 1 分

表引分 6－13　　盘盈处置不规范风险发生后果得分

<table>
<tr><td colspan="2">发生后果得分：2</td></tr>
<tr><td>历史资料来源</td><td>2021 年盘点差异记录表</td></tr>
<tr><td>历史资料详情</td><td>
<table>
<tr><th>盘点日期</th><th>名称</th><th>盘盈金额（元）</th><th>盘点人</th><th>监盘人</th></tr>
<tr><td>2021. 01. 31</td><td>其他辅料包</td><td>1 725</td><td>张时峰</td><td>谢丽</td></tr>
<tr><td>2021. 03. 31</td><td>氢氧化钠</td><td>1 900</td><td>张时峰</td><td>谢丽</td></tr>
<tr><td>2021. 05. 31</td><td>棕榈油</td><td>812. 5</td><td>张时峰</td><td>谢丽</td></tr>
<tr><td>2021. 06. 30</td><td>椰子油</td><td>1 950</td><td>张时峰</td><td>谢丽</td></tr>
<tr><td>2021. 09. 30</td><td>橄榄油</td><td>7 050</td><td>张时峰</td><td>谢丽</td></tr>
<tr><td>合计</td><td></td><td>13 437. 5</td><td></td><td></td></tr>
</table></td></tr>
<tr><td>分析结论</td><td>2021 年存货盘盈总金额为 13 437. 5 元，属于“1 年内盘盈差异金额在 1 万～3 万元（含）”，所以发生后果得分为 2 分</td></tr>
</table>

三、风险评价

存货与生产的风险评价是风险评估的最后一个环节，将存货与生产风险分析的结果（风险发生可行性和风险发生后果）与预先设定的风险重要性等级准则相比较，以确定存货与生产控制风险的重要性等级。

（一）风险的重要性等级

存货与生产控制风险的重要程度是发生可能性和发生后果的综合结果。在存货与生产控制实践中，用得比较多的方法是把风险发生可能性的分值与风险发生后果的分值相乘，其乘积即为风险重要程度的大小，数字越大，对应的风险越高。

【引例分析 6－13】

分析完风险后，四川碧映结合面临的社会经济环境及内部环境，完善了自身的风险重要性等级准则，其中风险值的计算公式为：风险值＝风险发生可能性×风险发生后果（见表引分 6－14）。

表引分 6－14　　四川碧映的风险重要性等级准则

风险等级	风险值范围	说明
低风险（可接受）	<5	制度健全且执行到位
中风险	5～15	制度基本健全合理，但执行尚有缺陷
高风险	16～25	制度还需健全、完善，执行还不到位

针对前期梳理流程发现的生产领料随意风险、入库质检不当风险、仓储环境不当风险和盘盈处置不规范风险，分别计算各类风险的风险值，并判断各类风险的重要性等级（见表引分 6－15）。

表引分 6－15　　四川碧映存货与生产的风险重要性等级

风险源	风险发生可能性	风险发生后果	风险值	风险重要性等级
生产领料随意风险	4	5	20	高风险
入库质检不当风险	3	5	15	中风险
仓储环境不当风险	1	1	1	低风险
盘盈处置不规范风险	3	2	6	中风险

（二）风险矩阵

风险矩阵是利用风险发生可能性及其发生后果这两个维度来绘制的矩阵图，主要是用于对风险进行优先排序的有效工具。绘制矩阵时，一个坐标轴表示存货与生产业务风险发生可能性等级，另一个坐标轴表示存货与生产业务风险发生后果等级，根据风险在矩阵中所处的位置，直观表明存货与生产风险的分布情况，据此确定哪些风险更重要，需要更深入地分析和优先应对，有助于管理者确定关键风险和风险应对方案。

【引例分析 6－14】

为了更直观地展示风险分布情况，四川碧映根据前面判断出的风险发生可能性及发生后果的得分，绘制出存货与生产的风险矩阵图（见图引分 6－7）。入库质检不当风险、盘盈处置不规范风险均落在矩阵的白色区域，表示中风险；生产领料随意风险落在矩阵的红色区域，表示高风险；仓储环境不当风险落在矩阵的斜纹区域，表示低风险。由此可见生产领料随意风险是公司目前最紧急的风险，应该优先应对。

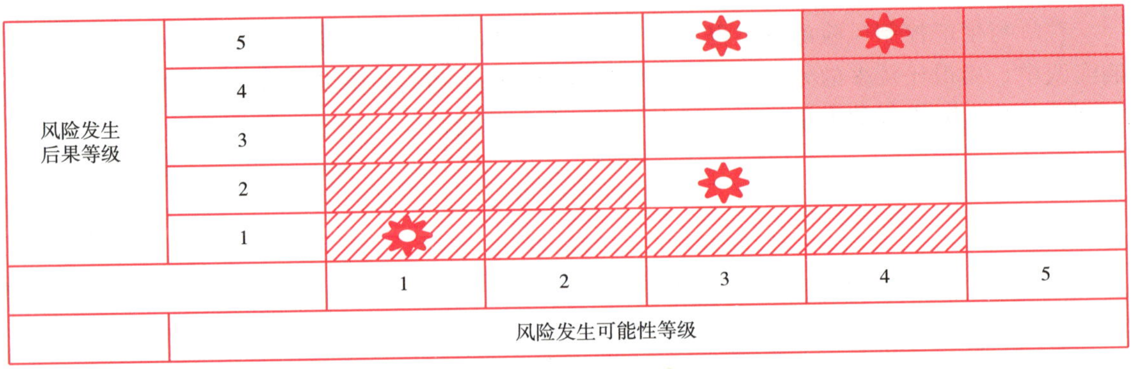

图引分 6－7　四川碧映存货与生产的风险矩阵图

模块四　存货与生产风险的内控措施

存货与生产风险的内控措施

风险应对是在风险识别、风险分析和风险评价的基础上，根据企业自身条件和外部条件，选择合适的应对措施，对不同的风险采取不同的应对措施的过程。企业内部控制便是一种有效的风险应对措施，以降低风险发生的概率和风险的影响程度，通过不断调整和尝试，将风险控制在企业的可承受范围内。常见的存货与生产风险内部控制措施如下：

一、不相容职务分离控制

企业应当据此建立存货与生产业务的岗位责任制，明确相关部门和岗位的职责、权限，确保办理存货与生产业务的不相容职务相分离。存货与生产业务的不相容职务分离至少包括：

（1）生产计划的编制者应同其复核人员和审批人员相分离。

（2）存货保管与记录人员相分离。

（3）存货领用的申请、审批与记录人员相分离。

（4）生产业务执行人员与存货验收、保管人员、质量监管人员相分离。

（5）存货的盘点不能只由负责保管、使用或者负责记账职能的职员来进行，应有负责保管、使用、记账职能的职员以及独立于这些职能的其他人员共同进行。

（6）存货的采购、保管、销售人员相分离。

（7）存货处置的申请、审批与会计记录人员相分离。

【相关案例】

广州市浪奇实业股份有限公司（以下简称“广州浪奇”）前身是广州油脂化工厂，始建于1959年，是华南地区早期日化产品定点生产企业。2020年9月28日，广州浪奇发布关于部分库存货物可能涉及风险的提示性公告，称公司储存在江苏辉丰石化公司（辉丰仓）的1.19亿元存货和存放在鸿燊公司（瑞丽仓）的4.53亿元存货均无法正常开展货物盘点及抽样检测工作，也无法办理提货。广州浪奇发函要求两家仓储公司配合办理货物盘点及抽样检测，但两家公司均否认保管有广州浪奇存储的货物。江苏辉丰石化公司更是直接回函表示没有货物存储在其公司，没有配合盘点的义务。三方当事人各执一词，关于存货丢失的真相尚未确定，但可以看出，公司内部管理出现了漏洞，才导致这一局面的发生。

根据2020年10月30日的回函可知，2019年末广州浪奇存放在外部仓库的存货占比超过80%，同时贸易类存货占比高达79.55%，由此得知，至少有63.61%的存货是存放在外部仓库的贸易类存货。截至2020年9月30日，广州浪奇75.98%的贸易类存货存放在辉丰仓、瑞丽仓、广东仓等9个外部仓库中，其中出现账实不符的情况，累计金额达866 817 704.03元，占2020年广州浪奇半年报中披露存货总额的55.16%，这说明存货丢失事件与外部仓库紧密相关。通过对广州浪奇《存货管理制度》的研究得知，外部仓库存货管理内容包括存货采购与销售、仓库供应商的开发、仓库供应商的风险评估、外部仓库盘点表的索取及账实核对、外部仓库存放存货的定期盘点。在2020年3月之前，商务拓展部负责以上所有的存货管理工作，没有第三方人员参与其中，未形成有效的监督机制，存在相关人员利用职务之便进行舞弊的风险。在没有监督的情况下，单一部门或人员对存货流动的各个环节都有操作空间。

二、文件记录控制

现代企业存货与生产的文件记录控制主要依靠BOM（物料清单，有些系统中也称为材料表或配方料表），是详细记录一个项目所用到的所有下阶材料及相关属性，亦即母件与所有子件的从属关系、单位用量及其他属性，是指导技术管理、生产、计划、采购和成本核算的基础数据。结合公司实际操作流程，将BOM分为三类：

（1）技术BOM：技术部门图纸标题栏和明细栏中所包含的物料信息。

（2）生产BOM：生产计划部门根据技术BOM分解成各个车间所需的物料，再把工艺部门提供的各标配车型的工艺定额添加进去，即形成生产BOM。

（3）工艺 BOM：工艺部门在生产 BOM 的基础上再添加工位信息，根据各订单实际配置修改工艺定额，最终形成工艺 BOM，下发到车间。

BOM 对存货与生产流程所起控制作用包括：第一，生产计划部门编制计划的依据。当公司接到订单后，生产计划部门便依照订单的交货日期，结合 BOM 及库存信息，进行订单进度评审，从而编制生产计划。第二，仓管部门发料的依据。有了 BOM，仓管部门直接按照 BOM 中的物资编码、物资数量这两项来发料即可，方便快捷，能大大提高物料仓管员的工作效率和工作质量。第三，财务部门计算生产成本的基础。财务部门通过 BOM 可以清楚计算出每项产品总成本中在制造过程中所需的物料成本，从而进行成本控制，避免造成浪费。第四，技术部门降低产品成本的参考。技术部门根据 BOM 对照相应的物资单价进行降本工作。譬如用功能类似但价格更便宜的物料来代替原物料等。第五，安排生产线的重要文件。从 BOM 中可以清晰地看出某个物资是在哪个车间装配或具体在哪个工位上装配，生产调度可很方便地参照 BOM 来安排生产。

【引例分析 6－15】

针对“生产领料随意风险”，四川碧映决定采取“文件记录控制”措施降低风险（见表引分 6－16）。

表引分 6－16　　生产领料随意风险的文件记录控制

风险源	生产领料随意风险	风险等级	高风险
内控措施	文件记录控制		
具体方案	出台 BOM 管理操作指导书：（1）规范 BOM 物资编码规则的标准，确保编码唯一性。物资编码相当于人的身份证号码，即一种物资只能有一个编码，同样一个编码，只能对应一种物资。（2）当某部门有新增的物资需要申请编码时，须进入 ERP 申请编码页面，选择好编码分类、产品大类、计量单位，填写好物资名称、物资型号等，提交申请后相关人员审批，系统便自动生成新编码。（3）生产车间领料、仓管部门发料、生产工艺部门替换物料都必须通过 ERP 管理系统传递 BOM 操作，通过计算机系统自动检测是否按规定进行		
控制部门	生产部、仓管部、生产工艺部门	控制负责人	领料员、仓管员、工艺设计师

三、授权审批控制

企业应根据存货性质或生产要求建立自身的授权审批体系，明确授权审批范围和授权审批层次。

（一）授权审批的范围

企业应将存货与生产业务流的各个环节均纳入授权审批范围，均需指定审批人依据规范的审批流程在授权审批的范围内审批，不得超越权限进行审批；经办人应当在职责范围内，按照审批人的批准意见处理业务。对于审批人超越权限范围而批准的业务，经办人有权拒绝办理，并及时向审批人的上级授权部门报告。例如，存货在库期间，原则上不允许非仓库人员进入，那何时其他部门和人员才可以进入仓库呢？需要进行授权范围的规定，一般以下情形才允许其他部门和人员入库：开展存货的年度盘点、月度盘点和不定期盘点；公司总监级以上管理人员对仓库工作进行检查；仓储部经理对仓库工作的开展进行指导；财务部工作人员根据账实核对工作要求，需进库核对。

【引例分析6-16】

（1）针对“入库质检不当风险”，四川碧映决定采取“授权审批控制”弥补企业存货入库验收环节的缺失（见表引分6-17）。

表引分6-17　　入库质检不当风险的授权审批控制

风险源	入库质检不当风险	风险等级	中风险
内控措施	授权审批控制		
具体方案	参照存货的特点明确入库的质量要求，并在生产车间增设“质检专员”，负责与仓管员共同开展存货的入库验收工作。质检专员负责检测存货是否达到入库质量标准，车间主任负责监督质检过程是否符合公司规范，验收合格的货物才能由仓管员按照规定流程办理入库手续		
控制部门	仓储部、生产车间	控制负责人	仓管员、质检专员、车间主任

【练一练】 四川碧映存货入库验收环节的再造流程如何绘制？

（2）针对“盘盈处置不规范风险”，四川碧映决定采取“授权审批控制”弥补企业盘点差异处置环节的缺失（见表引分6-18）。

表引分6-18　　盘盈处置不规范风险的授权审批控制

风险源	盘盈处置不规范风险	风险等级	中风险
内控措施	授权审批控制		
具体方案	新增“盘盈材料退库流程”，对盘盈存货进行进一步处理。具体流程：先由领料员根据盘盈存货填写“材料退库单”，发起退料申请，经车间主任审核、生产总监审批无误后交由仓管员进行盘盈存货入库。仓管员接收货物，并及时登记存货入库记录台账，并且在公司存货管理系统录入相关信息，将系统生成的“材料入库单”交由仓管经理审核，无误后将相关单据交由财务部门审核，会计审核相关单据，编制记账凭证并调整库存，财务经理审核记账凭证并过账。确保生产车间及时按照规范流程将盘盈存货退回仓库，同步更新存货台账，并进行相应账务处理		
控制部门	生产车间、仓储部、财务部	控制负责人	车间主任、生产总监、仓管经理、财务经理

新增“盘盈材料退库流程”见图引分6-8。

（二）授权审批的层次

企业应根据存货与生产业务的重要性和金额大小确定不同的授权审批层次，保证各管理层权有所属，责有所归。如存货损失业务有关的授权审批，由于存货损失的情形包括盘亏、丢失、变质、毁损、报废、淘汰、被盗或使用价值和转让价值发生了实质性且不可恢复的灭失，因此应区分损失金额和损失原因确认审批层级。

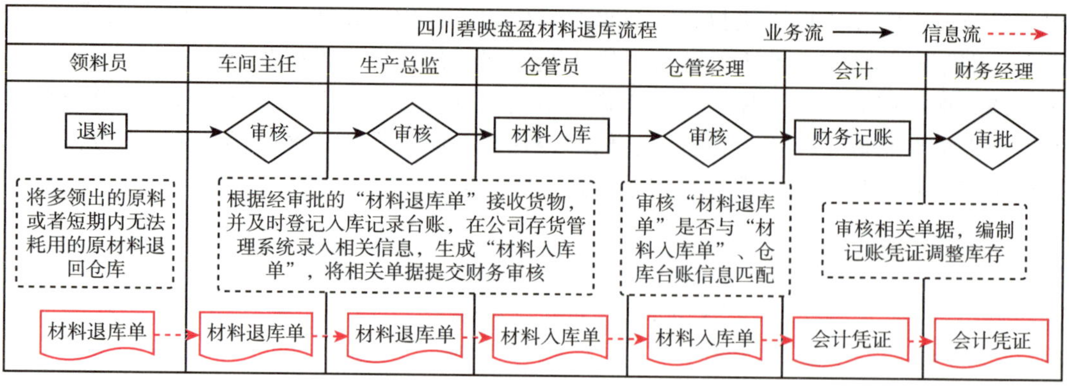

图引分 6－8　四川碧映盘盈材料退库流程

【相关案例】

天博智慧金属有限公司作为一家以金属为原材料的加工企业，经常因冲压、铸造、挤压或削切工序产生金属头尾料和边角料，或零部件加工过程中产生报废品，因此依据报废金额大小和报废原因确定了不同的审批层次。其特别授权审批流程基本上按照常规授权审批流程进行，但是在拟报废存货检测审查环节和最终审批环节存在不同（见图中黑色虚线部分）。公司规定以下报废业务需要进行特别审批：

（1）单次报废金额超过 5 000 元。

（2）单件报废金额超过 3 000 元。

（3）非正常原因导致的报废金额在 2 000 元以上。

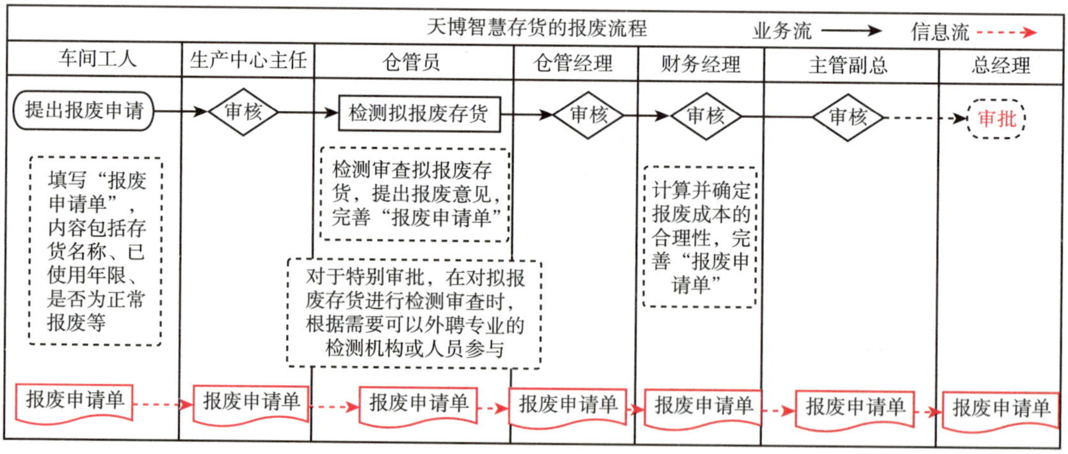

天博智慧存货的报废流程

四、财产保护控制

存货与生产业务的财产保护控制主要有以下几种方式：

（一）日常保管

存货日常保管要求仓储部门合理规划库区库位，优化库存摆放，对于不同批次、型号和用途的产品分类存档，尤其对于相似物料进行库位分离管理，避免出现物料交接错误；科学陈列和存放，根据仓库场地的负荷能力，最大程度地提升仓库容积，同时选用科学的存货标记方法和货架摆放方法，便于存货盘点和发放；仓储部门负责设立标准的物流设施及仓储条件，按照仓储物资要求的储存条件贮存，并做好防火、防盗、防潮、防变质、防病虫害等保管工作。

（二）限制接近

存货与生产业务的限制接近主要是针对存货的日常仓储，建立和完善进出登记手续和审批制度，严格控制存货接触，限制未经授权人员对存货的直接接触。尤其对于贵重物品、生产用关键备件、精密仪器和危险品的存储，应实行严格的审批制度。

（三）盘点

企业应对存货进行定期或不定期的盘点，保证存货处于账实相符的状态。存货盘点一般由财务部门牵头，仓储部门负责仓库盘点工作，相关部门负责本部门盘点及盘点协助工作。每月定期进行一次自我盘点，每个季度的最后一个月月底进行一次大盘点。盘点内容如下：

（1）盘点存货总账的账面金额与其明细账的账面金额是否相符。

（2）盘点存货明细账的数量与存货台账的数量是否一致。

（3）盘点存货台账的数量与实物的数量是否相符。

（4）盘点存货实物的质量是否有明显的损坏。

【内控“思”享】

存货不够怎么办？

财务部门负责人：后天一早进行库存盘点，请大家务必做好准备！

仓储负责人：好，好的，我这就去准备。

（仓储负责人内心独白：我前几天“私自”出售了一批存货，后天就盘点了，万一被查到怎么办啊！要么请假拖几天？感觉不可行啊，等一下！好像每年我们盘点重点关注的都是仓库里面的存货，对于车间或者生产线上的在产品不是特别关注，我有办法啦！）

仓储负责人：小赵啊，年底你们生产的情况怎么样啊？

车间负责人小赵：还行吧，不是特别忙，今年的订单处理得差不多了。

仓储负责人：这样吧，你看要不先把下个月的材料做个领用吧。

车间负责人小赵：欸？为什么啊？这个月的车间生产不缺原材料了啊，而且原材料领多了我也没地方堆啊。

仓储负责人：哎呀，这不是年底对我们有考核嘛，不用你们负责保管，我也不是真的要把存货出库，你就在系统里面领用一下就好了！帮个忙呗！回头哥请你吃饭！

车间负责人小赵：呃，好吧好吧。

（仓储负责人内心独白：好了，这样系统里的数量就少了，突击检查也难不倒我！）

【想一想】 车间的仓库、产线上的产品是否纳入盘点范围？巧妙利用范围盲点把漏洞藏在“在产品”中该如何防范？

资料来源：锐思商学院公众号。

（四）财产保险

财产保险是通过对存货投保（如火灾险、盗窃险等）增加存货受损后的补偿机会，从而合理降低存货意外损失风险。企业应当建立存货投保制度，明确应投保存货的范围和标准，仓储部门负责提出投保申请，由企业相应部门审核后，企业财务部门负责投保手续的办理。一般情况下，保险公司会根据仓库存放货物的具体情况，仓库的建筑结构、仓库管理现状、消防设施情况等确定投保的金额。

【引例分析 6－17】

针对“仓储环境不当风险”，四川碧映决定采取“财产保护控制”降低风险（见表引分 6－19）。

表引分 6－19　仓储环境不当风险的财产保护控制

风险源	仓储环境不当风险	风险等级	低风险
内控措施	财产保护控制		
具体方案	（1）完善仓库的防火、防盗、防潮、防病虫害等基础保护措施，根据仓储存货要求的存储条件妥善储存 （2）公司根据企业实际情况对存货进行投保。每年年底，物流仓储部向财务部会计上报投保申请，会计汇总后，上报投保申请，经授权人员审批后，由财务部会计统一联系保险公司，对存货进行投保		
控制部门	物流仓储部、财务部	控制负责人	仓管员、仓管经理、会计、财务经理

五、会计系统控制

存货与生产的会计系统控制是以会计凭证、会计账簿记载和传递业务。具体可从以下方面进行控制：

（一）收集会计凭证

存货与生产业务须收集以下会计凭证：

（1）领料凭证。领用存货时，应根据领料部门的名称以及所需原材料的数量、规格和型号及其用途填写领料单，以便归集成本核算对象。

（2）核算人工成本的凭证。主要包括工资卡、考勤记录、产量工时记录和工资单等。

（3）成本归集凭证。为了核算每种产品的成本，应将该种产品生产过程中发生的直接材料、直接人工以及制造费用归集到一个账户中，并按照不同产品分别设置明细账户。

（4）成本分配凭证。为了核算产品的成本，应将月末完工产品与在产品的成本进行分离，"在产品"账户设置就是为了解决这一问题。对于月末无在产品的，只要将该产品当月的"生产成本"账户余额一次性转入相应"产品"账户即可。

（5）存货盘点凭证。存货盘点经常使用的凭证有存货保管卡、仓位排序盘点表、存货盘盈盘亏报告表、存货盘盈盘亏处理意见表等，主要内容包括盘点人员、时间、实际盘点存货名称、品种、数量、存放情况以及盘点过程中发现的盘盈、盘亏情况及原因分析等。

（二）开设会计账簿

存货与生产业务须开设以下会计账簿：

（1）存货账簿。企业存货包括原材料、辅助材料、包装物、低值易耗品、在产品、产品等。各种存货又包括许多不同种类和规格，存货明细账的设置必须根据实际情况分类设置。账户借方登记实际存货的增加额，贷方登记存货的发出领用额，余额表示存货的账面结存额。

（2）应付职工薪酬——工资账簿。登记内容包括工资总额内应付给员工的标准工资、奖金、津贴等，借方登记实际发放的工资数，贷方登记企业应发放的工资数。

（3）制造费用账簿。制造费用按各种费用分类设置明细账，借方反映费用的归集，贷方反映费用的分配，月末无余额。

（4）生产成本账簿。生产成本按不同产品设置明细账，借方反映该产品料工费的投入额，贷方反映月末完工产品的转出成本，余额反映月末未完工产品的成本。

（5）产品账簿。按不同产品设置明细账，借方反映完工产品的转入成本，贷方反映当月销售产品的成本，余额反映月末库存完工产品的成本。

（三）核算生产成本

存货与生产业务会计系统控制的重点是核算生产成本，以正确反映存货增减变动情况，确保生产有效开展，有利于管理层及时监控与决策。具体可从以下方面进行控制：

（1）核算直接材料。直接材料的核算包括数量核算和金额核算。对于数量核算，一般采用永续盘存法和实地盘存法相结合的方法；金额核算则可以选择按实际成本计价或按计划成本计价。

（2）核算直接人工。直接人工的核算包括计时工资、计件工资、其他工资等。计时工资根据有关工资标准、考勤记录等计算而得；计件工资则按产量工时记录、计件单价计算产生；其他工资需要按照国家或企业的有关规定计算。

（3）核算制造费用。制造费用的核算应注意以下问题：费用的实际支付期与应归属期不一致的费用归集项目时，应采用待摊或预提方式；有些费用的核算带有估价的性质，归集时应注意国家对使用年限、计提折旧等方面的有关规定。

（4）核算生产成本。生产成本的核算包括生产成本的归集以及成本在在产品和产品之间的分配。

总结与提高

本项目我们学习了存货与生产业务的内部控制目标，存货与生产业务内控所涉组织及职责体系，存货与生产内控的业务流、资金流、信息流，对存货与生产业务流程中的风险进行了识别、分析、评价，并对此采取相应的内部控制措施。学习的重点是梳理存货与生产内控流程和风险评估；学习的难点是针对风险选择恰当的内部控制措施。

【线上活动】

登录智慧职教平台，完成微课学习、习题和讨论，发表自己对存货与生产控制的理解和看法。

【推荐阅读】

《企业内部控制应用指引第 8 号——资产管理》

《企业内部控制应用指引第 4 号——社会责任》

《企业会计准则第 1 号——存货》

评价与考核

一、项目实施评价

项目完成后，学员根据项目实施情况进行自我评价并填表（在○中打√，A 掌握，B 基本掌握，C 未掌握），指导老师根据评价结果进行讲评。

项目实施情况分析表

项目实施过程	自我评价
创建存货与生产业务内控所需组织架构	A○　B○　C○
绘制存货与生产业务内控的业务流	A○　B○　C○
设计存货与生产业务内控的资金流、信息流	A○　B○　C○
识别存货与生产业务内控流程的风险	A○　B○　C○
分析存货与生产业务内控流程的风险	A○　B○　C○
评价存货与生产业务内控流程的风险	A○　B○　C○
控制存货与生产业务内控流程中的风险	A○　B○　C○

二、理论考核

1. 判断题

（1）同一企业的存货在不同仓库之间流动，为简化手续可以不用办理出入库手续。（　　）

（2）存货保管过程中要结合企业实际情况，加强存货的保险投保，保证存货安全，合理降低存货意外损失风险。（　　）

（3）存货积压或短缺，可能导致流动资金占用过量、存货价值贬损或生产中断。（　　）

(4) 仓库管理人员应对拟入库的材料的交货期进行检查，为材料准备存放条件，通知生产部门一同参与验收。 ( )

(5) 对于已入库存货需要办理退货的，应及时修改入库单，按规定程序办理退库。 ( )

2. 不定项选择题

(1) 企业内部除存货管理部门及仓储人员外，其他人员接触存货时，应有相关部门特别授权，这体现了 ( ) 控制活动。

A. 不相容职务分离控制
B. 会计记录控制
C. 财产保护控制
D. 定期轮岗控制

(2) 关于材料存量控制政策及作业程序，如库存材料已达到或即将达到订购点时，由仓储部门填制请购单，送相关部门或人员办理请购审批事宜，这种活动属于 ( )。

A. 文件记录控制
B. 不相容职务分离控制
C. 财产保护控制
D. 运营分析控制

(3) 下列各项中，属于存货管理业务流程的有 ( )。

A. 存货验收
B. 存货保管
C. 存货领用
D. 存货购置
E. 存货处置

(4) 存货盘点表应交给 ( ) 部门。

A. 生产 B. 采购 C. 管理 D. 财务

(5) 存货入库前一般应经过的验收程序有 ( )。

A. 准备存货应存储的条件
B. 检查订货合同协议、入库通知单、供货企业提供的材质证明、合格证、运单、提货通知单等原始单据与待检验货物之间是否相符
C. 对拟入库存货的交货期进行检验
D. 对拟入库存货的质量进行检验，必要时可聘请外部专家协助进行

三、技能考核

请根据下列案例进行风险识别与内部控制。

三只松鼠股份有限公司（以下简称“三只松鼠”）高管盗卖废纸箱获刑，引发全网热议。据中国裁判文书网公布的判决书显示，蒋某于2013年7月22日入职三只松鼠任物流仓管，2016年7月1日任华北DC高级经理兼天津配送仓经理，2019年9月12日任华北大区总监兼天津2C发货仓运营经理，2020年3月8日与华北大区新负责人进行工作交接，交接结束后至案发前任物流参谋部总参谋。

2018年10月至2020年4月间，利用职务上的便利，蒋某伙同公司员工童某林采取销售不入账或调整过磅表等方式，将三只松鼠出售的价值684 000元废旧纸箱占为已有。其中蒋某分得34.4万元，童某林分得34万元。价值近70万元的废纸箱到底有多少呢？相关行业人员表示，蒋某与童某林侵占公司废纸箱期间，正好是废纸价格比较低迷的阶段，纸厂收购价每斤（市斤）价格在5毛到8毛之间。据此计算，上市公司的两只“老鼠”侵占的废纸箱总量或在百万斤以上。最终，法院一审判决蒋某犯非国家工作人员受贿罪，判处有期徒刑1年零2个月，并处罚金人民币5万元；犯职务侵占罪，判处有期徒刑11个月，并处罚金

人民币5万元。决定执行有期徒刑一年零十个月，并处罚金人民币10万元。童某林犯职务侵占罪，判处有期徒刑1年，宣告缓刑2年，并处罚金人民币5万元。

因公司所处行业特殊性，三只松鼠产品依赖包装吸引消费者进而抢占市场，使公司拥有大量纸箱存货，包括报废纸箱。但这些纸箱即使报废也属于公司资产，是资产就要有处置，要处置就要有流程。本案例中，蒋某之所以能够将价值近70万元的废旧纸箱收入占为己有，主要问题就在于公司对废品处理的流程不够健全。蒋某作为经理人员，伙同童某林调整过磅表，纸箱报废的处理过程仅由童某林一人负责。

任务实施过程	实施答案	评分标准	标准分	得分
一、确定内控目标		是否结合业务具体目标来设定内控目标	10	
二、识别风险源，并进行风险描述		是否识别出所有的风险源；风险描述是否清晰	10	
三、采取内部控制措施		所选内部控制措施是否正确	10	

项目七

人力资源管理的内控

知识学习目标

1. 能列举人力资源管理的内部控制目标
2. 能描述人力资源管理内控所涉组织及职责体系
3. 能归纳人力资源管理内控的业务流、资金流、信息流
4. 能叙述人力资源管理内控流程的风险评估过程
5. 能举例说明人力资源管理风险的内部控制措施

技能训练目标

1. 能设计人力资源管理内控所需组织及职责体系
2. 能绘制人力资源管理内控的业务流
3. 能设计人力资源管理内控所需资金流、信息流
4. 能评估人力资源管理内控流程的风险
5. 能控制人力资源管理内控流程的风险

素养提升目标

遵循任人唯贤、按劳分配的人力资源管理所需职业道德

标志性成果

独立撰写一份人力资源管理的风险评估与内控报告

思维导图

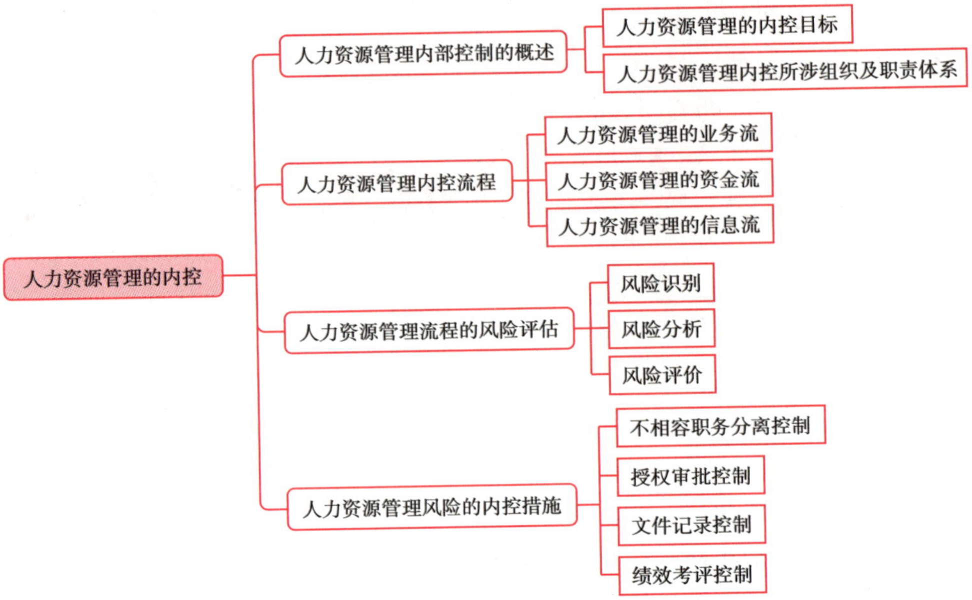

项目引例

海风超市有限公司（以下简称“海风超市”）成立于2016年6月，注册资本1.5亿元，年营业收入总额9亿元。公司总部设立在福建省厦门市，目前在福建、江西等10个省市已发展近100家连锁超市及便利超市，经营面积超过80万平方米，经营范围涵盖生鲜、家庭食品及休闲食品、家居、服装五大类主打品。但近期公司发生多起员工职务侵占案件：

2022年3月，东海路分店月末盘点时，发现本月的旋风泡泡糖和美汁源果粒奶存在大量损耗，每天的损耗量高达20～25件，损耗率远高于超市原设定的5‰的标准。由于这两类商品为低价商品，日常损耗只需填制报废单就准许报废，也没有像高价商品采用磁条或者磁扣进行监控，所以不排除有人钻空子。后通过调阅监控和蹲守观察，发现销售员赵某每次凌晨收班时，趁没有其他员工在场时偷拿商品；此外还收买保安张某，每次窃取后将货物运出带回家，事后将商品变卖分赃。经调查赵某于2022年1月经熟人推荐进入门店担任销售专员，入职时已有案底。

2022年6月，审计人员在人力资源审计中发现异常情况：2018年6月至2022年6月，人力资源部薪酬专员朱某利用职务之便，在编制月度工资明细表时，通过在工资报表上虚增自己工资、绩效奖金的方式，将公司财产占为己有，侵占金额共计人民币4万元。经调查朱某于2018年3月经简单面试进入海风超市，主要负责牵头公司薪酬福利工作，包含员工工资核算及发放、各类奖金核算及发放、员工个人所得税申报、“五险一金”及其他员工福利核算等事宜。

以上员工职务侵占事件均给公司造成了不同程度的经济损失，因此海风超市决定加强公司人力资源管理的内控建设，避免类似风险事件再次发生。先从梳理人力资源管理内控流程着手，识别、分析、评价该流程中存在的各类风险，并采用适当的内部控制措施控制风险。

思考与实践

（1）员工职务侵占行为是否能有效规避？海风超市应确立怎样的人力资源管理内控目标？

（2）人力资源管理的哪个环节失误导致了海风超市出现员工侵占的风险？

（3）海风超市的人力资源管理内控流程还涉及哪些环节？别的环节是否也存在风险？

（4）面对海风超市人力资源管理中的风险，应采取哪些内部控制措施？

模块一　人力资源管理内部控制概述

人力资源是指企业组织生产经营活动而录（任）用各种人员，包括董事、监事、高级经理人员和全体员工。人力资源管理是为了实现企业战略目标，通过一整套科学有效的方法，不断优化人力资源结构，实现人力资源的合理配置和布局，切实做到人尽其才。企业作为创造社会财富的主体，在组织架构和发展战略确定之后，应当将人力资源管理作为企业的重中之重。

人力资源管理的内部控制是指加强人力资源管理的制度化、规范化，明确人力资源管理工作职责及流程。财政部在会同有关部委联合发布的《企业内部控制配套指引》中，从优化内部环境的角度出发，将人力资源内部控制单独立项，制定了《企业内部控制应用指引第 3 号——人力资源》，旨在促进现代企业重视人力资源建设、不断优化人力资源布局，形成科学的人力资源管理制度和机制，全面提升企业的核心竞争力。本项目将全面梳理人力资源管理内控流程，理解并掌握如何及时发现人力资源管理中的风险，并结合内部控制措施管控风险。

一、人力资源管理的内控目标

人力资源管理的内控目标

从内控建设和实施角度看，一般内部控制包含四个目标，分别是合规目标、报告目标、运营目标和战略目标。下面结合人力资源管理细化内控具体目标。

（一）合规目标

（1）人力资源管理应严格遵守《中华人民共和国劳动法》《中华人民共和国劳动合同

法》等法律法规，维护公司合法权益的同时，避免公司面临违约风险，维护公司声誉。

（2）人力资源管理应遵守科学、规范、公平、公开、公正的人力资源内部管理制度，确保企业选拔和聘用的员工具备良好的道德素养与专业胜任能力，同时实现企业内部人力资源的合理配置，优化企业内部人员结构，实现人尽其才。

【引例分析7-1】

员工职务侵占行为，不仅造成企业物质、资金、时间的浪费，还可能会腐蚀优秀的企业文化。员工职务侵占的风险源头可以追溯到“人才招聘”。企业的效益是通过人才能力的发挥来实现的，但是人才能力的发挥通常难以测量，对它的监督和控制也非常困难。企业难以判断人才为了企业的利益会发挥出多大的能力，也难以判断人才是否会利用工作之便在企业中进行职务侵占。而且在当前这个社会，一些持有假学历、假证书、假职称的“人才”也是屡见不鲜。

为了营造好的人力资源管理内部控制环境，在员工聘用政策的制定和执行过程中，海风超市必须意识到招聘不当可能会导致员工职务侵占等风险事件，明确其人力资源管理内控建设的首要目标——合规目标，建立科学、规范的人力资源聘用制度，确保人力资源成为企业可持续发展的不竭动力。

【拓展阅读】

《刑法》第二百七十一条规定，职务侵占罪是指公司、企业或者其他单位的人员，利用职务上的便利，将本单位财物非法占为己有、数额较大的行为。如何正确认定职务侵占罪？

（1）利用职务上的便利，核心在于“职务”。不仅包括直接利用自己岗位形成的便利条件，为侵占提供条件，还包括利用所在职位的权力，指挥、影响下属或利用其他人员的与职务、岗位有关的权限。

（2）必须有侵占单位财物的行为。“单位财物”是指单位依法占有的一切物权、无形财物权和债权，其具体形态包括建筑物、设备、库存商品、现金、专利、商标等。侵占是指非法占为己有，即采用侵吞、窃取、骗取等各种手段将本单位财物化为私有。

（3）必须达到数额较大的程度。参照《关于公安机关管辖的刑事案件立案追诉标准的规定（二）》，公司、企业或者其他单位的人员，利用职务上的便利，将本单位财物非法占为己有，数额在3万元以上的，应予立案追诉。

（二）报告目标

人力资源报表是针对人力资源这一要素而专门编制的报表，它能反映人力资源资产在特定时间的存在状态。人力资源报表应报告当前企业人员的基本信息，如工龄汇总、年龄分析、性别分析、学历结构分析等；报告人员动态，对新入职及离职相关数据进行分析，具体包括：新进与离职人员对比、新进人员各部门分布图、新进人员招聘渠道分析、各部门离职人员分布及离职方式分析、离职人员年资分析、离职率变化分析等；还应报告各部门人员的汇总信息等。

（三）运营目标

人力数据运营分析就是把数据科学及其原则应用到人员管理领域中。人力数据是一种全领域的 HR 数据，既包括人力资源管理相对应的结果性数据，通过数据整合和分析，从而为行动方案提供可行性见解。其中，人力数据包括人力资源数据、劳动力数据、公司数据和客户或商业洞见。人力数据运营分析应该衡量和分析这些信息，并将它们整合在一起，以改善决策和提升业务绩效，从根本上为组织提供战略洞见。

（四）战略目标

企业在发展的不同阶段必然具有不同的人力资源需求，而人力资源的供给并不是任何时候都能够达到企业要求的。例如，企业生产规模的扩大、产品结构的调整或升级、新生产工艺的采用等，会导致企业人力资源结构的调整。因此在制定人力资源规划时要着重考虑企业发展战略所需的人力资源，确保人力资源符合企业战略目标的要求，增强企业环境适应能力。

二、人力资源管理内控所涉组织及职责体系

人力资源管理的内控操作演示

人力资源管理涉及面广，任务繁杂，其有序开展需要有力的组织保障，企业应当建立完善的组织架构，明确各部门的职责。一般人力资源管理所涉组织如下：

（一）人力资源管理部门

人力资源管理是企业管理的重要组成部分，企业一般会设立专门的行政管理部门担当此任。人力资源管理部门通常负责拟定人力资源政策及年度人力资源工作目标及计划；组织制定公司工资奖励分配政策和管理制度；组织拟定公司部门职责及岗位说明书；实施全员绩效考核，组织专业技术人员职务考核、评定、晋升、聘任等工作事宜；负责薪酬管理工作；负责人才招聘管理和培训管理工作；负责办理职工社会劳动保险相关业务；负责人事、组织、劳资等档案管理，办理公司人员调岗、离职、请假、工伤等手续。

（二）人力资源需求部门

人力资源需求部门不是企业单一部门，既包含业务部门，也包含企业内部各职能部门等。人力资源需求部门负责根据本部门的实际情况提出招聘需求，参与人员招聘与甄选环节，确保选拔符合岗位需求的员工，协同人力资源管理部门共同对新员工进行试用与考核；根据实际情况向人力资源管理部门提出培训需求和申请，确保岗位员工不断更新知识、开拓技能；负责结合部门特点落实绩效考核、奖惩制度和员工退出等政策。

（三）财务管理部门

财务管理部门主要负责按照人力资源管理部门提供的工资分配表，填制记账凭证；审核工资有关的原始单据，包括加班工资和员工工伤，探亲、婚、丧、病、事假等按比例扣款计算是

否准确，新员工的现金工资计算，离职员工的工资消除，员工各时期的工资增减变动是否准确无误等；负责复核员工工资表，及时准确发放员工薪酬；根据规定办理代扣款项（包括计算个人所得税等）；根据公司工资计提各项相关费用，并进行账务处理；配合人事管理部门做好人工费用的统计工作；定期核对各部门实发奖金数，并妥善保管当年工资、资金发放资料。

【引例分析 7－2】

海风超市的组织架构及岗位设置如图引分 7－1 所示，其中人力资源管理主要涉及两个部门，分别是人力资源部和财务部。

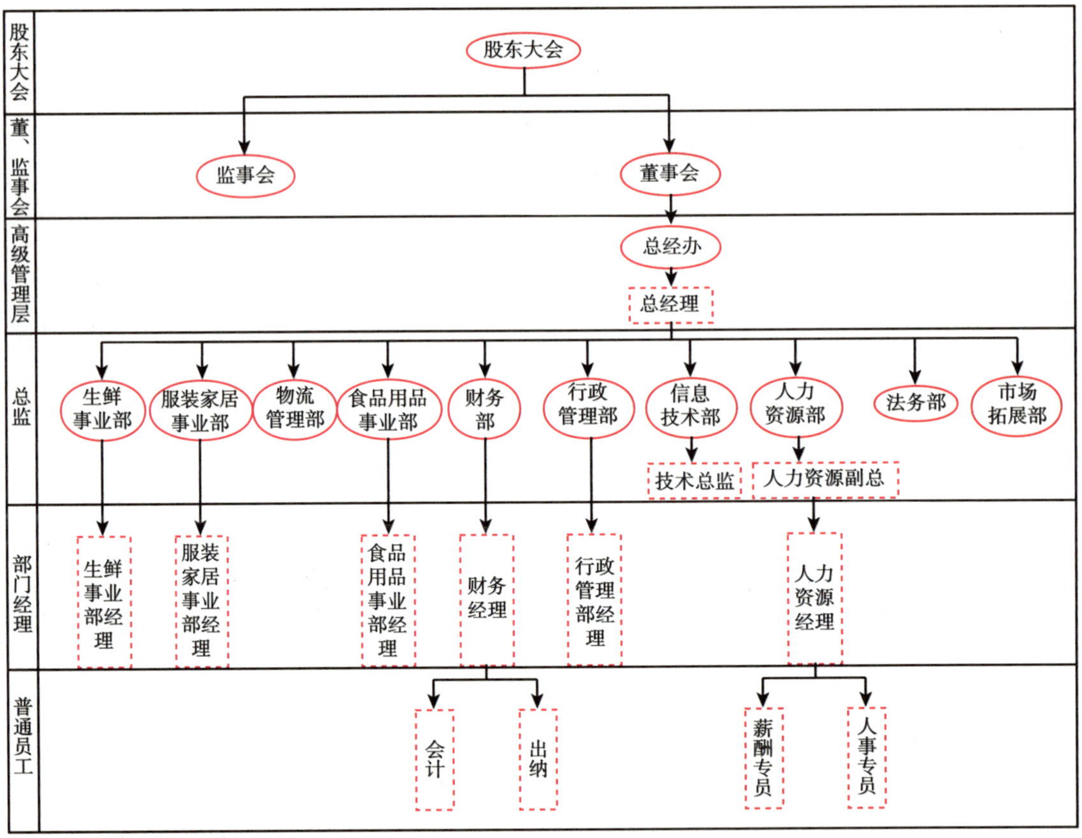

图引分 7－1　海风超市的组织架构及岗位设置

1. 人力资源部

海风超市人力资源管理部门主要由人力资源副总、人力资源经理、人事专员和薪酬专员构成，各司其职，共同对公司的人力资源进行管理。

（1）人力资源副总主要职责：制定并组织实施人力资源战略规划；建设公司人力资源体系；组织实施员工绩效管理与考核工作。

（2）人力资源经理主要职责：制订本部门年度、季度或月度工作计划；分解工作计划，指导员工合理安排各项工作任务；审批人力资源部日常工作。

（3）人事专员主要职责：负责公司人员招聘，与各部门沟通了解招聘需求，完成应聘人员的预约、接待、面试数据整理等工作；为员工办理入职、离职、调岗、升职手续，建立与管理员工档案；结合公司人才培养需求，丰富培训资源并推动培训及考核落地；收集相关的劳动用工等人事政策及法规；协助主管完成各类流程制度的建设工作；帮助建立关系，协调员工与管理层的关系。

（4）薪酬专员主要职责：制作公司每月的工资报表；建立工资台账，及时准确地编制薪酬数据分析及统计报表；办理员工养老、医疗等公司规定的各类社会保险；定期或不定期地开展全公司的工资调整工作，细化薪酬福利管理规章；结合绩效考核，协助制定合理的薪资福利调整计划。

2. 财务部

财务部下设会计与出纳岗位。会计主要负责按照人事管理部门提供的工资分配表，审核工资有关的原始单据，按照规定办理代扣款项，根据工资计提各项相关费用，并进行账务处理等。出纳负责复核员工工资表，及时准确发放员工薪酬。

模块二 人力资源管理内控流程

由于人力资源管理涉及人力资源管理部门和各个人力资源需求部门，而且员工所处岗位和承担的职责各不相同，因此人力资源管理范围广、环节多，企业应当根据人力资源管理的特点，设计出合理的业务流、资金流、信息流，以避免管理出现薄弱环节，应将完善人力资源管理内控流程作为人力资源内控建设的起点。

一、人力资源管理的业务流

人力资源管理的业务流通常包括人力资源引进与开发、使用、退出三个环节。

人力资源管理内控业务流及所涉组织

（一）人力资源的引进与开发

企业为实现其发展目标，必定会历经人力资源的引进与开发，其具体流程如下：

1. 人力资源引进

人力资源部首先根据人力资源总体规划，结合生产经营实际需要，制订年度人力资源需求计划，尽可能做到“不缺人手，也不养闲人”。根据人力资源能力框架要求，明确各岗位的职责权限、任职条件和工作要求，遵循德才兼备、以德为先和公开、公平、公正的原则，通过公开招聘、竞争上岗等多种方式选聘优秀人才，重点关注选择对象的价值取向和责任意识。企业确定选聘人员后，应当依法签订劳动合同，建立劳动用工关系，已选聘人员要进行使用和岗前培训，试用期满考核合格后，方可正式上岗。对于在产品技术、市场、管理等方面掌握或涉及关键技术、知识产权、商业秘密和国家机密的工作岗位，企业还要与相关岗位员工签订保密协议，明确保密义务。

【引例分析 7-3】

海风超市为满足公司发展的用人需求，使招聘工作更加规范有效，已确立了“人力资源引进流程”（见图引分 7-2）。流程对于招聘工作主管部门的工作和审核权限进行了明确规定，有效满足企业人力资源需求。

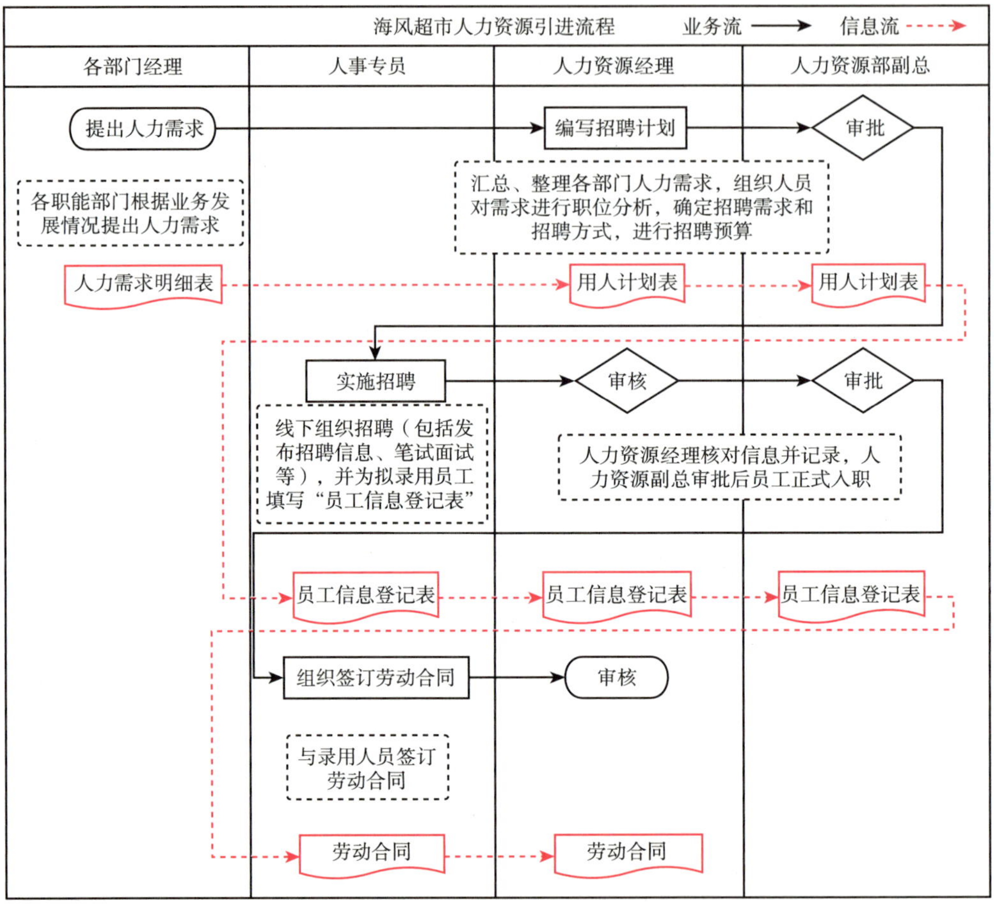

图引分 7-2　海风超市人力资源引进流程

【拓展阅读】

员工招聘主要分为内部招聘和外部招聘两种渠道。内部招聘是指从企业内部获得企业所需要的各种人才，内部招聘主要有档案法、内部公告、主管推荐、职业生涯开发系统等方法。外部招聘主要面向企业外部巨大的劳动力和人才市场，其招聘方式主要有广告招聘、人员推荐、校园招聘、机构介绍、招聘会、网络招聘等。在招聘前，企业应明确以何种招聘渠道为主，两者各有优缺点。

内部招聘和外部招聘的优缺点

招聘渠道	优点	缺点
内部招聘	• 员工熟悉企业 • 企业了解员工 • 招聘和培训成本较低 • 提高现职员工士气和工作意愿 • 保持企业内部的稳定性	• 员工来源狭窄 • 员工间为晋升产生矛盾 • 未成功晋升者可能会士气低落 • 容易形成企业内部人员的板块机构
外部招聘	• 引进新观念和新方法 • 引入企业没有的知识和技术 • 员工在企业新上任，凡事从头开始	• 人才获取成本较高 • 新聘员工需要适应企业环境 • 降低现职员工的士气和投入感 • 新旧员工之间需要相互磨合

2. 人力资源开发

人力资源开发工作指的是企业员工培训计划的制订与实施，员工培训是一项系统工程，即采用一种系统的方法，使培训活动能够符合企业的目标，让其中的每一个环节都能实现员工个人、工作以及企业本身三方面的优化。尽管企业内各个部门的培训内容和形式不尽相同，但是培训流程大致相同，可以分为以下几个步骤：

（1）确定培训需要。各部门确认工作行为或绩效差异的存在，进一步分析差异存在的原因，明确培训需要，并将培训需求上报人力资源部。

（2）设置培训目标。有了目标，才能确定培训对象、内容、时间、教师、方法等具体内容，并可在培训之后，对照此目标进行效果评估。培训目标主要从技能培养、传授知识、转变态度、工作表现、绩效目标几个方面进行设置。

（3）拟订培训计划。人力资源经理负责依据培训需要和目标制订具体的培训计划，培训计划涵盖了培训目标、培训项目、培训对象、培训机构和培训讲师、培训内容、培训教材和参考书、培训方式、培训设置、培训后勤保障、培训地点和时间、培训效果评估方案、培训的费用预算等。

（4）实施培训活动。人事专员负责组织实施培训活动，包括培训的准备工作，培训的实施与控制以及培训的记录工作。

（5）转移培训效果。为将培训效果有效地转移到实际工作中，企业必须考虑公司总体目标、政策、组织架构、工作流程、方法、企业文化和培训所传授的理念相一致，并创造效果转移的条件，以帮助企业达到预期的目标。

（6）总结与评价培训效果。待培训活动结束后，人事专员组织员工和部门主管等培训相关人员评估企业培训成果，主要包括对参与者、培训目标达成情况及培训效果进行评估，汇总改进意见等。

【相关案例】

培训是留住人才的最好方法

雀巢公司由亨利·内斯特莱于1866年创建，总部设在瑞士日内瓦湖畔的沃韦，最初以生产婴儿食品起家。在2021年的福布斯全球2 000强中，雀巢以950亿美元的销售额蝉联全球最大食品公司的头衔，几乎全球每个国家都有雀巢公司的产品。雀巢今日的优秀业绩源于世界各地员工高度的忠诚与不懈的努力。作为一个不歧视任何民族、种族、宗教、性别、年龄的世界性大公司，雀巢充分包容多元文化。据统计，2021年雀巢公司全球雇员人数已经超过了27万人，而要留住来自世界各地的人才，雀巢以实践证明培训是最好的方法。

雀巢树立了七大培训目标：第一，传播公司文化；第二，教授产品知识；第三，确保食品安全；第四，维护内部平等；第五，提升岗位能力；第六，培养管理与领导能力；第七，紧跟时代潮流。为实现上述目标，雀巢建立了覆盖全体员工的培训体系。主要包括如下几个方面：

1. 扫盲培训

有一些国家的员工错过了小学教育，但雀巢没有歧视和抛弃这些员工，而是为他们设立了特别的培训计划，加强他们基本的识字技能和读写能力。随着雀巢工厂的生产技术水平稳步提高，各级培训需求不断增加，扫盲培训为培养员工掌握操作更先进设备的特定技能打下坚实基础。

2. 学徒计划

学徒计划是雀巢培训体系的重要组成部分。学徒每周在学校学习2天，在雀巢工作3天。来自雀巢哥伦比亚的Jair Andres Santa就是学徒计划中的一员，他认为这样的培训模式对他非常有用，不仅可以学到烘焙面包的技能，还能学到微生物学、财务、预算、成本、销售以及如何对待客户等知识。

3. 本地培训

本地培训是雀巢全球员工开发活动中最大的组成部分。据统计，雀巢有2/3的员工在工厂上班，这些工厂会持续对员工进行培训以满足他们特定的培训需求。大多数情况下，经理会亲自参与教学工作。比如，雀巢公司在墨西哥建立了国家培训中心，除了开展常规培训之外，每年还有大约100人在这里加入年轻经理培训计划，计划允许为每个参与者提供量身定制的课程。

4. 国际培训

雀巢之所以能在每个国家本土化成功，很大程度上受到其位于瑞士公司总部附近的国际培训中心的影响。三十多年来，瑞威—莱纳国际培训中心汇聚了来自世界各地的雀巢经理们，他们向总部的高级经理们学习，彼此之间也可以互相交流。国际培训中心每年举办约70个课程，来自八十多个国家的约1 700名管理人员参与其中。中心对来自于不同地区和职能背景的人员精心编排课程，大多数课程讲师都是雀巢公司经理，在许多国家都有丰富的经营管理经验，只有25%的教学由外部专业人员完成。培训课程大致可以分为两类：一类是管理课程，侧重于分析公司内部活动，大概占到全部课程的66%，参与课程的人通常在雀巢公司工作了4～5年，目的是让参与者能够真正理解雀巢的价值观和商业方法；另一类是高管课程，强调行业分析，这些课程的学员通常都是5～10年前上过管理课程的人，重点是发展雀巢与外界合作的能力。

综上可知，雀巢公司给员工提供了终身学习的机会，要求所有员工在瞬息万变的世界中提升自己的技能，促使公司不断地获得发展，员工更加自信和自主！

资料来源：“雀巢：培训是留住人才的最好方法”，HR案例网，2019年12月。

（二）人力资源的使用

良好的人力资源使用机制可以使企业员工队伍充满活力，企业应当设置科学的业绩考核指标体系，对各级管理人员和全体员工进行严格的考核与评价，以此作为确定员工薪酬、职级调整和解除劳动合同等的重要依据，确保员工队伍处于持续优化状态。

1. 员工绩效管理

绩效管理是一个循环的动态的系统，其中包含的几个环节紧密联系、环环相扣，任何一环的脱节都将导致绩效管理的失败。

首先，基于公司的发展战略与总目标，通过层层分解，各部门负责人协同人力资源部制订绩效管理工作计划，构建绩效考核指标体系；接着部门负责人与员工经过沟通协商共同制定绩效目标、考评指标和绩效实施方案，双方签订正式的书面协议即绩效合约，明确双方关于绩效标准和绩效目标的责、权、利。

其次，部门负责人对照本部门员工的绩效标准，运用科学的绩效考评方法对其任务的完成情况、工作职责的履行情况和发展情况进行考评，并对考评结果进行分析与评价，挖掘绩效考核数字背后的原因，找到影响和制约绩效考核结果的关键因素。一般而言，完整的考评内容应该包括业绩考评、能力考评、态度考评、潜力测评和适应性考评五项内容，尽量全面、客观地反映和评价员工的绩效表现。

再次，部门负责人将考评结果反馈给员工，通常使用绩效面谈的方式，并针对其考评结果进行解释说明，让员工了解并且认可自身的绩效水平，并与员工共同设定绩效改进计划，帮助员工及时改进工作中的不足。当员工对绩效考评结果不满，认为部门负责人在对考评标准的运用中存在不当、有失公平时，可以通过一定的程序提出绩效申诉。

最后，当绩效考评完成后，人力资源部应该将考评结果与相应的其他管理环节相衔接，主要包括：制订绩效改进计划，对员工提供有针对性的培训，分配薪酬奖金、进行职务调整、进行员工职业生涯规划等，合理利用考评结果，充分发挥其对员工业绩和能力提升的激励作用。

【引例分析 7－4】

海风超市的员工绩效考评流程见图引分 7－3。

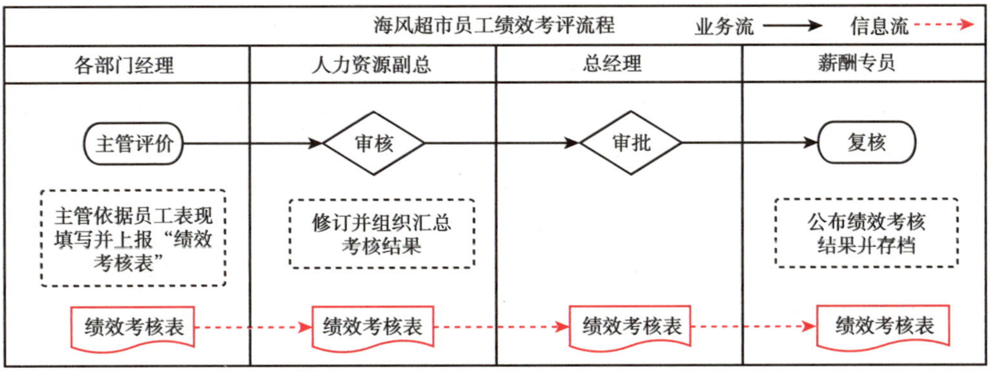

图引分 7－3　海风超市员工绩效考评流程

2. 员工薪酬管理

薪酬管理在人力资源管理体系中占有重要地位，同时也是企业管理者和员工最为关注的内容，其所涉及的业务流程一般如下：

（1）确定薪酬策略。首先，相关部门协同人力资源部根据职位对企业战略实现的贡献程度，明确员工对所承担职位应具备的能力情况，共同对职位进行分析与评价，人力资源部依据评价结果建立科学系统的职位评价体系。其次，人力资源部综合比较企业内部现有职位的薪酬数据和外部薪酬市场数据，选择符合企业发展战略及实际情况的薪酬策略。

（2）计算与编制基本工资表。人力资源部根据各个部门的实际情况，设定适合部门管理的基本工资计算标准，在设置基本工资计算标准时，主要依据职工信息表。针对职工类别，设置不同等级的工龄工资、岗位津贴、职称工资等，当职工信息有变动时，能够及时灵活地调整基本工资计算公式。

（3）计算与编制变动工资表。人力资源部根据各个部门提交的业绩与考勤信息，如业绩提成、病事假扣款、迟到早退扣款等，依据提前设置的变动工资计算方法，计算与编制变动工资表。

（4）生成工资汇总表。人力资源部根据基本工资表和变动工资表，汇总形成工资汇总表。汇总工资数据包括基本工资、职称工资、工龄工资、固定补贴、岗位工资、奖金、加班费、交通费、扣款合计、应发合计、实发合计等。

（5）发放工资。财务部门依据工资汇总表，编制工资分配表，生成银行代发文件表，将实发工资数额提交至银行，委托银行将应发工资发放给员工。

（6）工资分摊并生成记账凭证。根据工资汇总表和职员类别进行工资分摊，将工资分摊到各种费用、成本中，并生成记账凭证，同时编制个人所得税申报表、工资费用分配表和职工福利费计提表。

（三）人力资源的退出

人力资源只进不出会造成滞涨，严重影响企业的有效运行。企业应该规范人力资源退出流程，保证企业人力资源退出的合法性、合理性和安全性。首先，人力资源部应该按照有关法律法规，结合企业实际，建立健全员工退出（辞职、辞退、退休等）机制，明确退出条件和程序。其次，对于考核不能胜任岗位要求的员工，相关部门负责人暂停其工作，安排再培训，或者由人力资源部调整其工作岗位，安排转岗培训，如果仍然不能满足岗位职责要求，应该按照规定程序与其解除劳动合同。再次，人力资源部收集离职员工的资料、档案、离职申请书、以往的绩效考核记录等，并且与员工进行离职面谈，着重了解主动辞职员工的真实想法。最后，财务部确认员工借款情况，行政部确认办公用品归还情况，人力资源部确认当月考勤、工资及相关补偿，并出具劳动合同解除证明。与此同时，与退出员工依法约定保守关键技术、国家机密、商业秘密和竞业限制的期限，确保国家机密、知识产权和商业秘密的安全。需要特别注意的是，企业关键岗位人员离职前，人力资源部根据有关法律法规的规定要求其接受离任审计。

【引例分析 7－5】

海风超市的人力资源退出流程如图引分 7－4 所示。

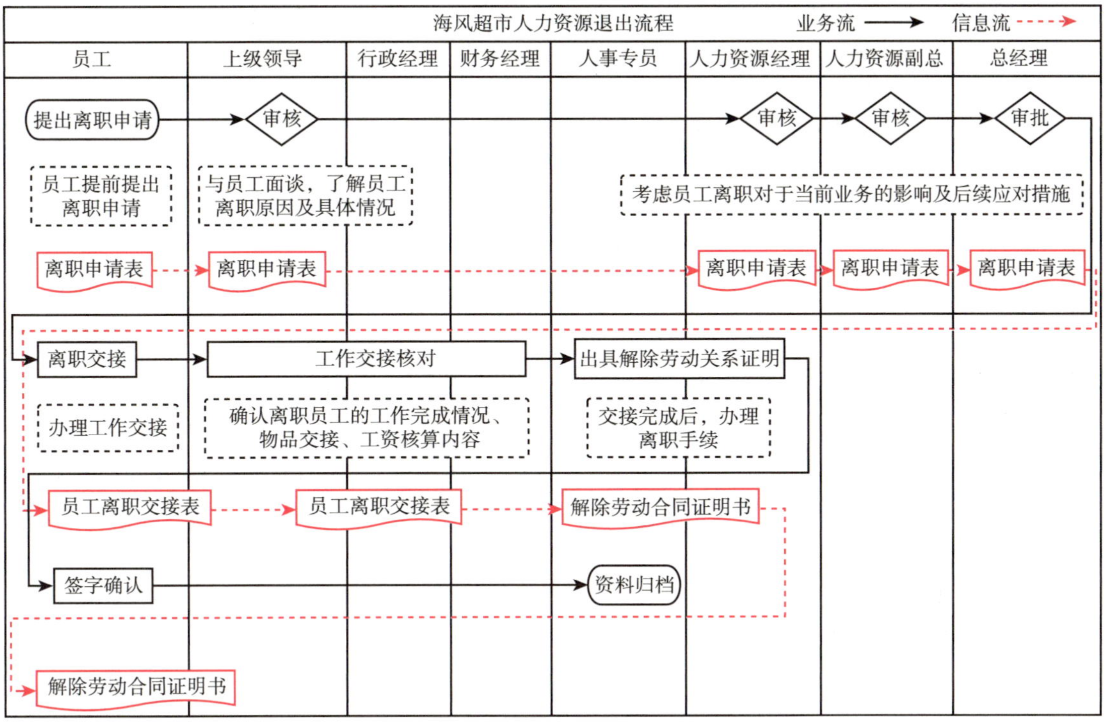

图引分7－4 海风超市人力资源退出流程

二、人力资源管理的资金流

人力资源管理
内控资金流及
信息流

人力资源管理的业务流能描述事件的发生过程，但是如果只关注业务流容易忽视人力资源管理中产生的成本费用。依据业财融合视角，也应关注人力资源管理的资金流。财务人员根据业务流的相关信息提炼出业务发生的主体和对应的财务数据，从而编制会计凭证，形成人力资源管理的资金流，实现业务数据与财务数据的共享与同步。人力资源管理资金流内部控制的关键在于根据公司实际情况确定合理的薪资总额，因为职工薪酬成本直接影响企业经营总成本的高低，应有效控制薪资成本，使薪资总额与销售额、利润额保持合理的比例。

在职工为企业提供服务的会计期间，根据职工提供服务的受益对象，将企业应承担的职工薪酬按“谁受益、谁承担”的原则流转至不同的成本费用：企业生产车间生产人员的薪酬流转至“生产成本”；生产车间管理人员的薪酬流转至“制造费用”；企业厂部管理人员的薪酬流转至“管理费用”；服务于在建工程人员的薪酬流转至“在建工程”；研发部门人员的薪酬流转至“研发支出”；销售人员的薪酬流转至“销售费用”；从事其他业务人员的薪酬流转至“其他业务成本”；其他难以确定服务对象的，原则上流转至“管理费用”。

企业以货币资金直接支付职工薪酬；以自产产品或外购商品发放给职工作为福利，按照该产品的公允价值和相关税费将资金流转至“应付职工薪酬”；企业将拥有的或者租赁的房屋等资产给职工无偿使用，按折旧费用或租金支出将资金流转至“应付职工薪酬”。以上各项所引起的资金运动如图7－1所示。

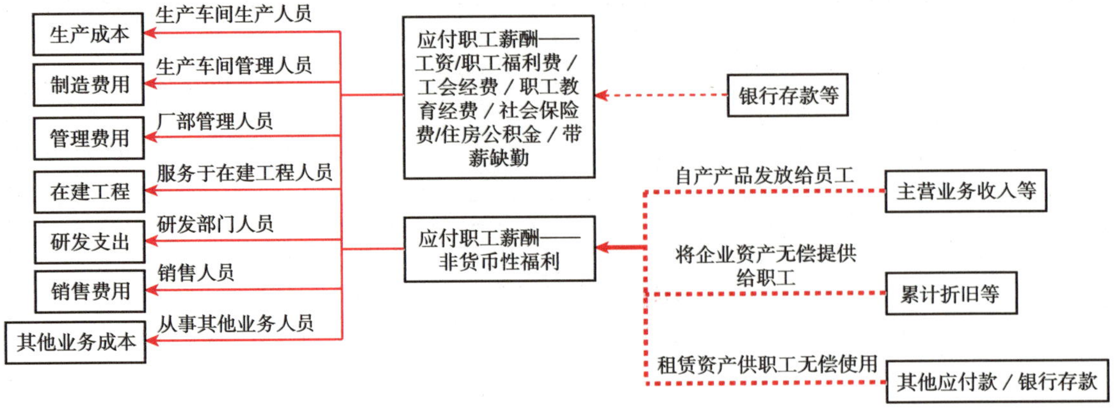

图7－1　人力资源管理的资金流

三、人力资源管理的信息流

人力资源管理的信息流伴随着业务流和资金流而产生，展现了人力资源管理全流程的信息传递，全面反映人力资源管理活动中的资金流和业务流运动状态。人力资源管理活动产生的大量信息形成了各种表单（见图7－2），这些信息能为人力资源管理的内部控制提供最基础的数据支持，使得人力资源管理有迹可循。例如，KPI考核表是上下级针对目标、指标、行动计划、改善措施进行持续性沟通的工具，是企业进行绩效管理的媒介和载体。读懂一张绩效考核表有助于管理者真正理解绩效管理的内涵，发现它的好处，转变观念，从“要我做”到“我要做”，从而推动企业绩效文化氛围的营造和管理者绩效领导力的提升。

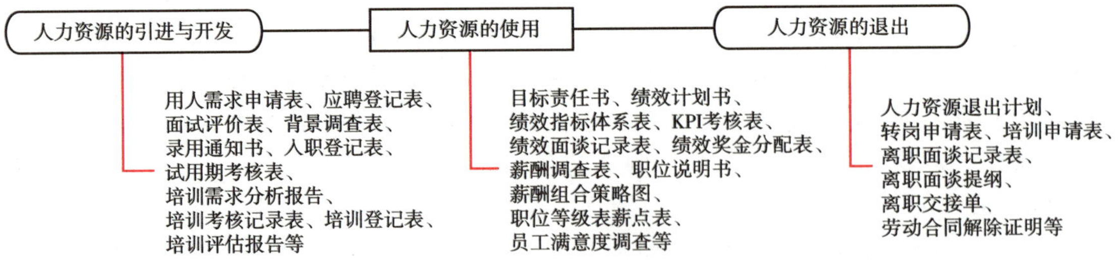

图7－2　人力资源管理的信息流

【引例分析7－6】

海风超市人力资源管理信息流中的各表单详情如表引分7－1所示。

表引分 7－1　　海风超市信息流中的表单详情

表单名称	表单作用	表单构成元素
人力需求明细表	综合考虑战略发展需要、产品及服务需要、组织及岗位设计、人力资源策略、人均效能提升等内部因素以及外部因素的影响，提出未来对人力的需求	申请部门、申请人、需求岗位、需求人数、拟到岗时间、需求类型、薪资预算、岗位职责、岗位要求等
用人计划表	对各部门的用人需求计划进行汇总统计	计划表单号、填表日期、各部门用人计划详情（当年计划人数、部门现有人数、预计招聘人数、预计底薪等）
员工信息登记表	记录员工信息	员工姓名、任职部门及岗位、工号、出生日期、户籍、性别、民族、身份证号、入职时间、工资卡号等
劳动合同	员工与企业建立劳动关系的法律依据	合同编号、签订日期、用人单位、统一社会信用代码、居民身份证号、劳动报酬、合同正文等
绩效考核表	用于考核绩效，包括员工自评及主管考评	被考核人、所属部门、岗位、评分表（工作态度、工作能力等）、自我评价、主管评价、评价等级等
离职申请表	用于员工辞职的申请，载明离职原因及主管审批意见	申请表单号、申请人、预计离职日期、离职原因、工作交接人、离职原因概述等
员工离职交接表	员工离职当天办理交接手续使用	员工姓名、所属部门、职务、离职时间、所属部门工作交接情况、行政部交接情况、财务部交接情况等
解除劳动合同证明书	证明员工已离职	解除劳动合同说明正文、企业签章、员工签字、日期等

模块三　人力资源管理内控流程的风险评估

人力资源管理内控流程的风险评估

人力资源管理的内部控制是否有成效，体现在企业能否快速识别和有效应对所面临的各类风险，而风险评估是确定风险应对的前提。人力资源管理内控流程的风险评估是指在相关风险事件发生之前或者发生时，对可能出现的各种损失与影响提前进行评估，评测某一事件带来的影响或者损失的可能程度，进而明确风险重要程度的过程。风险评估又分为风险识别、风险分析、风险评价三个步骤。

一、风险识别

进行人力资源管理风险评估的首要工作是风险识别，即发现、认可并记录影响人力资源内部控制目标实现的风险的过程，其重点是收集人力资源管理中的风险信息，并识别风险信息的风险源。

（一）人力资源引进与开发的主要风险

（1）人力资源引进和开发制度不完善，缺乏规范的工作流程和审批机制；企业的人力资源引进与开发缺乏科学的制度保障，无法为企业发展提供强有力的人才保证。

（2）招聘条件与岗位实际需求不匹配，不仅增加企业本身的招聘成本，还会造成企业人力资源缺乏或者过剩，人才结构不合理等。

（3）招聘渠道选择不恰当。企业招聘基本通过内部招聘与外部招聘两种渠道，在进行招聘渠道选择时，企业应当综合考虑岗位需求、招聘对象特点、招聘成本等因素，选择合适的招聘渠道，否则容易导致“任人唯亲”、企业原有人才流失等情形出现，不利于企业的持续发展。

【引例分析 7－7】

海风超市梳理完自身的人力资源管理流程后，开始收集风险信息以便对流程各环节进行风险识别。在针对员工职务侵占事件进行调查后，发现海风超市存在“入职考核不规范风险”。有职务侵占行为的员工均只经熟人推荐或简单面试即上岗，说明海风超市的招聘考核流程不规范，缺乏标准化管理（见图引分 7－5）。

究其原因是原人力资源引进流程（见图引分 7－2）未针对招聘的职工进行基本信息收集和甄别，未执行规范的考核筛选程序，使录用的员工素质和能力难以匹配岗位需求，从而造成招聘随意、任人唯亲等现象的发生。

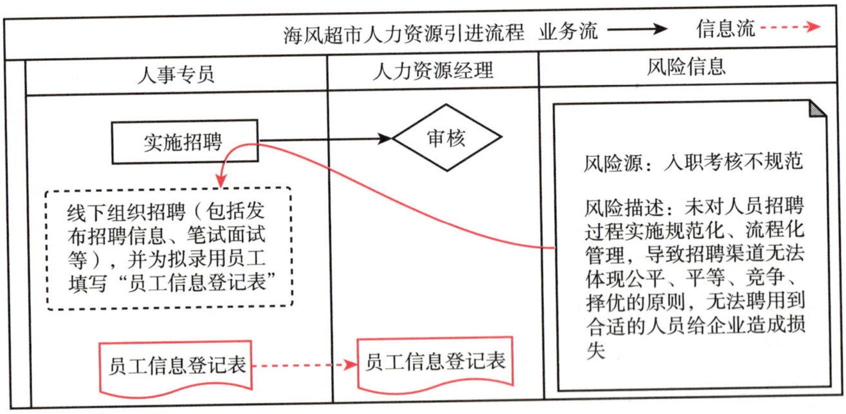

图引分 7－5　入职考核不规范风险

（4）人员甄选不当。甄选是指判断哪些候选人与空缺职位的要求相匹配，并在此基础上做出聘用决策。无论内部招聘还是外部招聘，企业都必须制定完备的甄选流程与标准并严格执行，否则会让企业因为员工的道德风险、能力不足等问题遭受损失。

（5）未及时关注不同人员的培训需求，无法开展有针对性的培训，导致培训效果不理想。

（6）培训内容和培训方式选择不当，既增加了企业的培训成本，又不能满足培训需求。

（7）未及时对培训效果进行评估，不能全面、正确地了解培训，无法为以后培训计划的执行与实施提供有益参考。

（二）人力资源使用的主要风险

（1）绩效合约不合理，标准太低不利于实现公司的发展目标，标准太高容易挫伤员工的积极性。

（2）绩效考评方法选择不当，不能满足不同岗位和职责的考核需求。

（3）考评者能力不足，或者存在主观偏见，导致考评结果存在不公正、不全面的情况，直接影响绩效考评的效果。

（4）缺乏对绩效考评结果的分析与评价，导致绩效考评停留于数据收集阶段，未充分挖掘影响和制约绩效考评的根本因素，丧失了绩效考评的价值。

（5）考评信息不对称，未及时将考评结果反馈给员工，甚至直接以考评不合格等为由处罚员工，侵害员工的合法权益，导致企业面临法律风险。

【引例分析 7－8】

海风超市在收集人力资源使用方面的风险信息时，还发现存在"考核机制不健全风险"（见图引分 7－6）。为了改进人力资源管理工作，公司设计了一份调查问卷用于深入了解员工离职原因，发现大部分员工认为当前的绩效考评标准过于苛刻，让很多员工无法达到优秀级别，离职员工普遍认为公司实行绩效管理只是为了克扣薪酬。调查 2021 年 3 月至 2022 年 3 月的员工绩效考评结果，发现尽管公司业绩呈现上涨态势，但员工的工作绩效难以达到预期目标，且绩效考评结果与上年同期相比还呈现严重下滑。

经过调查发现原员工绩效考评流程（见图引分 7－3），员工绩效考评仅由主管上级评估，员工之间没有自评或互评机会。由于管理人员没有记录员工工作情况的习惯，尤其容易忽略事关工作成败的关键性事实，仅仅凭借自己的主观印象进行员工绩效考评，以至于常常陷入晕轮效应、近期行为偏见、趋中趋势、宽厚性或严厉性误差等考评误区中，这使绩效考评严重缺乏公平公正性。与此同时，员工表示从未有人就最终考核结果与他们进行绩效反馈，对于存在异议的绩效考评结果，员工申诉无门，人力资源部门以公司没有申诉政策为由拒绝受理。

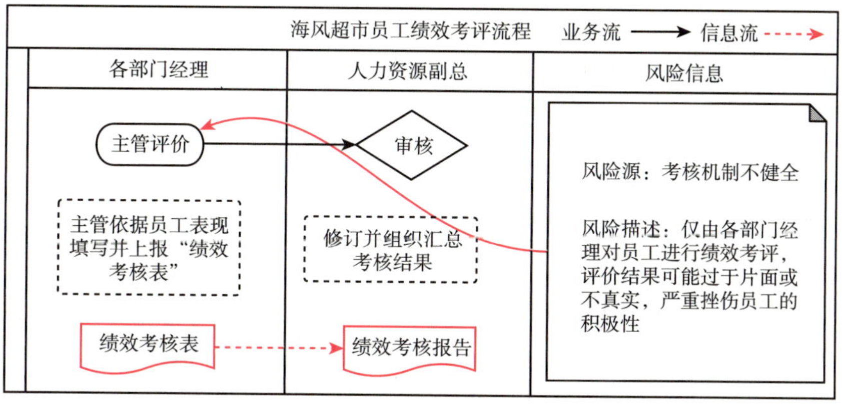

图引分 7－6　考核机制不健全风险

（6）考评结果应用不当，未将考评结果合理地应用于员工薪酬、奖励、培训、晋升等环节，不能充分发挥绩效考评的激励作用，甚至打击员工积极性。

（7）绩效考评的道德风险。大量考评只注重结果而忽视过程，引发公司内部不正当竞争或者出现“不择手段”完成考评目标的情况，不利于公司内部和谐与长远发展。

（8）薪酬定位不合理，未进行充分的外部调研，导致薪酬水平不能和社会上的类似企业保持可比性或一致性，缺乏竞争优势。

（9）未进行科学的岗位评价和薪酬设计，将导致薪酬设计未反映内部公平和岗位价值差异，无法体现薪酬制度的公平性和激励性。

（10）薪酬增长机制不完善，可能体现为员工薪酬一成不变，或者随意增长，前者不利于调动员工的工作积极性，后者增加了企业的人力资源成本，不利于企业的长远发展。

（11）薪酬发放不及时或者其他违法行为会导致企业面临法律风险，现代社会关于劳动者权益保护的法律、法规越来越多，对劳动者的保护也越来越全面，企业应当予以重视。

【内控“思”享】

你的工资“我做主”

内审人员：领导，我发现了一个问题，生产部门部分员工薪资每个月都有不少波动啊。

内审主管：哦，这工资中有绩效的部分，每个月是会不同啊。

内审人员：虽然我们公司的薪酬确是由基本工资＋绩效组成的，绩效也确实是浮动的，但每个月他们的浮动也不太正常吧，我下基层去问问。

内审人员：小李，想问一下你最近几个月是否发生了被扣工资的情况呢？

小李：嗯，是有的。

内审人员：那你知道为什么你被扣工资吗？

小李：这个我也问过，一方面是因为说我考勤问题，另一方面说我工作完成质量上不太好。

内审人员：哦，是这样的原因？那你清楚自己扣工资的标准吗？具体扣多少，怎么算？

小李：这种没有什么标准啊。什么工作质量和完成情况其实都有主观成分，领导给你打几分，就怎么样咯。

内审人员：经过我的分析，其实你2、3月份迟到的天数比4、5月份要多，但实际上，你4、5月份的工资扣的却比2、3月份要多。

小李：怎么还有这种情况？你不说我还真没发现。

内审人员：那你在工作完成情况上，是不是有很大的差异和问题？

小李：这事情怎么说呢。我每个月的工作都挺固定，我个人觉得也没什么特别的情况。但是领导说我完成情况不好，我也不好多说什么。

内审人员：那就是也没办法具体量化的考核咯。虽说绩效每个月是浮动的，但是每个月迟到扣工资没有标准，评价方面也没有量化的考核指标。这样随随便便浮动，可不行啊！

【想一想】你被扣过工资吗？可你知道扣工资的标准吗？

资料来源：锐思商学院公众号。

（三）人力资源退出的主要风险

（1）岗位空缺。员工离职尤其核心人员离职会导致岗位空缺，关键岗位的空缺会导致企业无法正常运转，高层管理人员离职后的空位成本会更高。

（2）客户流失。与客户直接打交道的销售人员，尤其销售经理与客户的关系比较密切，这类员工离开企业时，可能会带走很多客户，让企业失去部分市场。

（3）关键技术或者商业秘密被泄露。如果掌握关键技术或者商业秘密的员工离职后未遵守保守秘密的约定，甚至帮助竞争对手，将对企业的业务发展造成巨大冲击。

【引例分析 7－9】

海风超市在收集人力资源退出方面的风险信息时，还发现存在“关键技术或者商业秘密被泄露风险”（见图引分 7－7）。2021 年 1 月公司前技术总监李楠因个人原因离职。2021 年 3 月万嘉超市有限公司宣布李楠为其公司技术总监，并负责超市业务 App 研发，随后海风超市知晓此事，并在 2021 年 5 月公司就李楠违反竞业限制一事提起仲裁，要求李楠支付竞业限制义务违约金，继续履行竞业限制义务。之后，李楠方面称在自己离职后，并未收到公司支付的竞业限制经济补偿。2021 年 10 月 9 日法院裁决结果公开，由于公司未向李楠支付竞业限制的相应经济补偿金，其在公司所签订的竞业限制协议无效，法院不予支持，判决公司败诉。由此给公司带来商业机密泄露等经济损失。

本次李楠跳槽万嘉超市公司事件，一方面是因为原人力资源退出流程（见图引分 7－4）在员工离职后（尤其是关键人员离职）未安排专人负责跟踪离职人员去向，了解其后续的就业情况；另一方面是在竞业协议赔偿款的支付过程中，由于相关人员工作疏漏，在李楠辞职期间，并未支付相关款项，造成公司败诉。

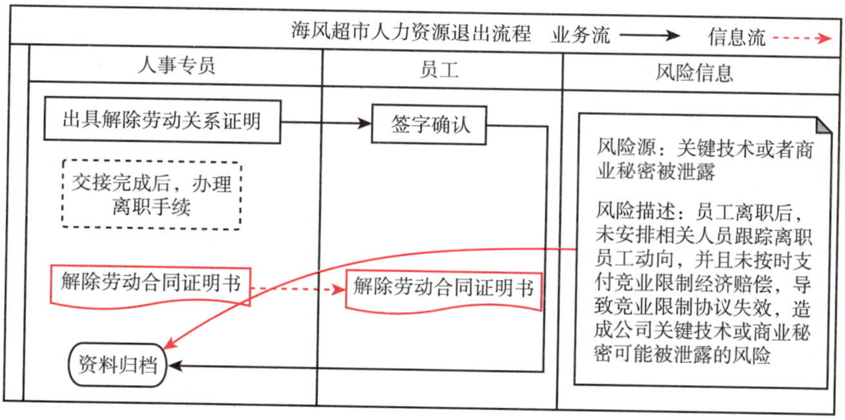

图引分 7－7　关键技术或者商业秘密被泄露风险

（4）动摇人心。企业如果发生员工离职，特别是关键岗位员工或者群体性离职，对于未离职员工的心理必定会产生负面影响。某些影响力大的员工离职会造成群里心理动荡，减弱组织的向心力、凝聚力，动摇员工对企业发展的信心。

二、风险分析

经过风险识别阶段，已经收集了人力资源管理内控流程中的风险信息，对面临的风险有了一个初步认识，接下来需要对各类风险的发生可能性和发生后果进行分析。

（一）风险发生的可能性

人力资源管理中的风险发生可能性是指在企业目前的管理水平下，人力资源管理中各类风险发生概率的大小或者发生的频繁程度。在风险管理实践中，一般利用人力资源管理方面的历史数据推断风险事件在未来发生的可能性。

【引例分析 7－10】

通过风险信息收集，海风超市识别出其人力资源管理流程中存在入职考核不规范风险、考核机制不健全风险以及关键技术或者商业秘密被泄露风险共 3 类风险后，为了进一步分析风险，公司根据各类风险的属性和偏好制定了相应的风险发生可能性准则（见表引分 7－2），即将风险发生的可能性分为 5 个等级，分别赋予 1 分至 5 分，分值越大表示发生可能性越大。

表引分 7－2　　海风超市人力资源管理的风险发生可能性准则

风险源	1（较低）	2（低）	7（中等）	4（较高）	5（非常高）
入职考核不规范风险	5 年内内部推荐时未审查基本信息或外部招聘时仅实施一轮面试的招聘人数占比小于 10%（含）	5 年内内部推荐时未审查基本信息或外部招聘时仅实施一轮面试的招聘人数占比 10%～30%（含）之间	5 年内内部推荐时未审查基本信息或外部招聘时仅实施一轮面试的招聘人数占比 30%～50%（含）之间	5 年内内部推荐时未审查基本信息或外部招聘时仅实施一轮面试的招聘人数占比 50%～80%（含）之间	5 年内内部推荐时未审查基本信息或外部招聘时仅实施一轮面试的招聘人数占比大于 80%
考核机制不健全风险	1 年内不存在员工绩效不合理情况	1 年内员工绩效不合理情况出现 1 次	1 年内员工绩效不合理情况出现 2 次	1 年内员工绩效不合理情况出现 3～5 次	1 年内员工绩效不合理情况出现 6 次（含）以上
关键技术或者商业秘密被泄露风险	1 年内出现关键岗位离职情况少于 1 次（含）	1 年内出现关键岗位离职情况 2～3 次	1 年内出现关键岗位离职情况 4～5 次	1 年内出现关键岗位离职情况 6～7 次	1 年内出现关键岗位离职情况大于 8 次（含）

海风超市通过调阅相关历史资料并结合准则，判断出各类风险发生可能性的得分（见表引分 7－3 至表引分 7－5），从而推测出各类风险在未来发生的概率。

表引分 7－3　　入职考核不规范风险发生可能性得分

发生可能性得分：4

历史资料来源	公司 5 年内招聘情况统计（含门店）

历史资料详情

年份	内部推荐		外部招聘				合计
	未审查基本信息直接入职	基本信息审查＋面试	一轮面试	简历＋笔试＋面试	两轮面试（主管经理参与）	三轮及三轮以上面试	
2017	10	2	180	60	10	6	268
2018	10	2	210	43	12	3	280
2019	10	1	150	30	8	3	202
2020	10	1	106	23	8	3	151
2021	5	1	141	30	8	3	188
合计	45	7	787	196	46	18	1 099
占比	4.2%	0.6%	71.6%	17.8%	4.2%	1.6%	100%

分析结论：未审查基本信息直接入职为 4.2%，一轮面试为 71.6%，属于“近 5 年内部推荐时未审查基本信息或外部招聘时仅实施一轮面试的招聘人数占比 50% ~80%（含）之间”，所以发生可能性得分为 4 分

表引分 7－4　　考核机制不健全风险发生可能性得分

发生可能性得分：5

历史资料来源	2021 年 3 月至 2022 年 3 月员工绩效考评情况

历史资料详情

2021 年 3 月至 2022 年 3 月企业业绩情况明显好于上一年度，并且总体上超额完成了公司业绩目标，员工本年度绩效考评情况理论上应不低于上年同期，但是经过统计得知员工平均绩效低于上年同期平均水平的月份有 2021 年 3 月、5 月、6 月、7 月、8 月、11 月、12 月以及 2022 年 1 月和 2 月，员工绩效不合理情况 1 年内出现 9 次。

月份	本年全员绩效考评平均等级	上年同期平均等级
2021－03	73	82
2021－05	71.5	84
2021－06	76	83.6
2021－07	72	92
2021－08	71	95
2021－09	87	84
2021－10	84	86.5
2021－11	75	82.4
2021－12	73.9	83
2022－01	71.4	86
2022－02	88	96
2022－03	89.3	88

分析结论：1 年内员工绩效不合理情况共计出现 9 次，属于“员工绩效不合理常常会发生，1 年内出现 6 次以上”，所以发生可能性得分为 5 分

表引分 7－5　关键技术或者商业秘密被泄露风险发生可能性得分

发生可能性得分：1	
历史资料来源	离职记录
历史资料详情	目前公司有 15 个关键岗位，分别是总经理、市场副总、一区销售总监、二区销售总监、三区销售总监、四区销售总监、五区销售总监、生鲜事业部经理、食品用品事业部经理、服装家居事业部经理、技术总监、财务总监、人力资源副总、行政管理部经理、物流管理部经理。近 1 年内只有 2021 年 1 月技术总监李楠离职
分析结论	属于“1 年内出现关键岗位离职情况少于 1 次（含）”，所以发生可能性得分为 1 分

（二）风险发生的后果

人力资源管理风险发生的后果是通过假设特定事件或情形已经出现，然后判断其影响的性质、类型和大小。

【引例分析 7－11】

海风超市判断完入职考核不规范风险、考核机制不健全风险、关键技术或者商业秘密被泄露风险的发生可能性得分后，继续根据各类风险的属性和自身偏好制定了风险发生后果准则（见表引分 7－6），即将风险发生后果分为 5 个等级，分别赋予 1 分至 5 分，分值越大表示发生后果越严重。

表引分 7－6　海风超市人力资源管理的风险发生后果准则

风险源	1（轻微）	2（较小）	3（中等）	4（严重）	5（非常严重）
入职考核不规范风险	5 年内不恰当的入职考核导致企业损失小于 2 万元（含）	5 年内不恰当的入职考核导致企业损失 2 万～10 万元（含）	5 年内不恰当的入职考核导致企业损失 10 万～30 万元（含）	5 年内不恰当的入职考核导致企业损失 30 万～60 万元（含）	5 年内不恰当的入职考核导致企业损失大于 60 万元
考核机制不健全风险	考评信息不对称引起的投诉比例小于 5%（含）	考评信息不对称引起的投诉比例 5%～10%（含）	考评信息不对称引起的投诉比例 10%～20%（含）	考评信息不对称引起的投诉比例 20%～30%（含）	考评信息不对称引起的投诉比例大于 30%
关键技术或者商业秘密被泄露风险	关键岗位中未签订竞业限制协议的人数占比小于 10%（含）	关键岗位中未签订竞业限制协议的人数占比 10%～20%（含）之间	关键岗位中未签订竞业限制协议的人数占比 20%～40%（含）之间	关键岗位中未签订竞业限制协议的人数占比 40%～60%（含）之间	关键岗位中未签订竞业限制协议的人数占比大于 60%

海风超市通过调阅相关历史资料并结合准则，判断出各类风险发生后果的得分（见表引分 7－7 至表引分 7－9），从而推测出各类风险在未来发生的严重程度。

表引分 7－7　　入职考核不规范风险发生后果得分

<table>
<tr><td colspan="2">发生后果得分：4</td></tr>
<tr><td>历史资料来源</td><td>近 5 年人事纠纷记录</td></tr>
<tr><td>历史资料详情</td><td>近 5 年因人力招聘不当发生的损失事件合计 12 件。其中小事件 9 件，对公司未造成影响，重大事件 3 件如下：
<table>
<tr><td>时间</td><td>入职考核情况</td><td>损失事件</td></tr>
<tr><td>2021. 1</td><td>2017 年 1 月明丰路超市收银员徐某仅经一轮面试外部招聘入职（正常情况至少两轮面试）</td><td>徐某在每月系统升级期间利用套打的假账单替换修改资金流水记录约 15 万元</td></tr>
<tr><td>2019. 8</td><td>2019 年 4 月生鲜部经理黄某未经基本信息调查内部推荐直接入职</td><td>黄某长期伪造考勤记录，指示他人为其打卡，侵占工资约 8 万元</td></tr>
<tr><td>2018. 2</td><td>2017 年 12 月张俊仅通过一轮面试外部招聘入职（正常情况至少两轮面试）</td><td>张俊以其他超市福利好怂恿大量员工离职，造成红海路超市用人短缺，不得以闭店 1 周，造成损失约 10 万元</td></tr>
</table></td></tr>
<tr><td>分析结论</td><td>共计损失 33 万元。属于“近 5 年不恰当的入职考核导致企业损失 30 万～60（含）万元”，所以发生后果得分为 4 分</td></tr>
</table>

表引分 7－8　　考核机制不健全风险发生后果得分

<table>
<tr><td colspan="2">发生后果得分：5</td></tr>
<tr><td>历史资料来源</td><td>近 1 年因考评不合理引起的申诉统计</td></tr>
<tr><td>历史资料详情</td><td><table>
<tr><td>部门</td><td>投诉人数</td><td>本部门人数</td></tr>
<tr><td>生鲜事业部</td><td>10</td><td>12</td></tr>
<tr><td>食品用品事业部</td><td>10</td><td>11</td></tr>
<tr><td>服装家居事业部</td><td>6</td><td>8</td></tr>
<tr><td>行政管理部</td><td>5</td><td>6</td></tr>
<tr><td>信息技术部</td><td>8</td><td>12</td></tr>
<tr><td>物流管理部</td><td>3</td><td>3</td></tr>
<tr><td>财务部</td><td>5</td><td>6</td></tr>
<tr><td>市场拓展部</td><td>25</td><td>48</td></tr>
<tr><td>人力资源部</td><td>0</td><td>5</td></tr>
<tr><td>法务部</td><td>0</td><td>3</td></tr>
<tr><td>总经办</td><td>0</td><td>2</td></tr>
<tr><td>合计</td><td>72</td><td>116</td></tr>
</table></td></tr>
<tr><td>分析结论</td><td>投诉人数占总人数比例 62%，属于“考评信息不对称引起的投诉比例大于 30%”，所以发生后果得分为 5 分</td></tr>
</table>

表引分 7－9　关键技术或者商业秘密被泄露风险发生后果得分

发生后果得分：4	
历史资料来源	竞业限制协议记录
历史资料详情	15 个关键岗位中签订竞业限制协议的有总经理、市场副总、生鲜事业部经理、食品用品事业部经理、服装家居事业部经理、技术总监 6 人
分析结论	关键岗位中已签订竞业限制协人数占比 40%，属于“关键岗位中未签订竞业限制协议的人数占比 40%～60%（含）之间”，所以发生后果得分为 4 分

三、风险评价

人力资源管理风险评价是风险评估的最后环节，将人力资源管理风险分析的结果（风险发生可行性和风险发生后果）与预先设定的风险重要性等级准则相比较，以确定人力资源管理风险的重要性等级。

（一）风险的重要性等级

人力资源管理风险的重要程度是发生可能性和发生后果的综合结果。在人力资源风险管理实践中，用得比较多的方法是把风险发生可能性的分值与风险发生后果的分值相乘，其乘积即为风险重要程度的大小，数字越大，对应的风险越高。

【引例分析 7－12】

分析完风险后，海风超市结合面临的社会经济环境及内部环境，制定了自身的风险重要性等级准则，其中风险值的计算公式为：风险值＝风险发生可能性×风险发生后果（见表引分 7－10）。

表引分 7－10　海风超市的风险重要性等级准则

风险等级	风险值范围	说明
低风险（可接受）	＜5	制度健全且执行到位
中风险	5～13	制度基本健全合理，但执行尚有缺陷
高风险	14～25	制度还需健全、完善，执行还不到位

针对前期梳理人力资源管理内控流程发现的入职考核不规范风险、考核机制不健全风险、关键技术或者商业秘密被泄露风险，分别计算各类风险的风险值，并判断各类风险的重要性等级（见表引分 7－11）。

表引分 7－11　海风超市人力资源管理的风险重要性等级

风险源	风险发生可能性	风险发生后果	风险值	风险重要性等级
入职考核不规范风险	4	4	16	高风险
考核机制不健全风险	5	5	25	高风险
关键技术或者商业秘密被泄露风险	1	4	4	低风险

（二）风险矩阵

人力资源管理的风险矩阵是利用人力资源风险发生可能性及其发生后果这两个维度来绘制的矩阵图，是用于对风险进行优先排序的有效工具。绘制矩阵时，一个坐标轴表示人力资源管理风险发生可能性等级，另一个坐标轴表示人力资源管理风险发生后果等级，根据风险在矩阵中所处的位置，可以直观地显现人力资源管理风险的分布情况，可以确定哪些风险更重要，需要更细致的分析和优先应对，非常有助于管理者确定关键风险和风险应对方案。

【引例分析 7－13】

为了更直观地展示风险分布情况，海风超市根据前面判断出的风险发生可能性及发生后果的得分，绘制出人力资源管理的风险矩阵图（见图引分 7－8）。入职考核不规范风险、考核机制不健全风险落在矩阵的红色区域，表示高风险；关键技术或者商业秘密被泄露风险落在矩阵的斜纹区域，表示低风险。由此可见入职考核不规范风险、考核机制不健全风险是公司目前最紧急的，最应该优先应对的风险。

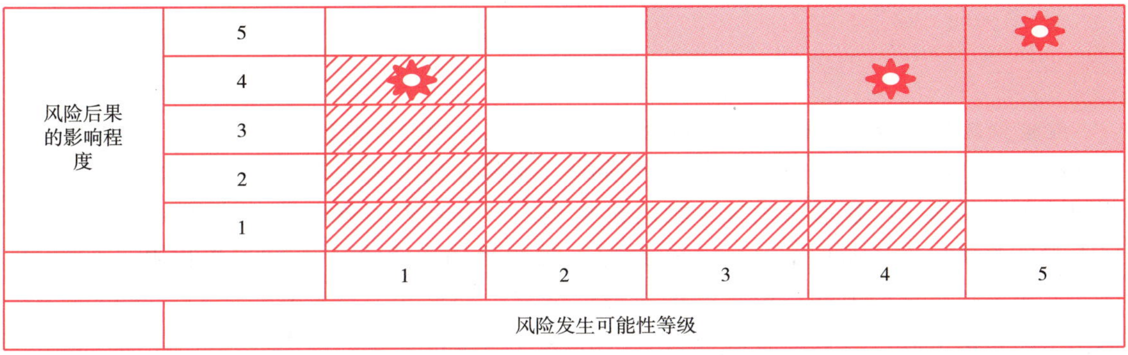

图引分 7－8　海风超市人力资源管理风险矩阵图

模块四　人力资源管理风险的内控措施

人力资源管理风险的内控措施

人力资源管理风险的损失大多是隐形的，出现之初不易被企业觉察和关注。人力资源风险管理目标就是通过一系列的管理手段有效地处理潜在人力资源风险，使企业免于遭受损失或降低损失的程度。人力资源管理内部控制就是一种管理手段，为实现企业战略目标提供充足的人才供给，建立合理的分配机制与绩效考核，最终达到预期经营管理目标。常见人力资源管理内控措施如下：

一、不相容职务分离控制

企业应当建立人力资源管理业务的岗位责任制，明确相关岗位的职责、权限，确保办理人力资源业务的不相容职务相分离。人力资源业务的不相容职务分离主要有：

（1）人力资源需求计划的提出、审批、执行与监督职务须相分离。

（2）招聘申请的发起、审核与执行职务须相分离。

（3）寻求外部培训服务供应商的负责人与审批人须职务相分离，培训合同的谈判与审批职务须相分离。

（4）绩效考评的执行与审核职务须相分离。

（5）绩效考评的执行与考评结果应用职务须相分离。

（6）工资表编制与员工信息录入职务须相分离。

（7）工资表编制、审批与发放职务须相分离。

二、授权审批控制

企业要运用授权审批控制对人力资源加以控制，就必须建立人力资源授权审批体系，明确授权审批的方式、程序和相关控制措施，规定审批人的权限、责任和经办人的职责范围和工作要求，严禁未经授权审批的机构和人员办理人力资源管理业务。审批人应根据人力资源授权审批制度的规定，在授权审批的范围内审批，不得超越权限进行审批；经办人应当在职责范围内，按照审批人的批准意见办理人力资源业务。对于审批人超越权限范围而批准的人力资源管理业务，经办人有权拒绝办理，并及时向审批人的上级授权部门报告。

人力资源管理的每个环节，即人力资源的引进与开发、人力资源使用与退出都需要经过企业相应的审批部门批准方可进行。应当明确被授权者在履行权利时应对哪些方面负责，应避免责任不清、一旦出现问题又难辞其咎的情况发生。例如：

（1）招聘申请应该由用人部门发起申请，由人力资源部门审核，经总经理审批后执行。在整个招聘过程中，应由人力资源部主导，业务部门配合，两个部门各司其职。人力资源部门负责信息的发布、求职人员的初步筛选、拟招聘人员背景调查、拟招聘人员的薪资待遇谈判等。业务部门主要负责在专业方面对求职人员进行筛选、向人力资源部提供行业用工信息、以及其他人力资源需要的帮助。

（2）与员工签订的劳动合同通常采用通用模板，该模板应由法务部门或外部律师审核批准后使用。特殊情况，需要签署特别合同时，特别合同的条款应由法务部门或外部律师审核后才能签署。

（3）人力资源部以各部门的培训需求为基础编制培训计划，需要经由人力资源主管副总审核，总经理审批无误后执行，避免出现培训计划无法满足需求的情况。

(4) 解除劳动合同时，如果要达成协议，如赔偿协议、竞业限制协议等，应采用书面形式，协议条款应该经法务部门或外部律师审核。在员工解除劳动合同时，应经过相关部门的审核，行政部门负责审核办公用品、员工手册等物品的回收，财务部负责审核欠款情况，本部门人员负责审核离职员工的工作交接情况，内审部门负责履职期间的经济责任的审计。只有这些部门全部确认无误后，人力资源部门才能为离职员工办理离职手续，最大限度减少人员离职给公司带来的损失。

【引例分析 7－14】

(1) 针对入职考核不规范风险，海风超市决定采取“授权审批控制”措施降低风险，将风险控制在风险承受度之内（见表引分 7－12）。

表引分 7－12　　入职考核不规范风险的授权审批控制

风险源	入职考核不规范风险	风险等级	高风险
内控措施	授权审批控制		
具体方案	无论内部招聘还是外部招聘，对于员工招聘的全流程应进行标准化管理，确保员工招聘流程公开、透明，减少人为操纵的风险。即将原人力资源引进流程（见图引分 7－2）中的明确规划“实施招聘”环节，要求员工招聘严格按照新增的内部招聘、外部招聘实施流程开展（见图引分 7－9、7－10），方能有迹可循，严把员工招聘关		
控制部门	人力资源部、各业务相关部门	控制负责人	人事专员、人力资源经理、人力资源副总、其他相关部门负责人

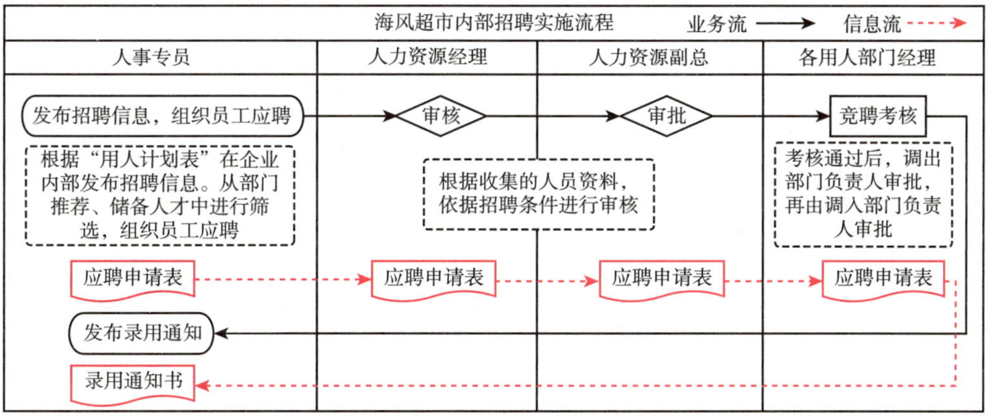

图引分 7－9　海风超市内部招聘实施流程

(2) 针对关键技术或者商业秘密被泄露风险，海风超市决定采取“授权审批控制”措施降低风险，将风险控制在风险承受度之内（见表引分 7－13）。

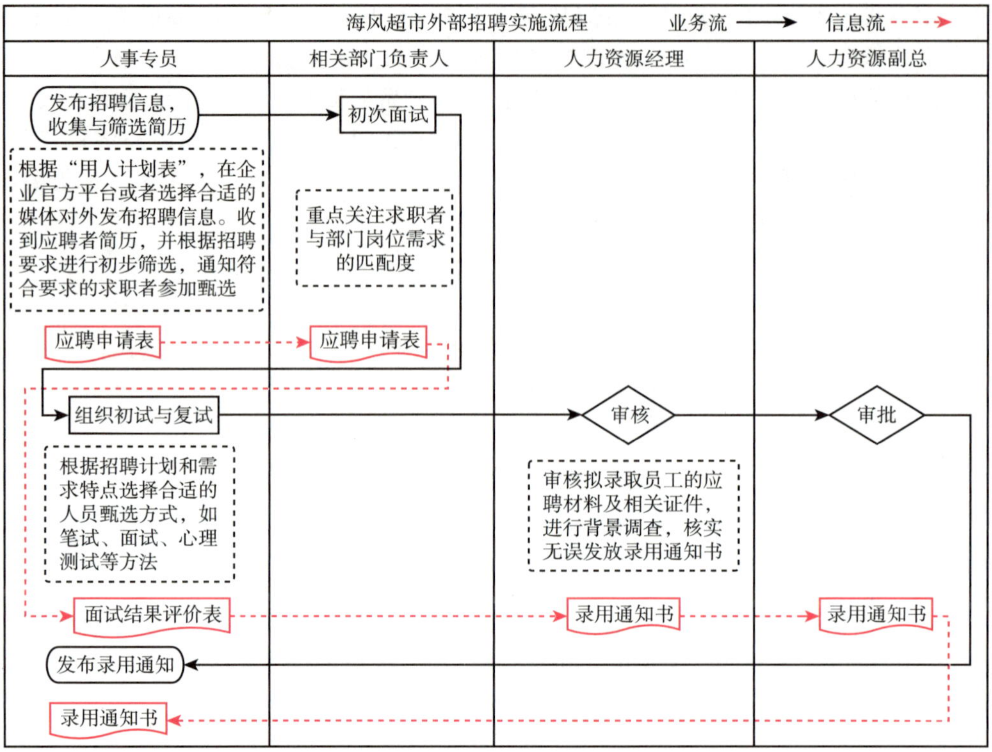

图引分 7－10　海风超市外部招聘实施流程

表引分 7－13　关键技术或者商业秘密被泄露风险的授权审批控制

风险源	关键技术或者商业秘密被泄露风险	风险等级	低风险
内控措施	授权审批控制		
具体方案	在原人力资源退出流程（见图引分 7－4）中，员工办理离职手续后，增加追踪员工去向环节。人事专员负责定期与离职员工进行沟通，并及时更新“离职员工信息记录表”，如实记录员工的新就业单位、联系地址等内容，人事经理负责审核所填内容的真实性，重点关注核心人员的就业去向，确保其所从事的新工作导致企业的关键技术或商业秘密面临被泄露的风险。其次，针对已经签订竞业协议的关键管理岗位及高级技术人员，根据竞业限制的协议条款，保证经济补偿款的按时足额发放，并定期进行上报、归档		
控制部门	人力资源部	控制负责人	人事专员、人力资源经理

【练一练】海风超市人力资源退出的再造流程如何绘制？

三、文件记录控制

为规范员工行为，鼓励和鞭策员工勤奋工作，增强员工爱岗敬业意识，防止和纠正员工违法失职行为，维护正常工作秩序，企业可采用文件记录控制人力资源管理，文件包括人力资源部门出品的员工手册、年度报告、招聘手册、培训课程目录、描述公司福利的小册子以及类似出版物。文件控制内容一般分三类人员进行约束：

（一）高级管理人员的管理制度

高级管理人员对实现企业发展战略的重要性不言而喻，其引进与开发应当处于首要位置。企业应当制订高级管理人员引进计划，要提交董事会审议通过后实施。董事会在审议高级管理人员引进计划时，应当关注高级管理人员的引进是否符合企业发展战略，是否符合企业当前和长远需要，是否有明确的岗位设定和能力要求，是否设定了公平、公正、公开的引进方式。通常情况下，企业引进的高级管理人员必须对企业所处行业及其在行业的发展定位、优势等有足够的认知，对企业的文化和价值观有充分的认同，同时必须具有全局性的思维，有对全局性、决定全局的重大业务进行谋划的能力，必须具有解决复杂问题的能力，必须具有综合分析能力和敏锐的洞察力，有广阔的思路和前瞻性、宽广的胸怀等，必须精明强干并具备奉献精神。在引进高级管理人员过程中，还要坚持重真才实学，不唯学历。在高级管理人员开发过程中，要注重激励和约束相结合，创造良好的干事业的环境，让他们的聪明才智充分显现，使其真正成为企业的核心领导者。

（二）专业技术人员的管理制度

专业技术人员特别是核心专业技术人员是企业发展的动力。企业的发展离不开专业技术人员的创新、研究与开发。企业普遍都在开展自主创新，推进企业技术升级，走低碳可持续发展道路。在企业现有专业技术人员不能满足发展战略的情况下，企业要注重通过各种方式大胆引进专业技术人员为我所用。专业技术人员的引进，既要满足企业当前实际生产经营需要，又要有一定的前瞻性，适量储备人才以备急需。既要注重专业人才的专业素质、科研能力，又要注意其道德品质、协作精神以及对企业价值观和文化的认同感，同时关注专业技术人员的事业心、责任感和使命感。专业技术人员的开发，要注重知识持续更新，紧密结合企业技术攻关及新技术、新工艺和新产品开发来开展各种专题培训等继续教育，帮助专业技术人员不断补充、拓宽、深化和更新知识。同时，要建立良好的专业人才激励约束机制，努力做到以事业、待遇、情感留人。

（三）一般员工的管理制度

一般员工占据企业人力资源的大部分，主要在企业生产经营的一线。一般员工通常具有流动性强的特点，因此往往成为企业年度人力资源引进工作的重要内容。为确保企业生产经营正常运转，企业应当根据年度人力资源计划和生产经营的实际需要，通过公开招聘方式引进一般员工。在此过程中，企业应当严格遵循国家有关法律法规的要求，注意招收那些具有一定技能、能够独立承担工作任务的员工。以确保产品和服务质量。在经济发展迅速、环境变化较快的今天，企业要根据组织生产经营需要，不断拓展一般员工的知识和技能，加强岗位培训，不断提升一般员工的技能和水平。同时，要善待一般员工，在最低工资标准、保险保障标准等方面严格按照国家或地区要求办理，努力营造一种宽松的工作环境。

四、绩效考评控制

企业是否有能力保留一定数量既有能力又有责任心的员工，在很大程度上取决于其绩效考评政策。绩效考评的控制目标就是，吸引优秀的人才到企业来，开发员工的潜在能力，促进在职员工充分地发挥其才能和智慧，留住优秀人才，造就良性的竞争环境，提高经营效率和效果，促进企业实现发展战略。

（1）设定绩效考评的目标。绩效考评的最终目的在于实现企业的战略，绩效考评目标要服从、服务于企业战略的要求。所设置的目标要有助于引导和鼓励员工的行为，使之符合企业的战略要求和组织目标。同时，由于人的注意力是有限的，设定的绩效考评目标一般不宜超过3~5个。超过则会使注意力分散，反而会有损于组织目标的实现。

（2）绩效考评需求的调查。绩效考评是要按需考评的，不能采用“一刀切”的绩效考评方式。调查员工的需求，是绩效考评活动的起点。企业要选择专业人员、设计专门的调查方案，深入地了解员工的需求，分析哪些是真正的需求，哪些是表面的虚假的需求，哪些是最迫切的需求，哪些是无关紧要的需求。

（3）绩效考评方式的选择。绩效考评方案的落脚点就是选择绩效考评方式。是选择正绩效考评，还是选择负绩效考评；是选择物质绩效考评，还是选择精神绩效考评；物质绩效考评是发现金，还是发商品，还是给予培训机会。不同的绩效考评方式，其效果是大不一样的。企业要结合绩效考评需求的调查，选择最适合的绩效考评方式。好的方式可以事半功倍，不好的方式会事倍功半。

（4）绩效考评时机的选择。有的企业注重结果的控制，有的企业关注过程的控制，有的企业则两者兼有。那么在绩效考评活动中，要使控制活动达到应有的目标，就必须对绩效考评的时机作出恰当的选择。是在结果出来后及时给予一次性绩效考评，还是在过程中分阶段地予以绩效考评，还是年底统一作出绩效考评，这些都是绩效考评控制所必须关注的。

（5）确定绩效考评的力度。绩效考评的力度不是越大越好，要结合被绩效考评业务的性质而定，要结合要实现目标的大小而定。同时，还要考虑成本效益性原则，能节约成本还是要尽量节约成本。

（6）评估绩效考评的效果。绩效考评实施之后，一定要及时评估绩效考评所起到的效果。总结绩效考评方案中的各项内容是否满足要求，绩效考评是否达到了引领趋向战略目标的目的。

（7）绩效考评结果的反馈。绩效考评结果要及时同被绩效考评对象沟通、反馈，明确告知其绩效考评的依据、目的和程序，让其理解绩效考评的动因，从而产生绩效考评所期望的行为。同时要倾听其对绩效考评方案的意见和建议，修正方案中的问题，适时调整方案。

【引例分析7-15】

针对考核机制不健全风险，海风超市决定采取“绩效考评控制”措施降低风险，将风险控制在风险承受度之内（见表引分7-14）。

表引分 7－14 考核机制不健全风险的授权审批控制

风险源	考核机制不健全风险	风险等级	高风险
内控措施	授权审批控制		
具体方案	（1）制定一套完整的绩效考评制度，采用 KPI 等绩效考核的量化指标，对员工绩效考核进行量化考评，减少或者杜绝主观臆断的定性考评模式 （2）完善和优化原员工绩效考评流程（见图引分 7－3），改变仅由部门主管负责绩效考评的流程，增加让员工依据各个绩效评分项目和标准，结合自己的当月表现进行自评，并填写“绩效考核表” （3）建立绩效反馈机制，在考核结果正式生效前，员工核对并确认考核结果，如果存在异议可以向主管和薪酬专员提出申诉和书面复核申请，薪酬专员受理申诉并报由相关负责人妥善解决		
控制部门	相关部门、人力资源部	控制负责人	部门主管

【练一练】海风超市员工绩效考评的再造流程如何绘制？

【拓展阅读】

期权激励评是股权绩效考评的一种典型模式，是指上市公司授予绩效考评对象在未来一定期限内以预先确定的价格和条件购买本公司一定数量股份的权利。绩效考评对象可以其获授的股票期权在规定的期间内以预先确定的价格和条件购买上市公司一定数量的股份，也可以放弃该种权利。在公司中进行的有关股票期权计划的尝试，能够更好地激励经营者、降低代理成本、改善治理结构。

期权激励的授予对象主要是公司的高级管理人员，这些员工在公司中的作用是举足轻重的，他们掌握着公司的日常决策和经营，因此是激励的重点。另外，技术骨干也是激励的主要对象。例如，授予高管一定数量的股票期权，高管可以在某事先约定的价格购买公司股票。显然，当公司股票价格高于授予期权所指定的价格时，高管行使期权购买股票，可以通过在指定价格购买，市场价格卖出，从而获利。由此，高管都会有动力提高公司内在价值，从而提高公司股价，并可以从中获得收益。

总结与提高

本项目我们学习了人力资源管理的内部控制目标，人力资源管理所涉组织及职责体系，人力资源管理的业务流、资金流、信息流，对人力资源管理内控流程中的风险进行了识别、分析、评价，并对此采取相应的内部控制措施。学习的重点是梳理人力资源管理内控流程和风险评估；学习的难点是针对风险选择恰当的内部控制措施。

【线上活动】

登录智慧职教平台，完成微课学习、习题和讨论，发表自己对人力资源管理的理解和看法。

【推荐阅读】

《企业内部控制应用指引第 3 号——人力资源》

评价与考核

一、项目实施评价

项目完成后，学员根据项目实施情况进行自我评价，并填表（在○中打√，A 掌握，B 基本掌握，C 未掌握），指导老师根据评价结果进行讲评。

项目实施情况分析表

项目实施过程	自我评价
创建人力资源管理内控所需组织架构	A○　B○　C○
绘制人力资源管理内控的业务流	A○　B○　C○
设计人力资源管理内控的资金流、信息流	A○　B○　C○
识别人力资源管理内控流程的风险	A○　B○　C○
分析人力资源管理内控流程的风险	A○　B○　C○
评价人力资源管理内控流程的风险	A○　B○　C○
控制人力资源管理内控流程中的风险	A○　B○　C○

二、理论考核

1. 判断题

（1）人力资源管理的对象主要包括股东、高管人员、专业技术人员、一般员工、外部审计师。（　　）

（2）绩效目标的制定是直接主管和员工都认可的，并非由单方决定。（　　）

（3）甄选工作在整个招聘过程中已经越来越居于核心地位，应该借助多种手段来公平、客观地做出正确的决策。（　　）

（4）企业关键岗位人员离职前应当根据有关法律法规的规定进行工作交接或离任审计。（　　）

（5）人力资源缺乏或过剩、结构不合理、开发机制不健全，可能导致企业发展战略难以实现。（　　）

2. 不定项选择题

（1）人力资源管理中的主要风险包括（　　）。

A. 人力资源缺乏或过剩、结构不合理、开发机制不健全

B. 人力资源使用不恰当，导致物不能尽其用，人不能尽其责

C. 人力资源退出机制不当，可能导致法律诉讼或企业声誉受损

D. 人力资源激励约束制度不合理、关键岗位人员管理不完善

E. 人力资源引进时，只注重企业短期利益，未考虑企业的实际需要

（2）下列招聘方式中不属于外部招聘的是（　　）。

A. 猎头公司　　B. 职位轮换

C. 校园招聘　　D. 就业机构介绍

(3) 关于企业人力资源管理内部控制，下列说法错误的有（　　）。

A. 企业在选拔员工时，应当切实做到因人设岗、以人选岗，确保选聘人员能够胜任岗位职责要求

B. 企业对考核不能胜任岗位要求的员工，应直接解除劳动合同

C. 企业人力资源管理风险包括人力资源退出机制不当，可能导致法律诉讼或企业声誉受损

D. 企业应当定期对年度人力资源计划执行情况进行评估

(4) 培训流程不包括（　　）。

A. 企业文化设计　　B. 培训评估

C. 培训计划制订　　D. 培训需求分析

(5) 企业科学设置考核指标体系，对企业内部各责任单位和全体员工的业绩进行定期考核和客观评价，将结果作为确定员工薪酬以及职务晋升、评优、降级、调岗、辞退等的依据。这种行为属于（　　）控制措施。

A. 会计系统　　B. 不相容职务分离

C. 绩效考评　　D. 授权审批

三、技能考核

请根据下列案例进行风险识别与内部控制。

四川广元人赵某某在当地某银行系统工作多年。自 2009 年 7 月份起，赵某某开始在人力资源部工作，主要负责薪酬发放信息系统管理与员工薪资统计发放工作。工作期间，赵某某无意中发现银行内部薪资管理流程存在疏漏：薪酬发放系统重在核对薪酬发放数额，并未过多关注表格内部人员的个人基本信息，且已离职员工的信息没有及时在系统中删除，与此同时人力资源部和财务部门主管审批不严格。

于是赵某某便想到了一个敛财之道：他将自己实际控制使用的妻子王某甲、女儿赵某某、妻妹王某乙、朋友罗某某、杨某某和蒲某某 6 人的 8 张银行卡账号录入了银行薪酬发放系统，顶替离职员工的名字及银行卡账号信息。接着赵某某利用职务之便，将亲朋好友加入其负责编制的工资、绩效和奖励发放表中，利用银行内部审批过程的疏漏顺利通过签批。初次尝到甜头的赵某某越发肆无忌惮地冒领空饷，一直到 2020 年 9 月，银行在内部检查中发现并核实了赵某某存在职务侵占行为。过去的 11 年间，赵某某通过薪酬发放系统一共冒领了 313 笔共计 413 万余元“工资”，每次“工资”到账，赵某某便通过银行转账和取现等方式将上述资金转到本人和本人实际控制的银行卡账户内，用于日常消费、购买房产等。

2020 年 11 月 6 日，赵某某因涉嫌犯职务侵占罪被广元市公安局利州区分局取保候审，2021 年 5 月，广元市利州区检察院向利州区法院提起公诉。法院审理后认为，被告人赵某某利用职务便利将本单位资金 4 132 915.56 元人民币非法占为己有，数额巨大，其行应当以职务侵占罪追究其刑事责任。因其自首且如实供述罪行，在公安机关立案前已退赔了全部赃款，可以酌定从轻处罚。最终赵某某因犯职务侵占罪，被判处有期徒刑 3 年，并处罚金 30 万元。

任务实施过程	实施答案	评分标准	标准分	得分
一、确定内控目标		是否结合业务具体目标来设定内控目标	10	
二、识别风险源，并进行风险描述		是否识别出所有的风险源；风险描述是否清晰	10	
三、采取内部控制措施		所选内部控制措施是否正确	10	

项目八

销售与收款业务的内控

知识学习目标

1. 能列举销售与收款业务的内部控制目标
2. 能描述销售与收款业务内控所涉组织及职责体系
3. 能归纳销售与收款内控的业务流、资金流、信息流
4. 能叙述销售与收款内控流程的风险评估过程
5. 能举例说明销售与收款风险的内部控制措施

技能训练目标

1. 能设计销售与收款内控所涉组织及职责体系
2. 能绘制销售与收款内控的业务流
3. 能设计销售与收款内控所需资金流、信息流
4. 能评估销售与收款内控流程的风险
5. 能控制销售与收款内控流程的风险

素养提升目标

树立风清气正、干事创业的廉洁从业观

标志性成果

独立撰写一份销售与收款业务的风险评估与内控报告

思维导图

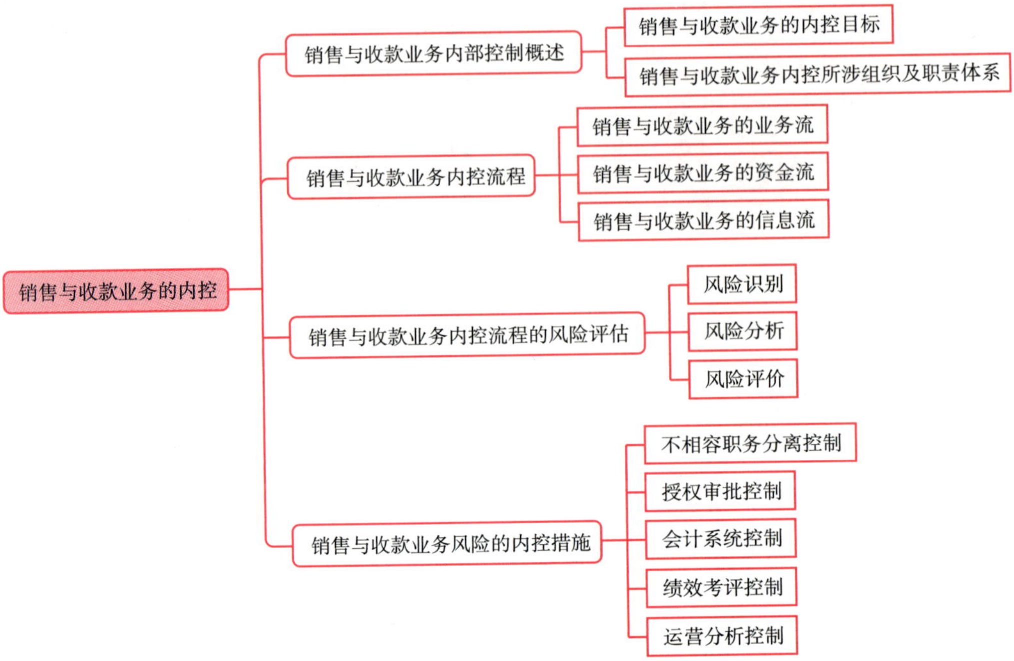

项目引例

信阳纺织制造有限责任公司（以下简称“信阳纺织”）成立于2010年1月1日，公司总资产1.2亿元，主要生产棉纱、坯布、天丝、莫代尔等，为各种服装厂、纺织品制造厂等提供未印染的面料，规模为4.8万纱锭，主要销往江苏、浙江、福建及广东地区。

2022年4月24日，信阳纺织向法院提出财产保全的申请，请求查封、冻结被告深圳华远服饰有限公司（以下简称“华远服饰”）名下价值人民币700万元的财产。信阳纺织称：此事系华远服饰在信阳纺织购买了1 000万元的棉纱，只支付了300万货款，剩余700万长期拖欠未支付，信阳纺织被迫依法起诉，申请资产保全，法院裁定冻结对方企业账户。深圳南山法院形成案件文书。

2022年6月10日，华远服饰接到了法律文书，向公安机关报案。

2022年6月20日，信阳公安机关决定对此案予以立案侦查。

2022年6月30日晚，华远服饰回应：华远服饰从未与信阳纺织或授权他人与信阳纺织就“华远服饰”品牌签署《棉纱购买合同》，且公司从未与信阳纺织进行过任何商业合作。针对上述重大事件，公司已向公安机关报案。

2022年7月1日，信阳市公安局双龙分局发布官方通报：经我局初步查明，此案系犯罪嫌疑人曹某（男，36岁）、刘某利（女，40岁）、郑某君（女，37岁）伪造华远服饰公司印章，冒充该公司市场经营部经理，与信阳纺织签订购买合同。其目的是骗取棉纱。目前曹某等3人因涉嫌犯罪已被我局依法刑事拘留，案件正在进一步办理中。

事后信阳纺织与华远服饰发布联合声明：过去数日内，信阳纺织与华远服饰进行了深入沟通，双方已经厘清误解。对于事件过程中的种种误会和欠妥之处，信阳纺织已向华远服饰方面当面致歉并向法院申请撤回财产保全申请及诉讼。为了避免风险事件的再次发生，信阳纺织决定加强销售与收款的内控建设，从梳理销售与收款流程着手，识别、分析、评价该流程中存在的各类风险，并采用适当的内部控制措施控制风险。

思考与实践

（1）究竟什么原因导致信阳纺织被骗？信阳纺织应确立怎样的销售与收款内控目标？
（2）到底是销售与收款流程中的哪个环节失误导致了信阳纺织被骗？
（3）信阳纺织的销售与收款流程还涉及哪些环节？别的环节是否也存在风险？
（4）针对信阳纺织销售与收款业务中的风险，应采取哪些内部控制措施？

模块一　销售与收款业务内部控制概述

企业以价值创造为目标，而销售与收款业务是保证所生产商品或提供劳务内在价值实现的重要活动，关系到企业资金的回收和持续再生产，是企业实现经济利益流入的关键环节，因此企业无不对销售与收款业务给予极大的关注。

销售与收款业务的内部控制目的则是规范销售与收款行为，明确销售与收款业务中涉及的审批权限，加强对销售与收款业务的监督与控制，防范销售与收款过程中的差错和舞弊。为建立销售与收款业务的内部控制，企业应全面梳理销售与收款流程，及时发现销售与收款中的薄弱环节，切实采取有效措施加以控制，其基本控制要求在《企业内部控制应用指引第9号——销售业务》中得到体现。

一、销售与收款业务的内控目标

销售与收款业务的内控目标

销售与收款业务内控总目标是帮助企业销售收入稳定增长，销售款项及时收回。而内控建设是否真正落地，关键在于内控目标是否深入销售与收款业务，其具体控制目标如下：

（一）合规目标

保证销售与收款业务合法合规。销售与收款业务应符合国家法律法规（《中华人民共和国合同法》《中华人民共和国产品质量法》等），销售行为或合同要公允、合理、有效，要能保护双方合法权益和商业利益；销售与收款业务还应符合企业内部规章制度的要求，有效预防差错和舞弊行为的发生。

（二）运营目标

（1）企业应采取积极的销售和收款政策，努力扩大销售，不断提高市场占有率，同时注意控制销售费用，积极催收货款，争取将营业收入尽快转变为现金流量，确保销售货款的安全收回，只有确保货款完整、安全地收回，才能确认销售业务的真正实现。

【引例分析 8－1】

通常对于首次合作的客户，一般需要业务部门和法务部门同时对其进行调查，保留客户的营业执照，要求对方提供财务报表等以判定其履约能力。设计这些关键控制点的初衷是减少被客户欺诈的风险。那么究竟是什么原因导致信阳纺织被骗？

第一，从常理上判断，骗子刻章容易，但是真的要拿到营业执照等内部材料还是有难度的。所以在客户开发环节，信阳纺织销售人员可能没有要求保留客户的基础资料。

第二，从常理上判断，对于第一次合作的客户，不管该客户的规模有多大或者知名度有多高，企业都不可能给予其 100% 的信任。所以信阳纺织可能没有明确规定对于首次合作的客户其信用政策以及相应的收款方式，从而骗子有机会轻松骗取信阳纺织的信任。

综上所述，信阳纺织确立其销售与收款业务的内控建设运营目标为“完善客户信息管理，提高销售业务质量”，充分做好事前客户信用的调查与评定，以及事后对应收账款的催收工作，确保销售货款安全收回。

（2）保证所销售产品或服务安全完整。交付已销售的产品应该保证质量合格、数量完整；提供劳务应该保证劳务的质量要与合同中要求的相一致。

（三）报告目标

（1）确保财务报告中收入与收款的真实性和完整性。按照会计准则及相关规章制度的规定，及时、准确、完整地记录销售与收款业务，保证信息质量，为信息使用者提供真实、准确、完整的信息决策依据。

（2）销售分析报告。销售分析报告应为销售措施的改进和新销售战略的制定提供科学依据。将影响销售业务的主客观原因区分开来，查清各责任单位对销售成果的影响，分析完成或没有完成销售目标的原因，以及对各资源利用状况的分析，找出优化资源利用的方法，以进一步提高销售业务的经济效益。

（四）战略目标

销售与收款业务的战略目标是指在完成规划产品生产后，对销售渠道、销售模式以及对渠道的利润分成进行规划；利用内外资源高效地将产品展示在目标用户前，并通过一定的渠道进行大力推销和宣传，以及利用一些宣传营销方式让用户认可并购买产品。销售战略是企业战略的外在表现形式，它将企业战略目标通过传递、竞争、交易等行为来实现，它是企业战略管理体系中的最重要组成部分。

二、销售与收款业务内控所涉组织及职责体系

销售与收款业务的内控操作演示

销售与收款业务的有序开展需要有力的组织保障，应先清晰界定各组织的职责。常见销售与收款内控所涉组织及职责体系如下：

（一）销售部门

销售部门主要承担业务拓展职能，包括完成公司制定的营销指标；营销策略、计划的拟订、实施和改进；营销经费的预算和控制；营销管理制度的拟定、实施和改善；负责市场调研、市场分析工作，制订业务推进计划；负责如实向客户介绍产品、投标、与客户洽谈合同和签订合同，确保所签合同规范、有效和可行；负责货款回收的管理；为公司研发项目决策提供市场动态的信息等。

（二）信用管理部门

信用管理部门的职责主要包括信用政策制定、信用评级、业务中的信用控制以及应收账款管理（账务核对、催收以及法务追讨等）。企业因信用管理模式的不同将信用管理职能设置在不同部门，常见情形如下：

（1）保守型管理模式，一般由财务部门掌管信用管理职能。

（2）激进型管理模式，一般由业务部门掌管信用管理职能。

（3）更专业、更独立的模式，则由独立的信用管理部门掌管信用管理职能，但企业通常会承担更高的组织成本。

（三）仓储物流部门

仓储物流部门负责所销售产品的仓储、出入库、发运等工作，包括发货的提出、审核、审批、发运处理等权限。在此基础上，严格按照销售通知单所列需要发运货物的内容，在规定的时间内备货，并与运输部门办理手续，组织发货。在货物组织发运离开企业环节，仓储部门在货物装运完成后，应形成相应的发货凭据并连续编号，做好库房的出库记录。

（四）财务部门

财务部门负责收款、往来款管理、开票、会计处理等工作，如销售发票开具权，包括发票开具的申请、审核等；对账结算权，包括与客户往来账项的核对、复核、款项收取等；账务处理权，包括销售业务会计处理的执行与审核，报表的编制、审核与审批等；退款接收权，包括退款申请的审核、审批及执行权限；销售考核权，包括对销售业务完成、销售费用控制、销售行为规范性考核评定予以提出、审核、审批等权限。

【引例分析 8－2】

信阳纺织的组织架构及岗位设置如图引分 8－1 所示，其中销售与收款业务主要涉及三个部门，分别是市场营销中心、财务中心、仓储部。

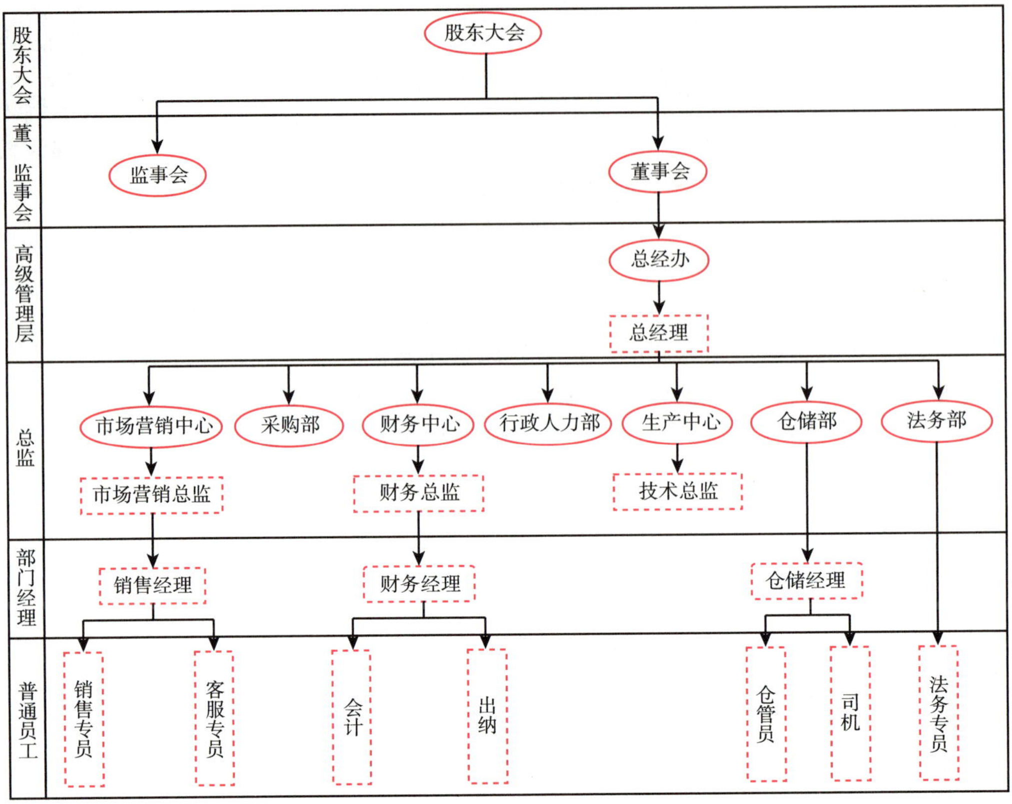

图引分 8－1　信阳纺织的组织架构及岗位设置

（1）市场营销中心负责定期组织市场调研，搜集市场信息，分析市场动向、特点和发展趋势；制订月度、季度、年度销售计划，进行目标分解并执行实施；建立各级客户档案资料，保持与客户之间的双向沟通，维护与客户的关系；负责统计、催收、结算款项。

（2）财务中心负责根据当月出入库情况及时进行账务处理；审核商品出库凭证及时准确登记商品及往来账款明细账；协助公司应收款、坏账、呆账的处理工作；定期与有关单位核对往来明细账；每月定期及时汇总编制商品销售统计报表；参与对库存商品和其他物品的清查盘点工作。

（3）仓储部是存货的出入库管理部门，负责仓库制度制定与流程执行；存货出入库做到及时验收、记账；处理存货装卸、配货、发货、送货工作。

模块二　销售与收款业务内控流程

由于销售与收款业务涉及多个部门，且销售与收款业务是企业利益与外部对接的通道，导致业务过程较为复杂。企业应将完善销售与收款业务内控流程作为其内控建设的首要环节，根据业务特点设计出合理的业务流、资金流、信息流，以避免内部控制出现薄弱环节。

一、销售与收款业务的业务流

销售与收款内控业务流及所涉组织

处于不同发展阶段、不同行业的企业由于销售业务的特点不同、复杂程度不同，销售与收款业务的业务流也不尽相同，但完整的销售与收款业务流应包括销售目标及计划管理、客户开发与信用管理、销售定价、订立销售合同、下达销售订单、组织发货、收款、售后服务共八个环节。

（一）销售目标及计划管理

制定销售目标不仅是具体销售业务开展的起点，也是整个企业各项主要工作计划制订的依据。典型的销售目标制定方法包括：标杆法，即企业通过与可比竞争对手比较制定销售目标；时间序列法，即根据历史业务数据（如增长率等）制定销售目标；市场容量与市场份额法，即根据业务整体市场容量及企业所占的市场份额制定销售目标。

制定与销售目标配套的销售计划，让销售部门及其他相关部门了解计划期间内的销售情况，并且基于自身职责进行相互协调；也便于基于销售计划对销售业务相关部门人员进行激励或约束。

（二）客户开发与信用管理

客户开发是销售工作的重要环节，通常来讲是业务人员通过调查初步了解市场和客户情况，对有实力和有意向的客户进行重点沟通，最终完成目标区域的客户开发计划。企业需要围绕以下方面进行客户开发：

（1）客户准入：只有满足企业各项要求的主体，才能成为企业的客户。

（2）客户评价及配套机制：基于评价结果对客户进行合理的分类，并且针对不同类型的客户采取不同的管理措施。

（3）客户资源管理：包括客户档案的建立、维护、使用、保密，以及客户数据的取得、录入、校验、维护和使用。

信用管理是指对企业所有客户的信用进行管理，包括建立客户信用档案、划分不同的信用等级、按信用等级采取不同的销售策略等。在当前市场环境下，赊销是常见的销售形式。赊销一方面能够提高企业产品销售竞争力，另一方面也会产生对应的赊销风险，如延迟回款风险、坏账风险等。因此，对于采取赊销形式进行销售的企业，更应开展信用管理工作。

【内控“思”享】

信用评级的背后

销售负责人：小王，你过来，你这个客户的一些资信情况填得有点问题啊！

销售专员小王：怎么了？领导，哪里有问题？

销售负责人：你看这个公司规模，明显不对嘛！和他的注册资本、业务情况什么的都对不上吧。更重要的是，这家公司明明是新客户，你怎么写之前与我们有过合作，且回款良好呢？这你解释解释！

小王：领导，你先别急，听我解释。这个客户之前我跟您打过招呼。这确实不是什么老客户，是新客户。企业规模上也有点扩大了。

销售负责人：那你这是搞啥！这样你也想通过？你这是拿回扣了吧！

小王：怎么可能呢，领导，你这是误会我了！上次跟您沟通过了，这家企业因为疫情原因，目前资金周转有点困难，所以希望赊销。他们现在下家合同订单都是有的。这个我们都去核实过。但是我们企业对于赊销及客户信用有着严格的评价制度。公司规模不到，并且不是我们合作过的资信良好的客户的话，是不能赊销的。所以才说这样走一走形式。

销售负责人：你这话说得不对，什么叫走形式，我这可是在认真审核，你这个要求不能过！

小王：别别别，领导，你听我说。今年疫情，我们业绩也不好。您想想，我们的业绩也一样重要啊。给他周转一下，还能完成我们业绩，利人利己啊。

销售负责人：你说得也对，这个制度确实有点不适合今年这种特殊情况。控制重要，业绩也重要。

小王：是啊是啊，反正客户信用都是领导您审核的。您说了算！

【想一想】 虽说有评级制度和规定在前，但是销售也有业绩考核在后。面对业绩制度，销售负责人应当如何选择？由销售负责人来负责审核客户的评级，是否有问题？如果不合适，又该由谁来负责审核呢？

资料来源：锐思商学院公众号。

（三）销售定价

销售定价需要一定的信息基础和专业性，企业应结合产品成本、市场状况、竞品情况、营销目标以及财务目标等因素确定产品定价。若企业由于会计核算基础薄弱，成本分担出现重大差错，则易导致产品长期以低于生产成本的价格销售，虽销售火爆却会给企业带来巨大的经济损失。

（四）订立销售合同

企业根据销售定价以及赊销政策，在销售合同订立前，应当指定专门人员就销售价格、信用政策、发货及收款方式等具体业务与客户进行谈判。在谈判达成一致基础上与客户订立销售合同，明确双方的权利和义务，以此作为开展销售活动的基本依据。销售合同法定文件的签署，一般应由销售部门发起，经过信用管理部门、财务部门以及分管领导的审核审批后方能正式签署。签署的合同需在信用管理部门、财务部备案。

【引例分析 8－3】

信阳纺织为了加强内控建设，开始着手梳理自身的销售与收款流程，其销售合同的签订流程见图引分 8－2。

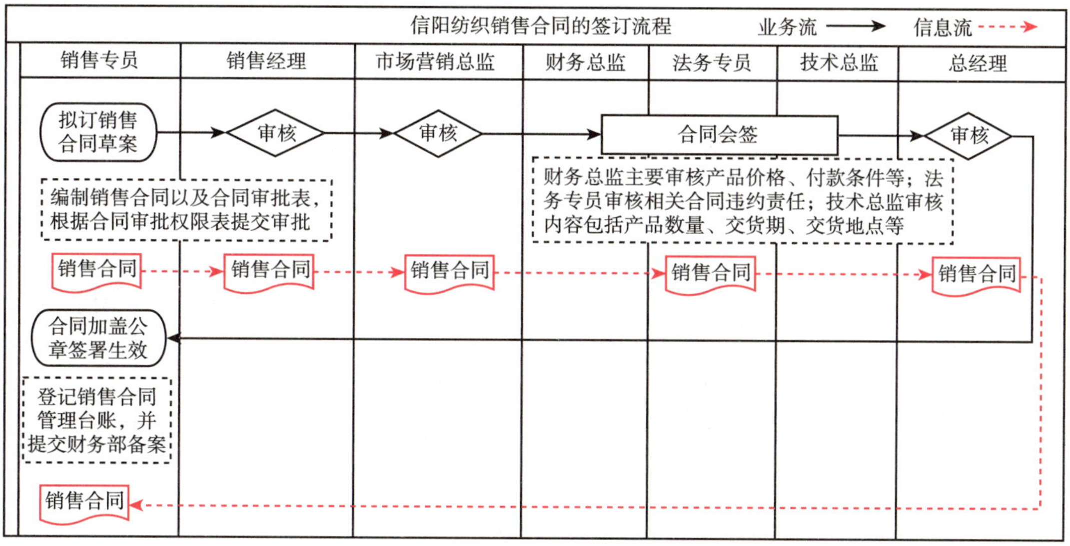

图引分 8－2 信阳纺织销售合同的签订流程

（五）下达销售订单

销售订单是销售实施的首张单据，作为后续单据生成的基础，主要包括产品信息、客户信息、交货信息等。企业应结合客户的信用情况以及自身供应能力，对订单的供货品类、期限、价格、数量、赊销额度以及折让折扣等予以确认，以确保销售业务发生的真实性以及销售订单的合理性等。

（六）组织发货

组织发货是根据销售订单的约定向客户提供商品的环节。企业一旦成功订立销售订单，立即进入根据销售订单的约定向客户提供商品的环节，即由销售部门向仓储部门下达销售发货单，仓储部门则对销售发货单据进行审核，严格按照销售发货单所列的发货品种和规格、发货数量、发货时间、发货方式组织发货。在组织发货的同时，还应根据销售部门开具的销售发货单向客户开具销售发票。

（七）收款

收款是指企业经授权发货后与客户进行结算、回笼资金的环节。在销售活动中，除预收款方式外，按照销售发货时是否收到货款，分为现销和赊销。现销（现金销售）业务是发货即收款或者收到预收款后发货，这种形式的收款简单，按程序认真办理相关收款入账手续即可。赊销业务是发出商品后给予客户一定的付款信用期，到期后才与客户结算收款，其收款是一个动态跟踪和管理的过程，在货款到期前要定期对账，一旦到期要及时催收。在此过程中，销售部门负责应收款项的催收，催收记录（包括来往函电）应妥善保管；财务部门负责办理资金结算；信用管理部门负责监督款项收回。

【引例分析 8 -4】

信阳纺织对于合作期限较长、业务规模较大、信誉较好的经销商给予其一定的赊销额度，在该额度范围内经销商可向公司要求发货。但对于其他经销商，公司均采取货到付款或预付货款（至少 30%）发货的形式销售，其现销流程，包括下达销售订单、组织发货、收款 3 个环节（见图引分 8 -3）。

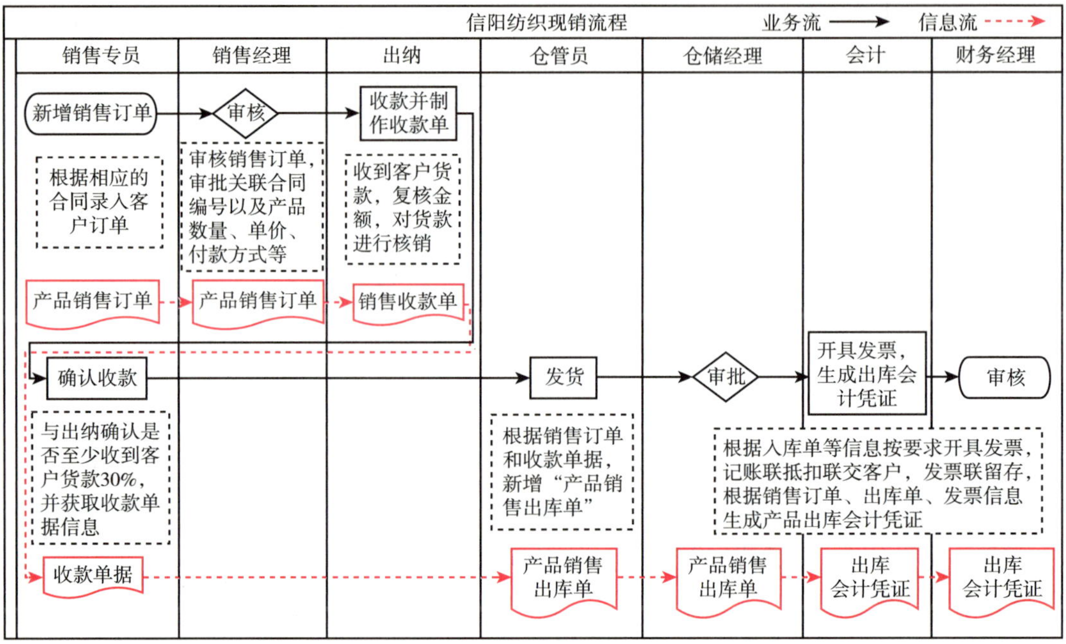

图引分 8 -3　信阳纺织现销流程

（八）售后服务

提供售后服务是提升产品附加值的重要手段，尤其是同质化竞争激烈的产品对售后服务的要求更高。售后服务是在企业与客户之间建立信息沟通机制，对客户提出的问题，企业应予以及时解答或反馈、处理，不断改进商品质量和服务水平，以提升客户满意度和忠诚度。售后服务包括产品维修、销售退回、维护升级等。

二、销售与收款业务的资金流

销售与收款内控资金流及信息流

销售与收款的业务流能描述业务的发生经过，财务人员根据业务流的相关信息提炼出业务发生的主体和对应的财务数据，从而编制会计凭证，形成销售与收款的资金流，实现业务数据与财务数据的共享与同步。资金流能反映销售与收款业务相关的价值转移，资金流内控可加强财会监督、遏制财务造假、提高会计信息质量。

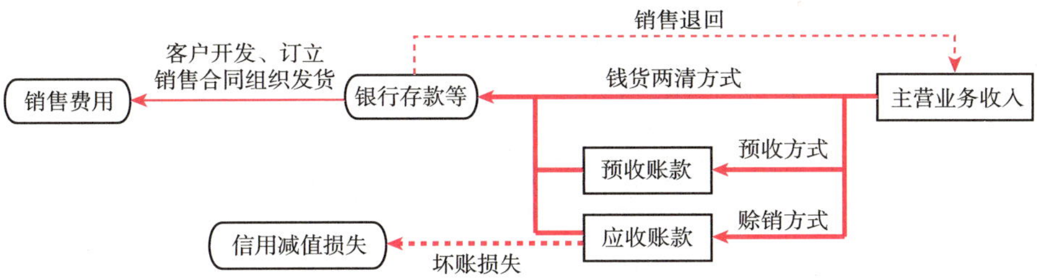

图 8-1 销售与收款的资金流入

为了有效促成销售与收款业务，前期企业需要一定的资金流出如图 8-1 红色实线段运动所示（箭头符号反映资金的运动方向），包括在客户开发环节发生的通信费、宣传费、展销会费、差旅费、业务招待费等；在订立销售合同环节发生的通信费、差旅费、业务招待费等；在组织发货环节支付给经销商的佣金和代理费，因销售产品而承担的运输费、装卸费等相关费用以及产品销售过程中由销售方承担的途中损耗。

销售与收款业务的资金流入发生在收款环节，收款方式通常包括钱货两清、预收和赊销三种，如图 8-1 红色粗实线段运动所示。其中赊销方式是指企业提供产品或劳务而不立即收取现款，实质上是向购货企业提供了一笔无息短期贷款，是企业的一项潜在损失。因此企业常常为缩短收款时间，降低坏账损失风险，为鼓励客户尽早付清货款而提供现金折扣，在确认销售收入时，要预估现金折扣发生的比例，并相应扣除后，确认收入。应收账款也可能因购货人拒付、破产、死亡等原因而无法收回，这类无法收回的应收账款作为坏账损失计入信用减值损失（如图 8-1 中红色粗虚线段），也会减少了企业的资金流入。因此，企业应在赊销所带来的销售额及利润的上升与付款延期所带来的潜在损失及可能的坏账损失等之间进行权衡，制定适宜的赊销、收账措施，提高经济效益。

销售与收款业务的售后服务环节也可能会发生资金流出，即销售退回。对于已经确认收入的售出产品发生退回的，如果能够取得红字发票，应当在发生退货时冲减销售收入，同时冲减当期销售成本。

三、销售与收款业务的信息流

销售与收款业务的信息流是指在企业进行产品或服务销售、收款和客户管理过程中涉及的信息和数据流动。信息流表现为流转在各环节的表单（见图 8-2），因为表单是发生经济业务活动的书面证明，证明经济业务事项的真实性及其金额，是进行会计核算的原始资料，是企业调整产品战略、市场定位、营销策略、分析销售业务价值创造能力等重大决策行为的基础依据。例如，企业通过合同管理信息流实现合同的发起、审核、审批、用印以及电子化归档等流程；通过库存管理信息流实现对存货移动的记录、库存信息的实时查询等功能。

实践中，信息流中各单据没有统一的样式要求，但所包含的关键信息类似，例如企业收到客户的订货单后应编制发货通知单，发货通知单一式多联，上面的信息应包含所订货物的编号、数量、价格等，也应记录销售过程所需的各种授权和批准，为组织发货的执行和有关账册的记录提供书面依据。

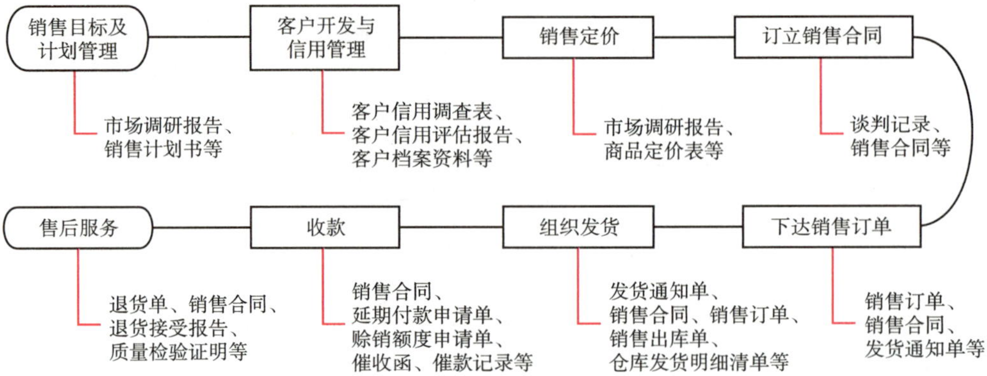

图 8－2　销售与收款业务的信息流

【引例分析 8－5】

信阳纺织销售与收款信息流中的各表单详情如表引分 8－1 所示。

表引分 8－1　　信阳纺织销售与收款信息流中的表单详情

表单名称	表单作用	表单构成元素
销售合同	与客户确定发生产品销售交易的书面依据	签订日期、合同编号、合同开始结束日期、合同交易双方信息、标的物名称数量价格、交货方式及验收、质量保证、结算方式及期限、违约责任等
产品销售订单	确定客户订货数量、金额、产品规格等信息。也是生产部门生产的依据	销售合同号、销售订单号、订单日期、客户、业务员、销售部门、订单金额、交货地址、付款方式、交货日期、产品信息等
销售收款单	确认销售业务实际收到的款项	关联销售订单号、收款单号、经办人、收款日期、收款信息（付款公司、付款方式、收款方开户行、收款方账号、收款金额等）
产品销售出库单	凭此单据准许货物出库；财务部门凭此单据进行出库处理	关联通知单号、销售出库单号、发货日期、发货人、发货地址、客户信息、产品信息等

模块三　销售与收款业务内控流程的风险评估

销售与收款内控流程的风险评估

销售与收款的内部控制是否有效，体现在企业能否有效应对所面临的各类风险，而风险评估是确定如何应对风险的基础。销售与收款内控流程的风险评估是指通过对识别出的风险进行分析，并描述风险发生可能性高低和风险发生后果大小，进而明确风险重要程度的过程。风险评估分为风险识别、风险分析、风险评价三个步骤。

一、风险识别

进行销售与收款业务风险评估的首要任务是风险识别，即发现、认可并记录影响销售与收款内部控制目标实现的风险的过程，其重点是收集销售与收款中的风险信息，并识别风险信息中的风险源。

（一）销售目标及计划管理的主要风险

（1）销售计划脱离实际，缺乏对市场现状和未来趋势、竞争对手状况的正确认识。

（2）销售计划缺乏或不合理，或未经授权审批，导致产品结构和生产安排不合理，难以实现企业生产经营的良性循环。

（3）销售计划制订后未及时进行调整，导致销售计划不能符合市场情况，无法维持正常经营。

（4）销售计划经常调整，导致销售计划随意变动，影响正常生产经营。

（5）未对销售计划执行情况进行考核，导致员工动力弱和销售计划无法实现。

（二）客户开发与信用管理的主要风险

（1）客户开发活动无计划或未按照计划执行，导致活动失控或市场活动偏离计划，影响市场开发活动目标达成。

（2）未定期开发新客户或新增客户没得到严格审核，导致公司遭受客户信用风险增大，影响公司经营效率。

【引例分析 8－6】

信阳纺织梳理完自身的销售与收款内控流程后，开始收集风险信息以便对流程各环节进行风险识别。在收集公司被骗 700 万元棉纱信息时，发现公司存在“客户信用管理不当风险”。三名犯罪嫌疑人冒充华远服饰市场营销部经理，伪造华远服饰公章，成功蒙混过关与信阳纺织签订合作协议。信阳纺织没有实施严格的信用调查，如组织填写管理状况调查表、经营状况调查表、内部评价表、行业分析报告、信用记录调查表、实地考察调查表等。导致公司遭受客户信用风险增大，影响公司经营效率。究其原因是信阳纺织缺乏独立的信用管理部门和规范的信用管理流程。

（3）未对客户开发活动进行后续评估，导致开发活动无法跟踪，缺乏市场信息反馈，影响营销策略的调整。

（4）未对市场开发和客户开发的评估结果进行相应处理，可能影响评估结果的合理运用。

（5）企业未建立客户档案或者主要客户档案不健全，缺乏日常的信用积累记录和合理的资信评估，甚至为了占领市场而盲目扩大客户源，则可能导致客户选择不当或者赊销政策的受益对象选择错误、未经信用审批给予赊销、冒险向某些“特殊利益客户”大量赊销发货，导致销售货款不能收回或者遭受欺诈形成坏账损失，从而影响企业的资金流转与正常经营。

（三）销售定价的主要风险

（1）缺乏完善的定价机制，可能导致定价不合理，影响公司的营销策略。

（2）销售定价与企业市场战略不符，从而在市场竞争和以后长期经营中处于劣势地位，造成企业利益损失。

（3）对单项业务的定价调整没有履行严格的内部审批程序，则可能给销售人员利用一定的价格浮动权进行内外串通舞弊，不仅造成企业经济利益的直接损失，甚至会扰乱市场给企业形象带来极大的负面影响。

（四）订立销售合同的主要风险

（1）合同签订未考虑公司产能、生产计划等因素，导致未能按时交货，造成资产损失并影响公司声誉。

（2）未经授权对外签订销售合同，导致公司合法权益受到侵害。

（3）销售价格、收款期限等违背公司销售政策，导致公司经济利益受损。

（4）合同内容存在重大疏漏和欺诈，导致公司合法权益受到侵害。

（5）合同评审不严格，未按公司要求履行评审职责，导致公司利益受损。

（五）下达销售订单的主要风险

（1）未对销售订单的状态进行跟踪和维护，导致既不能高效服务客户又不能实现系统控制，进而引发舞弊风险。

【相关案例】

业务员暗度陈仓，销售款落入私囊

骆君生于1988年7月13日，初中文化，湖南省永州市人，因涉嫌职务侵占罪于2019年9月25日被逮捕。骆君2018年5月份入职东莞市和风家具有限公司（以下简称“家具公司”），任职销售跟单业务员，工作渐渐上手后，便动起了歪脑筋。2019年3月份，骆君便利用职务上的便利开始“布局”。据调查，每次客户确定下单后，骆君会按照客户订单需求在家具公司系统中做好销售单（所注收款账户为其个人控制的账户），待客户打款至上述账户后，骆君再根据客户所需货物的不同，采用以下两种不同的方式实现侵占：

第一种：客户所需货物可以找到代工厂，此时，骆君会直接把系统中的销售单删掉，然后委托代加工厂生产假冒产品（贴上“家具公司”商标）发货给客户。据统计，骆君用此方式共侵占公司货款126 419元。

第二种：客户所需货物无法找到代加工厂的，骆君则会在确认客户货款到账后，在公司系统中制作发货单下达发货指令，待货物发出后，再利用自己的权限将系统中相应的销售单删掉、发货单作废，以此共侵占公司货款 109 594 元。

通过以上方式，骆君致使单位合计损失 236 013 元。单位于 2019 年 8 月 14 日发现问题并报案，2019 年 8 月 23 日骆君应被害单位要求返回公司财产后被公安机关抓获归案。

资料来源：裁判文书网。

（2）销售订单录入数据有误，导致下单错误，造成公司利益受损。
（3）销售订单审核不严，可能导致虚假销售等欺诈。
（4）销售订单处理不及时，可能影响后续的销售进程。

（六）组织发货的主要风险

（1）未经授权发货或发货不符合公司或合同约定，可能出现装运错误、私自发货等情形，导致货物损失或客户与公司销售争议、销售款项不能收回。

【引例分析 8－7】

信阳纺织在收集销售与收款中的风险信息时，还发现其组织发货环节存在“违规发货风险”（见图引分 8－4）。信阳纺织的发货政策要求至少收到 30% 货款之后方能发货，但 2021 年 8 月底，财务中心会同仓库进行库存盘点时，发现存在账实不符，部分存货并未收到至少 30% 货款就发货了，经调查此类问题客户均为北方服饰，北方服饰因流动资金问题暂时无法支付货款，而业务员与其私交甚好。

究其原因是原现销流程（见图引分 8－3）仅要求销售专员与出纳确认收到至少 30% 货款后，销售专员将销售订单连同收款单据流转给仓库作为发货依据；仓库据此生成出库单，进行发货操作。因此该销售专员为了维持与客户的关系，伪造了北方服饰的收款单据交予仓管员，并成功出库，做出损害企业利益的违规行为。

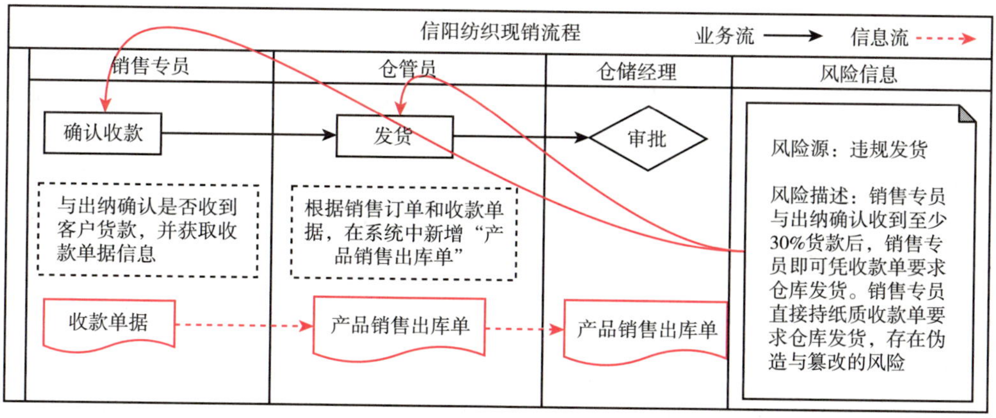

图引分 8－4　违规发货风险

（2）发货未得到完整准确记录，导致会计核算不准确，公司经济利益受损。
（3）发货单与销售订单无人核对，或发货单回执未妥善保管，导致存在舞弊和法律风险，影响公司资产安全。

(4) 未对销售发货数量、金额、批次、规格、发运客户、车牌等信息进行核对，导致发货错误或重复发货。

(5) 未与客户进行收货确认，无法掌握货物是否及时送达客户，可能导致货物丢失和产生法律纠纷。

(6) 企业缺乏发货后的监督管理（如定期或不定期的盘点），则存在发货人员利用职务之便监守自盗、发货给虚假客户、重复发货等风险，都会造成企业财产损失。

（七）收款的主要风险

(1) 缺乏有效的会计系统控制，导致公司账实不符、账证不符、账账不符或者账表不符，影响销售收入、销售成本、应收款项等会计核算的真实性和可靠性。

(2) 未制定完善的应收账款催收政策，应收账款长期挂账，导致应收账款坏账，公司资金难以回笼或造成经济损失。

(3) 客户多次无故延期付款，导致应收账款回款慢，影响公司资金周转，可能形成坏账。

(4) 未制定坏账计提与核销政策，坏账准备计提以及坏账核销不及时或不准确，无法保证公司财务报告数据的真实准确。

(5) 货款不直接通过转账回到公司，通过销售员账户上缴，或现金通过销售员交付，导致销售员截留或挪用资金，形成个人小金库，造成舞弊风险。

（八）售后服务的主要风险

(1) 客户服务水平低，消费者满意度不足，影响公司品牌形象，可能造成客户流失。

(2) 无专门部门或人员处理客户投诉和退换货申请，导致公司无法及时处理客户投诉，影响公司声誉。

【引例分析8-8】

信阳纺织在收集销售与收款中的风险信息时，还发现其售后服务环节存在“客服应答不及时风险”。近日，有消费者投诉称购买信阳纺织产品出现了问题，售后服务却置之不理，投诉信息显示，该消费者第一次购买信阳纺织产品，在使用的过程中突然破损了，给售后打电话，工作人员懒懒散散地接电话并称3天内打电话联系消费者，没想到却一直无人搭理，消费者再次打电话仍旧是无人应答。此外，在网上搜索“信阳纺织”等关键词，出来的内容几乎都是类似“信阳纺织质量太差，售后服务更差”等，售后问题五花八门。如此看来，信阳纺织的售后服务问题多多且常常引起消费者的不满。

(3) 对客户投诉的退换货申请，没有判断退换货原因和退换货责任，导致公司承担不必要的责任，影响公司经营效率。

(4) 客户投诉退换货未经过适当审批，可能导致发生未经授权的退换货，影响公司日常经营效率。

(5) 退换货产品数量、规格、品名、金额等与退换货申请单上不符，导致公司收到的退换货物品质量低下。

（6）对于重大客户投诉事件中涉及的产品质量问题没有进行纠正改善，不利于公司质量管理的持续提高。

（7）未对客户投诉情况进行产品质量控制，可能导致无法及时发现公司产品的质量问题。

（8）未对客户投诉情况进行记录，或记录不完整，可能导致客户投诉处理不当无法追查其处理详情。

二、风险分析

经过风险识别阶段，已经收集了销售与收款业务中的风险信息，对面临的风险有了一个初步认识，接下来需要对各类风险的发生可能性和发生后果进行分析。

（一）风险发生的可能性

销售与收款业务中的风险发生可能性是指在企业目前的管理水平下，销售与收款中各类风险发生概率的大小或者发生的频繁程度。在风险管理实践中，一般利用销售与收款业务的历史数据推断风险事件在未来发生的可能性。

【引例分析 8 -9】

通过风险信息收集，信阳纺织识别出其销售与收款流程中存在客户信用管理不当风险、违规发货风险、客服应答不及时风险共 3 类风险后，为了进一步分析风险，公司根据风险管控矩阵规范了相应的风险发生可能性准则（见表引分 8 -2），即将风险发生的可能性分为 5 个等级，分别赋予 1 分至 5 分，分值越大表示发生可能性越大。

表引分 8 -2　　信阳纺织销售与收款的风险发生可能性准则

风险源	1（较低）	2（低）	3（中等）	4（较高）	5（非常高）
客户信用管理不当风险	客户总体违约概率 1% 以下（含）	客户总体违约概率 1% ~5%（含）	客户总体违约概率 5% ~10%（含）	客户总体违约概率 10% ~15%（含）	客户总体违约概率超过 15%
违规发货风险	1 年内违规发货事件占总订单比率 1% 以下（含）	1 年内违规发货事件占总订单比率 1% ~5%（含）	1 年内违规发货事件占总订单比率 5% ~10%（含）	1 年内违规发货事件占总订单比率 10% ~15%（含）	1 年内违规发货事件占总订单比率超过 15%
客服应答不及时风险	客服平均响应时间 ≤0.5 个工作日	客服平均响应时间 0.5 ~1 个工作日（含）	客服平均响应时间 1 ~1.5 个工作日（含）	客服平均响应时间 1.5 ~2 个工作日（含）	客服平均响应时间 >2 工作日

信阳纺织通过调阅相关历史资料并结合准则，判断出各类风险发生可能性的得分（见表引分 8 -3 至表引分 8 -5），从而推测出各类风险在未来发生的概率。

表引分 8－3 客户信用管理不当风险发生可能性得分

发生后果得分：5	
历史资料来源	客户信用情况
历史资料详情	公司现有客户总数为 50 个，经过信用管理部门对客户进行综合评估后，得出客户总体违约概率为 15.58%
分析结论	总体违约概率 15.58%，属于“客户总体违约概率超过 15%”，所以发生可能性得分为 5 分

表引分 8－4 违规发货风险发生可能性得分

<table>
<tr><td colspan="2">发生后果得分：2</td></tr>
<tr><td>历史资料来源</td><td>发货情况统计（2021 年）</td></tr>
<tr><td>历史资料详情</td><td><table><tr><td>项目</td><td>一季度</td><td>二季度</td><td>三季度</td><td>四季度</td><td>合计</td></tr><tr><td>违规发货</td><td>1</td><td>5</td><td>7</td><td>1</td><td>14</td></tr></table></td></tr>
<tr><td>分析结论</td><td>根据资料当年违规发货事件共 14 件，全年订单总数为 1 043 件，占比为 1.34%，属于“近 1 年违规发货事件占总订单比率 1%～5%（含）”，所以发生可能性得分为 2 分</td></tr>
</table>

表引分 8－5 客服应答不及时风险发生可能性得分

发生后果得分：3	
历史资料来源	客服应答时间统计表
历史资料详情	根据统计表计算出客服回复消息与顾客消息之间时间差的平均值约为 1.2 个工作日
分析结论	1.2 个工作日属于“客服平均响应时间 1～1.5（含）个工作日”，所以发生可能性得分为 3 分

（二）风险发生的后果

销售与收款业务风险发生的后果是通过假设特定事件或情形已经出现，然后判断其影响性质、类型和大小。

【引例分析 8－10】

信阳纺织判断完销售与收款流程中存在客户信用管理不当风险、违规发货风险、客服应答不及时风险的发生可能性得分后，继续根据各类风险的属性和自身偏好制定了风险发生后果准则（见表引分 8－6），即将风险发生后果分为 5 个等级，分别赋予 1 分至 5 分，分值越大表示发生后果越严重。

信阳纺织通过调阅相关历史资料并结合准则，判断出各类风险发生后果的得分（见表引分 8－7 至表引分 8－9），从而推测出各类风险在未来发生的严重程度。

表引分 8－6 信阳纺织销售与收款的风险发生后果准则

风险源	1（轻微）	2（较小）	3（中等）	4（严重）	5（非常严重）
客户信用管理不当风险	5年内坏账损失占销售收入平均比率5%以下（含）	5年内坏账损失占销售收入平均比率5%～10%（含）之间	5年内坏账损失占销售收入平均比率10%～15%（含）之间	5年内坏账损失占销售收入平均比率15%～20%（含）之间	5年内坏账损失占销售收入平均比率超过20%
违规发货风险	因违规发货产生不利影响占销售收入5%以下（含）	因违规发货产生不利影响占销售收入5%～10%（含）	因违规发货产生不利影响占销售收入10%～15%（含）	因违规发货产生不利影响占销售收入15%～20%（含）	因违规发货产生不利影响占销售收入20%以上
客服应答不及时风险	无理由退货金额100万元以内（含）	无理由退货金额100万～200万元（含）	无理由退货金额200万～300万元（含）	无理由退货金额300万～400万元（含）	无理由退货金额超过400万元

表引分 8－7 客户信用管理不当风险发生后果得分

发生后果得分：4	
历史资料来源	坏账损失情况
历史资料详情	见下表
历史资料结论	2017年至2021年坏账占销售收入的平均比率为15.44%，属于“5年内坏账损失占销售收入平均比率15%～20%（含）之间”，所以其风险发生后果得分为4分

年份	销售收入（万元）	坏账损失（万元）	坏账损失占销售收入比重
2017	10 328	1 445.92	14.00%
2018	10 656	1 758.24	16.50%
2019	11 452	1 820.87	15.90%
2020	12 339	2 122.31	17.20%
2021	13 135	1 786.36	13.60%

表引分 8－8 违规发货风险发生后果得分

发生后果得分：1	
历史资料来源	违规发货事件统计（2021年）
历史资料详情	见下表
历史资料结论	2021年销售收入为13 135万元，当年因违规发货产生不利影响占销售收入比例为4.9%，属于“因违规发货产生不利影响占销售收入5%以下（含）”，所以其风险发生后果得分为1分

发货情况	数量	严重程度
未收到至少30%货款但已发货	25笔	违规发货产生不利影响金额近643万元

表引分 8－9　　客服应答不及时风险发生后果得分

发生后果得分：3	
历史资料来源	退货情况统计
历史资料详情	由于客服应答不及时，导致客户无理由退货金额总计 240 万元
历史资料结论	退货 240 万元，属于“无理由退货金额 200 万～300（含）万元”，所以其风险发生后果得分为 3 分

三、风险评价

销售与收款业务风险评价是风险评估的最后环节，将销售与收款业务风险分析的结果（风险发生可行性和风险发生后果）与预先设定的风险重要性等级准则相比较，以确定销售与收款业务风险的重要性等级。

（一）风险的重要性等级

销售与收款业务风险的重要程度是发生可能性和发生后果的综合结果。在销售与收款业务风险管理实践中，用得比较多的方法是把风险发生可能性的分值与风险发生后果的分值相乘，其乘积即为风险重要程度的大小，数字越大，对应的风险越高。

【引例分析 8－11】

分析完风险后，信阳纺织结合风险控制矩阵，规范了风险重要性等级准则，其中风险值的计算公式为：风险值＝风险发生可能性×风险发生后果（见表引分 8－10）。

表引分 8－10　　信阳纺织的风险重要性等级准则

风险等级	风险值范围	说明
低风险（可接受）	＜5	制度健全且执行到位
中风险	5～14	制度基本健全合理，但执行尚有缺陷
高风险	15～25	制度还需健全、完善，执行还不到位

针对前期梳理销售与收款流程发现的客户信用管理不当风险、违规发货风险、客服应答不及时风险，信阳纺织分别计算各类风险的风险值，并判断各类风险的重要性等级（见表引分 8－11）。

表引分 8－11　　信阳纺织销售与收款的风险重要性等级

风险名称	可能性	后果	风险值	风险等级
客户信用管理不当风险	5	4	20	高风险
违规发货风险	2	1	2	低风险
客服应答不及时风险	3	3	9	中风险

（二）风险矩阵

销售与收款业务的风险矩阵是利用销售与收款风险发生可能性及其发生后果这两个维度来绘制的矩阵图，是用于对风险进行优先排序的有效工具。绘制矩阵时，一个坐标轴表示销售与收款业务风险发生可能性等级，另一个坐标轴表示销售与收款风险发生后果等级，根据风险在矩阵中所处的位置，可以直观地显现销售与收款业务风险的分布情况，可以确定哪些风险更重要，需要更细致的分析和优先应对，非常有助于管理者确定关键风险和风险应对方案。

【引例分析 8－12】

为了更直观地展示风险分布情况，信阳纺织根据前面判断出的风险发生可能性及发生后果的得分，绘制出销售与收款的风险矩阵图（见图引分 8－5）。客户信用管理不当风险落在矩阵的红色区域，表示高风险；违规发货风险落在矩阵的斜纹区域，表示低风险；客服应答不及时风险落在矩阵的白色区域，表示中风险。由此可见客户信用管理不当风险是公司目前最紧急的，最应该优先应对的风险。

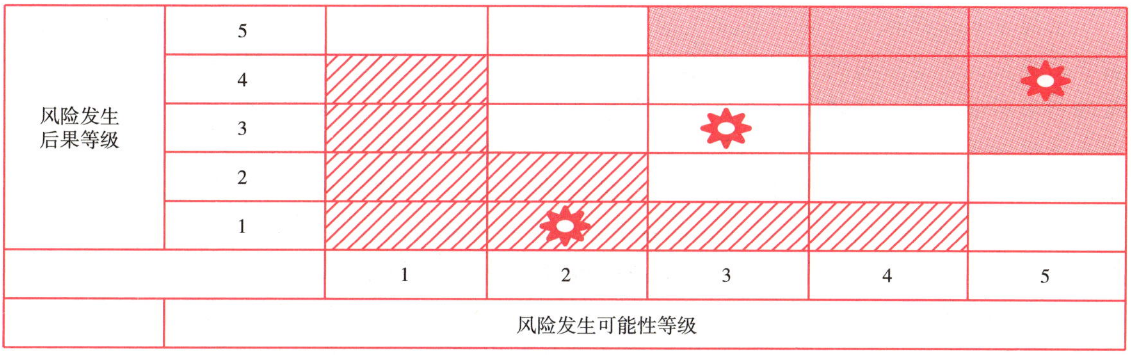

图引分 8－5　信阳纺织销售与收款风险矩阵图

模块四　销售与收款业务风险的内控措施

销售与收款业务风险的内控措施

设计销售与收款业务的内部控制，就是在评估销售与收款业务风险的基础上，对销售与收款业务建立一套相互牵制、相互稽核的内部控制体系，目的是有效减少信誉不良等问题的发生，降低企业成本，促进企业良好发展。内部控制是一个递进的循环过程，在实施内部控制措施后，还要继续评估剩余风险的风险水平是否可以承受，如果不能承受，则还要采取进一步的应对措施，直到剩余风险可以承受。常见销售与收款内部控制措施如下：

一、不相容职务分离控制

企业应当建立销售与收款业务的岗位责任制，明确相关部门和岗位的职责、权限，确保办理销售与收款业务的不相容职务相分离。销售与收款业务的不相容职务分离主要有：

（1）办理销售、发货、收款三项业务的岗位相分离。

（2）信用管理岗位与销售业务岗位相分离。

（3）合同谈判人员与签订合同的人员相分离。

（4）填制发票与发票复核相分离。

（5）折扣、折让的申请应与审批相分离。

（6）退货验收与结算货款相分离。

【相关案例】

小小业务员缘何能空手做“局”套取资金数十万？

上海市松江区保田公司（化名）是一家经营钢材生意的民营企业，陆某是保田公司的销售业务员，负责公司的钢材销售业务。2020 年 6 月，陆某因沉迷赌博导致手头吃紧，于是想利用职务之便，通过公司在供应链金融业务管理中的疏漏，从公司套出资金。陆某先以业务员身份促成保田公司向自己注册的空壳飞河公司（化名）采购一批总价值 34 万余元的钢材，然后，请求作为乐华公司负责人的朋友帮忙，以乐华公司的名义向保田公司购买一批总价 37 万余元的钢材，并承诺货款由其承担。在此操作下，一场由飞河公司“出售”钢材给保田公司，后由保田公司加价卖给乐华公司的三方交易形成。保田公司在交易中不经手货物而是由飞河公司直接发货给乐华公司，所以其并不知道这批转手钢材纯属子虚乌有。与此同时，保田公司按约定如期向陆某控制的飞河公司支付了 34 万余元采购货款，陆某得到货款后将资金全都用于赌博和还债，并没有向乐华公司履行及时给予货款的承诺，乐华公司也就无法向保田公司结清款项，保田公司钱货两失。2021 年 1 月份，业务员陆某因为违反公司用车规定被开除。陆某离岗后，保田公司对其负责的客户应收账款进行梳理，发现了有一笔 37 万余元的款项没有收回，客户名称即是乐华公司。于是，事情真相浮出水面，陆某这番左手倒右手套取公司钱款的“局”愈渐清晰。

【想一想】应采用怎样的不相容职务分离控制上述案例的再次发生？

资料来源：锐思商学院公众号。

二、授权审批控制

企业应当对销售与收款业务建立严格的授权审批制度，明确审批人员对销售与收款业务的授权审批方式、权限、程序、责任和相关控制措施，规定经办人的职责范围和工作要求。

（一）授权审批的范围

销售与收款业务各环节都会涉及授权审批，企业应明确各部门或人员在流程中的权限范围。例如，财务部门在销售与收款业务中一般拥有客户对账、收款、坏账、坏账损失的纳税申报权限；销售部门则拥有定价、发货与结算、折扣与折让的审批权限。各部门或人员应当在授权范围内进行审批，不得超越审批权限。

（二）授权审批的层次

企业应结合销售与收款业务各环节的性质和金额大小，就某一具体事项设置不同的审批层级。例如，客户信用管理环节，企业一般参考客户上年度销售额、回款情况以及客户当年销售目标确定其信用额度，若超过信用额度在客户回款前一般不再发货，想要超出信用额度发货则需销售、财会等部门逐级审批。

【引例分析 8－13】

（1）针对客户信用管理不当风险，信阳纺织可采取“授权审批控制”，新增客户信用评估流程，把风险降到公司可承受范围内（见表引分 8－12、图引分 8－6）。

表引分 8－12　　客户信用管理不当风险的授权审批控制

<table>
<tr><td>风险源</td><td colspan="2">客户信用管理不当风险</td><td>风险等级</td><td>高风险</td></tr>
<tr><td>内控措施</td><td colspan="4">授权审批控制</td></tr>
<tr><td>具体方案</td><td colspan="4">（1）增设独立的“信用管理部”，其岗位设置包括信用管理专员、信用管理经理。信用管理部负责制定公司信用政策、制度及信用管理相关工作流程；客户信用档案建立及授信额度评估工作；主持建立、维护并完善信用管理系统；加强应收账款管理工作，保障应收账款的安全回收，协助办理应收账款清欠工作相关的法律诉讼事宜
（2）信用评估工作的授权具体指对客户授信额度的销售授权。对于重要客户应设立赊销上限和信用期，若超出销售政策和信用政策规定的赊销业务，应严格依据授信额度大小确定不同的审批层次。详情如下：
分支 1：授信额度总计≤50 万元，市场营销总监审批
分支 2：授信额度总计＞50 万元，市场营销总监审批、总经理审批</td></tr>
<tr><td>控制部门</td><td>信用管理部、市场营销中心、总经办</td><td colspan="2">控制负责人</td><td>信用管理专员、信用管理经理、财务总监、市场营销总监、总经理</td></tr>
</table>

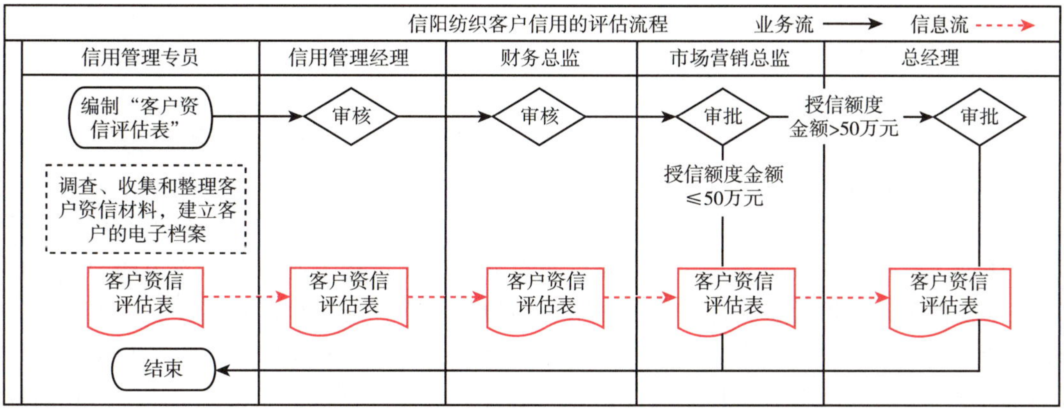

图引分 8－6　信阳纺织客户信用的评估流程

（2）针对违规发货风险，原现销流程（见图引分8－3）仅要求销售专员与出纳确认是否收到至少30%货款，采取“授权审批控制”，改为授权财务经理审核是否收到至少30%货款后再将此信息传递给仓管部，把风险降到公司的可承受范围内（见表引分8－13）。

表引分8－13　　违规发货风险的授权审批控制

风险源	违规发货风险		风险等级	低风险
内控措施	授权审批控制			
具体方案	（1）销售专员根据合同录入客户订单；销售经理审核销售订单；出纳收到客户货款，填写“销售收款单”；财务经理审核收款单，确保至少收到30%货款；若已收到则生成“发货通知单”，由财务经理用E－mail发送至仓管处；仓管员根据发货通知单新增“产品销售出库单”；仓储经理审核出库单；会计开具发票，生成出库会计凭证；财务经理审核出库会计凭证 （2）财务部还应定期或不定期地对仓库员的出入库正确率、记账规范性和准确性进行检查，出现差错按责任考核书规定处理			
控制部门	市场营销中心、财务中心、仓储部	控制负责人	销售专员、销售经理、财务经理、仓管员、仓储经理	

【练一练】信阳纺织现销业务的再造流程如何绘制？

三、会计系统控制

对销售与收款业务的会计系统控制，现代很多企业已采用ERP系统控制代替手工控制，因为ERP系统整合简化了部分记录，且ERP系统将部分记录根据信息技术特点进行了重新设计，通过采用适合ERP系统特点的形式，更简捷、高效地达成各种记录存在目的。例如，手工控制系统中对部分内部凭证的联次编号设计，在ERP系统中则可利用信息系统的实时性，通过不同权限的人员联签同一个文件记录的形式实现。这样，既能避免凭证多联次传递造成的流程烦琐、冗长和效率低下问题，又能堵塞凭证多联次造成的舞弊漏洞。

四、绩效考评控制

销售与收款业务的绩效考评既是收集、分析、传递有关个人在工作岗位上的工作行为、表现和工作结果等方面信息的过程，也是检测产品结果和顾客需求满意程度的过程。这是一项系统工程，涉及公司的发展规划、战略目标体系及其目标责任体系、指标评价体系、评价标准、评价内容及评价方法等，其核心是促进企业管理水准的提高及综合实力的增强。例如在销售与收款业务的售后服务环节，通过对售后服务的责任与考核奖惩制度，来加强对销售队伍的管理。绩效考评的控制流程主要包括制订绩效计划、选择考核工具、绩效实施与管理、绩效考核、绩效反馈等工作，通过指标的选择、目标的设置，发现公司或个人在绩效上的差距和优势，找出背后的原因，提出改进的措施，结合晋升、培训等激励措施，惩罚不符合公司期望的行为，引导员工的行为符合公司的期望，提高企业的经营效率和效果，实现企业的战略目标。

【引例分析 8－14】

针对客服应答不及时风险，信阳纺织计划成立专门的“客服中心”，并配备客户投诉主管，对公司的客户投诉进行管理和处理。公司还建立客户投诉控制程序，加强客户服务和跟踪，提升客户满意度和忠诚度，不断改进产品质量和服务水平。投诉管理员每月汇总顾客投诉处理内容，定期根据销售部提供的销售数据得出产品的出厂不合格率，形成《顾客投诉统计报告》。定期参与公司质量分析会，及时反映质量和投诉处理情况。处理客户投诉参照“顾客投诉处理工作指导书”进行处理，并将投诉处理经过记录在“顾客投诉记录处理表”里，并保存所有顾客投诉事件的完整记录。同时采取“绩效考评控制”，将售后服务成效与客服中心工作人员的绩效挂钩，达到提升售后服务的目的（见表引分 8－14）。

表引分 8－14　　客服应答不及时风险的绩效考评控制

风险源	客服应答不及时风险	风险等级	中风险
内控措施	绩效考评控制		
具体方案	KPI 指标名称	指标权重	KPI 指标描述及评分方法
	1. 服务响应速度：（顾客投诉处理工作指导书）：1 个工作日	20	从收到内、外部客户服务的要求（电话、邮件等）到给出客户有效答复的时间间隔。 ＜1 个工作日　20 分 ＞1 个工作日　每次 －1 分
	2. 售后服务报告准时率（顾客投诉统计报告）：≥95%	25	报告提交次数/应当提交报告总次数 ×100% 90% ～95%　21～25 分 80% ～90%　11～20 分 60% ～80%　0～10 分
	3. 客户服务投诉：≤3 次/季度	20	客户对服务或工作质量的投诉 每季度 3 次以上每次扣 1 分
	4. 无效售后服务次数比率：≤1%	10	当期无效售后服务次数/当期售后服务总次数 ×100% ≤2%　8～10 分 2% ～5%　5～7 分 5% ～10%　2～4 分 10% 以上　0～1 分
	5. 售后系统使用率（顾客投诉记录处理表）：≥95%	25	在售后系统中使用的文档数（含审批、存档等）/总文档数 ×100% 90% ～95%　21～25 分 80% ～90%　11～20 分 60% ～80%　2～10 分
控制部门	客服中心	控制负责人	客户投诉主管、投诉管理员

五、运营分析控制

在市场竞争比较激烈的情况下，企业单纯依赖现销方式，会丧失许多有利的机会，使市场萎缩，竞争力下降，长期利益受到损害。为了适应市场竞争的需要，企业宜适时采取有效的赊销方式即应收账款，是非常有利的。应收账款作为企业的一项资金投放，是为扩大销售和盈利而进行的投资，而投资肯定要发生成本，因此，应收账款的内部控制便是对应收账款信用政策所增加的盈利和这种政策的成本进行综合权衡，以求经济效益最大化。下面介绍如何针对应收账款的信用和账龄采用运营分析控制。

（一）应收账款信用控制

信用政策并不是一成不变的，企业应定期对客户进行信用再评价，及时修正信用政策。对信用评分较高的客户，可适当增加信用额度，放宽信用标准，延长信用期间，提供优惠的现金折扣条件；对信用评分较低的客户，则应当减少信用额度，提高信用标准，缩短信用期间。这样既有利于扩大销售，提供竞争力，又有利于降低风险，实现应收款项控制的目标。具体措施如下：

1. 信用期间

信用期间是企业允许顾客从购货到付款的时间，或者说是企业给予顾客的付款期间。例如，企业采用顾客在购货后的50天内付款的信用政策，则信用期间为50天。信用期间过短，不足以吸引顾客，在竞争中会使销售额下降；信用期间过长，对销售额增加固然有利，但只顾及销售增长而盲目放宽信用期间，所得的收益有时会被增加的费用抵消，甚至造成利润减少。因此制定合理的信用期间政策是加强应收账款控制、提高应收账款投资收益的重要手段。

【相关案例】

志童公司现在采用30天按发票金额付款的信用政策，拟将信用期间放宽为60天，仍按发票金额付款即不给折扣，假设风险投资的最低报酬率为15%，两种信用政策对比的数据如表引分8－13所示。

表引分8－13　　志童公司两种信用政策对比

项目 信用期间	30天	60天	项目 信用期间	30天	60天
销售量（件）	50 000	60 000	固定成本（元）	25 000	25 000
销售额（元）（每件5元）	250 000	300 000	毛利（元）	25 000	35 000
销售成本（元）			可能发生的收账费用（元）	1 500	2 000
变动成本（每件4元）	200 000	240 000	可能发生的坏账损失（元）	2 500	4 500

在分析时，首先计算放宽信用期间得到的收益，其次计算增加的成本，最后根据两者比

较的结果做出判断。

①收益的增加：

收益的增加 = 销售量的增加 × 单位边际贡献

= (60 000 − 50 000) × (5 − 4) = 10 000（元）

②应收账款占用资金的应计利息增加：

应收账款应计利息 = 应收账款占用资金 × 资本成本

应收账款占用资金 = 应收账款平均余额 × 变动成本率

应收账款平均余额 = 日销售额 × 平均收现期

30 天信用应计利息 = 250 000 ÷ 360 × 30 × 200 000 ÷ 250 000 × 15% = 2 500（元）

60 天信用应计利息 = 300 000 ÷ 360 × 60 × 240 000 ÷ 300 000 × 15% = 6 000（元）

应计利息的增加 = 6 000 − 2 500 = 3 500（元）

③收账费用的增加和坏账损失的增加：

收账费用的增加 = 2 000 − 1 500 = 500（元）

坏账损失的增加 = 4 500 − 2 500 = 2 000（元）

④改变信用期间的税前损益：

收益的增加 − 成本费用的增加 = 10 000 − (3 500 + 500 + 2 000) = 4 000（元）

由于收益的增加大于成本费用的增加，故应采用 60 天的信用期间。

上述信用期间分析的方法是比较简略的，可以满足一般制定信用政策的需要。如有必要，可以进行更细致的分析，如进一步考虑销货增加引起存货增加而多占用的资金。假定信用期间由 30 天改为 60 天，由于销售量的增加，平均存货水平将从 4 500 件上升到 10 000 件，每件存货成本按变动成本 4 元计算，其他情况相同。由于增加了新的存货，因此需要在原来分析的基础上，再考虑存货增加多占用资金所带来的影响，重新计算放宽信用期间的损益：

存货增加而多占用资金的利息 = (10 000 − 4 500) × 4 × 15% = 3 300（元）

改变信用期间的税前收益 = 4 000 − 3 300 = 700（元）

因为仍然可以获得税前收益，所以尽管会增加平均存货，还是应该采用 60 天的信用期间。更进一步分析，还应考虑存货增加引起的应付账款的增加。这种负债的增加会节约企业的营运资金，减少营运资金的“应计利息”。因此，信用期间变动的分析，一方面要考虑对利润表的影响（包括收入、成本和费用）；另一方面要考虑对资产负债表的影响（包括应收账款、存货、应付账款），并且要将对资金占用的影响用“资本成本”转化为“应计利息”，以便进行统一的得失比较。

2. 现金折扣政策

因为现金折扣是与信用期间结合使用的，所以确定折扣程度的方法和程序与前述确定信用期间的方法与程序一致，同时应把所提供的延期付款时间和折扣综合起来考虑，计算各方案的延期与折扣取得的收益增量和成本增量，最终确定最佳方案。

【相关案例】

假定志童公司在放宽信用期间的同时，为了吸引客户尽早付款，提出了 0.8/30、N/60

的现金折扣条件，估计有一半的客户（按60天信用期间所能实现的销售量计）将享受现金折扣优惠。

①收益的增加：

收益的增加 = 销售量的增加 × 单位边际贡献

$= (60\ 000 - 50\ 000) \times (5 - 4) = 10\ 000$（元）

②应收账款占用资金的应计利息增加：

30天信用应计利息 $= 250\ 000 \div 360 \times 30 \times 200\ 000 \div 250\ 000 \times 15\% = 2\ 500$（元）

提供现金折扣的应计利息 =

$$\left(\frac{300\ 000 \times 50\%}{360} \times 60 + \frac{240\ 000 \times 50\%}{300\ 000 \times 50\%} \times 15\%\right) + \left(\frac{300\ 000 \times 50\%}{360} \times 30 + \frac{240\ 000 \times 50\%}{300\ 000 \times 50\%} \times 15\%\right)$$

$= 3\ 000 + 1\ 500 = 4\ 500$（元）

应计利息的增加 $= 4\ 500 - 2\ 500 = 2\ 000$（元）

③收账费用的增加和坏账损失的增加：

收账费用的增加 $= 2\ 000 - 1\ 500 = 500$（元）

坏账损失的增加 $= 4\ 500 - 2\ 500 = 2\ 000$（元）

④估计现金折扣成本的变化：

现金折扣成本的增加 = 新的销售水平 × 新的现金折扣率 × 享受现金折扣的客户比例 − 旧的销售水平 × 旧的现金折扣率 × 享受现金折扣的客户比例

$= 300\ 000 \times 0.8\% \times 50\% - 250\ 000 \times 0 \times 0 = 1\ 200$（元）

⑤提供现金折扣后的税前损益：

收益的增加 − 成本费用的增加 $= 10\ 000 - (2\ 000 + 500 + 2\ 000 + 1\ 200) = 4\ 300$（元）

由于可获得税前收益，因此应放宽信用期间，并提供现金折扣。

（二）应收账款账龄控制

企业已发生的应收账款时间长短不一，有的尚未超过信用期间，有的则逾期拖欠。一般来说，逾期拖欠时间越长，成为坏账的可能性就越高。对应收账款有一套成熟科学的控制模式和体系，其中最核心的部分就是账龄分析控制法。所谓账龄分析控制法，是指将应收账款的收回时间加以分类，统计各时间段内支付或拖欠的应收账款情况，从而监督每个客户的应收账款情况及其应收账款支付进度，对不同时间段内的逾期账款采取不同的对策的一种控制方法。

账龄分析表是一张能显示应收账款在外天数（账龄）长短的报告，由应收账款账龄、账户数量、金额和所占百分比等项目构成。示例范式如表8－1所示。

表8－1　　账龄分析表

应收账款账龄	账户数量	金额（千元）	百分比（%）
信用期间内			
超过信用期间1～20天			
超过信用期间21～40天			

续表

应收账款账龄	账户数量	金额（千元）	百分比（%）
超过信用期间 41～60 天			
超过信用期间 61～80 天			
超过信用期间 81～100 天			
超过信用期间 100 天以上			
合计			

账龄分析表可以是针对某个客户、某类客户或全部客户的。利用账龄分析表，企业可以掌握如下情况：

（1）有多少欠款尚在信用期间内。这部分款项未到偿付期，欠款是正常的；但到期后能否收回，还要待时再定，故及时的监督仍是必要的。

（2）有多少欠款超过了信用期间，超过时间长短的款项各占多少，有多少欠款会因拖欠时间太久而可能成为坏账。

（3）本企业对该客户的收账水平及信用政策。

此时，企业对逾期账款应予以足够重视，查明具体属于哪些客户，这些客户是否经常发生拖欠欠款，并查明原因。一般而言，账款逾期的时间越短，收回的可能性越大，即坏账损失的程度相对越小；反之，坏账损失的程度就越大。因此，对不同拖欠时间的账款及不同信用品质的客户，企业应采取不同的收账方法，制定出经济可行的不同收账政策、收账方案。

总结与提高

本项目我们学习了销售与收款业务的内部控制目标，销售与收款业务内控所涉组织及职责体系，销售与收款业务的业务流、资金流、信息流，对销售与收款业务中的风险进行了识别、分析、评价，并对此采取相应的内部控制措施。学习的重点是梳理销售与收款业务流程和风险评估；学习的难点是针对风险选择恰当的内部控制措施。

【线上活动】

登录智慧职教平台，完成微课学习、习题和讨论，发表自己对销售与收款控制的理解和看法。

【推荐阅读】

《企业内部控制应用指引第 9 号——销售业务》

《企业内部控制应用指引第 16 号——合同管理》

评价与考核

一、项目实施评价

项目完成后，学员根据项目实施情况进行自我评价，并填表（在○中打√，A 掌握，B

基本掌握，C 未掌握），指导老师根据评价结果进行讲评。

项目实施情况分析表

项目实施过程	自我评价
创建销售与收款业务内控所需组织架构	A○ B○ C○
绘制销售与收款业务内控的业务流	A○ B○ C○
设计销售与收款业务内控的资金流、信息流	A○ B○ C○
识别销售与收款业务内控流程的风险	A○ B○ C○
分析销售与收款业务内控流程的风险	A○ B○ C○
评价销售与收款业务内控流程的风险	A○ B○ C○
控制销售与收款业务内控流程中的风险	A○ B○ C○

二、理论考核

1. 判断题

（1）财会部门负责应收款项的催收，催收记录（包括往来函电）应妥善保存。（　　）

（2）企业发货部门应当对销售合同进行审核，并组织发货。（　　）

（3）销售与收款业务内部控制中，出纳负责记录应收账款总账和明细账。（　　）

（4）销售与收款业务内部控制中，销售部门负责人批准客户的赊销信用。（　　）

（5）未经授权发货、发货不符合合同约定或者发货程序不规范，可能造成货物损失或发货错误，引起销售争议，影响货款收回。（　　）

2. 不定项选择题

（1）下列做法中正确的有（　　）。

A. 企业应当指派至少 5 人与客户进行销售谈判，且与订立合同的人员相分离

B. 对于超过企业既定销售政策和信用政策范围的特殊销售业务，应当进行集体决策

C. 对于已经确定的产品销售基准定价，任何人无权变动

D. 企业应当根据制订的年度销售计划，结合客户订单情况，编制月度销售计划

E. 赊销商品一般应取得客户的书面确认

（2）按内部控制要求，销售退回的货物应当由（　　）部门清点后方可入库。

A. 财会　　B. 仓储　　C. 销售　　D. 质检

E. 信用管理

（3）发货环节的主要控制措施包括（　　）。

A. 销售部门按照经审核后的销售合同开具相关的销售通知交仓储部门

B. 销售折扣、销售折让等政策的制定应由具有相应权限的人员审核批准

C. 落实是出库、发货、运输的岗位责任，确保货物的安全发运

D. 做好发货各环节的记录，建立全过程的销售登记制度

E. 依据发货记录开具销售发票

（4）下列有关甲公司销售业务内部控制的措施中，符合内部控制要求的有（　　）。

A. 由专门设立的信用部门批准赊销业务

B. 负责应收账款的会计人员编制对账单与客户对账

C. 财会部门负责办理资金结算，监督应收账项回收
D. 在信用部门不掌握乙客户信用状况的情况下，由总经理特批向乙客户："见订单发货"
E. 销售人员根据销售通知单开具销售发票
(5) 销售与收款业务内部控制的目标包括（　　）。
A. 保证销售商品的安全完整
B. 保证销售业务的合法性
C. 保证销售货物的及时收回
D. 确保销售与收款业务的真实性与完整性
E. 保证销售退回的合理性折扣与折让的适度性

三、技能考核

请根据下列案例进行风险识别与内部控制。

2002年上市的湘电股份，公司主营业务为大中型交直流电机（含特种电机）、水泵、矿用采运设备（含特种车辆）和城市轨道交通车辆及电气成套设备的生产和销售，主要产品有直流电机、直流牵引电机、特种电机、水泵等。但近几年来，湘电股份的业绩表现平平，开始投身非主营业务的贸易交易。2019年6月30日，湘电股份的全资子公司湘电国际贸易（简称"湘电国贸"）与上海煦霖国际贸易有限公司（上游供方，简称"上海煦霖"）及上海弘升纸业有限公司（下游需方，简称"上海弘升"）开展的多笔纸浆贸易业务中，湘电国贸的交易相对方涉嫌合同诈骗。在上述三方关系中，湘电国贸处于贸易环节的中间方，主要从上游上海煦霖采购纸浆，然后交由第三方物流公司上海堃翔，在下游客户上海弘升付款后，直接从物流公司仓库处取货。湘电国贸在发现客户发生逾期付款现象后，为了保证能按期支付银行信用证，准备将货品变现，但随后却发现物流方上海堃翔管理人员失联，无法完成货物变现。经上海及湘潭警方查证，上海煦霖、上海弘升、上海堃翔的实际控制人均为陈力钧同一人。

一笔多方合谋的诈骗，也无疑让上市公司湘电股份受到了直接的影响。据公告显示，上述涉嫌诈骗的合同总金额约为3.7亿元，均为远期信用证结算，其中目前已止付的信用证金额为3.2亿元，其余0.5亿元信用证金额将于2020年到期，到期后湘电国贸将办理止付手续。湘电股份公告表示，目前，公司已成立贸易风险处置工作组，加强对国贸公司的风险管控和化解，拟采取诉讼、仲裁等方式维权，尽量减少其对国贸公司以及公司业绩的不利影响。同时，公司将积极协助有关公安部门侦查案件，切实维护上市公司和投资者利益。

任务实施过程	实施答案	评分标准	标准分	得分
一、确定内控目标		是否结合业务具体目标来设定内控目标	10	
二、识别风险源，并进行风险描述		是否识别出所有的风险源；风险描述是否清晰	10	
三、采取内部控制措施		所选内部控制措施是否正确	10	

项目九
固定资产管理的内控

知识学习目标

1. 能列举固定资产管理的内部控制目标
2. 能描述固定资产管理内控所涉组织及职责体系
3. 能归纳固定资产管理内控的业务流、资金流、信息流
4. 能叙述固定资产管理内控流程的风险评估过程
5. 能举例说明固定资产管理风险的内部控制措施

技能训练目标

1. 能设计固定资产管理内控所需组织及职责体系
2. 能绘制固定资产管理内控的业务流
3. 能设计固定资产管理内控所需资金流、信息流
4. 能评估固定资产管理内控流程的风险
5. 能控制固定资产管理内控流程的风险

素养提升目标

养成廉洁奉公、恪尽职守的职业道德

标志性成果

独立撰写一份固定资产管理的风险评估与内控报告

思维导图

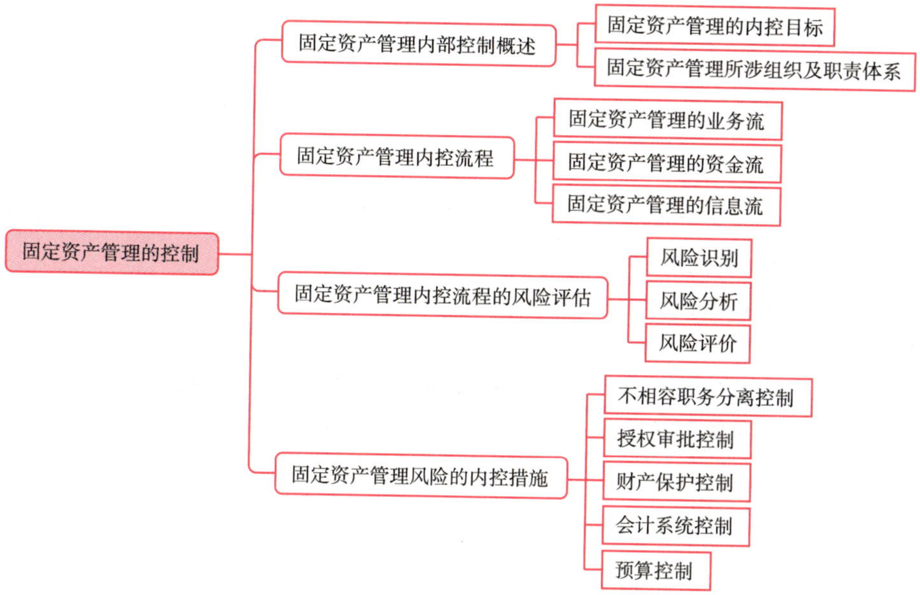

项目引例

重庆力德日用玻璃有限公司（以下简称“重庆力德”）成立于2002年，专业从事日用玻璃器皿的生产与销售，主营产品为日用玻璃器皿、硼料玻璃、光伏玻璃。

公司于2022年初斥巨资登上本市卫视春晚“1分钟黄金广告时段”，业务部门预算估计今年业绩增长率大致在150%～175%。果不其然，春节之后，企业收到的订单爆棚，生产排期已经大大超过当年生产线全年产能，于是规划加建和技改生产线，公司规划的生产线及配套设施建设项目之一是B28高档玻璃器皿生产线。

B28高档玻璃器皿生产线的建设情况

项目名称	生产线名称	开工时间	完工时间	备注
年产5万吨高档玻璃器皿生产线项目	B28高档玻璃器皿生产线	2022年4月5日	2022年4月25日	外购

此生产线按时建设完工后，便马上投入生产使用。直到2022年7月29日，公司突然收到环保部门发出的《责令整改行为通知书》（环改【2022】30），才意识到此生产线存在安全隐患。原来重庆市环保局的环境执法人员于2022年6月9日对公司现场检查时发现B28高档玻璃器皿生产线正在工作，其玻璃窑炉配套建设的大气污染防治设施脱硝系统也正常开启，但是生产车间仍气味刺鼻。对熔窑排放的大气污染物值进行检测，结果显示污染轻度超标。

事后公司管理层针对此事召开会议，一致表示这次虽然只收到了整改通知，但是对于固定资产使用应该严加监控。类似事情再发生，很可能就会导致罚款和企业形象受损，因此管理层决定加强固定资产管理内控建设，从梳理固定资产管理流程着手，识别、分析、评价流程中存在的各类风险，并采用适当的内控措施控制风险。

思考与实践

（1）环保部门发出《责令整改行为通知书》的政策依据是什么？为了避免类似风险，重庆力德应确立怎样的固定资产管理内控目标？

（2）到底是固定资产管理流程中的哪个环节失误导致了B28高档玻璃器皿生产线存在安全隐患？

（3）重庆力德的固定资产管理流程还涉及哪些环节？别的环节是否也存在风险？

（4）面对重庆力德固定资产管理中的风险，应采取哪些内部控制措施？

模块一　固定资产管理内部控制概述

固定资产作为企业重要的经济资源，是企业从事生产经营活动并实现发展战略的物质基础和重要保障，固定资产管理贯穿于企业生产经营全过程，对企业具有重大意义。为加强固定资产管理，企业应全面梳理固定资产管理流程，及时发现固定资产管理中的薄弱环节，切实采取有效措施加以改进，其基本控制要求在《企业内部控制应用指引第8号——资产管理》中得到了体现，此指引所指的“资产”是指企业拥有或控制的存货、固定资产和无形资产。本项目仅探讨固定资产管理的内控，因为固定资产一般在企业资产总额中占有较大的比例。

一、固定资产管理的内控目标

固定资产管理的内控目标

从内控建设和实施角度看，一般内部控制目标包含四个目标，分别是合规目标、报告目标、运营目标和战略目标。而内控建设是否真正落地，关键在于内控目标是否深入业务，下面结合固定资产管理来谈内控目标。

（一）合规目标

（1）固定资产管理应符合国家有关安全、消防、环保等基本建设规定，以防遭受外部处罚和信誉损失。

（2）固定资产管理应遵守合同法等法律、法规的规定，维护公司合法权益的同时，避免公司承担违约风险。

（3）固定资产管理应遵守企业内部规章制度，避免产生内部舞弊行为。

【引例分析 9 -1】

环保部门发出《责令整改行为通知书》的政策依据是什么？针对重庆力德 B28 高档玻璃器皿生产线的熔窑大气污染物排放值轻度超标问题，环保部门解释如下：生态环境部组织起草的国家环境保护标准《玻璃工业大气污染物排放标准》（中华人民共和国国家标准 GB26453 -2020），其中针对日用玻璃企业，规定了熔窑大气污染物的排放限值。

虽然 B28 高档玻璃器皿生产线的配套环境保护设施（脱销系统）与主体工程（玻璃窑炉）同时投入使用，但对照上表，其熔窑大气污染物的排放值仍然轻度超标，违反了《玻璃工业大气污染物排放标准》的规定。因此公司管理层应将运营合规作为内控建设的首要目标，重点监控固定资产管理是否符合国家有关安全、消防、环保等基本建设规定。

（二）报告目标

固定资产管理应建立健全的会计账目，固定资产的确认、计量和报告应当符合国家统一的会计准则要求，并确保会计账表与实物相符。

（三）运营目标

维护固定资产的安全完整，确保各项工作顺利进行，以便高效地生产出让客户满意、市场需要的产品；定期盘点，考核固定资产的利用率和完好率，保持固定资产的运营能力；规范处置闲置、效益低的固定资产，让其产生应有的社会效益和经济效益。

（四）战略目标

确保固定资产的投资决策正确，以期帮助企业扩大规模，产生经济效益，以免战略错误导致资源浪费。

二、固定资产管理所涉组织及职责体系

固定资产管理的内控操作演示

固定资产管理的有序开展需要有力的组织保障，应先清晰界定各部门的职责。

（一）固定资产管理部门

固定资产管理是企业日常管理的重中之重，一般会设立专门的行政管理部门担当此任，通常负责固定资产管理制度的制定；主持固定资产的购置论证、编号、建卡、台账、调拨、报废、EHS（Environment Health Safety）管理；参与固定资产的维护（日常修理技术支持、更新改造等）、安装验收、实物盘点等工作。

（二）财务管理部门

财务管理部门主要负责固定资产业务的日常会计核算和财务监督；执行固定资产年度购置预算；负责固定资产发票管理、付款审核和款项支付；组织固定资产管理部门开展常态化盘点，保证固定资产账实相符；配合固定资产管理部门做好实物管理和效益评价工作。

（三）固定资产使用部门

固定资产最初的购买申请一般由资产使用部门提出。在固定资产使用过程中，各使用部门需要指定一名对口固定资产管理部门的联络员，这名联络员对本部门的固定资产数量和使用状况应该非常清楚。联络员对外负责对接固定资产管理部门，对内实现所在部门固定资产的集中管理，包括建立本部门的固定资产台账及申领、维修、转移、配合盘点等日常业务活动。当更换联络员时，前联络员须先完成名下固定资产的清点交接，方可办理人事手续。

【引例分析 9－2】

重庆力德的组织架构及岗位如图引分 9－1 所示，其中 B28 高档玻璃器皿生产线的固定资产管理主要涉及三个部门，分别是资产管理部、生产中心、财务部。

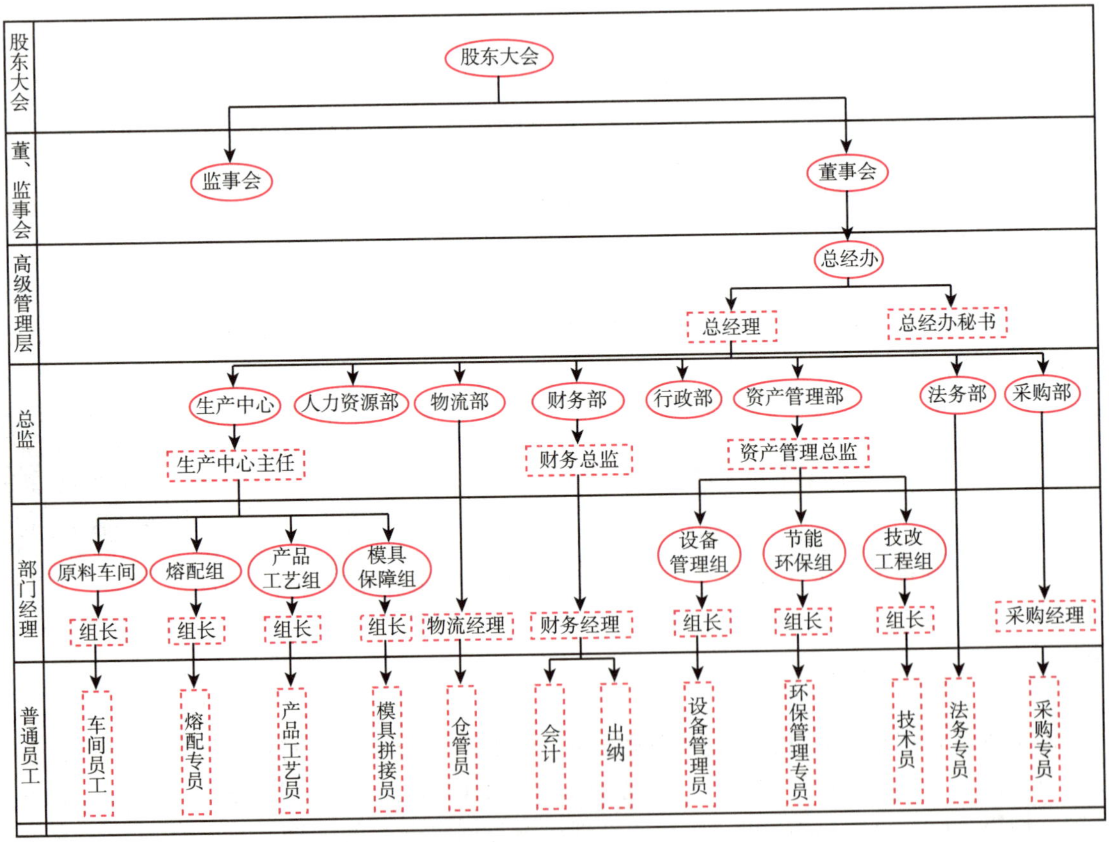

图引分 9－1　重庆力德的组织架构及岗位设置

(1) 资产管理部是B28高档玻璃器皿生产线的行政管理部门，其下再设3个工作小组，分别是设备管理组、节能环保组、技改工程组。设备管理组负责生产中心设备的采购评估、选型与调配、安装与质量验收并定期反馈设备使用效果，同时备案供采购部门查询；还负责设备编号、日常维护、盘点清查、台账管理及报废等相关事务。节能环保组负责建立健全公司节能减排管理制度，对公司生产过程能源消耗量、节能潜力进行定期分析研究；负责设备安装验收环保评估内容的审核；负责排污及节能减排的日常检查，监督检查生产车间固定废物的处置管理。技改工程组负责制定公司生产设备使用技术的管理制度，负责技改、工艺和工程技术的管理；配合进行生产设备的日常事务；监督检查生产过程中的技术工艺；组织技术人员进行技术攻关以便采用先进技术不断提高产品质量。

(2) 生产中心是B28高档玻璃器皿生产线的使用部门，依据日用玻璃的生产流程，其下再设4个工作小组，分别是原料车间组、熔配组、模具保障组、产品工艺组。原料车间组主要负责分割和加工各种原材料如硅砂、硅石、白云石、纯碱等；熔配组主要负责将各种粉料配置成均匀度合格的配合料并输送进熔窑，再由熔窑烧油将配合料熔制成合格的玻璃液；模具保障组将玻璃液的温度控制在适合成型黏度的温度指标，按照模具进行玻璃成型工作；产品工艺组负责将成型的玻璃制品进行精细化打磨以及产品雕花上色等装饰工作。

(3) 财务部是B28高档玻璃器皿生产线的财务管理部门，其下再设会计与出纳两个岗位。会计负责设置固定资产总账及明细分类账，对固定资产的增减变动及时进行账务处理，还需会同资产管理部门对固定资产进行定期盘点。出纳负责固定资产业务相关的货币资金核算、往来结算等。

模块二 固定资产管理内控流程

由于固定资产管理会涉及固定资产管理部门、财务管理部门以及固定资产使用部门，且固定资产本身种类繁多、使用地点分散，因此固定资产管理范围广、环节多，企业应当根据固定资产的特点，设计出合理的业务流、资金流、信息流，以避免管理出现薄弱环节，因此应将完善固定资产管理流程作为固定资产管理内控建设的起点。

一、固定资产管理的业务流

固定资产管理内控业务流及所涉组织

固定资产管理的业务流通常包括取得与登记造册、使用与维护、处置与转移三个环节。

(一) 固定资产取得与登记造册

固定资产的取得方式有外购、自行建造、非货币性资产交换等多种，但其取得流程都大致略同。首先应在充分了解固定资产的使用状况和闲置数量的情况下，由固定资产使用部门根据实际需求以及部门前期预算提出采购申请；固定资产管理部门则会对采购申请进行真实性和合理性的审核，审核通过后，交由采购部门招标采购或自行购买，采购人员要完成固定资产的询价、签订合同等工作；待所购固定资产送达后，应组织成立验收小组对其进行检查验收，若验收通过，还应填写验收报告。在此特别要注意，不同类型的固定资产有不同的验收程序和技术要求，比如办公家具、电脑、打印机等标准化程度较高的固定资产的验收过程较为简单；而一些复杂的大型设备，尤其是定制的高科技精密仪器以及建筑物的竣工验收等，则需要一套规范、严密的验收制度。企业取得每项固定资产后均需进行详细的登记造册，包括编制固定资产目录、建立固定资产卡片和账簿，以便于固定资产的统计、检查和后续管理。

【引例分析 9－3】

重庆力德为了加强内控建设，开始着手梳理自身的固定资产管理流程，如外购 B28 高档玻璃器皿生产线时，其取得与登记造册流程经历了 3 个子流程，分别是固定资产采购合同的签订流程、固定资产采购合同的履约流程、固定资产的领用流程（见图引分 9－2 至图引分 9－4）。

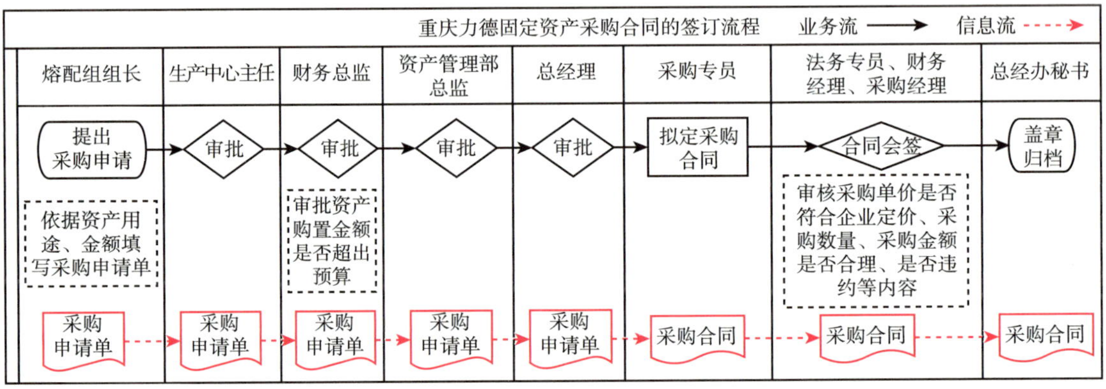

图引分 9－2　重庆力德固定资产采购合同的签订流程

（二）固定资产使用与维护

固定资产必须使用得当、合理维护，才能维持较长的使用寿命，因此固定资产的使用与维护是最重要的业务环节。

首先，固定资产使用部门应组织编写固定资产使用手册，对使用者进行操作培训；会同固定资产管理部门开展 EHS 管理，从设备、生产环境以及操作人员等方面识别风险源，对操作人员进行安全教育，落实特定操作岗位须持证上岗；为了确保固定资产安全，固定资产管理部门还应确定固定资产的投保范围和政策，根据固定资产的性质办理投保手续。

其次，固定资产使用部门应会同固定资产管理部门建立固定资产日常维护标准及程序，明确固定资产维修的发起、实施以及验收的职责和流程，并定期执行检查、维护等预防保全工作。若需更新改造，应组织相关部门进行可行性论证，对固定资产技术先进性予以评估，结合盈利能力和企业发展可持续性，制订更新改造方案，并监控方案的实施过程。

最后，财务管理部门应对固定资产账簿记录进行核对，保证账账相符，若有差异，应对

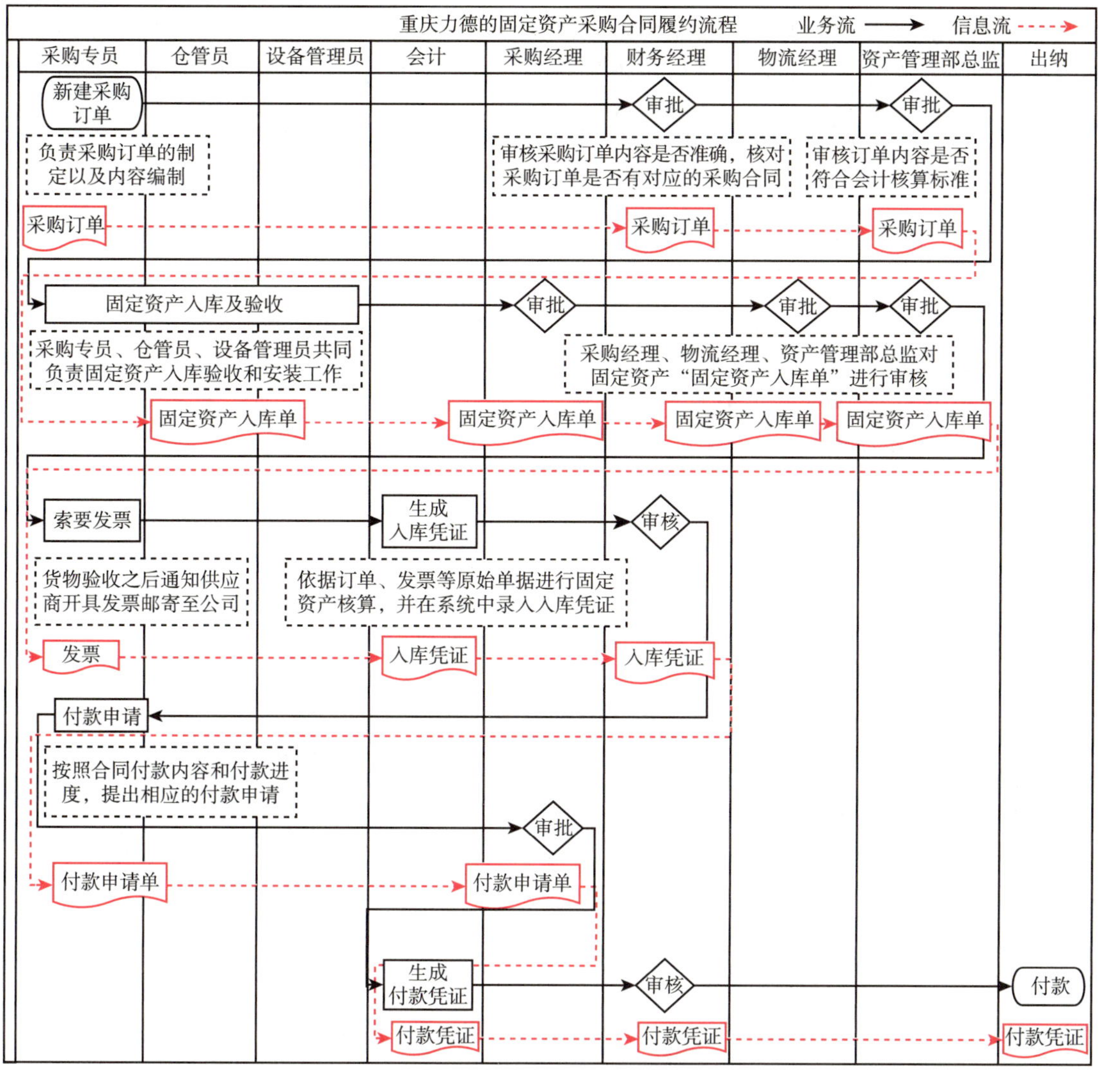

图引分 9-3　重庆力德固定资产采购合同的履约流程

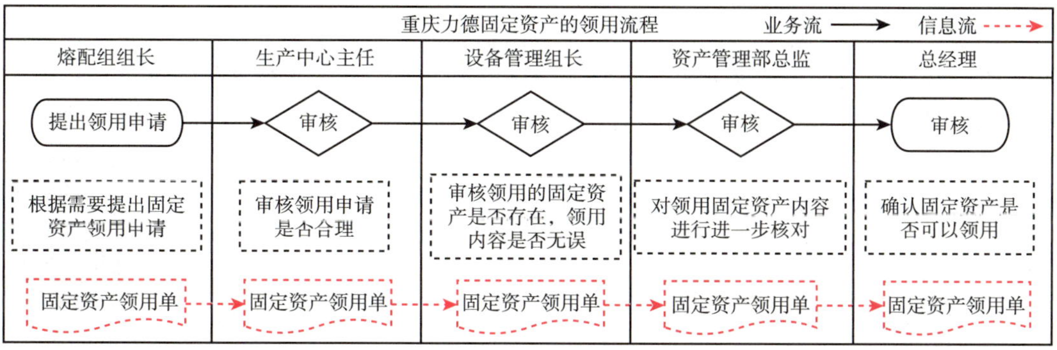

图引分 9-4　重庆力德固定资产的领用流程

差异进行分析与调整；并会同固定资产管理部门、使用部门定期对固定资产进行实物盘点，保证账实相符，若账实不符，应编制固定资产盘盈、盘亏表。固定资产管理部门和财务管理部门还应至少每年年末对固定资产进行价值分析，对可能存在减值迹象的，应计算其可回收金额，若可回收金额低于账面价值的，确认减值损失。

【相关案例】

华为在全球实施的射频识别（RFID）物联固定资产管理方案，目前已经覆盖52个国家及地区、2 382个场地、14万件固定资产。RFID标签贴在需要管理的固定资产上，每5分钟自动上报一次位置信息，每天更新一次固定资产的使用负荷（或者闲置）情况。华为部署RFID后，固定资产盘点从历时数月下降为只需数分钟，每年减少固定资产盘点、巡检的工作量9 000人/天。固定资产位移信息、固定资产闲置信息及时更新、共享，使华为的固定资产管理能够有的放矢。

资料来源：华为CFO孟晚舟2017年新年致辞，2017年1月11日，搜狐网。

（三）固定资产处置与转移

固定资产的处置与转移一般由固定资产管理部门或使用部门提出申请，并将申请资料上交相关责任人复核审核，按照审批意见开展处置与转移业务。

1. 固定资产的处置

对使用期满、正常报废的固定资产，应由固定资产使用部门或固定资产管理部门填制固定资产报废单，授权批准后进行报废清理；对使用期未满、非正常报废的固定资产，应由固定资产使用部门提出报废申请，并组织有关部门进行技术鉴定，再按规定程序审批后进行报废清理。若是重大的固定资产处置，应考虑聘请有资质的中介机构进行固定资产评估，并采取集体合议审批制度。

【引例分析9-4】

重庆力德的固定资产管理流程也包含报废流程：首先由资产管理部的设备管理员提出申请，并填制“固定资产报废申请单”，然后历经层层审批，待授权批准后再进行报废清理（见图引分9-5）。

2. 固定资产的转移

固定资产的转移一般是指固定资产在企业内部、子公司范围内发生的因调拨、调剂、投资、买卖而导致产权变更或实物安装地点变更的情况。固定资产管理部门应动态监控固定资产的使用状态和需求情况，根据固定资产的库存数量、使用状态以及需求情况编制转移计划，并填制固定资产内部转移单，明确固定资产转移时间、转移地点、编号、名称、规格型号等，固定资产转移的价值应当由财务管理部门审核批准。

固定资产管理内控资金流及信息流

二、固定资产管理的资金流

固定资产管理的业务流能描述事件的发生过程，但若只关注固定资产管

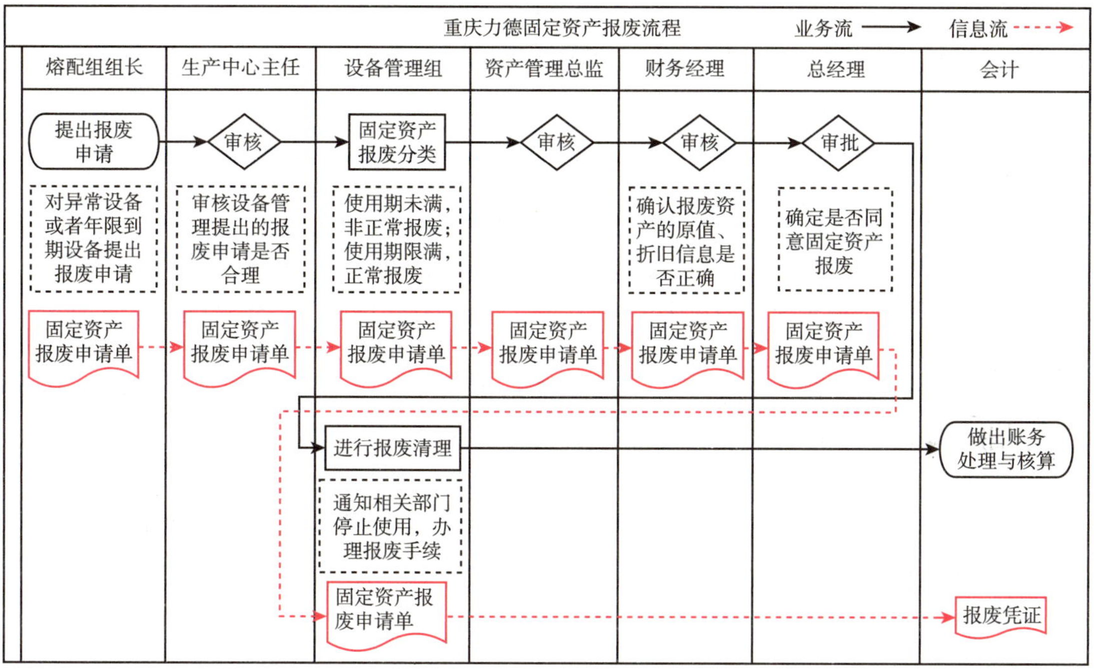

图引分 9－5　重庆力德的固定资产报废流程

理的业务流会产生内控效率低下的问题，依据业财融合视角，也应关注固定资产管理的资金流。财务人员根据业务流的相关信息提炼出业务发生的主体和对应的财务数据，从而编制会计凭证，形成固定资产管理的资金流，实现业务数据与财务数据的共享与同步。资金流反映了与固定资产相关的价值转移，利用资金流可以管控如何使流动的资金在数量上达到最大，并实现资金在各个节点之间的合理分配，从而有效提升内部控制的价值。

（一）资金投入阶段

固定资产取得与登记造册的资金流属于资金的投入阶段，使资金从存储形态转换为生产形态，固定资产将作为生产工具来分摊资金的价值。

一般企业取得固定资产的资金投入方式包括钱货两清、赊购、预付共三种方式。若属于钱货两清，所支付的价款和相关费用所引起的资金运动如图 9－1 中红色粗实线段运动所示（箭头符号反映资金的运动方向）；若采用赊购或者预付方式取得固定资产，其所引起的资金运动如图 9－1 中红色粗虚线段运动所示。

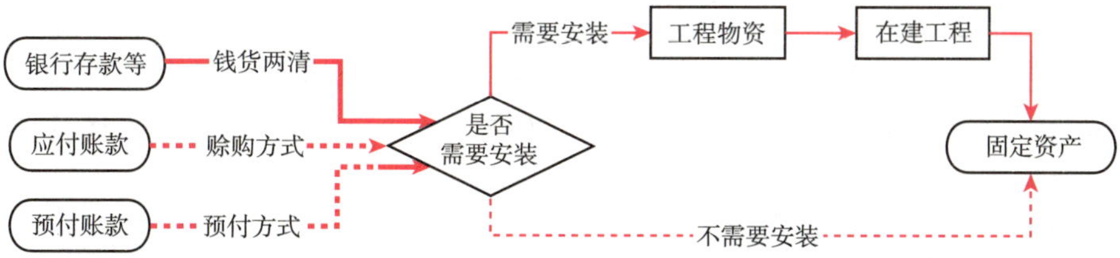

图 9－1　固定资产取得与登记造册的资金流

若所取得的固定资产需要安装调试才能使用，需要设置在建工程项目来管控整个安装调试过程，其所引起的资金运动如图 9－1 中红色实线段运动所示；若不需要安装，则如图 9－1 中红色虚线段运动所示。

（二）资金循环与周转阶段

资金的循环与周转阶段即固定资产的运行和维护阶段，此时固定资产主要通过折旧的方式完成价值的转移。按期对固定资产计提折旧时，资金从生产形态转换成了成本形态，不同的折旧方法会通过影响企业所得税来影响现金流。具体是将已磨损的价值通过“累计折旧”账户分别流转到“制造费用”（生产用固定资产）、“管理费用”（管理部门用固定资产）、“销售费用”（销售部门用固定资产）以及“其他业务成本”（经营租赁方式出租固定资产等），其资金运动如图 9－2 红色粗实线所示。若固定资产发生损坏、技术陈旧或者其他经济原因，导致其可收回金额低于其账面价值，应当按可收回金额低于其账面价值的差额计提减值准备，并计入“固定资产减值损失”，其资金运动如图 9－2 红色粗虚线所示。此时固定资产反映的是扣除累计折旧和减值准备的账面价值。

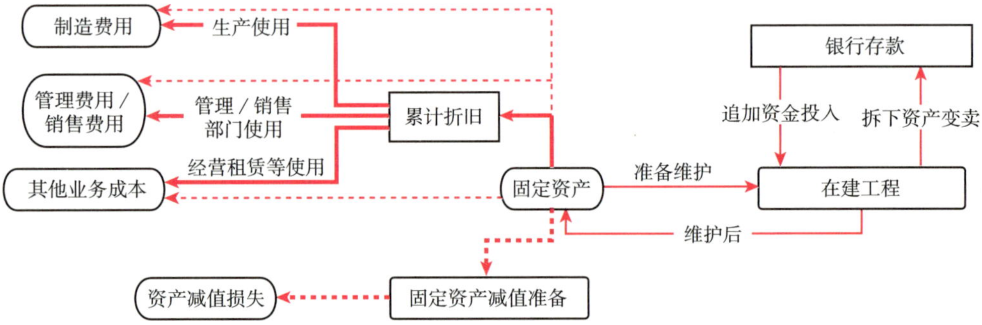

图 9－2　固定资产使用与维护的资金流

若固定资产需要维护，且维护支出提高了固定资产的性能，增强了固定资产获取未来经济利益的能力，使固定资产可能创造的经济利益超出了原先的预计，则该项支出符合资本化条件，应计入固定资产成本，其资金运动如图 9－2 红色实线所示；否则，后续支出予以费用化，计入当期损益，其资金运动如图 9－2 红色虚线所示。

【相关案例】

中福房地产有限公司 2022 年 3 月购入了一辆货车价值 150 万元，发生运杂费 3 000 元；同时购买需要安装的电梯花费了 150 万元，运杂费 2 000 元。由于该房地产商实行货运队单独核算，管理层为了照顾货运队的利润，降低其后期固定资产折旧费，将货车运杂费也计入电梯安装成本，使得电梯的成本由原来 1 502 000 元变成 1 505 000 元，人为调整了电梯与货车的入账价值。

（三）资金退出阶段

固定资产进入处置与转移，资金也就完成了生产形态，进入退出阶段。由于固定资产处置过程时间较长，业务较为烦琐，企业需要设置“固定资产清理”项目来专门管控固定资产的清理过程及其清理结果。

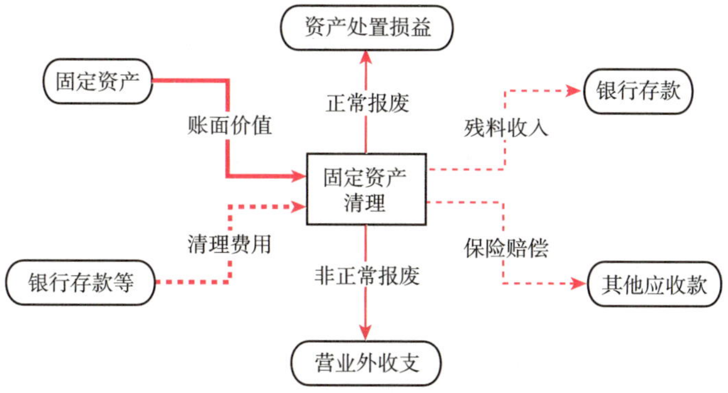

图 9－3　固定资产处置与转移的资金流

首先剔除累计折旧和固定资产减值准备的影响后，将固定资产的账面价值转入固定资产清理，其资金运动如图 9－3 红色粗实线所示；若发生清理费用，其资金运动如图 9－3 红色粗虚线所示；若处置固定资产有残料收入或有保险公司或过失人承担资产损失的赔偿，其资金运动如图 9－3 红色虚线所示。待固定资产清理完毕后，若属于生产经营期间的正常报废，则其处置损益计入“资产处置损益”，若属于非正常报废，则计入“营业外收支”，其资金运动如图 9－3 红色实线所示。

三、固定资产管理的信息流

固定资产管理的信息流是伴随着业务流和资金流而产生的，通过现代信息技术，结合企业实际发生的业务，实现信息收集、处理、储存和分析。在企业的管理中需要借助信息流将“信息孤岛”连接起来，这种非实物的传递方式能形成连续不断的、有秩序的数据处理活动。固定资产管理信息流的处理质量和传递速度不仅会影响固定资产管理流程的顺利进行，也能反映企业的整体运作情况，固定资产管理信息的收集、传递、分析、处理和判断的一系列过程能有效地帮助内部控制进行决策。在获得与固定资产管理有关的业务流和资金流信息后，可以收集企业固定资产的种类、名称、规格型号、使用部门、负责人、折旧方法等相关信息，这些信息能为固定资产管理的内部控制提供最基础的数据支持，能够使整个固定资产管理活动形成完整的、动态的闭环。固定资产管理信息流中的表单常见如图 9－4 所示的种类。

实践中以上表单的样式并不统一，但是其基本构成要素相似。限于篇幅，在此仅介绍固定资产目录、固定资产卡片的特征。

1. 固定资产目录

固定资产管理部门负责编制固定资产目录，这是实行固定资产归口分级管理与建立岗位责任制的重要基础工作，是后续建立固定资产卡片和账簿、进行固定资产核算与管理的依

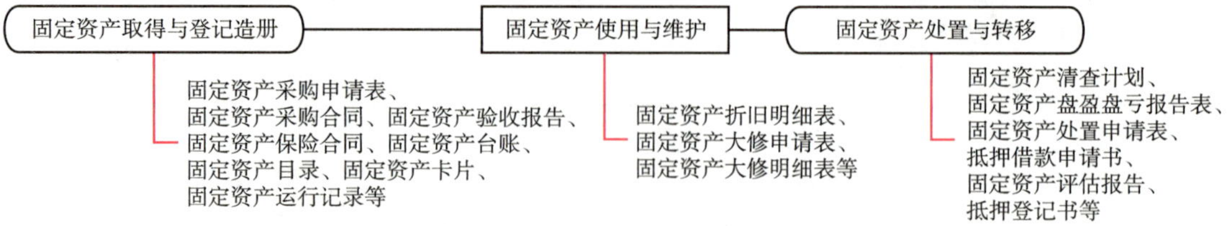

图 9－4　固定资产管理的信息流

据。目录上应列明固定资产编号、名称、规格型号、使用地点、使用部门、责任人、数量、购置日期、投入使用日期、备件附件情况等内容。

2. 固定资产卡片

固定资产卡片由财务管理部门签发，通常一式三份，财务管理部门、固定资产管理部门和使用部门各一份。它是进行固定资产明细核算的依据，应按每一独立登记对象登记，一个登记对象设一张卡片，卡片上的固定资产编号上应与固定资产目录保持对应关系，应详细记录各项固定资产的账面价值、维修、改造、折旧、预计净残值、盘点、处置等相关信息，以便于固定资产的有效识别。

【引例分析 9－5】

重庆力德固定资产管理信息流中的各表单详情如表引分 9－1 所示。

表引分 9－1　　重庆力德固定资产管理信息流中的表单详情

表单名称	表单作用	表单构成元素
固定资产采购申请单	需求部门提出购置固定资产的申请	申请日期、申请人、申请人部门、申请用途、采购金额合计、固定资产信息（名称、型号、单位、数量等）
固定资产采购合同	询价议价后与确定的供应商签订合同	签订日期、合同编号、合同开始及结束日期、合同交易双方信息、标的物信息、技术指标及质量要求、安装调试与验收、交货及结算、违约责任等
固定资产采购订单	向供应商下达订单，确认采购执行	关联采购合同号、采购订单号、订单日期、到货日期、采购方及供应商名称、订单总额、固定资产信息、付款信息等
固定资产入库单	外购的固定资产到货，入库验收使用	入库日期、采购部门、使用部门、验收人部门、供应商信息、固定资产信息、验收结论等
固定资产付款申请单	采购部门根据供应商要求对到期应付款提出付款申请	关联采购合同号、付款申请单号、申请人、付款方式、付款金额、支付信息（收款方、收款方开户行、收款方账号等）
固定资产领用单	使用部门领用固定资产	领用单号、领用日期、领用部门、领用人、领用明细等
固定资产报废申请单	固定资产办理报废手续使用的单据	申请单号、申请日期、申请人、报废固定资产信息、报废原因等

模块三　固定资产管理内控流程的风险评估

固定资产管理内控流程的风险评估

固定资产管理的内部控制是否有成效，体现在企业能否有效应对所面临的各类风险，而风险评估是确定如何应对风险的基础。固定资产管理流程的风险评估是指通过对识别出的风险业务进行分析，并描述风险发生可能性的高低和风险发生的后果，进而明确风险重要程度的过程。因此风险评估分为风险识别、风险分析、风险评价三个步骤。

一、风险识别

进行固定资产管理风险评估的首要任务是风险识别，即发现、认可并记录影响固定资产内部控制目标实现的风险的过程，其重点是收集固定资产管理中的风险信息，并识别风险信息的风险源。

（一）固定资产取得与登记造册的主要风险

（1）固定资产投资不科学，盲目向热门领域和地区出资或超标准配置资产，容易形成资产闲置或浪费。

（2）固定资产的取得未经适当验收，导致固定资产的品种、规格、数量、质量、技术要求等不符合要求，造成经济损失。

【引例分析 9－6】

重庆力德梳理完自身的固定资产管理流程后，开始搜集风险信息以便对流程各环节进行风险识别。在搜集 B28 高档玻璃器皿生产线的相关风险信息时，发现其取得环节存在“固定资产验收不当风险”。为完善国家大气污染物排放标准，促进环境空气质量改善，生态环境部组织修订了《重污染天气重点行业应急减排技术指南（2020 年修订版）》（环办大气函〔2020〕340 号），依据能源类型、污染治理技术、排放限值、无组织排放等差异化指标，将日用玻璃企业分为 A、B、C、D 四级，实行分级管控（见表引分 9－2）。

表引分 9－2　日用玻璃企业绩效分级指标

差异化指标	A 级企业	B 级企业	C 级企业	D 级企业
污染治理技术	脱硝（除全氧燃烧技术、全电熔炉外）采用低氨燃烧技术＋SCR 等工艺	脱硝（除全氧燃烧技术、全电熔炉外）采用低氨燃烧技术＋SCR 等工艺	脱硝采用 SCR 等工艺	未达到 C 级要求

已知重庆力德属于A级企业，应遵守A级企业的污染治理技术，故重庆力德的B28高档玻璃器皿生产线的玻璃窑炉应配套建设大气污染防治设施（脱硝系统），与主体工程（玻璃窑炉）同时投入使用。但当时取得B28高档玻璃器皿生产线时，其玻璃熔炉配套建设的环境保护设施（脱销系统）验收不当，从而没有发觉所购买的环境保护设施（脱销系统）存在质量问题，导致其玻璃熔炉工作时所排放的大气污染物轻度超标。

究其原因是原固定资产采购合同的履约流程（见图引分9－3），参与现场验收只要求采购专员、仓管员、设备管理员参与，环保检验相关的专家未参与，导致未严格按照环境保护设施要求的标准进行验收（见图引分9－6）。

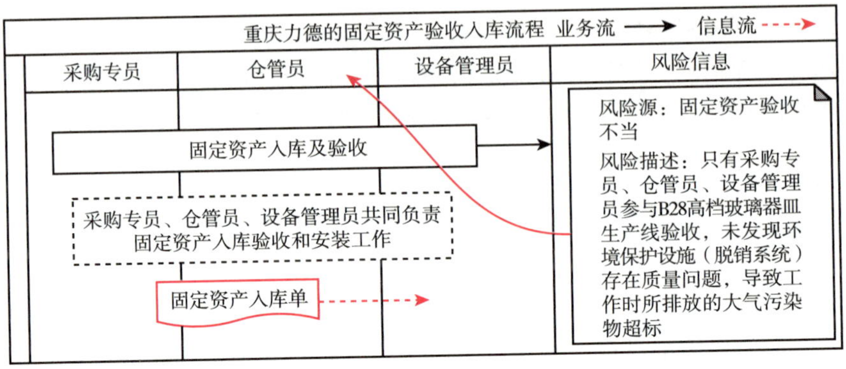

图引分9－6　固定资产验收不当风险

（3）对于具有权属证明的固定资产，未取得合法的权属证书，影响固定资产的使用或导致经济损失。

（4）固定资产的原始凭证在传递过程中出现不及时、记录不准确或计算有误等问题，导致企业固定资产的核算出现不规范、不真实等，最终影响财务报表的准确性。

【引例分析9－7】

重庆力德在收集固定资产管理方面的风险信息时，还发现公司存在“固定资产采购支付不规范风险”，从2022年一季度的应付账款汇总表上收集到相关风险信息如表引分9－3所示。

表引分9－3　固定资产采购支付不规范情况

合同编号	GLGDZCCG－0203 GLGDZCCG－0305	供应商	古力古力公司
问题	皆为提前支付采购款，存在付款时间与合同不一致问题		
事件经过	古力古力提出要款后，由于对方催得很急，重庆力德的采购专员当时只核查了付款金额正确与否，并没有仔细留意原采购合同的付款时间，就马上提交了付款申请；且古力古力是重庆力德的最大设备供应商，长期合作，十分信任，因此采购经理就审批通过了		
合同编号	JCGDZCCG－0210	供应商	交城东方机械设备制造有限公司
问题	没有核查该合同标的物的固定资产入库单，导致采购款多支付了13 000元		
事件经过	采购合同标的物为生产所需设备——供料机，该设备因运输颠簸导致外表磕碰微量变形，资产管理部总监立即与东方机械沟通，由于当时生产急需该设备，且受损部位不影响生产能力，最终双方达成一致，不退货而是价款减少13 000元，并在固定资产入库单上备注此事。但后续申请支付采购款的流程中，无论采购专员、采购经理、会计、财务经理都忽略了固定资产入库单的备注内容，仅按照原采购合同金额支付		

因此公司对原固定资产采购合同的履约流程（见图引分 9－3）进行分析，发现产生这类风险的原因是在收到发票后就立即申请付款了，缺乏严格核对合同、入库单、发票等凭证上的付款时间、单价、金额等信息（见图引分 9－7）。

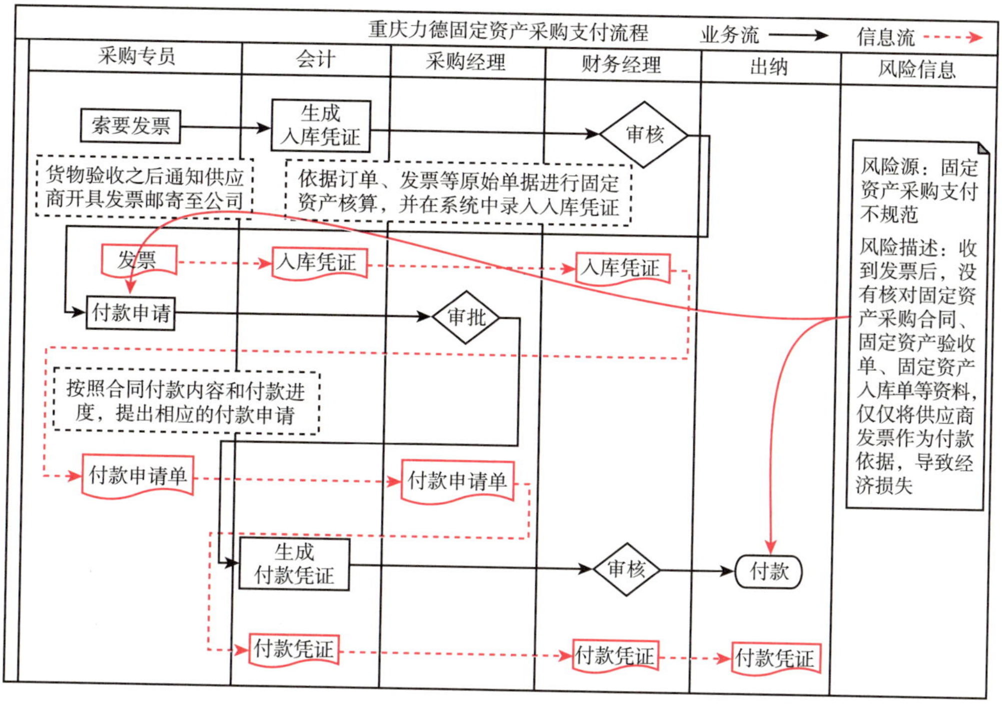

图引分 9－7 固定资产采购支付不规范风险

（5）固定资产未登记或登记内容不完整，可能导致固定资产流失、固定资产信息失真、账实不符。

（6）未建立固定资产的实物台账、未进行固定资产的卡片管理，可能导致固定资产管理混乱。

（7）未及时对固定资产调拨进行实物台账更新，可能导致账实不符。

（二）固定资产使用与维护的主要风险

（1）未对固定资产定期进行维护保养或维护保养不合理，可能造成固定资产使用效率低下或存在安全隐患、经济损失。

（2）未制定设备操作规程或操作手册，可能影响企业安全生产和产品质量。

（3）未对特殊设备或关键设备的操作人员进行相关培训，导致设备使用效率低下，可能造成安全事故和质量事故。

（4）固定资产折旧政策不符合会计准则或未按固定资产折旧政策计提折旧，可能影响会计报表准确性。

（5）未对固定资产进行投保，导致固定资产在发生意外事故或自然灾害时，造成经济损失。

（6）对于重大固定资产项目的投保，未采取招标方式确定保险人，可能造成固定资产投保舞弊。

(7) 未根据固定资产运行维护情况进行评估，并形成升级改造计划，影响固定资产使用效率。

(8) 未定期进行固定资产清查或清查报告不真实、不准确，造成固定资产丢失、毁损。

(9) 未对固定资产的盘盈（盘亏）进行分析和处理或未根据盘盈（盘亏）及时调整固定资产账面价值，造成固定资产信息失真、账实不符。

（三）固定资产处置与转移的主要风险

(1) 固定资产处置业务管理混乱，职责分工不明确、流程不清晰，对处置业务没有引起足够重视而任意处置固定资产，易于产生资产流失。

【引例分析 9－8】

重庆力德在收集固定资产管理方面的风险信息时，还发现原固定资产报废流程（见图引分 9－5）存在“固定资产报废处置未经适当鉴定风险”（见图引分 9－8）。每年的第三季度都是重庆力德的生产旺季，钢化炉是重庆力德生产产品的关键设备，但根据当前钢化炉的生产能力测算，即使满负荷生产，依然无法按时交付今年三季度的生产订单，因此必须增加一台钢化炉。但考虑到此设备价格昂贵，且安装周期过长，即便购入也很可能造成订单违约的情况，因此公司管理层决定组织相关技术人员对 2022 年 5 月报废的一台钢化炉进行检修，后经过技术人员 2 周的检修，此设备达到正常生产标准，公司立即决定将设备投入再生产。固定资产报废申请单如表引分 9－4 所示。

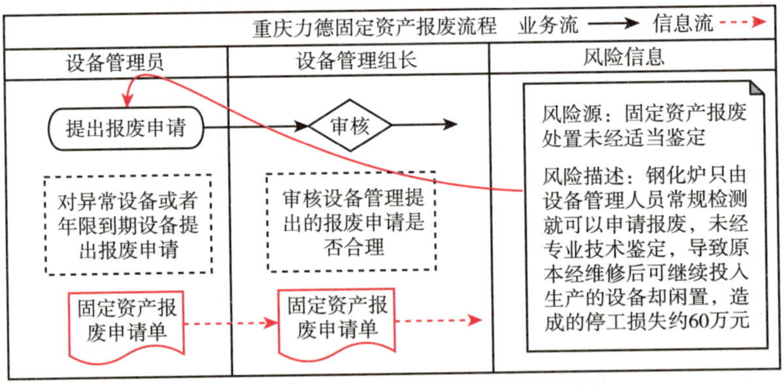

图引分 9－8　固定资产报废处置未经适当鉴定风险

表引分 9－4　固定资产报废申请单

申请单号	BFSQ2021－003		申请日期	2022 年 5 月 25 日	
申请部门	设备管理组		申请人	设备管理员	
固定资产名称—型号	固定资产编号	已使用期限（月）	原值	累计折旧	净值
钢化炉－BLGHL－600	0101－0032	65	1 697 426.50	873 467.39	823 959.11
报废原因	压力仪器表电阻损坏，零件无法采购，修复困难				

那么当时为什么会对此设备做报废处理呢？原固定资产报废流程只要求设备管理员进行常规检测，当时检测出设备无法正常运转的原因是其压力仪器表的电阻损坏了，而压力仪器表是国外进口的精密零件，当时已停产，因此设备管理员认为无法维修。而如今经过技术人员检修后又可以重新使用，因此认为固定资产报废处置未经适当专业技术鉴定。相关部门估算此设备闲置期间造成的停工损失约 60 万。

（2）未经过适当的申请、审批、鉴定等程序，擅自确定固定资产评估机构或超越授权范围审批，甚至处置过程收受回扣，可能导致处置价格过低、资产损失。

（3）企业内部固定资产转移未按规定处理，造成管理信息失真。

（4）固定资产处置的相关凭证未提交给财务部门，导致账实不符。

二、风险分析

经过风险识别阶段，已经收集了固定资产管理流程中的风险信息，对面临的风险有了一个初步认识，接下来需要对各类风险的发生可能性和发生后果进行分析。

（一）风险发生的可能性

固定资产管理中风险发生的可能性是指在企业目前的管理水平下，固定资产管理中各类风险发生概率的大小或者发生的频繁程度。在风险管理实践中，一般利用固定资产管理方面的历史数据推断风险事件在未来发生的可能性。

【引例分析 9－9】

通过风险信息收集，重庆力德识别出其固定资产管理流程中存在固定资产验收不当、固定资产采购支付不规范、固定资产报废处置未经适当鉴定共 3 类风险后，为了进一步分析风险，公司根据风险管控矩阵进一步规范了风险发生可能性准则（见表引分 9－5），即将风险发生的可能性分为 5 个等级，分别赋予 1 分至 5 分，分值越大表示发生可能性越大。

表引分 9－5　　重庆力德固定资产管理的风险发生可能性准则

风险源	1（较低）	2（低）	3（中等）	4（较高）	5（非常高）
固定资产验收不当风险	10 年内未发生罚款或警告	10 年内罚款或警告次数发生 1 次	10 年内罚款或警告次数发生 2～3 次	10 年内罚款或警告次数发生 4～5 次	10 年内罚款或警告次数超过 5 次
固定资产采购支付不规范风险	3 年内固定资产采购付款合规比率大于 99%（含）	3 年内固定资产采购付款合规比率介于 98%（含）～99%	3 年内固定资产采购付款合规比率介于 97%（含）～98%	3 年内固定资产采购付款合规比率介于 96%（含）～97%	3 年内固定资产采购付款合规比率低于 96%
固定资产报废处置未经适当鉴定风险	3 年内造成不利影响（损失）1 次及以下	3 年内造成不利影响（损失）2～3 次	3 年内造成不利影响（损失）4～5 次	3 年内造成不利影响（损失）6～8 次	3 年内造成不利影响（损失）9 次及以上

重庆力德通过调阅相关历史资料并结合准则，判断出各类风险发生可能性的得分（见表引分 9－6 至表引分 9－8），从而推测出各类风险在未来发生的概率。

表引分 9－6　　固定资产验收不当风险发生可能性得分

发生可能性得分：3	
历史资料来源	2013—2022 年期间环保部门及其他部门的检查记录
历史资料详情	2013—2022 年期间环保部门检查合计 18 次，其中发布整改通知 1 次（环改【2022】30 号），处罚 1 次金额 210 万元（罚告【2017】32 号）
分析结论	2017 年罚款 1 次，2022 年警告 1 次，因此属于“10 年内罚款或警告次数发生 2～3 次”，所以发生可能性得分为 3 分

表引分 9－7　　固定资产采购支付不规范风险发生可能性得分

发生可能性得分：5	
历史资料来源	3 年内固定资产采购付款统计表
历史资料详情：	3 年内发生固定资产采购付款 51 次，除下述问题之外，未发现其他异常情形： 1. 合同编号：GLGDZCCG－0203，GLGDZCCG－0305，这两笔付款时间与合同不一致，两笔都提早 2 天支付了 2. 合同编号：JCGDZCCG－0210，没有核查合同标的物的固定资产入库单，未核实付款金额，导致多支付了 13 000 元
分析结论	共计发生固定资产采购支付不规范事件 3 次，合规比率为（1－3/51）×100%＝94.12% 因此属于“3 年内固定资产采购付款合规比率低于 96%”，所以发生可能性得分为 5 分

表引分 9－8　　固定资产报废处置未经适当鉴定风险发生可能性得分

发生可能性得分：2	
历史资料来源	2021 年 5 月至 2022 年 5 月期间的报废统计数据
历史资料详情	2021 年 5 月至 2022 年 5 月累计发生固定资产报废 12 起，其中因设备使用年限正常到期报废的共 10 笔，且经会计核算都未产生损失；剩余 2 笔则产生异常报废，详情如下： 1. “测温仪—T2210”因测温长期不准，造成生产废品率升高，且已超过维保期，厂家不予退货和维修，于是经报废审批后变卖处置，造成净损失 1 500 元。后经技术人员反映，其实可经维修之后再次正常使用且维修费仅 500 元 2. “钢化炉—BLGHL—600”因其压力仪器表的电阻损坏，而此零件属国外进口的精密零件，当时已停产，因此认为维修难度过大，遂批准报废闲置于厂房内。后经技术人员分析，可购置同等性能的国产压力仪器表替换旧仪器表，且替换后功能可兼容，与原款仪器表基本无异，相关部门估算此设备闲置期间造成的停工损失约 60 万元
分析结论	测温仪—T2210 报废造成损失 1 次，钢化炉—BLGHL—600 报废造成损失 1 次，因此属于“1 年内造成不利影响（损失）2～3 次”，所以发生可能性得分为 2 分

（二）风险发生的后果

固定资产管理风险发生的后果是通过假设特定事件或情形已经出现，然后判断其影响的性质、类型和大小。

【引例分析 9－10】

重庆力德判断完固定资产验收不当、固定资产采购支付不规范、固定资产报废处置未经适当鉴定的风险发生可能性得分后，继续根据风险管控矩阵完善了风险发生后果准则（见表引分 9－9），即将风险发生后果分为 5 个等级，分别赋予 1 分至 5 分，分值越大表示发生后果越严重。

表引分 9－9　　重庆力德固定资产管理的风险发生后果准则

风险源	1（轻微）	2（较小）	3（中等）	4（严重）	5（非常严重）
固定资产验收不当风险	遭受相关累计罚款 10（含）万元以内	遭受相关累计罚款 10 万～50（含）万元以内	遭受相关累计罚款 50 元～100（含）万元以内	遭受相关累计罚款 100 万～200（含）万元以内	遭受累计罚款 200 万元以上
固定资产采购支付不规范风险	错误现金支出占上年度经营活动现金流净额比率 0.01% 以下	错误现金支出占上年度经营活动现金流净额比率 0.01%（含）～0.1%	错误现金支出占上年度经营活动现金净额比率 0.1%（含）～1%	错误现金支出占上年度经营活动现金净额比率 1%（含）～3%	错误现金支出占上年度经营活动现金净额比率大于等于 3%（含）
固定资产报废处置未经适当鉴定风险	固定资产报废产生的不利影响金额在 10 万元以下	固定资产报废产生的不利影响金额在 10 万（含）～50 万元	固定资产报废产生的不利影响金额在 50 万（含）～100 万元	固定资产报废产生的不利影响金额在 100 万（含）～200 万元	固定资产报废产生的不利影响金额在 200 万元（含）以上

重庆力德通过调阅相关历史资料并结合准则，判断出各类风险发生后果的得分（见表引分 9－10 至表引分 9－12），从而推测出各类风险在未来发生的严重程度。

表引分 9－10　　固定资产验收不当风险发生后果得分

发生后果得分：5	
历史资料来源	2013—2022 年期间环保部门及其他部门的检查记录
历史资料详情	2013—2022 年期间环保部门检查合计 18 次，其中发布整改通知 1 次（环改【2022】30 号），处罚 1 次金额 210 万元（罚告【2017】32 号）
分析结论	2017 年罚款 210 万元，因此属于“遭受累计罚款 200 万元以上”，所以发生后果得分为 5 分

表引分 9－11　　固定资产采购支付不规范风险发生后果得分

发生后果得分：2	
历史资料来源	2022 年一季度的应付账款汇总表；2022 年一季度的现金流量表
历史资料详情	2022 年一季度的应付账款汇总表中仅有 1 笔错误现金支出，详情如下：合同编号 JCGDZCCG－0210，当时没有核查合同标的物的固定资产入库单，未核实付款金额，导致多支付了 13 000 元。2021 年现金流量表中经营活动产生的现金流量净额为 41 214 663.79 元
分析结论	错误现金支出 13 000 元除以经营活动现金净流量 41 214 663.79 约等于 0.032%，因此属于“错误现金支出占上年度经营活动现金流净额比率 0.01%（含）～0.1%”，所以发生后果得分为 2 分

表引分 9－12　　固定资产报废处置未经适当鉴定风险发生后果得分

发生后果得分：3	
历史资料来源	2021 年 5 月至 2022 年 5 月期间的报废统计数据
历史资料详情	2021 年 5 月至 2022 年 5 月累计发生固定资产报废 12 起，其中因设备使用年限正常到期进行报废的共 10 笔，且经会计核算未产生损失；剩余 2 笔则产生不利影响金额，详情如下： 1. "测温仪—T2210" 造成账面净损失 1 500 元 2. "钢化炉—BLGHL—600" 因报废期间闲置在厂房导致停工损失约 60 万元
分析结论	直接损失加间接损失合计超 60 万元，因此属于"固定资产报废产生的不利影响金额在 50（含）万～100 万元"，所以发生后果得分为 3 分

三、风险评价

固定资产管理风险评价是风险评估的最后环节，将固定资产管理风险分析的结果（风险发生可行性和风险发生后果）与预先设定的风险重要性等级准则相比较，以确定固定资产管理风险的重要性等级。

（一）风险的重要性等级

固定资产管理风险的重要程度是发生可能性和发生后果的综合结果。在固定资产风险管理实践中，用得比较多的方法是把风险发生可能性的分值与风险发生后果的分值相乘，其乘积即为风险重要程度的大小，数字越大，对应的风险越高。

【引例分析 9－11】

分析完风险后，重庆力德结合面临的社会经济环境及内部环境，制定了自身的风险重要性等级准则，其中风险值的计算公式为：风险值＝风险发生可能性×风险发生后果（见表引分 9－13）。

表引分 9－13　　重庆力德的风险重要性等级准则

风险等级	风险值范围	说明
低风险（可接受）	＜5	制度健全且执行到位
中风险	5～14	制度基本健全合理，但执行尚有缺陷
高风险	15～25	制度还需健全、完善，执行还不到位

针对前期梳理固定资产管理流程发现的固定资产验收不当风险、固定资产采购支付不规范风险、固定资产报废处置未经适当鉴定风险，分别计算各类风险的风险值，并判断各类风险的重要性等级（见表引分 9－14）。

表引分 9－14　　重庆力德固定资产管理的风险重要性等级

风险源	风险发生可能性	风险发生后果	风险值	风险重要性等级
固定资产验收不当风险	3	5	15	高风险
固定资产采购支付不规范风险	5	2	10	中风险
固定资产报废处置未经适当鉴定风险	2	3	6	中风险

（二）风险矩阵

固定资产管理的风险矩阵是利用固定资产风险发生可能性及其发生后果这两个维度来绘制的矩阵图，是用于对风险进行优先排序的有效工具。绘制矩阵时，一个坐标轴表示固定资产管理风险发生可能性等级，另一个坐标轴表示固定资产管理风险发生后果等级，根据风险在矩阵中所处的位置，可以直观地显现固定资产管理风险的分布情况，可以确定哪些风险更重要，需要更细致的分析和优先应对，非常有助于管理者确定关键风险和风险应对方案。

【引例分析 9－12】

为了更直观地展示风险分布情况，重庆力德根据前面判断出的风险发生可能性及发生后果的得分，绘制出固定资产管理的风险矩阵图（见图引分 9－9）。固定资产验收不当风险落在矩阵的红色区域，表示高风险；固定资产采购支付不规范风险和固定资产报废处置未经适当鉴定风险落在矩阵的白色区域，表示中风险。由此可见固定资产验收不当风险是公司目前最紧急的、最应该优先应对的风险。

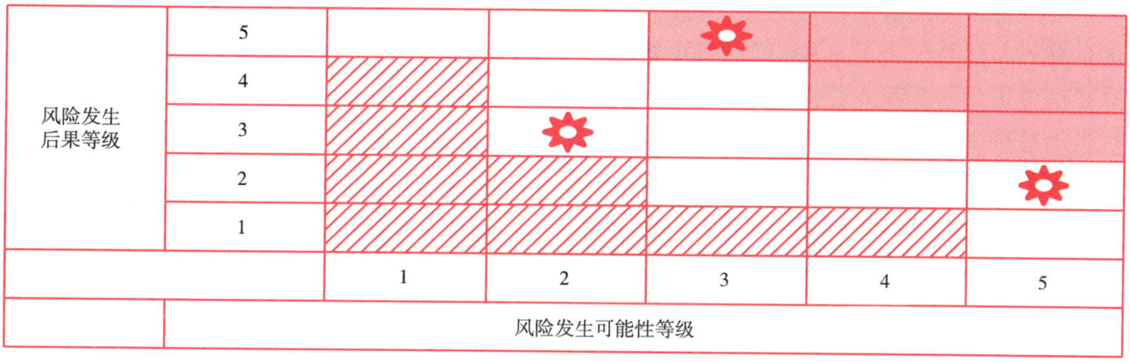

图引分 9－9　重庆力德固定资产管理风险矩阵图

模块四　固定资产管理风险的内控措施

固定资产管理风险的内控措施

固定资产管理的风险控制是企业内部控制的关键一环，之前对风险的识别、分析、评价都是序曲，皆为风险控制服务。面对风险，企业一般会在权衡成本效益之后，采取适当的控制措施降低风险或者减轻损失，将风险控制在风险承受度之内。风险控制是一个递进的循环过程，在实施风险控制措施后，还要继续评估剩余风险的风险水平是否可以承受，如果不能承受，那还要采取进一步的应对措施，直到剩余风险可以承受。常见固定资产管理风控措施如下：

一、不相容职务分离控制

企业应当建立固定资产管理业务的岗位责任制，明确相关部门和岗位的职责、权限，确保办理固定资产业务的不相容职务相分离。固定资产业务的不相容职务分离主要有：

（1）固定资产投资预算的编制人员与预算的审批人员、预算的审批人员与预算的执行人员相分离。

（2）固定资产的采购人员、验收人员与付款人员相分离。

（3）固定资产投保的申请人员与审批人员相分离。

（4）固定资产处置的审批人员与执行人员相分离。

（5）固定资产取得与处置业务的执行人员不得进行相关会计记录。

【相关案例】

上海宝山实业有限公司规定：固定资产的建造材料一次性采购金额超过 30 万元的应由供销科长和总经理依次审批，低于 30 万元的由供销科长张明审批。但由于采购申请和审批都可以由张明一手操办，因此 2022 年 1 月张明收受供应商贿赂 2 万元，将总价为 250 万元的建造材料分 9 次采购，以规避审批层次分级的限制，最终致使固定资产建造材料的价格远高于同类的市场价格。

二、授权审批控制

固定资产授权审批控制按其形式可以分为常规授权和特别授权。所谓固定资产常规授权，是指对处理常规固定资产业务时的条件、权利和责任的规定，常规授权的时效性较长；固定资产特别授权是指处理较为特殊、例外的固定资产业务时的条件、权利和责任的规定，特别授权的时效性较短。无论是哪种授权审批方式，企业要运用授权审批控制对固定资产加以控制，就必须建立固定资产授权审批体系，明确授权审批的方式、程序和相关控制措施，规定审批人的权限、责任和经办人的职责范围和工作要求，严禁未经授权审批的机构和人员办理固定资产业务。审批人应根据固定资产授权审批制度的规定，在授权审批的范围内审批，不得超越权限进行审批；经办人应当在职责范围内，按照审批人的批准意见办理固定资产业务。对于审批人超越权限范围而批准的固定资产业务，经办人有权拒绝办理，并及时向审批人的上级授权部门报告。如何建立完善的固定资产授权审批制度，包括以下几点：

1. 授权审批的范围

通常企业的每项固定资产预算只有经过董事会等高层管理机构或相应的审批部门批准方可生效；所有形式的固定资产的增加和减少包括固定资产的外购、固定资产的自建、接受投资转入或捐赠的固定资产以及固定资产的正常、非正常报废等均须经过企业相应的授权审批机构的书面认可，并应纳入授权审批的范围。

2. 授权审批的层次

应根据固定资产业务活动的重要性和金额大小确定不同的授权审批层次，从而保证各管理层有权亦有责。如根据固定资产投资额的大小以及单项投资占净资产的比重，针对购建、处置固定资产建立严格的分级授权审批制度；根据减值额的大小以及减值额占资产价值的比重建立固定资产减值处理的授权审批制度。

【引例分析 9-13】

重庆力德依据采购申请金额大小确定了不同的审批层次，如固定资产采购合同的签订流程，以采购申请金额大小作为流程分支条件，在采购经理审批处产生分支（见图引分 9-10）。

分支 1：采购申请金额总计≥50 000 元，采购经理审批、总经理审批；

分支 2：采购申请金额总计<50 000 元，采购经理审批。

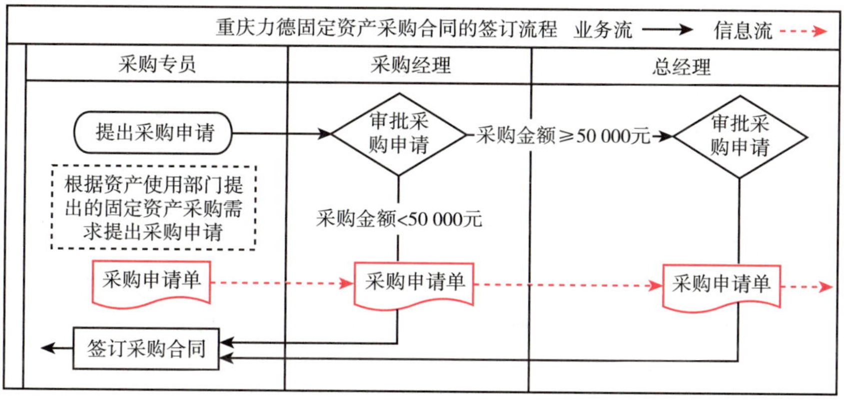

图引分 9-10 重庆力德固定资产采购合同的分支流程

3. 授权审批的责任

应当明确被授权者在履行权利时应对哪些方面负责，应避免责任不清、一旦出现问题又难辞其咎的情况发生。

【引例分析 9-14】

（1）针对固定资产验收不当风险，重庆力德决定采取“授权审批控制”措施降低风险，将风险控制在风险承受度之内（见表引分 9-15）。

表引分 9－15　固定资产验收不当的授权审批控制

风险源	固定资产验收不当风险	风险等级	高
内控措施	授权审批控制		
具体方案	建立严格的固定资产验收制度，结合资产特性确定验收标准。采购后应及时组织验收，验收合格后将合格结果、资产名称与金额等记录在“固定资产验收单”，并由授权人员审核盖章或签字确认后方可入库。从原固定资产采购合同的履约流程（见图引分 9－3）来看，改变以前只有采购专员、仓管员、设备管理员参与验收的流程，授权“环保管理专员”也参与现场验收，因为环保管理专员知晓生产设备配套的环境保护设施的验收标准，从而避免了环保工作方面的名誉损失和经济损失		
控制部门	资产管理部、仓储部、采购部	控制负责人	设备管理员、环保管理专员、仓管员、采购专员

【练一练】重庆力德固定资产验收的再造流程如何绘制？

（2）针对对固定资产报废处置未经适当鉴定风险，重庆力德决定采取“授权审批控制”措施降低风险，将风险控制在风险承受度之内（见表引分 9－16）。

表引分 9－16　固定资产报废处置未经适当鉴定的授权审批控制

风险源	固定资产报废处置未经适当鉴定风险	风险等级	中
内控措施	授权审批控制		
具体方案	生产用的技术设备报废必须经相关技术人员鉴定后方可申请报废。从原固定资产报废流程（见图引分 9－5）来看，资产管理部应组织相关人员成立鉴定小组，由小组对设备进行鉴定，提出建议，并提交有关的固定资产报废意见表		
控制部门	资产管理部	控制负责人	设备管理员、技术员

【练一练】重庆力德固定资产报废的再造流程如何绘制？

4. 授权审批的程序

应规定每类固定资产业务审批程序，包括固定资产的外购、自建、受赠、调出、出售、报废等，都应按规定的程序和手续，经有关部门批准后，方能办理，以避免越级审批、违规审批的情况发生。

三、财产保护控制

此处的财产保护是指固定资产实物资产的直接保护，主要有以下几种方式：

（一）限制接近

固定资产的限制接近主要是针对某些特定的固定资产实施的控制，如各种精密仪表仪器、设备等。限制非固定资产使用部门、管理部门的人员等无关人员对这些固定资产的直接接触，只有经过授权审批的部门和人员才能够接触这些固定资产。

（二）定期盘点

企业应建立固定资产定期盘点制度，并保证盘点时固定资产的安全性。通常可采用先盘点实物，再核对账册来防止盘盈固定资产流失的可能性。对盘点中出现的差异进行调查，对盘亏的固定资产应分析原因、查明责任，进而完善相关控制制度。固定资产盘点由财务管理部门、固定资产管理部门牵头配合抽调人员成立盘点小组，每年至少盘点两次。盘点内容如下：（1）盘点固定资产总账的账面金额与其明细账的账面金额是否相符；（2）盘点固定资产明细账的数量与卡片的数量是否一致；（3）盘点账卡的数量与实物的数量是否相符。固定资产盘点完毕后应编出固定资产盘点报告表，对于出现的问题认真查明原因，分清责任，并进行报批处理。

（三）财产保险

财产保险是通过对固定资产投保（如火灾险、盗窃险等）增加固定资产受损后的补偿机会，从而保证固定资产的安全性。企业应当建立固定资产投保制度，防范和控制固定资产的意外风险。企业应当明确应投保固定资产的范围和标准，由固定资产管理部门负责提出投保申请，由企业相应的安全工程师负责投保申请的审核，最后由企业财务部门负责投保手续的办理。

四、会计系统控制

会计记录反映了固定资产各项业务的发生、处理和结果，健全良好的会计记录能够保护固定资产的安全与完整，正确反映企业固定资产的增减变动情况，有利于企业管理层决策的及时性和有效性，在进行会计处理时，应进行以下检查：

（1）与固定资产有关的原始凭证（如合同、入库单、订单、发票、货运资料、调拨申请单、内部转移清单等）是否齐全、是否合法；相关记账凭证、账簿的内容是否一致、合规；并定期与行政管理部门、使用部门进行对账，做到账、卡、物相符；有关人员在凭证上的签字是否齐全。

【内控“思”享】

固定资产的“乾坤大挪移”

厂商检修员：张姐，你们设备的年检已经 OK 了，有那么一点小问题需要运到我们公司维修点维修一下。

固定资产负责人：哦？现场修不行吗？那你们维修点在哪里？费用高吗？

厂商检修员：这个现场修可能解决不了。费用不高的，你们公司本地就有维修点，很方便！

固定资产负责人：哦，那还行，还挺方便的。对了，那我们长沙分公司哪里的设备怎么说？也是你过去吗？如果有问题也邮寄过来吗？

厂商检修员：那个啊，不用我去，我们那里分公司的员工也能去，而且最近也新开了维修点。

固定资产负责人：这样啊，对了小弟，你能不能帮我一个忙，事成之后好处少不了你。

厂商检修员：张姐你说，小弟能帮忙的一定帮！

固定资产负责人：我们广州分公司和长沙分公司不是都要维修保养吗？现在都是本地修的，你能不能帮我做成核心部件需要异地寄修呢？反正就两次维修嘛，你就说广州的设备需要邮寄到长沙修，长沙的需要邮寄到广州修，这样可以吗？

厂商检修员：没必要这样做啊，本地就能修，成本也低，为啥你要做成异地寄修呢？

固定资产负责人：小老弟，这你就不懂啦，实际根本不需要邮寄出去，我们修还是在本地修，但是做出一种异地寄修的假象，那多出来的运输费，咱俩就平分了。本身维修的费用并没有多，多出来的只是运输费，你们说这个只能寄修，至于真的运到哪里了，没人会过问的。

资料来源：锐思商学院公众号。

（2）应当根据具体固定资产的性质和消耗方式，合理地确定固定资产的预计使用年限和预计净残值，并根据科技发展、环境及其他因素，合理地选择固定资产的折旧方法。固定资产的预计使用年限、预计净残值和折旧方法一经确定，不得随意变更。如需变更，应报上级领导批准。

（3）固定资产增减变动要及时进行会计处理；对未使用、不需用固定资产要及时办理封存手续；清理报废的固定资产残值应及时入账，实物要妥善保管和统一处理。

【引例分析 9－15】

针对固定资产采购支付不规范风险，重庆力德决定采取“会计系统控制”措施把风险降到更小（见表引分 9－17）。

表引分 9－17　　固定资产采购支付不规范的会计系统控制

风险源	固定资产采购支付不规范风险	风险等级	中风险
内控措施	会计系统控制		
具体方案	在原固定资产采购合同的履约流程（见图引分 9－3）的付款环节前增设采购结算环节，即付款前必须进行结算，改变以前收到发票后就立即申请付款的流程。在收到发票后，由采购专员根据采购合同、固定资产入库单、发票信息等发起采购结算，并填写“固定资产结算单”，后经会计审核上述资料中有关付款时间、付款金额等信息是否正确，待采购结算环节结束后，才能发起申请付款，以此避免采购支付不规范带来的直接或间接损失		
控制部门	财务部	控制负责人	出纳、财务经理

【练一练】 重庆力德固定资产采购合同的履约再造流程如何绘制？

五、预算控制

固定资产预算控制是指通过编制固定资产预算来确定固定资产购置、建造或处置的计划指标，并规定为达到计划指标而需要通过的途径和采取的步骤与措施，从而对各年度固定资产的增减变动情况和资金的合理运用进行预测和控制。

企业应当明确固定资产投资预算的编制、调整、审批、执行等各环节的控制要求。企业编制的固定资产预算应当符合本企业的发展战略和生产经营的实际需要，综合考虑固定资产投资方向、规模、资金占用成本、预计盈利水平和风险程度等因素，在对固定资产投资项目进行可行性研究和分析论证的基础上，合理安排投资进度和资金投放量。对于固定资产预算控制的关键在于，预算制定的科学性和适应性，同时更应注意预算执过程中的适时监控，反之，预算控制就将失去其应有的意义。

固定资产预算的编制由固定资产使用部门、固定资产管理部门、企业财务部门等有关部门共同参加，以便减少资本支出预算错误发生的可能性。固定资产预算应于每年年度开始之前进行。固定资产预算必须在考虑多种因素的基础上予以编制，这些因素包括投资预算额、投资的机会成本、投资的资金成本、预计现金净流入、投资回报率以及当前年度企业生产经营总体标和计划、上一年度固定资产预算的执行情况、企业生产使用的实际情况、以后若干年度企业的整体发展规划等。

总结与提高

本项目我们学习了固定资产管理的内部控制目标，固定资产管理内控所需组织架构，固定资产管理内控的业务流、资金流、信息流，对固定资产管理内控流程中的风险进行了识别、分析、评价，并对此采取相应的内部控制措施。学习的重点是梳理固定资产管理内控流程和风险评估；学习的难点是针对风险选择恰当的内部控制措施。

【线上活动】

登录智慧职教平台，完成微课学习、习题和讨论，发表自己对固定资产管理的控制的理解和看法。

【推荐阅读】

《企业内部控制应用指引第 8 号——资产管理》

评价与考核

一、项目实施评价

项目完成后，学员根据项目实施情况进行自我评价，并填表（在○中打√，A 掌握，B 基本掌握，C 未掌握），指导老师根据评价结果进行讲评。

项目实施情况分析表

项目实施过程	自我评价
创建固定资产管理内控所需组织架构	A○　B○　C○
设计固定资产管理内控的信息流、资金流	A○　B○　C○
绘制固定资产管理内控的业务流	A○　B○　C○

续表

项目实施过程	自我评价
识别固定资产管理内控流程的风险	A○　B○　C○
分析固定资产管理内控流程的风险	A○　B○　C○
评价固定资产管理内控流程的风险	A○　B○　C○
控制固定资产管理内控流程中的风险	A○　B○　C○

二、理论考核

1. 判断题

(1) 对于尚未及时办理竣工验收手续，但已达到预定可使用状态的固定资产，应及时将在建工程转为固定资产核算。 (　　)

(2) 由于资产使用部门最了解哪种资产最符合工作需要，因而应由资产使用部门在提出申请的同时负责采购。 (　　)

(3) 公司应制定财产保险制度，对价值较大或风险较高的固定资产规定财产保险的政策和程序。 (　　)

(4) 对于重大的固定资产投资项目，企业必须通过咨询公司进行可行性研究与评价，以防止出现决策失误而造成严重损失。 (　　)

(5) 固定资产抵押只有在单位确实有资金调度的需求时，经相关部门负责人授权批准，才可以与金融机构商定贷款意向，议定贷款金额及期限，进行担保贷款。 (　　)

2. 不定项选择题

(1) 下列对企业固定资产投保措施的描述中，正确的有 (　　)。

A. 根据企业实际情况，明确投保资产范围和投保政策

B. 对企业通过经营租赁方式租入、租期为3年的大型仪器设备投保

C. 对应投保的固定资产项目按规定程序进行审批，办理投保手续

D. 对重大固定资产项目的投保，应当考虑采取招标方式确定保险公司

E. 已投保的固定资产发生损失的，应当及时办理相关的索赔手续

(2) 固定资产卡片应反映的信息有 (　　)。

A. 编号、名称、种类　　B. 所在地点

C. 使用部门和责任人　　D. 账面价值

E. 出租、出借等使用状态

(3) 企业固定资产验收业务环节，应当采取的控制措施有 (　　)。

A. 制订明确的验收计划　　B. 明确验收程序

C. 明确验收标准　　D. 仓储部门自行组织，无须其他部门参与

E. 验收发现固定资产不合格，直接返回供货方

(4) 固定资产业务的不相容岗位主要包括 (　　)。

A. 预算申请与审批　　B. 采购与验收

C. 保管与会计记录　　D. 处置申请与审批

E. 预算与付款

(5) 企业财务部门按照国家统一的会计准则、制度的规定，及时确定固定资产的购买

或建造成本。这种行为属于（　　）控制措施。

A. 会计系统　　B. 财产保护　　C. 内部稽核　　D. 授权审批

三、技能考核

请根据下列案例进行风险识别与内部控制。

50岁的老归是原上海溢彩技术工程公司轻纺工程部经理，利用职务上的便利，骗取企业财产64余万元，面对法院的终审判决，被告人老归不得不低下头，吞下自己“精心隐藏”的苦果，等待他的将是牢狱生活。

2020年11月，山东一家公司向上海溢彩求购精梳机一套，但当时上海溢彩没有购买此类机械的配额，头脑活络的老归想出一个好办法，利用其他公司的配额到大发纺机总厂定购。随后，老归将上海溢彩的45万余元划入大发纺机总厂。然而，2021年初，他代表上海溢彩到大发纺机总厂核账时发现，大发纺机总厂财务人员出错：把上海溢彩已提走的精梳机，当作其他公司购买的，因此他划入的45万余元变为公司的预付款。于是，一场偷梁换柱的把戏开始上演。

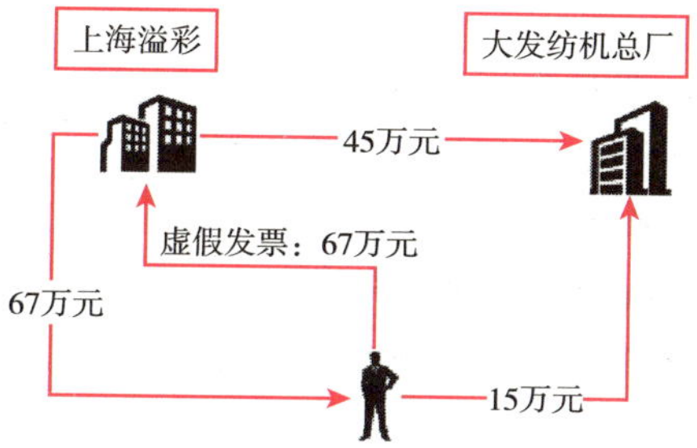

2021年3月至4月，老归派人到大发纺机总厂以上海溢彩的名义购买混条机等价值60余万元的设备。因为有了45万余元的“预付款”，老归仅向大发纺机总厂支付了15万元。随后，他找到了亲戚经营的志君纺织器材公司，开出了上海溢彩以67万元的价格购得这批设备的发票。而上海溢彩不知内情，向大发纺机总厂支付了全部购货款，其中15万元支付给大发纺机总厂，剩余52万元全部被老归占有。同年7月至10月期间，老归又以相同手段骗得公司12万余元，并占为己有。2021年底，老归终于梦想成真，开办了自己的公司——中岛纺织机械成套设备公司，并担任法定代理人。

2022年上半年，大发纺机总厂发现45万元货款被骗，向公安机关报案，老归随后被捕。法院认定老归贪污公款64万余元，构成贪污罪，判处老归有期徒刑15年。

任务实施过程	实施答案	评分标准	标准分	得分
一、确定内控目标		是否结合业务具体目标来设定内控目标	10	
二、识别风险源，并进行风险描述		是否识别出所有的风险源；风险描述是否清晰	10	
三、采取内部控制措施		所选内部控制措施是否正确	10	

项目十

财务报告业务的内控

知识学习目标

1. 能列举财务报告业务的内部控制目标
2. 能描述财务报告业务所涉组织及职责体系
3. 能归纳财务报告业务的业务流、信息流
4. 能叙述财务报告业务流程的风险评估过程
5. 能举例说明财务报告业务风险的内部控制措施

技能训练目标

1. 能设计财务报告业务所需组织及职责体系
2. 能设计财务报告业务的信息流
3. 能绘制财务报告业务的业务流
4. 能评估财务报告业务流程的风险
5. 能控制财务报告业务流程的风险

素养提升目标

养成实事求是、不做假账的职业道德以及“没有调查，就没有发言权”的工匠精神

标志性成果

独立撰写一份财务报告业务的风险评估与内控报告

思维导图

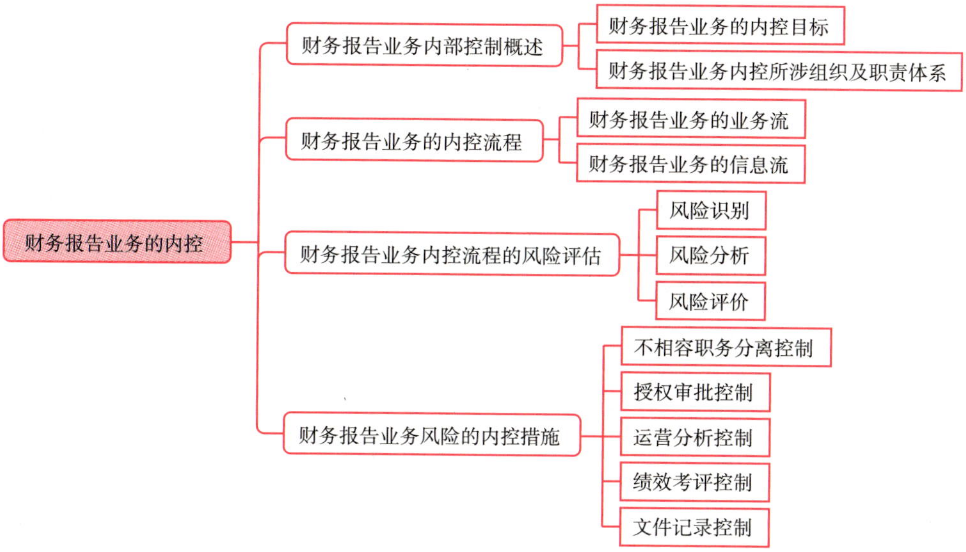

项目引例

山东大地生物农业股份有限公司（简称“大地股份”）成立于1989年，公司于2010年6月8日在深交所挂牌上市，现有注册资本16亿元，是一家集研发、生产于一体的全国知名农药企业，具有合成原药、加工、复配制剂20万吨的生产能力。

2022年4月大地股份收到中国证监会山东监管局下发的《行政处罚决定书》（［2022］6号），决定书公告：经立案调查查明，大地股份的全资子公司山东大地石化有限公司（以下简称“大地石化”）在具备直接进行业务往来条件的公司（中原石油有限公司与华东能源有限公司）之间进行成品油购销贸易。大地石化在该交易中不具有商品控制权，其作为代理人本应采用净额法确认营业收入，却故意采用总额法导致营业收入虚增，同时对大地股份2021年报造成营业收入虚增1.54亿元。大地股份该项信息披露行为违反了《中华人民共和国证券法》（以下简称《证券法》）和《上市公司信息披露管理办法》等规定，构成了《证券法》第一百九十三条第一款所述信息披露违法情形。

上述业务由大地股份董事长董向南主持全面工作，大地石化总经理、大地股份监事会主席王乐具体负责，大地股份财务总监杨晋中对定期报告财务信息负责，因此董向南、王乐、杨晋中是对大地股份上述违法行为直接负责的主管人员。大地股份其他时任董事、监事、高级管理人员在审议和书面确认上述定期报告内容的真实性、准确性和完整性时，未能完全尽到忠实、勤勉义务，是其他直接责任人员。根据当事人违法行为的事实、性质、情节和社会危害程度，依据《证券法》第一百九十三条第一款的规定，山东监管局决定：

（1）对大地股份责令改正，给予警告，并处以60万元罚款；

（2）对董向南给予警告，并处以30万元罚款；

（3）对王乐、杨晋中给予警告，并分别处以20万元罚款。

思考与实践

（1）成品油购销贸易的营业收入会计处理为何不正确？大地股份应确立怎样的财务报告内控目标？

（2）到底是财务报告内控流程中的哪个环节失误导致受到证监会的行政处罚？

（3）大地股份的财务报告内控流程还涉及哪些环节？别的环节是否也存在风险？

（4）面对大地股份财务报告内控流程中的风险，应采取哪些内部控制措施？

模块一　财务报告业务内部控制概述

财务报告业务是财务报告生成的过程。财务报告是指企业对外提供反映企业某一特定日期财务状况和某一会计期间经营成果、现金流量等会计信息的文件。财务报告包括会计报表及其附注和其他应当在财务报告中披露的相关信息和资料。其中会计报表至少应当包括资产负债表、利润表、现金流量表、所有者权益变动表等报表。附注则是对资产负债表、利润表、现金流量表和所有者权益变动表等报表中列示项目的文字描述或明细资料，以及对未能在这些报表中列示项目的说明等，附注应当披露财务报表的编制基础，相关信息应当与资产负债表、利润表、现金流量表和所有者权益变动表等报表中列示的项目相互参照。

财务报告业务的内部控制是指规范公司会计核算、财务报告编制与披露行为，防范因不当核算或编制行为可能对财务报告产生的重大影响，保证会计信息的真实、完整。加强财务报告业务内部控制有助于提高会计信息质量，防范企业因不当编制与披露行为对财务报告产生的负面影响，及时满足财务报告使用者的需求；有助于防范和化解企业的法律责任，降低财务报告错误表述和违反法律法规要求的风险；有助于分析企业经营管理状况，确保财务报告有效利用，提升经营管理水平，促进企业实现发展战略。财务报告业务内部控制缺失或不健全，将会误导财务报告的使用者，甚至产生严重不良后果，因此企业应强化财务报告内部控制体系建设，其基本控制要求在《企业内部控制应用指引第14号——财务报告》中得到了体现。

一、财务报告业务的内控目标

财务报告业务的内控目标

从内控建设和实施角度看，一般内部控制目标包含四个目标，分别是合规目标、报告目标、运营目标和战略目标。而内控建设是否真正落地，关键在于内控目标是否深入业务，下面结合财务报告业务来谈其内控具体目标。

（一）合规目标

（1）财务报告业务必须遵守《中华人民共和国会计法》《企业会计准则》《企业财务会计报告条例》《中华人民共和国公司法》《中华人民共和国证券法》等，保证会计信息及其他各种管理信息的真实、可靠和及时提供，避免因虚假记载、误导性陈述、重大遗漏和未按规定及时披露而导致的过失。

（2）保证企业管理层制定的财务报告管理制度和措施得到贯彻执行。预防和控制且尽早、尽快查明各种错误和弊端，及时、准确地制定和采取纠正措施，避免因重大差错、舞弊、欺诈而导致损失。

【引例分析 10 – 1】

大地石化自 2020 年 1 月起，开始与中原石油及华东能源开展成品油购销贸易，主要由大地石化向中原石油采购，而后销售给华东能源。依据财政部、国资委、银保监会、证监会《关于严格执行企业会计准则切实加强企业 2020 年年报工作的通知》（财会［2021］2 号）的规定：当企业向客户销售商品涉及其他方参与其中时，企业应当评估特定商品在转让给客户之前是否控制该商品，确定其自身在该交易中的身份是主要责任人还是代理人。若控制该商品的，其身份为主要责任人，用总额法确认收入；若不控制该商品的，其身份为代理人，用净额法确认收入。

而上述购销贸易中，大地石化处于上下游之间，名义上是贸易关系，但实际上企业没有取得商品控制权，实务中称为“过手贸易”。仅仅是在特定商品的法定所有权转移给客户之前，暂时性地获得该商品的法定所有权时，不能够主导该货物的使用并从中获得几乎全部的经济利益，因此大地石化仅是该交易中的代理人，应按净额法确认收入。对此，大地股份应将“合法合规”定为财务报告内控建设的首要目标，要求会计核算人员遵守《企业会计准则》，保证会计信息及其他各种管理信息的真实、可靠。

（二）报告目标

（1）客观性原则。财务报告应当内容真实、数字准确、资料可靠，报告的结果与企业实际财务状况和经营成果相一致，对于经济业务的记录和报告不偏不倚，以客观的事实为依据，避免错误并减少偏差。

（2）及时性原则。要求及时收集会计信息、及时对会计信息进行加工处理、及时传递会计信息，以满足各方面会计信息使用者的决策需要。

（3）谨慎性原则。财务报告的编制应当保持必要的谨慎，充分估计风险和损失，不高估资产或收益也不低估负债或费用。预计会发生的损失应计算入账，没有足够把握取得的收益则不预计入账。

（4）可比性原则。财务报告按规定格式要求编制，处理方法、指标口径应当一致、相互可比。

（三）运营目标

为提高经营决策的水平和质量，促进生产经营的发展，企业应以公司的财务会计报表为基础，定期编制财务分析报告，并及时传递给公司内部有关管理层级。例如，分析公司的资产分布、负债水平和所有者权益结构，通过资产负债率、流动比率、资产周转率等指标，分析公司偿债能力和营运能力；分析公司净资产的增减变化，了解和掌握公司规模和净资产的不断变化过程情况；分析各项收入、费用的构成及其增减变动情况，通过净资产收益率、每股收益等指标，分析公司的盈利能力和发展能力，了解和掌握当期利润增减变化的原因和未来发展趋势；分析经营活动、投资活动、筹资活动现金流量的运转情况，重点关注现金流量能否保证生产经营过程的正常运行，防止现金短缺或闲置。

（四）战略目标

战略规划的目的是提升企业价值，企业通过执行战略创造价值的过程就是财报生成的过程。企业战略需要通过经济活动来贯彻执行，体现在财报上包括经营活动、投资业务和筹资业务，所产生的现金流动计入现金流量表，产生的盈利计入利润表，期末结果则在资产负债表中得以体现。财报是企业最综合的数字结果，可以反映所处的商业环境、行业竞争格局、公司治理和战略、公司经营效率及质量。通过财报的分析能够了解企业的战略选择方向和规划落地实施的情况以及未来战略调整的方向。

二、财务报告业务内控所涉组织及职责体系

财务报告业务的内控操作演示

财务报告业务的有序开展需要有力的组织保障，应先清晰界定各组织在财务报告业务中的职能。一般财务报告业务会涉及以下组织：

（一）财务部门

财务部门作为财务报告编制的归口管理部门，负责制定会计政策与会计估计、财务管理制度及操作流程；负责制订定期财务报告编制方案，组织做好与财务报告相关的会计核算、财务监督、资产负债清查与盘点、账务调整、对账、结账、复核及其他财务报告基础工作；负责收集、汇总分子公司财务报告及有关会计信息，编制年度、半年度、季度、月度财务报告；负责组织公司财务分析工作等。

（二）董事会及其下设机构

董事会负责审议批复财务报告、审计报告，并准确及时地向监管部门报送和披露财务报告及审计报告。董事会是及早发现财务报告问题的第一道屏障，董事会下设机构具有如下职能：

（1）董事会下设董事会秘书办公室——董秘办，《公司法》规定上市公司应当设立董事会秘书，《上海证券交易所上市公司董事会秘书管理办法》专门针对董事会秘书做了详细的规定。董秘办对外负责公司信息披露事宜，对内负责股权事务管理、公司治理、筹备董事会会议和股东大会，并负责会议的记录和会议文件、记录的保管等事宜，董事会

秘书对董事会负责。

（2）董事会下设委员会——审计委员会，在发现和防止财务报告欺诈方面扮演着重要角色，其职责通常被要求在公司章程中予以明确规定，如审计委员会应与管理层共同确保内部审计人员参与财务报告的生成工作；外部审计人员应与审计委员会讨论财务报告的质量问题。审计委员会成员由三至七名董事组成，独立董事占多数，委员中至少有一名独立董事为专业会计人士，审计委员会向董事会负责并报告工作。

（三）其他职能部门

其他职能部门按照财务报告编制方案的安排，配合公司财务部门进行财务报告资料准备、财产清查、账目核对等工作，及时向公司财务部门提供编制财务报告所需的公司报表、附注、重大关联交易、重大业务等信息，并对所提供信息的真实性、完整性负责。

【引例分析 10－2】

大地股份的组织架构及岗位设置如图引分 10－1 所示，董秘办、审计委员会、财务部门是大地股份财务报告业务涉及的主要部门。

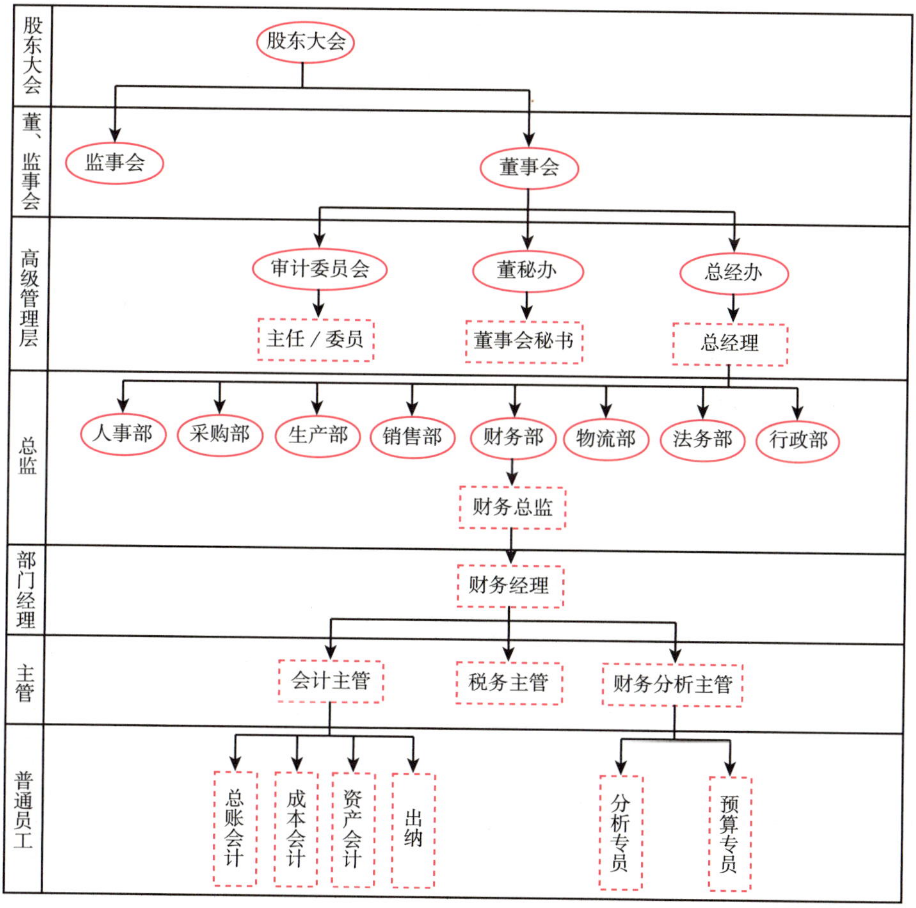

图引分 10－1　大地股份的组织架构及岗位设置

（1）董秘办负责依法准备和及时递交中国证监会、地方证券管理部门、政府有关部门及证券交易所要求董事会、股东大会出具的报告和文件。一般年报财务相关的内容虽由企业财务部准备，但其余文案和总协调由董秘办负责，包括年报的印刷与披露媒体的安排，以及董事会和股东大会的召开等。

（2）审计委员会应在为公司提供年报审计的注册会计师进场前审阅公司编制的财务会计报表，形成书面意见。年审注册会计师进场后，审计委员会应加强与年审注册会计师的沟通，在年审注册会计师出具初步审计意见后再一次审阅公司财务会计报表，形成书面意见。审计委员会应当与会计师事务所协商确定年度财务报告审计工作的时间安排，督促会计师事务所在约定时限内提交审计报告，并以书面意见形式记录督促的方式、次数和结果以及相关负责人的签字确认。审计委员会应对年度财务会计报表进行表决，形成决议后提交董事会审核。

（3）财务部由财务总监统筹，其主要负责审核财务报表、财务分析报告。在财务总监下设财务经理，财务经理负责组织及编制财务预算和财务报告等事项。财务经理下设会计主管、税务主管和财务分析主管以及相关核算与分析岗位，负责具体财务与税务工作的落实。

会计主管在财务经理的领导下，具体负责公司会计核算及报告等工作。会计主管下设总账会计、成本会计、资产会计和出纳。总账会计根据公司财务制度规定及国家相关政策法规要求，负责全盘账务处理，出具财务报表；成本会计负责审核公司各项成本的支出；资产会计负责资产的明细核算；出纳负责日常现金、支票的收付。

财务分析主管在财务经理的领导下，负责公司财务预算、财务分析工作；按要求定期提供财务分析报告，以协助管理层制定本企业中长期发展规划；协助企业领导、管理人员开展生产经营评估分析、过程分析和最终的项目评审，并提供生产经营项目财务分析报告；协同预算人员对企业财务计划和预算执行情况进行监控，并撰写相关的分析报告。财务分析主管下设分析专员和预算专员协助其工作。

模块二 财务报告业务内控流程

企业应当严格执行会计法律、法规和国家统一的会计准则制度，加强对财务报告业务全过程的管理，明确相关工作流程和要求，确保财务报告合法合规、真实完整和有效利用。因此企业应当根据财务报告业务的特点，设计出合理的业务流、信息流，将完善财务报告业务内控流程作为财务报告业务内控建设的起点。

一、财务报告业务的业务流

财务报告内控业务流

财务报告业务的业务流通常包括编制财务报告、对外提供财务报告和分析利用财务报告三个环节。

（一）编制财务报告

1. 制订财务报告编制方案

公司财务报告的准备工作由财务部门负责，主要体现为财务报告编制方案的制订，具体内容包括：确定财务报告的编制方法、明确会计核算政策、披露要求和时间、明确关联方范围和对关联交易的信息披露要求等。财务报告编制方案经公司财务负责人及董事长等批准后签发至各参与编制部门（单位），由各部门按要求进行编制。需要编制合并财务报告的企业集团，还应当按照国家统一的会计准则及制度的规定，明确合并财务报告的编制范围，不得随意调整合并报告的编制范围。财务部门应将确定合并财务报告编制范围的方法、发生变更的情况及时提交董事会及其审计委员会审议。

2. 确定重大会计业务处理方案

重大财务会计业务是指对公司的财务状况、经营成果、现金流量、对外信息披露等产生或可能产生重大影响的非经常性业务。包括重大会计政策、会计估计变更和会计差错调整业务，对财务报表列报和披露产生重大影响的业务及其他可能对财务会计管理工作产生影响的事件。财务部门应当制定重大财务会计业务的判断标准，明确相应的报批程序。各部门和单位应当按照标准和程序将拟在本年决算中处理的重大会计业务报上级财务部门核准、备案。

【相关案例】

联环药业股份有限公司重大业务会计处理办法

第一条　为规范重大交易会计处理办法，维护公司经济利益，确保会计信息真实准确，特制定本办法。

第二条　本办法所指的重大交易的判断标准：

1. 交易涉及的资产总额占公司最近一期经审计总资产的10%以上，该交易涉及的资产总额同时存在账面值和评估值的，以数值较高的作为计算数据。

2. 交易标的在最近一个会计年度相关的营业收入占公司最近一个会计年度经审计营业收入的10%以上，且绝对金额超过500万元。

3. 交易标的在最近一个会计年度相关的净利润占上市公司最近一个会计年度经审计净利润的10%以上，且绝对金额超过100万元。

4. 交易的成交金额占公司最近一期经审计净资产的10%以上，且绝对金额超过500万元。

5. 交易产生的利润占公司最近一个会计年度经审计净利润的10%以上，且绝对金额超过100万元。

第三条　本办法适用于公司财务部。

第四条　重大交易会计处理方法审议流程：

1. 公司发生重大交易，由财务部经理拟定会计处理方法，提交财务总监审核。

2. 财务总监审核后，提出修改意见，提交总经理审核。

3. 总经理审核后提交审计委员会。

4. 审计委员会审议后提交董事会。

5. 董事会审议后将审议意见通知财务部。

6. 财务部经理根据审议意见安排人员做具体的账务处理。

第五条　重大交易会计处理办法的审批流程应按照规定层层上报，严禁越级审批。

第六条　本制度未尽事宜按照相关法律法规和公司其他规章制度执行。

第七条　本制度由公司董事会通过后实施，修改时亦同。本制度由公司董事会负责解释。

资料来源：联环药业 2013 年公告。

3. 清查资产并核实债务

每年年末，一般由总经办会同财务部门下发资产债务清查通知，明确抽查方法（重点抽查或全面清查）、清查核实范围、清查核实基准时点、职责分工、人员安排、实施时间安排等清查核实要求。资产债务清查过程中发现的差异，由资产债务所在单位分析原因、提出处理意见，由财务部门负责人审核，再参照授权规定的审批权限上报相关领导审批后，根据国家会计准则的规定进行会计处理。各资产实物管理部门、各业务部门应按照通知要求，严格执行资产债务清查工作，具体内容包括：

（1）盘点库存现金，并形成盘点记录。

（2）核对银行存款余额、核对银行对账单与银行日记账并编制银行存款余额调节表，对银行未达账项做出恰当的会计处理。

（3）核查往来款项，包括应收款项、预付账款、其他应收款、预收账款、应付款项、其他应付款、应交税金、长短期借款、其他负债会计处理的恰当性、金额的正确性、资产债务的实质性，并与债务、债权单位核对一致。

（4）核查原材料、在产品、库存商品等各项存货的实存数量与账面数量是否一致，是否有报废损失、积压物资、价值减值情形，是否存在会计计价不当业务。

（5）核查账面投资与投资合同的一致性，投资收益是否按照国家统一的会计准则规定进行确认和计量。

（6）核查房屋建筑物、机器设备、运输工具等各项固定资产的实存数量与账面数量是否一致，清查土地、房屋的权属证明，确定资产归属。

（7）核查在建工程的实际发生额与账面记录是否一致，在建工程实际施工进度与会计核算进度是否一致。

（8）对照正在执行的和未完成的合同，检查费用完整性和应付款完整性。

（9）检查其他各项资产的数量及其会计计价的恰当性、真实性。

4. 对账与结账

财务部门负责及时组织对账，将会计账簿记录与实物资产、会计凭证、往来单位或者个人等进行相互核对，同时进行发生额和余额的试算平衡，按照权责发生制和会计准则的要求，调整收入和费用，最终确保账证相符，账账相符，账实相符。

（1）内部交易及往来款项的对账。公司应与合并报表成员单位对账，财务人员就内部交易的发生额、期末余额、列账会计科目等内容进行核对，如有差异须及时查明原因，并记录差异原因作为凭证附件进行保存，确保合并抵消金额准确。

（2）外部应收、应付款项的对账。财务部门应跟外部应收、应付款项客商进行对账，如有差异须双方及时查明原因，并记录差异原因作为凭证附件进行保存。

企业应依照有关法律法规规定的结账日进行结账，结算出本期发生额合计和余额，并将其余额结转下期或者转入新账。各编制单位必须在会计期末进行结账，不得为赶编会计报表而提前结账，更不得先编制会计报表后结账。期末财务部门检查相关记账凭证的处理状态，如相关凭证已经复核确认，则对其进行凭证过账操作。财务部门待期末所有凭证均处理完后，审核期末所有记账凭证，审核无误后才符合结账条件。结账业务完成后，财务部门经理向财务总监汇报，经财务总监审批后结束结账操作。

5. 编制个别财务报表

公司本部及子公司财务部门会计报表编制人员根据《企业会计准则》及年度财务报告编制方案，按照规定的报表格式和内容，根据登记完整、核对无误的会计账簿记录和其他相关资料，编制本单位的个别财务报表（及附注），经本单位财务部门负责人审核后，上报上级财务部门。上级财务部门报表主管负责审核财务报表数据的准确性和完整性，如果通过勾稽关系发现差异，应当及时查明原因并进行调整，报表主管将审核无误的财务报表上报财务总监审批。

【引例分析 10－3】

大地股份为了加强财务报告业务的内控建设，开始着手梳理自身的财务报告业务流程（见图引分 10－2）。

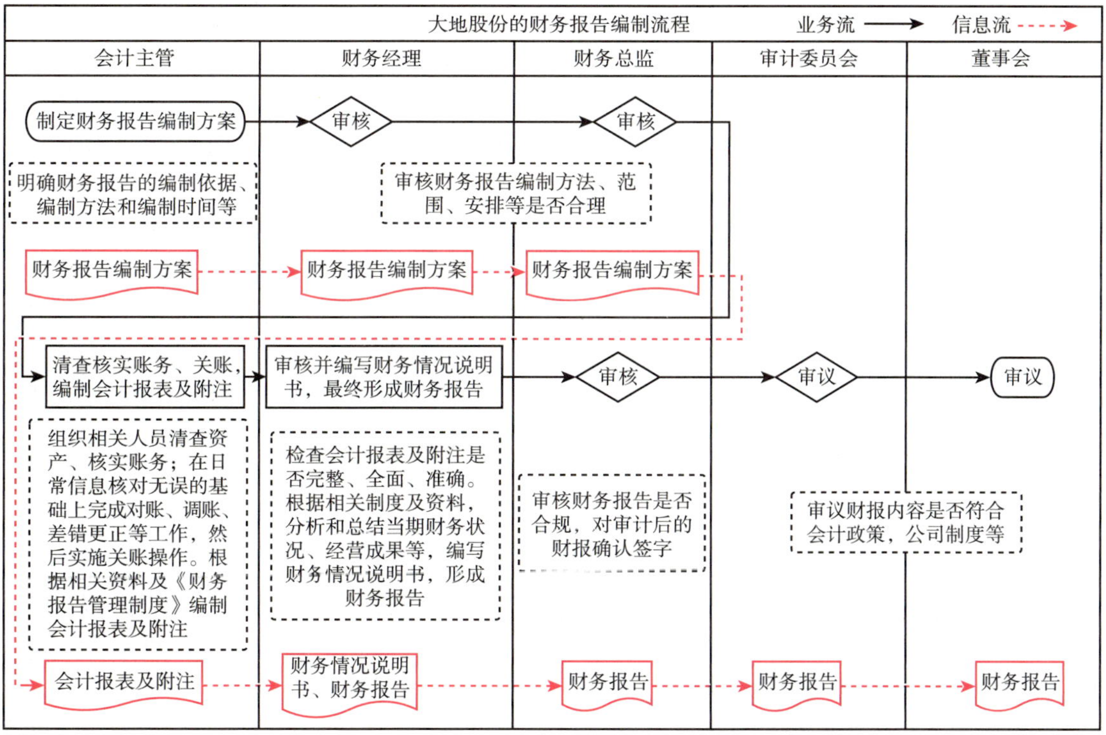

图引分 10－2　大地股份的财务报告编制流程

6. 编制合并财务报表

财务部门收到各单位上报的财务报表（及附注）后，报表主管审核报表数据、内部交易业务及金额的准确性和完整性，发现差异及时查明原因并且要求子公司进行调整，同时形成调整记录。根据经各分、子公司核对一致的内部交易表及内部往来表，合并报表编制人归集、整理合并抵销基础业务及数据，根据合并规定编制合并抵销分录，并且对内部交易信息及合并抵销分录进行交叉复核，复核通过后录入试算平衡表，并报由会计主管复核和部门负责人审核确认，确认无误后，报表编制人员将报表项目进行合并并计算合并后的金额，据此编制合并工作底稿并形成合并财务报表初稿，上报财务部门等相关负责人审核。

（二）对外提供财务报告

企业应当依照法律、行政法规和会计制度有关财务会计报告提供期限的规定，及时对外提供财务会计报告。特别是国有企业、国有控股的或者占主导地位的企业，应当至少每年一次向本企业的职工代表大会公布财务会计报告；上市公司应遵守《上市公司信息披露管理办法》，在一季度结束之后1个月内进行季报信息披露，在上半年结束之后2个月内进行半年报信息披露，年报则最迟要在4月30日之前披露。企业对外提供财务报告一般需经以下环节：

1. 财务报告对外提供前的审核

财务报告对外提供前须按规定程序进行审核，主要程序包括财务部门负责人审核财务报告的准确性并签名盖章；总会计师或分管会计工作的负责人审核财务报告的真实性、完整性、合法性、合规性并签名盖章；企业负责人审核财务报告整体合法性、合规性并签名盖章。

2. 财务报告对外提供前的审计

《公司法》等法律法规规定了企业编制的年度财务报告须依法经会计师事务所审计，审计报告应随同财务报告一并对外提供。《关于会计师事务所从事证券、期货相关业务有关问题的通知》等相关法律法规还对为特定企业提供审计服务的会计师事务所的资格进行了规定。因此，相关企业须按规定在财务报告对外提供前，选择具有相关业务资格的会计师事务所对财务报告进行审计。

企业各部门应配合注册会计师的审计工作，及时提供与财务报告相关的资料。会计师事务所出具初步审计意见、调整业务交由企业会计机构负责人、主管会计工作负责人审阅，会计机构负责人及时与负责审计的注册会计师就有关意见进行沟通后提交主管会计工作负责人确认。会计事务所审计报告出具之前，对会计事务所提出的调整意见，主管会计工作负责人根据有关情况决定是否接收事务所的调账、调表意见。若同意调整，则由财务人员对相关账表进行调整。

3. 财务报告的对外提供

一般企业的财务报告经完整审核并签名盖章后即可对外提供。上市公司的财务报告还须经董事会和监事会审批通过后方能对外提供。财务报告应与审计报告一同向投资者、债权人、政府监管部门等提供。

公司的董事、监事和高级管理人员及其他相关涉密人员在定期报告编制、公司重大业务筹划期间，负有保密义务。公司财务报告编制完成后，应装订成册，加盖公章，由公司法定代表人、主管会计工作负责人、会计机构负责人签名并盖章。公司内部财务报表属于本公司的商业机密，非经主管会计工作负责人批准，一律不对外提供。

【引例分析 10－4】

大地股份作为上市公司对外披露财务报告时，须经“财务报告信息披露流程”审批通过后方能报送（见图引分 10－3）。

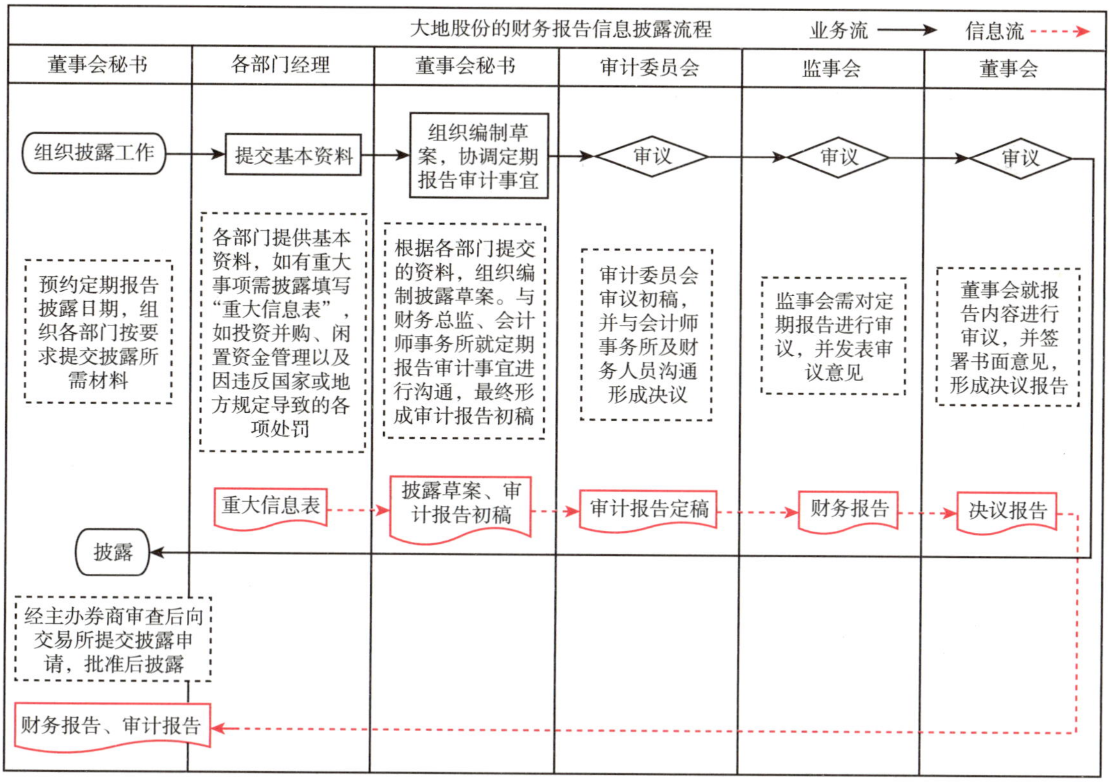

图引分 10－3　大地股份的财务报告信息披露流程

【拓展阅读】

对于上市公司而言，除了财政部发布的相关会计规定需要遵守之外，具体在披露信息时还需要符合证监会发布的一些指导文件，如《公开发行证券的公司信息披露内容与格式准则第 2 号——年度报告的内容与格式》中对年报的具体披露内容作出了非常详细的指导；《公开发行证券的公司信息披露编报规则第 15 号——财务报告的一般规定》中则具体对年报中的财务报告应当如何披露，特别是附注披露的内容作出了具体规定。具体可以查看证监会官网－法律部－法律法规－规范性文件－信息披露规范。对公开发行证券的公司信息披露的相关规定主要分为三大类：内容与格式准则、编报规则、解释性公告。

（1）内容与格式准则。公开发行证券的公司信息披露内容与格式准则对年报、半年报、季报的内容和格式作出了具体规范，还对一些特殊业务（例如，重大资产重组、发行债券、招股说明书等）的信息披露作出了具体规范。

（2）编报规则。公开发行证券的公司信息披露编报规则涵盖了财务报告的一般规定、净资产收益率和每股收益的计算及披露、非标准无保留审计意见及其涉及业务的处理、财务信息的更正及相关披露等内容。

（3）解释性公告。公开发行证券的公司信息披露解释性公告规范了非经常性损益、政府补助、可供出售金融资产减值、分步实现企业合并、分步处置对子公司投资至丧失控制权等方面的财务信息披露，并对弥补累计亏损、支付会计师事务所报酬、新旧会计准则衔接等信息披露要求进行了说明和规范。

（三）分析利用财务报告

财务分析是为加强公司经济管理，提高经营决策的水平和质量，促进生产经营的发展，以公司的财务会计报表为基础，并依据财务指标，对公司生产经营过程及其结果进行剖析和评价的一种业务手段。首先，分管会计工作的负责人在财务报告分析工作中负责组织领导，明确财务报告分析目的，选择正确的财务分析方法，充分、灵活地运用各项资料，分析内容包括财务状况分析、现金流量分析、营运能力分析、盈利能力分析、发展能力分析等相关内容。其次，财务部门负责人审核财务分析报告的准确性，判断是否需要对特殊业务进行补充说明，并对财务分析报告进行补充说明，与此同时，对于生产经营活动中的重要资料、重大业务以及与上年同期数据相比有较大差异的情况，要进行重点说明。最后，修订后的财务分析报告应及时报送企业负责人，企业负责人负责审批并据此进行决策。

【引例分析 10－5】

大地股份的财务分析报告编制流程如图引分 10－4 所示。

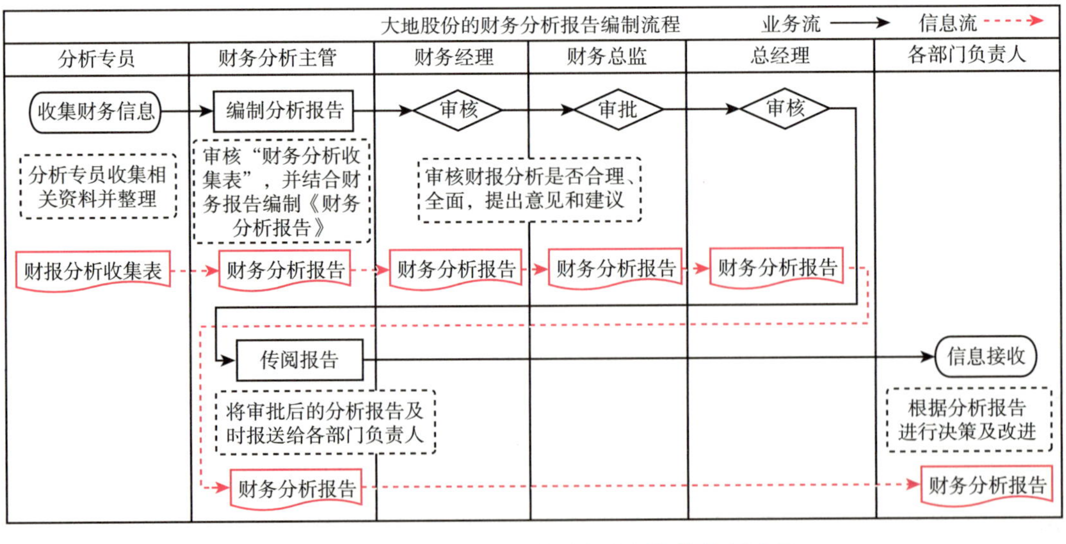

图引分 10－4　大地股份的财务分析报告编制流程

二、财务报告业务的信息流

财务报告业务内控所涉组织及信息流

财务报告业务的信息流是指在企业编制、分析和披露财务报告的过程中涉及的信息和数据流动。这个过程包括会计数据的收集、整理、汇总，以及财务报表的编制、审计、披露等环节。在这个过程中，不同部门（如财务部、审计部、各业务部门等）需要协同合作，共享信息，以确保财务报告的准确性和可靠性。财务报告业务信息流涉及的表单如图 10－1 所示，通过上一环节表单的填写能够明确下一环节的工作，例如，企业财会部门应在编制财务报告前制定财务报告编制方案，财务报告编制方案会明确财务报告编制方法（包括会计政策和会计估计、合并方法、范围与原则等）、财务报告编制程序、职责分工（包括牵头部门与相关配合部门的分工与责任等）、编报时间安排等相关内容。

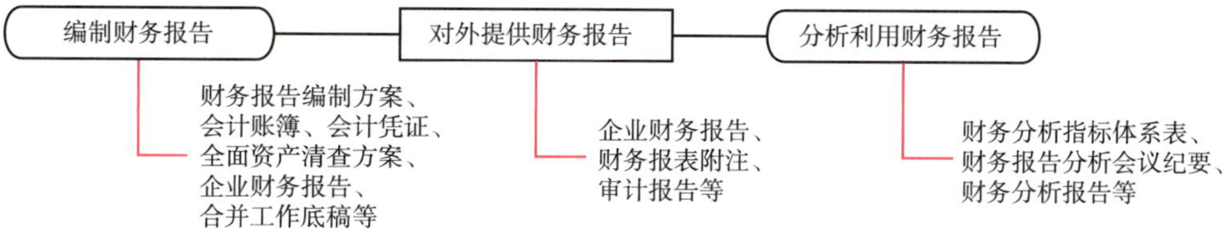

图 10－1　财务报告业务的信息流

【引例分析 10－6】

大地股份财务报告业务信息流中的各表单详情如表引分 10－1 所示。

表引分 10－1　　大地财务报告信息流中的表单详情

表单名称	描述	表单构成元素
财务报告编制方案	为规范财务报告编制工作，确保财务报告真实、准确、完整、规范	编制日期、报告年度、编制要求及目的、编制范围、会计政策及会计方法说明、具体要求等
会计报表及附注	帮助财务报表使用者深入了解财务报表的内容，财务报表制作者对资产负债表、损益表和现金流量表的有关内容和项目所作的说明和解释	编号、编制单位、编表时间、会计报表正表、附注（财务报表编制基础、重要会计政策和会计估计等）
财务情况说明书	对一定时期（通常为一年）财务、成本等情况进行分析、总结所作的书面文字说明，是会计报表的补充，决算报告的组成部分	企业生产经营的基本情况、利润实现分配及企业亏损情况、资金增减和周转情况、所有者权益（股东权益）增减变动情况等
财务报告	反映企业财务状况和经营成果的书面文件，包括资产负债表、利润表、现金流量表、所有者权益变动表（新的会计准则要求在年报中披露）、附表及会计报表附注和财务情况说明书	报告期间、报告时间、财务报告正文等
重大信息表	由各部门填写的当期发生的对公司产生重大影响的业务或政府奖惩的表单	编制日期、编制人、编制部门、重大信息情况说明等

续表

表单名称	描述	表单构成元素
披露草案	财务部门根据各部门提交的资料，组织编制披露草案	重要提示、基本情况简介、董事及监事和高级管理层人员情况、公司治理结构、股本变动及股东情况、风险管理情况、对各类风险的防范对策和措施、重要事项等
审计报告	注册会计师对财务报表是否在所有重大方面按照财务报告编制基础编制并实现公允反映发表实际意见的书面文件	审计意见、形成审计意见的基础、管理层对财务报表的责任、注册会计师对财务报表审计的责任、按照相关法律法规的要求报告的业务、注册会计师的签名和盖章、会计师事务所的名称、地址和盖章、报告日期等
决议报告	公司董事审议审计报告，并签署书面意见，形成决议报告	报告编号、报告通过时间、正文等
财报分析收集表	财务部门为进行全面分析而收集的公司相关业务信息	编制日期、编制人、编制部门、业务说明等
财务分析报告	财务部门对公司一定会计期间内财务、成本等情况进行分析总结的书面文字报告	编制日期、会计期间、财务报告分析正文（财务状况总体评述、财务报表分析、财务分项分析、综合评价分析、修改意见等）

模块三　财务报告业务内控流程的风险评估

财务报告业务内控流程的风险评估

财务报告是企业投资者、债权人做出科学投资、信贷决策的重要依据。财务报告业务内部控制是否有效，体现在能否有效应对财务报告业务风险，而风险评估是确定如何应对风险的前提。财务报告业务内控流程的风险评估是指通过对识别出的风险进行分析，并描述风险发生可能性的高低和风险发生的后果，进而明确风险重要程度的过程。风险评估包括风险识别、风险分析、风险评价三个环节。

一、风险识别

进行财务报告业务风险评估的首要任务是风险识别，即发现、认可并记录影响财务报告业务内控目标实现的风险的过程，其重点是收集财务报告业务中的风险信息，并识别风险信息的风险源。

（一）编制财务报告的主要风险

1. 制定财务报告编制方案的主要风险

（1）会计政策未能有效更新，不符合会计法律法规和会计准则要求，重要会计政策、会计估计变更未经审批，导致会计政策或会计估计不当。

【相关案例】

同一业务，两家所的会计处理相差1亿元！会计是魔术还是游戏？

关于百奥泰生物制药股份有限公司发行注册环节反馈意见落实函的回复

中国证券监督管理委员会、上海证券交易所：

上海证券交易所于2019年12月17日转发的《发行注册环节反馈意见落实函》（以下简称《落实函》）已收悉，安永华明会计师事务所（特殊普通合伙）（以下简称“安永华明”或“申报会计师”）作为百奥泰生物制药股份有限公司（以下简称“百奥泰”或“公司”或“发行人”）的申报会计师，对落实函中涉及申报会计师的相关问题回复如下：

……

问题四：

发行人前后两次的股改财务报表差异较大，请发行人说明相关会计调整的原因，并在此基础上进一步说明会计基础工作是否规范、内控制度是否健全有效。请保荐人及会计师核查上述情况并明确发表专业意见。

回复：

一、请发行人说明相关会计调整的原因

为股改目的，发行人曾委托正中珠江对股改基准日（2019年1月31日）净资产值进行审计，委托广东联信对股改基准日净资产值进行评估，并根据正中珠江对截至股改基准日净资产值的审计结果折合成股本，整体变更为股份公司。

2019年5月17日，中国证监会在其官网上发布《证监会通报康美药业案调查进展》（http：//www. csrc. gov. cn/pub/newsite/zjhxwfb/xwdd/201905/t20190517 _ 356012. html），公布其已对正中珠江涉嫌未勤勉尽责立案调查。

基于此，出于谨慎考虑，发行人2019年第五次临时股东大会作出决议，改聘本次发行人申报会计师安永华明作为本次整体变更的审计机构；安永华明对发行人股改基准日净资产重新进行审计。发行人管理层根据《企业会计准则》要求对相关账务处理采取更为合理的会计处理，导致个别账务处理存在一定调整。

修改后的股改财务报表净资产较修改前财务报表净资产下降1.03亿元，其中主要调整业务为临床试验用对照药账务处理调整和政府补助的账务处理调整，分别导致修改后的股改财务报表净资产下降3 499.01万元和4 600.95万元。主要调整原因如下：

（一）临床试验用对照药账务处理调整

对照药到货时所有权即属于发行人。报告期内，发行人的对照药采购和使用金额较大，无论从金额角度还是从对研发工作的重要性角度，都属于发行人的重要物资，相关对照药的监督、管理、分发、配送等业务皆由发行人或由发行人委托的具备相关资质的CRO供应商根据发行人的指令完成。出于对实物进行有效管理的需要，修改前的财务报表将各报告期期末已到货尚未领用的临床试验对照药作为存货核算，再根据各临床试验中心的领用情况于领用时从存货转入研发费用。于重新股改审计阶段，发行人对临床试验对照药未来经济利益是否很可能流入进行了审慎的评估，考虑到临床试验对照药仅可用于研发用途，不存在将药品以合法的方式对外销售的可能性，即发行人外购的临床试验对照药于到货时不满足未来经济利益"很可能流入"的定义，不满足存货确认的条件，因此修改后的财务报表将采购的临床试验用对照药到货时从在存货中核算调整至直接确认为研发费用，即发行人在临床试验对照药到货时，一次性计入当期损益，确认为研发费用。另外，发行人采购对照药后平均在3~6个月内就领用，发行人认为调整前后的会计处理都基本可以反映对照药的实际情况，调整前的会计处理也符合《企业会计准则》。

（二）政府补助的账务处理调整

根据发行人历史经验及行业惯例，发行人管理层预计公司收到的政府补助项目满足政府补助所附条件不存在重大不确定性，符合《企业会计准则》要求的在能够满足政府补助所附条件且能够收到政府补助时确认政府补助，故修改前的财务报表在收到政府补助款时根据《企业会计准则》的会计处理要求确认政府补助。于重新股改审计阶段，随着发行人内控的逐步完善，发行人对政府补助所附条件进行了全面的梳理和审慎评估，出于审慎考虑，将最终结题验收合格作为满足政府补助所附条件的确认时点。因此，修改后的财务报表发行人将已收到、尚未最终结题验收合格的政府补助款项在结题验收满足所附条件前暂不确认为政府补助而调整至其他应付款核算，待结题验收满足所附条件后确认为政府补助。

……

资料来源：投行业务资讯公众号。

（2）会计政策未能有效贯彻、执行，方案内各部门职责、分工不清，导致数据传递出现遗漏、格式不一致等情况。

（3）方案内各步骤的时间安排不明确，导致整体编制进度延后，违反报送的要求。

2. 重大会计业务处理的主要风险

（1）企业对债务重组、非货币性交易、公允价值的计量、收购兼并、资产减值等重大业务的会计处理不合法或不合理，将导致会计信息失真，使财务报告无法如实反映企业的实际情况。

（2）对于需要专业判断的重大业务及其会计处理，企业主管部门未及时组织沟通，导致重大业务误判或者会计处理不当，影响财务报告的真实性。

【引例分析10-7】

大地股份梳理完自身的财务报告业务流程后，开始收集风险信息以便对流程各环节进行风险识别。在收集成品油购销贸易风险信息时，认为公司存在"会计核算不合规风险"。大地石化违反《企业会计准则》，虚增营业收入，这让企业及其负责人面临民事、刑事等多方面的法律风险。究其原因是在原财务报告编制流程（见图引分10-2）中，财务部门制定了《财务报告编制方案》后就直接进行财务报告的编制，全程未组织相关部门对重大业务会计核算方法进行审议（见图引分10-5中黑色部分）。

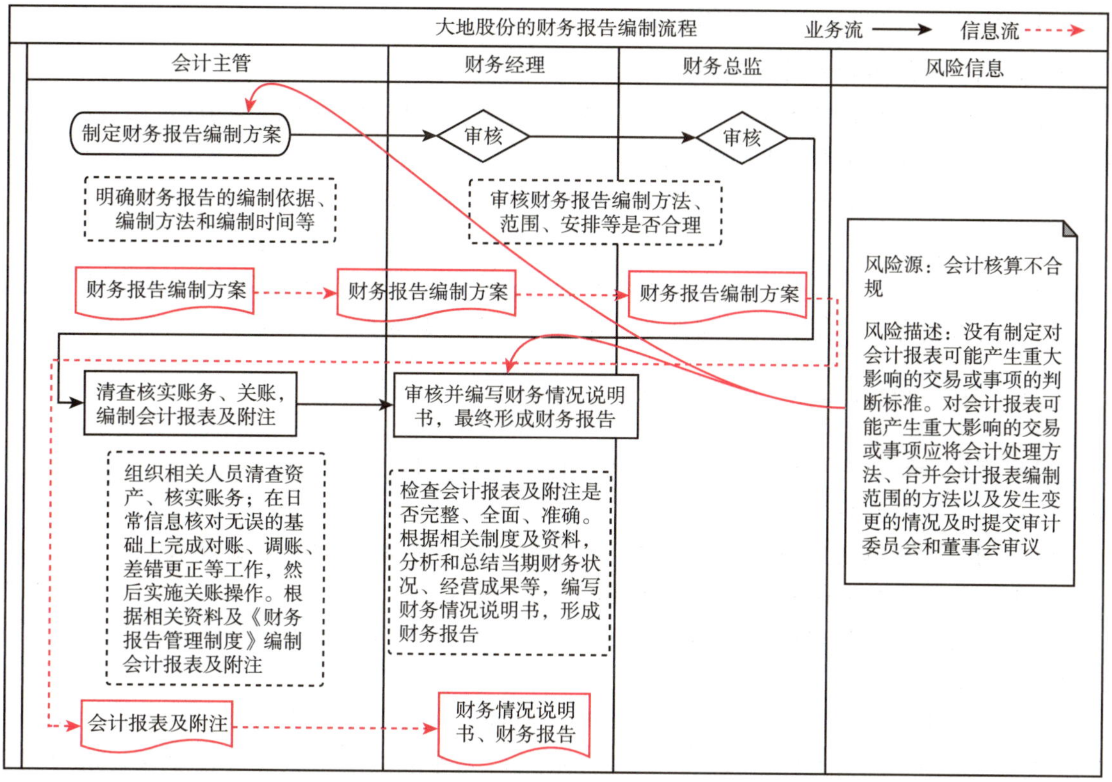

图引分 10－5　会计核算不合规风险

3. 清查资产、核实债务的主要风险

提前、推迟确认甚至不确认资产、负债等，导致资产、负债账实不符，虚增或虚减资产、负债；随意变更资产计价方法，未计提资产减值准备或者计提不当，导致虚增或虚减资产。

4. 对账与结账的主要风险

（1）账务处理存在错误，导致账证、账账不符。

（2）虚列或隐瞒收入，推迟或提前确认收入，导致企业承担法律风险和声誉受损。

（3）随意改变费用、成本的确认标准或计量方法。虚列、多列、不列或者少列费用和成本，影响财务报告内容的真实性、准确性和完整性。

（4）结账的时间、程序不符合相关规定。

（5）关账后又随意打开已关闭的会计期间，导致财务报告的可信度降低。

5. 编制个别财务报告的主要风险

（1）财务报告没有严格按照经批准的财务报告编制方案进行，导致财务报告编制程序不合规，效率低下。

（2）未按照会计准则和监管要求选用合适的财务报表格式，导致报告种类不完整、数据反映不准确，影响财务报表的展示效果。

（3）财务报告内容存在漏报或错报，误导财务报告使用者，进而造成决策失误，干扰市场秩序。

（4）附注内容不完整，披露不充分。

6. 编制合并财务报告的主要风险

（1）集团内部会计政策不统一。对于按照不同政策编制财务报告的子公司，应按照准则规定处理，否则容易出现误判的情况。

（2）合并范围不完整，合并内部交易和业务不完整，导致合并财务报告出现漏报。

（3）合并抵销分录不准确，无法通过交叉复核，影响合并财务报告的编制效率。

（4）报表项目合并计算错误，导致财务报告存在错误，无法反映集团的真实经营情况。

（5）合并财务报告未经审核和批准，无法保证合并财务报告的合法性与真实性。

（二）对外提供财务报告的主要风险

（1）在财务报告对外提供前未按照规定程序进行审核，对内容的真实性、完整性以及格式的合规性等审核不充分。

（2）对外提供的财务报告在编制基础、编制依据、编制原则和编制方法上不一致，影响财务报告使用者对企业情况的判断和相应的经济决策。

（3）财务报告对外提供前未经审计，或者审计机构不符合相关法律法规的规定，审计机构与企业串通舞弊。

（4）重大业务向主管部门报告不够及时，导致公司遭到相关机构批评或处罚，尤其上市公司重大业务（经营方针重大改变或发生重大损失等）披露不够及时，导致公司遭到相关机构处罚。

【引例分析 10－8】

大地股份在收集财务报告业务相关风险信息时，还发现存在“财报信息披露风险”（见图引分 10－6）。2021 年 8 月 16 日、2022 年 4 月 25 日证监会针对大地股份财报信息披露的情况下发了《行政处罚决定》，分别对大地股份处以 10 万元和 30 万元的罚款。

缘由是大地股份在 2021 年三季报、2021 年年报报告期内，大地股份及其下属公司飞特生化技术股份有限公司、中通化学有限公司、金石化工有限公司因多次违反环保法律法规，陆续收到当地环保部门出具的行政处罚决定书，但其仍在 2021 年三季报、2021 年年报中披露“公司严格按照国家和地方的法律法规，文明生产、达标排放，不存在重大环保或其他重大社会安全问题”的内容，与事实不符。后经调查是因为在执行原财务报告高息披露流程（见图引分 10－3）时，相关部门经理失责，未将此事填入“重大信息表”所致。

（5）财务报告在对外提供前泄露或者使不应知晓的对象获悉，导致产生内幕交易等，从而使投资者或者企业本身蒙受损失。

（三）分析利用财务报告的主要风险

（1）未建立财务分析制度或制定的财务分析制度不符合企业实际情况，财务分析制度未充分利用企业现有资源，财务分析的流程、要求不明确，财务分析制度未经审批等。

（2）财务分析报告的目的不正确或者不明确，财务分析方法不正确；财务分析报告的

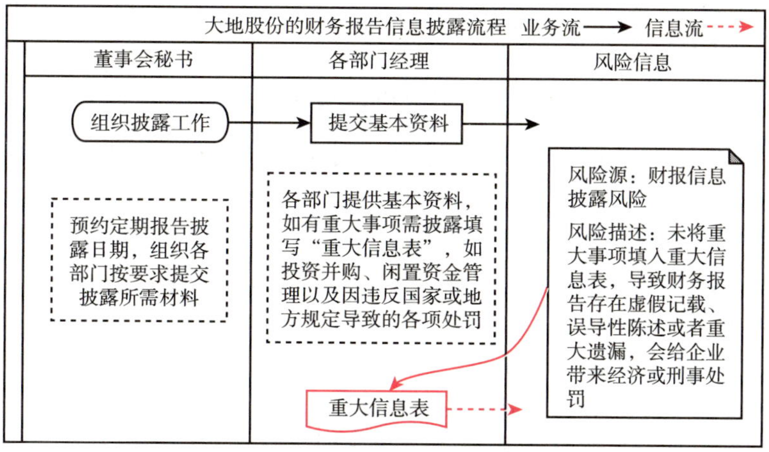

图引分 10－6　财报信息披露风险

内容不完整，未对本期生产经营活动中发生的重大事项做专门分析；财务分析局限于财会部门，未充分利用相关部门的资源，影响质量和可用性；财务分析报告未经审核等。

【引例分析 10－9】

大地股份在收集财务报告业务的风险信息时，还发现存在“财务报告分析不准确风险”（见图引分 10－7）。2021 年的财务分析报告未考虑表外融资的隐性负债，低估公司财务风险，给企业未来运营埋下重大隐患。详情如下：大地股份计划在云南投资建设一家集种植、加工、销售于一体的中药生态农业园。限于公司现有资本结构负债过高，决定与盛运股份有限公司共同成立飞特医药有限公司进行表外融资，大地股份持股 10%。飞特医药取得银行借款 6 000 万元，利率 6%，大地股份与盛运股份约定借款金额中的 4 687.48 万元由大地股份支配，并承担相应的利息。因此大地股份作为非控股投资人，虽然对飞特医药没有并表义务，但实际上对相应的债务负有偿还义务，应视为公司的一项隐性负债。

究其原因是原财务分析报告编制流程（见图引分 10－4）中财务分析专员在编制财务分析报告前没有向相关部门收集投资方面的非财务信息，导致财务分析不准确，不能给管理者提供有效的决策依据。

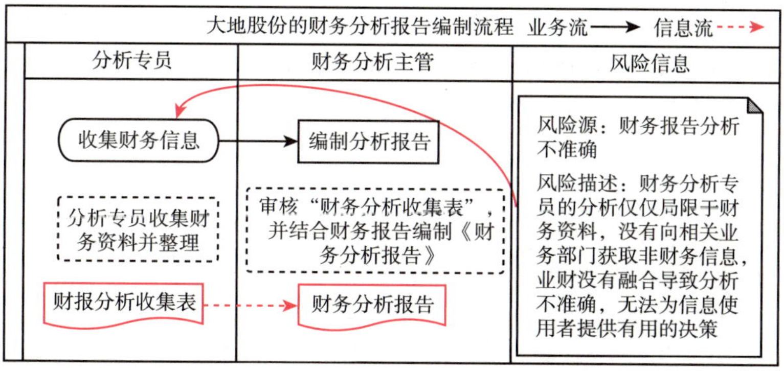

图引分 10－7　财务报告分析不准确风险

【内控“思”享】

财务分析准不准

半年总结大会上，董事长基于财务报表数据对公司上半年的经营情况进行了详细说明，台上的人慷慨激昂，台下却鸦雀无声，尤其内审部门负责人老彭全程显得“漫不经心”。休会期间，同事老李好奇地凑过来和老彭聊天。

老李：老彭，你身为公司审计部的负责人，财务报告反映了我们公司上半年的业绩，你看起来怎么一点都不关心？

老彭：当然关心，不过这些数据都是不准的，分析有什么好听的？

老李：此话怎讲？财务报告的数据怎么可能不准呢？

老彭：就拿收入和费用的数据来说吧，都有可能出现数据不实的情况，比如上半年的经营效益不错，所以上半年的部分销售合同也不着急回款，财务部门可能会出现延迟开票的情况；再比如由于上半年业绩不错，再加上预算没有用完，所以原计划下半年申报的项目可能提前到上半年。就算所有的关键数据都是如实记载的，报送上去之后老板出于综合考量可能还会要求财务部门“稍加润色”。听完这些，你还觉得财务分析报告数据完全准确吗？

【想一想】 数据本就不准，领导还要润色。这样财务分析意义何在？

资料来源：锐思商学院。

（3）财务分析报告的内容传递不畅，未能及时使有关各部门获悉；各部门对财务分析报告不够重视，未对其中的意见进行整改落实。

二、风险分析

经过风险识别阶段，已经收集了财务报告业务内控流程中的风险信息，对面临的风险有了一个初步认识，接下来需要对各类风险的发生可能性和发生后果进行分析。

（一）风险发生的可能性

财务报告业务中的风险发生可能性是指在企业目前的管理水平下，财务报告业务中各类风险发生概率的大小或者发生的频繁程度。在风险管理实践中，一般利用财务报告业务方面的历史数据推断风险事件在未来发生的可能性。

【引例分析 10－10】

通过风险信息收集，大地股份识别出其财务报告业务内控流程中存在会计核算不合规风险、财报信息披露风险、财务报告分析不准确风险共 3 类风险后，为了进一步分析风险，公司根据风险控制矩阵规范了相应的风险发生可能性准则（见表引分 10－2），即将风险发生的可能性分为 5 个等级，分别赋予 1 分至 5 分，分值越大表示发生可能性越大。

表引分 10－2　　大地股份财务报告业务的风险发生可能性准则

风险源	1（极低）	2（低）	3（中等）	4（高）	5（极高）
会计核算不合规风险	3 年内未发生会计核算疏漏	3 年内发生会计核算疏漏 1 次	3 年内发生会计核算疏漏 2 次	3 年内发生会计核算疏漏 3 次	3 年内发生会计核算疏漏 3 次以上，或者会计核算方法错误
财报信息披露风险	3 年内未发生财报信息披露疏漏	3 年内发生财报信息披露疏漏 1 次	3 年内发生财报信息披露疏漏 2 次	3 年内发生财报信息披露疏漏 3 次	3 年内发生财报信息披露疏漏 3 次以上，或者虚假披露
财务报告分析不准确风险	3 年内发生财务报告分析不准确少于 1 次（含）	3 年内发生财务报告分析不准确 2～4 次	3 年内发生财务报告分析不准确 5～6 次	3 年内发生财务报告分析不准确 7～8 次	3 年内发生财务报告分析不准确至少 9 次（含）

大地股份通过调阅相关历史资料并结合准则，判断出各类风险发生可能性的得分（见表引分 10－3 至表引分 10－5），从而推测出各类风险在未来发生的概率。

表引分 10－3　　会计核算不合规风险发生可能性得分

<table>
<tr><td colspan="2">发生可能性分 5</td></tr>
<tr><td>历史资料来源</td><td>会计核算记录</td></tr>
<tr><td>历史资料详情</td><td>3 年内会计核算不合规详情如下：
<table>
<tr><th>时间</th><th>不合规表现</th></tr>
<tr><td>2021 年 10 月</td><td>公司变更制药模具折旧年限，由原先的 2 年变更为 3 年折旧，公司将此视为会计政策变更。应采用未来适用法进行调整，却采用了追溯调整法</td></tr>
<tr><td>2020 年 12 月</td><td>在货物已退回，具体偿付金额已确定的情况下，公司未及时根据客户出具的“扣款通知单”进行退货的会计处理</td></tr>
<tr><td>2020 年 12 月</td><td>公司董事会通过了《关于转让其持有的广州德利公司 100% 股权议案》。2021 年 3 月 3 日，公司股东大会决议通过此议案，并于 4 月 25 日完成交易及会计处理。但 2020 年底，股权交易尚未完成，公司应根据会计准则对长期股权投资进行减值测试</td></tr>
</table></td></tr>
<tr><td>分析结论</td><td>3 年内会计核算疏漏记录 2 条且会计核算方法错误记录 1 条，属于“3 年内发生会计核算疏漏 3 次以上，或者会计核算方法错误”，所以发生可能性得分为 5 分</td></tr>
</table>

表引分 10－4　　财务报告信息披露风险发生可能性得分

<table>
<tr><td colspan="2">发生可能性分：3</td></tr>
<tr><td>历史资料来源</td><td>证监会通告</td></tr>
<tr><td>历史资料详情</td><td>
<table>
<tr><th>时间</th><th>被通告原因</th></tr>
<tr><td>2020. 05. 25</td><td>2020 年因疏忽财报未披露公司管道内积水超过国家排放标准却让其流入河流，因此被处罚事件</td></tr>
<tr><td>2021. 08. 10</td><td>2021 年因疏忽财报未披露公司草药加工厂项目未批先建违反《建设项目环境保护管理条例》被处罚事件</td></tr>
</table></td></tr>
<tr><td>分析结论</td><td>3 年内公司因财务报告信息披露违规被通告共 2 次，属于“3 年内发生财报信息披露疏漏 2 次”，所以可能性得分为 3 分</td></tr>
</table>

表引分 10－5　　财务报告分析不准确风险发生可能性得分

发生可能性分：1	
历史资料来源	财报分析记录
历史资料详情	3 年内公司财务报告分析不准确事件，详情如下： 2022 年 3 月，财务部门基于财务数据对两款杀虫剂进行销售分析，以确定主打产品。其中噻虫嗪、吡虫啉产品 2020 年、2021 年的销售收入分别为 717.99 万元、725.20 万元和 1 311.99 万元、4 591.97 万元，增长率分别为 82.73% 和 533.20%，因此财务部门误得出吡虫啉产品更有市场潜力的分析结论。但是在实际调查中发现，华东销售区 2021 年吡虫啉的销售业绩并不是因为产品本身畅销，而是违反销售政策采用了大幅折扣或延长账期的手段
分析结论	近 3 年公司只发生 1 次财务报告分析不准确事件，属于“3 年内发生财务报告分析不准确少于 1 次（含）”，所以可能性得分为 1 分

（二）风险发生的后果

财务报告风险发生的后果是通过假设特定事件或情形已经出现，然后判断其影响的性质、类型和大小。

【引例分析 10－11】

大地股份判断完会计核算不合规、财务报告信息披露、财务报告分析不准确的风险发生可能性得分后，继续根据各类风险的属性和自身偏好制定风险管控矩阵规范风险发生后果准则（见表引分 10－6），即将风险发生后果分为 5 个等级，分别赋予 1 分至 5 分，分值越大表示发生后果越严重。

表引分 10－6　　大地股份财务报告业务的风险发生后果准则

风险源	1（极轻微）	2（轻微）	3（中等）	4（重大）	5（灾难性）
会计核算不合规风险	3 年内会计核算不合规金额合计影响利润 0.01% 以下	3 年内会计核算不合规金额合计影响利润 0.01%（含）~0.1%	3 年内会计核算不合规金额合计影响利润 0.1%（含）~1%	3 年内会计核算不合规金额合计影响利润 1%（含）~5%	3 年内会计核算不合规金额合计影响利润 5%（含）以上
财报信息披露风险	3 年内因财报信息披露错误金额占收入 0.01% 以下	3 年内因财报信息披露错误金额占收入 0.01%（含）~0.05%	3 年内因财报信息披露错误金额占收入 0.05%（含）~1%	3 年内因财报信息披露错误金额占收入 1%（含）~3%	3 年内因财报信息披露错误金额占收入 3%（含）以上
财务报告分析不准确风险	差异金额占年利润比例 2% 以下，或差异金额占总资产比例在 0.5% 以下	差异金额占年利润比例 2%（含）~5%，或差异金额占总资产比例超 0.5%（含）~1%	差异金额占年利润比例 5%（含）~10%，或差异金额占总资产比例超 1%（含）~3%	差异金额占年利润比例 10%（含）~20%，或差异金额占总资产比例超 3%（含）~5%	差异金额占年利润比例超 20%（含），或差异金额占总资产比例超 5%（含）

大地股份通过调阅相关历史资料并结合准则，判断出各类风险发生后果的得分（见

表引分 10－7 至表引分 10－9)，从而推测出各类风险在未来发生的严重程度。

表引分 10－7　　会计核算不合规风险发生后果得分

<table>
<tr><td colspan="2">发生后果得分：5</td></tr>
<tr><td>历史资料来源</td><td>3 年内会计核算记录</td></tr>
<tr><td>历史资料详情</td><td><table>
<tr><td>会计核算不合规金额合计</td><td>当年利润</td><td>不合规金额合计占利润比率</td></tr>
<tr><td>2021 年制药模具折旧年限变更事件对会计报表进行追溯调整，调增 2020 年、2021 年利润共计 717.20 万元</td><td>25 709.68 万元</td><td>2.79%</td></tr>
<tr><td>2020 年未及时进行退货会计处理导致虚增营业收入与营业成本，最终造成虚增利润 430 万元</td><td>22 352.27 万元</td><td>1.92%</td></tr>
<tr><td>2020 年底未对长期股权投资计提减值，导致虚增利润 102.7 万元</td><td>22 352.27 万元</td><td>0.46%</td></tr>
<tr><td colspan="2">合计</td><td>5.17%</td></tr>
</table></td></tr>
<tr><td>分析结论</td><td>3 年内会计核算错误金额合计影响占利润比率合计 5.17%，属于“3 年内因财报信息披露错误金额占收入 3%（含）以上”，所以发生后果得分为 5 分</td></tr>
</table>

表引分 10－8　　财务报告信息披露风险发生后果得分

<table>
<tr><td colspan="2">发生后果得分：1</td></tr>
<tr><td>历史资料来源</td><td>证监会通告</td></tr>
<tr><td>历史资料详情</td><td><table>
<tr><td>披露的处罚结果</td></tr>
<tr><td>公司因未在 2020 年半年报中披露违规排放积水事件，被证监会处以 15 万元的行政处罚</td></tr>
<tr><td>公司因未在 2021 年三季报中披露未批先建草药加工厂被处罚事件，被证监会处以 10 万元的行政罚款</td></tr>
</table></td></tr>
<tr><td>分析结论</td><td>3 年内公司收到证监会的行政处罚共计 25 万元，公司 3 年对应的营业收入为 50.32 亿，25/(50.32×10 000)×100% =0.0050%。属于“3 年内因财报信息披露错误金额占收入 0.01%（含）以下”，所以发生后果得分为 1 分</td></tr>
</table>

表引分 10－9　　财务报告分析不准确风险发生后果得分

<table>
<tr><td colspan="2">发生后果得分：1</td></tr>
<tr><td>历史资料来源</td><td>财报分析记录</td></tr>
<tr><td>历史资料详情</td><td>财务部在对 2021 年财报进行分析时，未考虑违规促销拉动的销售额约为 3 279.98 万元，约占当年利润的 1.05%</td></tr>
<tr><td>分析结论</td><td>差异金额约占当年营收的 1.05%，属于“差异金额占年利润比例 2% 以下，或差异金额占总资产比例在 0.5% 以下”，所以发生后果得分为 1 分</td></tr>
</table>

三、风险评价

财务报告风险评价是风险评估的最后一个环节，将财务报告风险分析的结果（风险发生可行性和风险发生后果）与预先设定的风险重要性等级准则相比较，以确定财务报告风险的重要性等级。

（一）风险的重要性等级

财务报告风险的重要程度是发生可能性和发生后果的综合结果。在财务报告风险管理实践中，用得比较多的方法是把风险发生可能性的分值与风险发生后果的分值相乘，其乘积即为风险重要程度的大小，数字越大，对应的风险越高。

【引例分析 10－12】

分析完风险后，大地股份结合面临的社会经济环境及内部环境，制定了自身的风险重要性等级准则，大地股份风险发生的可能性大小和发生后果大小已经用 1～5 五个等级进行了描述，其中风险值的计算公式为：风险值＝风险发生可能性×风险发生后果（见表引分 10－10）。

表引分 10－10　　大地股份的风险重要性等级准则

风险等级	风险值范围	说明
低风险（可接受）	＜5	制度健全且执行到位
中风险	5～14	制度基本健全合理，但执行尚有缺陷
高风险	15～25	制度还需健全、完善，执行还不到位

针对前期梳理财务报告流程发现的财务报告会计核算不合规风险、财报信息披露风险、财务报告分析不准确风险，分别计算各类风险的风险值，并判断各类风险的重要性等级（见表引分 10－11）。

表引分 10－11　　大地股份财务报告的风险重要性等级

风险源	风险发生可能性	风险发生后果	风险值	风险重要性等级
会计核算不合规风险	5	5	25	高风险
财报信息披露风险	3	1	3	低风险
财务报告分析不准确风险	1	1	1	低风险

（二）风险矩阵

财务报告业务的风险矩阵是利用财务报告业务风险发生可能性及其发生后果这两个维度来绘制的矩阵图，是用于对风险进行优先排序的有效工具。绘制矩阵时，一个坐标轴表示财务报告业务风险发生可能性等级，另一个坐标轴表示财务报告业务风险发生后果等级，根据风险在矩阵中所处的位置，可以直观地显现财务报告业务风险的分布情况，可以确定哪些风险更重要，需要更细致的分析和优先应对，帮助管理者确定关键风险和风险应对方案。

【引例分析 10－13】

为了更直观地展示风险分布情况，大地股份根据前面判断出的风险发生可能性及发生后果的得分，绘制出财务报告业务的风险矩阵图（见图引分 10－8）。会计核算不合规风险落在矩阵的红色区域，表示高风险；财报信息披露风险、财报告析不准确风险均落在矩阵的斜纹区域，表示低风险。由此可见会计核算不合规风险是公司目前最紧急的，应该优先应对。

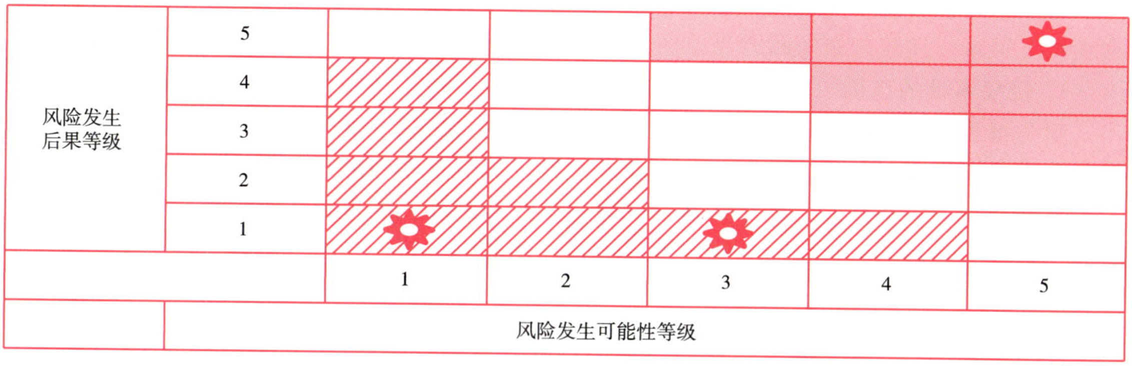

图引分 10－8　大地股份财务报告业务风险矩阵图

模块四　财务报告业务风险的内控措施

财务报告业务风险的内控措施

在对财务报告业务内控流程进行风险评估后，应根据风险评估结果，选择恰当的风险应对措施，并持续对内部控制工作进行改进与提升。财务报告内部控制是资本市场监管机构关注的内控重点，是企业需要面对的内控外生性需求。对上市公司来说，财务报告内部控制是其必须要达到的底线。财务报告业务常见内控措施有以下几种：

一、不相容职务分离控制

企业应当明确相关岗位在财务报告业务中的职责权限，采用不相容职务分离控制，确保财务报告的编制、披露、审核岗位相互分离。可进行如下职责权限设置：

（1）财务负责人承担年度报告编制工作，对财务报告编制、会计政策处理、财务信息披露等财务相关事项负有直接责任。

（2）董事会秘书负责组织和协调年度报告相关信息披露事务，合理制定年度报告编制、报送及披露计划，组织有关人员安排落实年度报告的编制和披露工作。

（3）董事会、审计委员会、总经理负责审议各相关事项，如年度财务报告编制方案、拟定进行财务报告审计的会计师事务所、会计事务所制定的审计工作方案、初步审计意见、最终审计意见等。

二、授权审批控制

财务报告业务各环节都必须经过授权审批，明确各部门和岗位的授权审批范围和层次，避免相互推诿、违规越级审批等情形。可从以下几个方面入手：

1. 授权审批的范围

财务报告编制、对外提供、分析利用流程均应纳入授权审批的范围。例如，为控制财务报告失真风险，在财务报告编制阶段，应授权计算机信息管理部门负责会计信息系统的日常维护，建立访问安全制度，防止对数据的非法修改和删除，确保财务报告数据安全保密；设置操作权限，规范信息使用及管理；及时处理系统故障，定期做好数据备份等。

【引例分析 10－14】

（1）针对“会计核算不合规风险”，大地股份决定采取“授权审批控制”措施降低风险，将风险控制在风险承受度之内（见表引分 10－11）。

表引分 10－11　　会计核算不合规的授权审批控制

风险源	会计核算不合规风险	风险等级	高风险
内控措施	授权审批控制		
具体方案	在原财务报告编制流程（见图引分 10－2）中新增“会计核算审议”环节，在财务报告编制方案审核通过之后，要求财务经理组织搜集和归纳公司当期发生的会计估计与判断等重大业务，对当期的重大会计业务进行测算、分析和提出初步处理意见，组织编制《重大财会业务处理意见的报告》；然后组织财务总监、审计委员会、董事会对重大会计业务的处理进行审议，审核重要会计核算方法，以及对本公司的财务影响等，确保重大会计核算符合会计准则规定		
控制部门	财务部门	控制负责人	财务总监

【练一练】大地股份财务报告编制的再造流程如何绘制？

（2）针对“财务报告分析不准确风险”，大地股份决定采取“授权审批控制”措施降低风险，将风险控制在风险承受度之内（见表引分 10－12）。

表引分 10－12　　财务报告分析不准确的授权审批控制

风险源	财务报告分析不准确风险	风险等级	低风险
内控措施	授权审批控制		
具体方案	将原财务分析报告编制流程（见图引分 10－4）中“财报分析收集表”的填写人员由“财务分析专员”变更为“各业务部门负责人”。要求在财报分析前，各业务部门将当期发生的重大投融资、特殊业务等信息如实、完整地填入“财报分析收集表”；然后由财务分析专员根据收集到的业务信息，基于业财融合思维编制分析报告底稿；最后由财务经理审核财务分析报告并定稿		
控制部门	财务部门	控制负责人	财务经理

【练一练】大地股份财务分析报告编制的再造流程如何绘制？

2. 授权审批的层次

企业应根据财务报告业务的重要性和金额大小确定不同的授权审批层次，从而保证财务报告业务授权合理，各管理层权责匹配。例如，本期发生重要会计政策和会计估计变更的，企业应充分披露变更的内容和原因、受重要影响的报表项目名称和金额，其相关审批程序会因会计政策和会计估计变更影响金额的不同而不同。

【相关案例】

兴蓉环境：财务报告编制与披露制度（2019 年 9 月，节选）

第十二条　一般会计政策及重大会计估计发生变更，财务部应当及时汇总上报总经理办公会及董事会审议，并按规定进行信息披露。但当会计政策及重大会计估计变更达到以下标准之一的，应当在董事会审议批准后，提交专项审计报告并在定期报告披露前提交股东大会审议：

（一）会计政策及会计估计变更对最近一个会计年度经审计净利润的影响比例超过 50%；

（二）会计政策及会计估计变更对最近一期经审计的所有者权益的影响比例超过 50%；

（三）会计政策及会计估计变更对定期报告的影响致使公司的盈亏性质发生变化。

资料来源：Wind 金融端。

三、运营分析控制

企业应当重视财务报告业务的运营分析控制，定期召开分析会议，明确财务报告分析的组织形式，确定分析方法和指标体系，分析报告撰写及报送等。财务分析方法有很多种，中小企业最常用的包括比较分析法、比率分析法、趋势分析法、因素分析法，企业可以根据需要选用其中的一种，也可以同时采用几种方法进行综合分析。

（一）比较分析法

比较分析法是进行财务分析的基本思路，也是其他分析方法的基础。比较标准主要有三种：

（1）以计划为标准，将报告期实际数与同期计划数或预算数相比。实际指标与预算或计划指标比较，可以解释实际与预算或计划之间的差异，了解该项指标的任务完成情况。通过这种对比，可以了解企业计划的完成情况、进度，通过分析实际与计划之间产生差异的原因，采取必要的措施，解决计划执行过程中存在的问题，确保计划实现。但要注意的是，计划是一种预测，带有主观性，当经营环境发生变化时，应及时对计划进行必要的修正。

（2）以历史为标准，将报告期实际数与企业历史（如上年或过去几年同期）水平比较，也就是进行纵向比较。与本企业历史水平比较，有助于通过企业不同时期有关指标的变动情况，了解企业经营管理的改进情况、预测经营活动的未来发展趋势。但是，历史标准只说明过去，因此比较时应根据客观环境或企业自身状况的变化，对历史数据做一些调整。

（3）以同行业为标准，将报告期实际数与同行业平均水平、先进水平比较，也就是进行横向比较。通过这种对比，可以了解本企业在行业中所处的地位和水平，找出与先进水平的差距，从而有针对性地改善经营管理。

（二）比率分析法

比率分析法就是对财务比率进行分析。常见的财务比率如下：

（1）短期偿债能力比率，也称流动性比率，用来衡量企业偿还流动负债的能力，主要包括流动比率、速动比率、现金比率等。

（2）长期偿债能力比率，也称长期安全性比率，用来衡量企业的长期财务安全性，反映企业的长期负债管理能力，主要包括财务杠杆比率（资产负债率、产权比率、长期负债对长期资本率等）、利息保障倍数、现金流量比率等。

（3）盈利能力比率，用来衡量企业的总体盈利能力，主要包括毛利率、销售净利率、资产报酬率（ROA）、权益报酬率（ROE）等。另外有从投资者角度衡量企业市场价值的比率，主要包括市盈率、每股收益等。

（4）营运能力比率，用来衡量企业利用资金的效率和能力，主要包括应收账款周转率（或周转天数）、应付账款周转率（或周转天数）、存货周转率（或周转天数）、营业周期、现金周期、总资产周转率等。

（5）发展能力比率，用来衡量企业的成长性，主要包括销售增长率、营业利润增长率、净利润增长率、总资产增长率、资本积累率等。

（三）趋势分析法

趋势分析法是将两期或多期连续的相同指标或比率进行对比，得出它们增减变动的方向、数额和幅度。进行趋势分析，可以了解企业的财务状况和经营管理情况的变化，分析变化的原因，进行未来预测，辅助企业决策。主要有以下三种趋势分析：

（1）重要财务指标比较，即将不同时期财务报告中的相同指标或比率进行比较，直接观察其绝对额或比率的增减变动情况及变动幅度，判断有关业务的发展趋势。

（2）趋势报表分析，即将连续数期的会计报表数据并行排列在一起，设置“增减金额”和“增减幅度”两栏，揭示同一指标在比较期内的增减变动金额和幅度，从而说明企业的财务状况和经营成果的发展变化。

（3）构成比率分析，也称结构百分比分析，即将会计报表中的某个总体指标作为基数（100%），计算各组成指标占总体指标的百分比，并进行不同时期的对比，从而判断同一企业不同时期的财务状况变化趋势，也可进行与不同企业之间、与同行业平均水平之间的比较。

（四）因素分析法

因素分析法是指分析几个相互联系的因素对分析对象（被分析指标）的影响程度。一种简单易用的方法是差额分析法，即利用各个因素实际数与标准数的差额来分析各因素变动对总差异的影响程度。比如，企业利润总额受三个因素影响：利润总额 = 营业利润 + 投资损益 + 营业外收支净额。假设要分析今年与去年相比的利润变化主要是由哪个因素引起的，可以算出今年利润总额的变化，再分别算出三个影响因素与去年比较时的变化，然后进行相应的对比分析。

（五）杜邦分析法

杜邦分析法从所有者的角度出发，将综合性最强的股东权益净利率（也称作净资产收益率、股东权益收益率）逐级分解成各经营指标，分析企业的经营管理、资产管理和债务管理状况。杜邦财务分析体系的基本公式：

股东权益净利率 = 销售净利率 × 总资产周转率 × 权益乘数

其中，销售净利率反映盈利能力；总资产周转率反映资产使用效率、营运效率；权益乘数反映负债程度。

四、绩效考评控制

财务报告信息披露是利益相关者科学决策的要求，同时也是上市公司自律和政府监管的客观需要。实践中有不少上市公司因财务信息披露问题而受到证监会处罚，处罚手段视情节严重程度不同有警告、罚款、警告罚款并处等形式。因此企业应明确财务报告业务主要责任人，并建立绩效评价与考核机制，将财务报告编制、披露、分析等事务纳入绩效考核中，压实责任人的责任。同时，由监事会对财务报告编制、披露、分析等事务的绩效考评实施情况进行检查和监督，对发现的重大缺陷及时督促董事会改正，并根据需要要求董事会对绩效考评机制予以修订。

【引例分析 10 – 15】

针对相关部门失责，未将重大披露信息填入《重大信息表》所致财报信息披露风险，大地公司可采用绩效考评控制管控风险。具体绩效考评指标如表引分 10 – 13 所示。

表引分 10 – 13　　财报信息披露的绩效考评控制

风险源	财报信息披露风险	风险等级	低风险
内控措施	绩效考评控制		
具体方案	将财务报告的披露流程与所涉部门和岗位的绩效考评挂钩，确保财务报告的及时性与准确性。当公司由于财报信息披露被处罚或遭遇损失时，追究相关部门和相关人员的责任，借助绩效考评制度规范部门和员工行为，确保财报信息如实披露。财务报告信息披露考评指标包括但是不限于以下类型：		

续表

具体方案

评价内容	一级指标	权重	二级指标	权重	标准值	最终分值
真实性 15%	诚信记录	15	中国证监会、证券交易所等部门的行政处罚纪录次数	15	公司及其相关人员近三年从未遭到中国证监会、证券交易所的行政处罚、近一年从未受到通报批评和公开谴责等	
完整性 55%	1. 与经营业绩相关的财务信息披露	12	净资产收益率	4	行业平均水平	
			每股收益和每股现金流量	4	行业平均水平	
			盈利预测完成比率	4	100%	
	2. 重大财务信息披露	27	上市公司采用的会计准则	3	完全及时披露	
			会计报表附注须说明会计政策、会计估计及合并范围	3	完全及时披露	
			关联交易信息披露	3	完全及时披露	
			财务担保信息披露	3	完全及时披露	
			募集资金使用情况披露	3	完全及时披露	
			或有事项信息披露	3	完全及时披露	
			委托理财信息披露	3	完全及时披露	
			分部信息披露	3	完全及时披露	
			股价短期内频繁异动原因披露	3	完全及时披露	
	3. 审计情况披露	16	内部审计	5	完全真实、充分	
			外部审计	5	—	
			披露审计收费情况、审计机构审计与咨询分业情况	2	按标准完全披露	
			审计形式	2	由另一注册会计师对审计质量进行检验或定期更换会计师事务所	
			审计意见	2	标准无保留意见	
及时性 30%	1. 定期披露	15	—	15	定期披露时限参考中国证监会规定	
	2. 不定期披露	15	—	15	对一切可能影响经济决策的事件完整而及时地披露其实质	
合计		100	—	100		

控制部门	人事部	控制负责人	人事经理等

五、文件记录控制

财务报告业务的文件记录控制，即财务报告作为会计档案的重要组成部分，需要遵循会计档案管理的要求，有效保护和利用财务报告，为企业的持续发展保驾护航。会计档案是指记录和反映经济业务的重要历史资料和证据，一般包括会计凭证、会计账簿、财务会计报告以及其他会计资料。会计档案对于总结经济工作、指导生产经营管理和事业管理、查验经济问题、防止贪污舞弊、研究经济发展的方针和战略都具有重要作用。会计档案管理流程包括会计档案的立卷、归档、保管、查阅和销毁等。会计档案管理的关键控制点如下：

（1）财务部门负责按照会计档案的归档要求，将会计档案分类整理立卷，装订成册，编制会计档案保管清册。《会计档案管理办法》对于各类会计档案的保管期限进行了详细规定，保管期限分为永久和定期两类。永久即长期保管，定期可分为 10 年、30 年两类。其中年度财务会计报告须永久保管，月度、季度和半年度财务会计报告须定期保管 10 年。

（2）财务部门设专门人员负责档案管理，建立会计档案的立卷、归档、保管、查阅和销毁等管理制度，保证会计档案妥善保管、有序存放、方便查阅、严防毁损、散失和泄密。

（3）会计档案保管期满需要销毁时，由会计档案管理人员提出销毁意见，经财务部门负责人和分管领导批准后执行。由会计档案管理人员编制会计档案销毁清册，销毁时由财务部门有关人员参加，并在销毁单上签名或盖章。

总结与提高

本项目我们学习了财务报告业务的内部控制目标，财务报告业务所涉组织及职责体系，财务报告业务的业务流、信息流，对财务报告业务内控流程中的风险进行了识别、分析、评价，并对此采取相应的内部控制措施。学习的重点是梳理财务报告业务内控流程和风险评估；学习的难点是针对风险选择恰当的内部控制措施。

【线上活动】

登录智慧职教平台，完成微课学习、习题和讨论，发表自己对财务报告业务内部控制的理解和看法。

【推荐阅读】《企业内部控制应用指引第 14 号——财务报告》。

评价与考核

一、项目实施评价

项目完成后，学员根据项目实施情况进行自我评价，并填表（在○中打√，A 掌握，B 基本掌握，C 未掌握），指导老师根据评价结果进行讲评。

项目实施情况分析表

项目实施过程	自我评价
创建财务报告业务内控所需组织架构	A○ B○ C○
绘制财务报告业务内控的业务流	A○ B○ C○
设计财务报告业务内控的信息流、资金流	A○ B○ C○
识别财务报告业务内控流程的风险	A○ B○ C○
分析财务报告业务内控流程的风险	A○ B○ C○
评价财务报告业务内控流程的风险	A○ B○ C○
控制财务报告业务内控流程中的风险	A○ B○ C○

二、理论考核

1. 判断题

(1) 企业应设置严格的保密程序，对能够接触财务报告信息的人员进行权限设置，保证财务报告信息在对外提供前控制在适当的范围内。（　　）

(2) 已经对外提供的财务报告属公开信息，不需要及时整理归档，并按有关规定妥善保存。（　　）

(3) 企业财务报告编制完成后，应当装订成册，加盖公章，仅由企业负责人签名并盖章即可。（　　）

(4) 结账后可以随意对前期财务报告进行修改。（　　）

(5) 企业应当制定明确的财务报告编制、报送及分析利用等相关流程，职责分工、权限范围和审批程序应当明确规范，机构设置和人员配备应当科学合理，并确保全过程中财务报告的编制、披露和审核等不相容岗位相互分离。（　　）

2. 不定项选择题

(1) 下列属于财务报告内部控制的内容有（　　）。

A. 财务报告的报送与披露及其控制　　B. 财务报告编制准备及其控制

C. 财务报告编制及其控制　　D. 岗位与职责安排

(2) 对上市公司来说，对外提供财务报告时，必须与财务报告一同提供的是（　　）。

A. 企业的营业执照　　B. 企业的纳税证明

C. 财务报告的审计报告　　D. 企业重要业务的声明文件

(3) 企业编制、对外提供和分析利用财务报告，无须关注的风险是（　　）。

A. 编制财务报告违反会计法律法规和国家统一的会计准则制度，可能导致企业承担法律责任和声誉受损

B. 提供虚假财务报告，误导财务报告使用者，造成决策失误，干扰市场秩序

C. 因财经媒体或外部财务分析师发布负面评价而导致股价下跌

D. 不能有效利用财务报告，难以及时发现企业经营管理中存在的问题，可能导致企业财务和经营风险失控

(4) 企业制订的财务报告编制方案包括（　　）。

A. 财务报告编制方法　　B. 会计调整政策

C. 披露政策　　　　　　　　　　　　　　D. 报告时间要求

E. 财务报告编制职责分工

(5) 企业财务报告列式的资产、负债、所有者权益金额应当真实可靠，下列说法中正确的有（　　）。

A. 各项资产计价方法不得随意变更，如有减值，应当合理计提减值准备，严禁虚增或虚减资产

B. 各项负债应当如实反映企业的现时义务、潜在义务和未来义务

C. 所有者权益应当反映企业资产扣除负债后由所有者享有的剩余权益

D. 所有者权益由实收资本、资本公积、库存股、留存收益等项目构成

三、技能考核

请根据下列案例进行风险识别与内部控制。

成都金亚科技股份有限公司（以下简称："公司"或"金亚科技"）成立于1999年，注册资金1.1亿元，主营业务为数字电视设备的硬件、软件产品的研发、生产以及销售，曾是中国数字电视产业十大自主品牌、四川省质量AA级认证企业。公司股票于2009年10月30日在深圳证券交易所挂牌交易，也曾是创业板首批28家上市公司之一。2020年5月14日，金亚科技被深交所决定终止上市，2020年8月3日，金亚科技股票被交易所摘牌。公司最终收到了四川省成都市中级人民法院发来的（2020）川01刑初323号《刑事判决书》及相关法律文书，《刑事判决书》显示，法院对公司、周旭辉等人涉嫌欺诈发行股票罪、违规披露重要信息罪等业务已审理终结并作出一审判决，有关情况公告如下：

一、欺诈发行股票罪的犯罪事实

2008年至2009年7月期间，被告人周旭辉作为金亚科技的股东、董事长及实际控制人，为使公司在A股顺利上市挂牌交易，以公司名义授意时任财务总监花纯国、销售经理郑林强等人进行财务数据造假，并要求公司其他部门员工予以协助配合，虚增、夸大公司2006年度至2008年度以及2009年第一、二季度营业收入及盈利能力。公司在向中国证券监督管理委员会提交的《首次公开发行股票并在创业板上市招股说明书》等文件中使用上述虚假数据，隐瞒公司真实经营状况。后经中国证监会核准，公司于2009年10月30日在深圳证券交易所正式挂牌交易，获准公开发行股票人民币普通股（股票代码：300028）3 700万股，募集资金净额人民币3.9186亿元。经鉴定，公司IPO财务申报审批材料存在作假，其中2008年以及2009年1—6月营业收入作假金额分别为137 067 587.60元、79 946 942.67元，作假幅度分别为披露金额的87.06%、84.47%；净利润作假金额分别为42 817 348.78元、19 100 787.75元，作假幅度分别为披露金额的106.77%、101.87%；净资产作假金额分别为177 306 132.82元、168 683 920.57元，作假幅度分别为披露金额的89.40%、69.11%。

二、违规披露、不披露重要信息罪的犯罪事实

金亚科技2013年大幅亏损，为扭转公司亏损，时任公司董事长周旭辉授意时任财务总监丁勇和进行财务数据造假，通过虚构客户、伪造合同、伪造银行单据、伪造材料产品收发记录、隐瞒费用支出等方式虚增利润。2015年4月1日，公司依据早已准备好的虚假账套核算数据，并对外披露了《金亚科技股份有限公司2014年度报告》。经鉴定，公司截至2014年12月31日的真实营业收入为129 565 619.35元，营业成本为175 422 462.25元，利润总额为−44 754 860.82元，公司2014年真实的经营情况处于亏损状态。公司对外披露的

2014年年报中营业收入作假金额为72 348 816.33元，作假幅度为披露金额的35.83%；净利润作假金额为84 141 310.46元，作假幅度为披露金额的213.72%；净资产作假金额为346 437 166.92元，作假幅度为披露金额的51.68%，通过上述财务处理方式使公司2014年年度报告利润总额由亏损变为盈利。

法院认为，被告单位金亚科技在招股说明书中隐瞒重要事实、编造重大虚假内容，发行股票，数额巨大，被告人周旭辉作为公司直接负责的主管人员，被告人花纯国、郑林强作为公司其他直接责任人员，其行为均已构成欺诈发行股票罪。金亚科技作为依法负有信息披露义务的公司，在2014年年报披露中向股东和社会公众提供虚假的财务会计报告，情节严重，被告人周旭辉作为公司直接负责的主管人员，被告人丁勇和作为公司其他直接责任人员，其行为均已构成违规披露重要信息罪。被告人周旭辉一人犯数罪，应依法数罪并罚。与此同时，因出具含有虚假内容审计报告，立信会计师事务所以及金亚科技（300028）2014年财务报表审计报告签字注册会计师邹军梅、程进遭证监会处罚，立信所除了业务收入90万元被没收之外，还被处以270万元的罚款，邹军梅、程进分别被给予警告并分别处以10万元的罚款。

任务实施过程	实施答案	评分标准	标准分	得分
一、确定内控目标		是否结合业务具体目标来设定内控目标	10	
二、识别风险源，并进行风险描述		是否识别出所有的风险源；风险描述是否清晰	10	
三、采取内部控制措施		所选内部控制措施是否正确	10	

主要参考文献

1. 冯萌：《企业内部控制从懂到用》，机械工业出版社 2021 年版。

2. 平准：《企业内部控制基本规范详解与实务》，人民邮电出版社 2021 年版。

3. 企业内部控制编审委员会：《企业内部控制主要风险点、关键控制点与案例解析》，立信会计出版社 2021 年版。

4. 蔡佩萤：《财务管理与会计内部控制实用工具大全》，化学工业出版社 2016 年版。

5. 许国才：《企业内部控制流程手册（第 3 版）》，人民邮电出版社 2017 年版。

6. 企业内部控制编审委员会：《企业内部控制基本规范及配套指引案例讲解》，立信会计出版社 2021 年版。

7. 黄佳蕾：《企业内部控制全流程实操指南》，人民邮电出版社 2021 年版。

8. 李素鹏：《企业风控体系建设全流程操作指南》，人民邮电出版社 2021 年版。

9. 屠建清：《企业内部管理与风险控制实战》，人民邮电出版社 2020 年版。

10. 罗胜强：《企业内部控制精细化设计与实务案例》，立信会计出版社 2018 年版。

11. 郭小静：《企业内部控制规范化操作全案》，机械工业出版社 2014 年版。

12. 贺志东：《最新企业内部控制原理与操作实务》，电子工业出版社 2019 年版。